繁峙年鉴

2018

繁峙县地方志编纂委员会办公室 编

方志出版社
Publishing House of Local Records

图书在版编目(CIP)数据

繁峙年鉴.2018 / 繁峙县地方志编纂委员会办公室编. —
北京 :方志出版社, 2018.8
ISBN 978-7-5144-3191-9

Ⅰ.①繁… Ⅱ.①繁… Ⅲ.①繁峙县—2018—年鉴
Ⅳ.①Z522.54

中国版本图书馆 CIP 数据核字(2018)第 195400 号

繁峙年鉴(2018)

编　　者:繁峙县地方志编纂委员会办公室
责任编辑:冯　松

出 版 人:冀祥德
出 版 者:方 志 出 版 社
地址　北京市朝阳区潘家园东里 9 号(国家方志馆 4 层)
邮编　100021
网址　http://www.fzph.org
发　　行:方志出版社图书经销中心
电话　(010)67110500
经　　销:各地新华书店
印　　刷:山西省史志印刷厂

开　　本:889×1194　　1/16
印　　张:20.75
字　　数:454千字
版　　次:2018年 8月第 1 版　　2018 年 8 月第 1 次印刷
印　　数:0001 ~ 1000 册

ISBN 978-7-5144-3191-9　　定价:180.00 元

繁峙县地方志编纂委员会

繁峙年鉴编辑部

《繁峙年鉴》专家评审人员

审核人员　赵力军　谢音呼　贺俊林　张利华　赵　芳　乔　乔

《繁峙年鉴》审核及审定单位

审　核　忻州市地方志编纂办公室
审　定　繁峙县人民政府

编 辑 说 明

一、《繁峙年鉴（2018）》是繁峙县地方志编纂委员会办公室编纂出版的综合资料文献，以马克思列宁主义、毛泽东思想、邓小平理论、“三个代表”重要思想、科学发展观和习近平新时代中国特色社会主义思想为指导，坚持辩证唯物主义和历史唯物主义的立场、观点和方法，全面如实地记载繁峙县自然、政治、经济、文化、社会等各个领域的基本情况和年度内的重要事项与发展变化，为县内外读者认识繁峙、研究繁峙、建设繁峙提供帮助。

二、《繁峙年鉴（2018）》记述时限为 2017 年 1 月 1 日至 2017 年 12 月 31 日，特载内容延至 2018 年。

三、《繁峙年鉴（2018）》采用分类编排法，共分四个层次编排，即类目、分目、次分目、条目。

四、《繁峙年鉴（2018）》统计资料来源于县统计局均使用法定计量单位。涉及数据由于行业和地区统计口径等方面的原因，个别条目互有不一致之处，当以县统计局发布的统计数据为准。

五、《繁峙年鉴（2018）》稿件由繁峙县各级党、政、军机关、各企事业单位提供。

目 录

特 载

大事记

县情概览

中国共产党繁峙县委员会

繁峙县人民代表大会

繁峙县人民政府

中国人民政治协商会议繁峙县委员会

民主党派

社会团体

军　事

法　治

经济管理与监督

工业经济

农林水利

住房和城乡建设

环境保护

交通运输

邮政　通信

财政 税务

金 融

商业贸易

科学技术

旅游业

教　育

文化　体育

卫　生

社会生活

乡镇和居民办概览

附 录

表　目

特　载

中共繁峙县委员会工作报告（节选）

中共繁峙县委书记　孔保宝

一、2017 年全县经济工作总结

2017 年，我们深入学习贯彻习近平新时代中国特色社会主义思想，认真贯彻习总书记视察山西重要讲话精神，全面落实省委和市委历次全会精神，坚持“一个指引、两手硬”重大思路和要求，按照市委“1661”发展战略，坚持以脱贫攻坚统揽经济社会发展全局，全力做好稳增长、促改革、调结构、惠民生、防风险各项工作，全县经济社会发展取得了好于以往、好于预期的明显成效。

一是经济增长好于预期。牢固树立和贯彻新发展理念，加强对经济工作的领导，全县经济保持了稳中向好的发展态势，稳的基础进一步巩固，进的势头不断增强，转型发展势能不断蓄积。全县 GDP 完成 66.7 亿元，增长 5.5%；规模以上工业增加值增长 4%。特别是三次产业结构不断优化，服务业增加值在 GDP 中占比由 2016 年的 33.6%提高到 35%，服务业对 GDP 增长的贡献率达到 42.8%。

二是转型综改扎实推进。我们坚持把供改与深改结合起来，进一步推动实体经济转型升级，全力构建现代产业体系。以推进农业供给侧结构性改革为主线，全面加快农业提质增效。在严重干旱的情况下，粮食总产量达到 8417.7 万公斤，较上年增长 3.5%。新认证地理标志农产品 1 个、绿色农产品 4 个，农民专业合作社发展到 614 个，农产品加工业销售收入完成 4.3 亿元，畜牧业总产值完成 5.6 亿元。全面促进工业经济转型升级，加快新旧动能转换。申报省级经济技术开发区工作取得积极进展，汉和中兴集团 2 万吨机床铸件加工项目投产运行，年产 20 万吨玄武岩纤维岩棉制品项目、240 万吨球团建设项目、国电投 100 兆瓦风电项目、青岛奥博能源电力有限公司光伏生产基地等项目开工建设。加快推动文旅产业发展，成立平型关景区管委会，组建繁峙县憨山文化旅游开发有限公司，平型关景区、大智镜圆景区、灵岩山景区开发建设加快推进。

三是项目建设持续发力。始终秉承“抓项目就是抓发展”的理念，专门成立项目推进领导组，全面推行集中联审联批和跟踪服务相结合的服务机制。2017 年繁峙县共实施 157 个重点工程项目，有 54 个项目竣工投产；固定资产投资完成 40.27 亿元，增长 7.5%。10 个省市重点项目，完成投资 18.87 亿元，占年度计划投资的 103%。市考核繁峙县的新开工 2 亿元以上重大产业项目共 12 个，完成投资 12.58 亿元。招商引资共签约项目 25 个，总金额 60.38 亿元，完成任务的 120.8%。

四是脱贫攻坚再战再胜。坚持以脱贫攻坚统揽经济社会发展全局，把精准贯穿于扶贫和脱贫全过程，识别和退出更加准确真实，产业扶贫“五有目标”基本实现，整村搬迁破题克难，政策兑现落实到户到人，干部帮扶精准到位，以较扎实的工作基础接受了全省组织的脱贫成效考核第三方评估，脱贫攻坚实现再战再胜目标。2017 年实现 34 个村退出，完成任务的 113%；15834 人脱贫，完成任务的 106%。

五是生态环保力度加大。坚持把生态建设、绿色发展放在突出位置，认真落实环境保护主体责任，持续开展“铁腕治污”行动，全力处置环保突出问题。对中央环境保护督察组、省环保督察组、省强化督察组交办转办的问题进行了认真调查整改。全面开展大气、水、土壤污染防治专项行动，主要污染物排放，超额完成市下达任务，全年优良天数达到 332 天，占到全部监测天数的 91%；滹沱河源头断面、青羊河出境断面水质稳定达到省下达的三类和二类水质标准。持续加强生态绿化，新增绿化造林 4133.33 公顷，全市造林绿化现场推进会在繁峙县召开。

六是民生保障全面提升。坚持以人民为中心的发展思想，想方设法补短板、兜底线、保基本，提高公共服务供给水平，努力使发展成果惠及全县人民。紧紧围绕建设教育强县目标，教育教学质量进一步提高。“全面改薄”工程完成年度任务，国家义务教育基本均衡发展县创建通过国家验收；实施初中教育“强腰工程”，大力调整全县中学教育布局，两所高中的龙头示范作用得到进一步发挥。提高卫生保障水平，扎实推进县乡医疗卫生机构一体化改革试点工作，繁峙县人民医院医疗集团挂牌成立；实施人民医院门急诊综合楼、妇幼计生大楼等医疗基础设施工程。进一步促进就业和加强社会保障，城乡居民充分就业，各类社会保险实现全覆盖，困难群众实现应保尽保和有效救助。

二、2018 年全县经济工作部署

2018 年全县经济工作的总体要求是，全面贯彻党的十九大精神，以习近平新时代中国特色社会主义思想为指引，加强党对经济工作的领导，坚持稳中求进工作总基调，坚持新发展理念，按照高质量发展的要求，统筹推进“五位一体”总体布局和协调推进“四个全面”战略布局，坚持把深化供给侧结构性改革与深化转型综改试验区建设结合起来，作为经济工作的主线，全面实施“1661”发展战略，以脱贫攻坚统揽经济社会发展全局，在打造资源型经济转型发展“示范区”、能源革命“排头兵”、内陆地区对外开放“新高地”三大目标上迈出新步伐，在打好精准脱贫、污染防治、防范化解重大风险三大战役上取得重大成效，全力推进质量变革、动力变革、效率变革，扎实抓好稳增长、促改革、调结构、惠民生、保稳定各项工作，促进经济社会持续健康发展。

县委综合考虑，2018 年全县地区生产总值增长预期目标为 6.5%，固定资产投资增长 10%以上，社会消费品零售总额增长 7%，一般公共预算收入增长 7.2%，城镇常住居民人均可支配收入增长 6%，农村常住居民人均可支配收入增长7.5%以上，城镇调查失业率和登记失业率分别控制在6%、4.2%以内，全面完成省市下达的各项约束性指标任务。

这些主要经济指标是各个部门经过科学测算，县委审慎研究确定的，是经过努力完全可以实现的，有些指标还可以完成得更好一些。各级各部门一定要咬定目标，细化任务，明确责任，确保完成年度目标任务。

全面贯彻落实好中央、省委、市委经济工作会议精神，认真做好2018年全县经济工作，我们要把握好四个方面的原则要求：

一是坚持稳中求进的工作总基调。中央经济工作会议明确提出，“稳中求进工作总基调是治国理政的重要原则”，要求把“稳”和“进”作为一个整体来把握。稳中求进也是做好经济工作的方法论。要巩固“稳”的基础，增强“进”的动能，如果不稳，就是冒进。经济再发展，如果风险防控不住，一切就会功亏一篑。除了安全生产，还有其他的社会风险点，例如政府债务、民间融资、环境污染、医药食品、防灾防疫、信访维稳等领域的风险，容不得半点疏忽。我们就是要真正把稳中求进的总基调贯彻到经济社会发展的方方面面，在经济增长、社会就业、社会大局上求“稳”，在结构调整、方式转变、改革开放、质量效益、人民生活上求“进”。

二是坚持把转型发展作为经济工作的主攻方向。繁峙县以铁为主的传统产业受政策和市场双重挤压，结构占比在逐年下降，发展动能由强转弱，支撑全县经济基本面的作用在逐步减弱，发展新产业、培育新动能成为当务之急。建设转型综改示范区是党中央赋予山西的重大历史使命，也是繁峙经济工作的主攻方向，我们必须把深化供给侧结构性改革与深化转型综改试验区建设结合起来，坚定不移推进转型发展。要发挥省级经济技术开发区的牵引作用，引进新上一批转型项目。要大力推动以矿产业为代表的传统产业转型升级，把优势产业做新做精做优。推动新技术、新产业、新业态加快成长，做大高技术产业、现代服务业等新兴产业集群，打造动力强劲的新引擎。

三是坚持把高质量发展作为根本要求。党的十九大指出，我国经济已由高速增长阶段转向高质量发展阶段。高质量发展，就是能够很好满足人民日益增长的美好生活需要的发展，就是体现新发展理念的发展，就是供给侧结构性改革效果彰显的发展。具体到繁峙来说，就是要真正把提升发展的质量和效益作为中心要务，在结构调整上下功夫，做大一产，做强二产，做优三产。一产要坚持特色化、精细化、功能化方向，积极发展功能农业、旱作农业、生态农业，实现质量兴农、绿色兴农，保持农业稳定增长。二产要以高端化、智能化、绿色化为方向，打造重要的现代冶金制造基地，大力发展新能源、新材料，构建现代工业产业体系。三产要以绿色、健康、安全为方向，大力发展现代服务业和生产性服务业，把文化旅游、现代物流、金融保险、健康养生打造成优势产业。

四是坚持把脱贫攻坚摆在突出位置。脱贫攻坚既是民生问题，也是发展问题，更是政治问题。繁峙县是2018年全市6个脱贫摘帽县之一。我们必须把脱贫攻坚摆在全县工作的突出位置，继续坚持脱贫攻坚统揽统筹的举县机制，采取超常规的举措，拿出最过硬的办法，破釜沉舟、背水一战，把中央和省委、市委关于脱贫攻坚的各项决策部署落实到工作中的每个环节、每个细节，确保脱贫摘帽这项重大政治任务圆满完成。

三、紧盯三大目标，在转型综改上迈出坚实步伐

坚持高质量发展，必须聚焦省委提出的“三大目标”，把牢主线，结合实际，细化落实“三个行动方案”，不断开拓繁峙县转型发展新境界。

（一）建设省级经济技术开发区，在转型项目建设上求突破

资源型经济转型发展示范区建设的主攻方向是构建现代产业体系，我们要以经济技术开发区为载体，以转型项目建设为抓手，坚持扩大产业体量与提升产业质量并重，改造传统产业与培育新兴产业并重，着力优化产业结构，推动实体经济转型升级。

一是延伸产业链条，打造现代冶金制造业基地。繁峙县矿产业虽是全县的支柱产业，但就本身体量和质量来看，仍然规模不大、链条不长，必须继续做大做强。要按照打造全市矿业冶炼经济板块的定位，借助省市加大企业技改资金扶持的政策机遇，继续推进技术改造、设备更新和整合重组，全面提升工艺水平，推进技术、产品、业态、管理等创新，进一步扩张规模，延伸链条，推动矿产业向精深加工和成品制造转变，向产业链下游延伸、价值链高端升级，构筑全产业链条及产业集群，不断增强传统产业的竞争力。要关小建大，重点扶持20万吨以上铁选企业改进采选工艺，做大采选业；要推进金矿企业兼并整合，促进产品升级，做大有色金属产业，提高对县域经济的贡献率。要不断延伸产业链条，抓好金程矿业、宝山矿业、神邦矿业等球团项目，鼓励有实力的企业开拓新产品，转型战略性新兴产业。要下决心淘汰散乱污小选场，减轻政府环保安全压力，还人民群众优良生活环境。要把开发区作为打造现代冶金制造业基地的重要承载平台，突出抓好开发区改革创新、基础配套、产业承接、企业培育，努力把开发区打造成为经济发展引领区、新兴产业集聚区、对外开放示范区。要全力抓好现有企业的服务和新企业、新项目的入驻与落地，坚持“一企一策”、精准帮扶，引导企业靠大联强、转型升级、创新发展。

二是发展功能农业，打造小杂粮生产加工基地。按照农业政策从增产导向转向提质导向的要求，把农业供给侧结构性改革作为“三农”工作主线，大力发展功能农业，加快培育农业农村发展新动能，努力促进农业增效、农民增收。要坚持市场导向，继续调优种植结构，在确保全县粮食稳产的前提下，继续调减玉米种植面积，大力发展有机旱作农业，旱地基本农田主要种植特色小杂粮。全县小杂粮、蔬菜、干鲜果、中药材等特色种植业在扩大种植面积的同时，都要抓好质量认证和品牌培育，突出农产品的安全、可追溯和地域特色，抓实农产品标准化生产、品牌建设，重点抓好“13大特色种植基地”建设和“三品一标”认证，努力打造以精细农业为特色的农副产品供应基地。要高度重视加工转化，做强农副产品加工业，全力实施好特色杂粮、中药材、有机稻米、蔬菜等农副产品深加工项目。特别是要适应消费需求升级的趋势，大力发展功能农业，开发高附加值功能性食品，叫响“繁峙大杏”“繁峙黄米”“繁峙胡麻油”“繁峙豆制品”北芪羊肉、富硒杂粮、有机稻米、黄花菜等地域特色农产品品牌。推进农村电商发展，支持农产品电商平台和乡村电商服务站点建设。大力培育农业龙头企业、专业合作社、种养大户等新型农业经营主体，探索个体农户与现代农业发展充分衔接的有效途径，推进每个农户与现代农业有机衔接，

让农民充分参与和受益。

三是依托佛教和长城品牌，打造文旅支柱产业。省委、省政府下决心要把文化旅游业打造成战略性支柱产业，为我们加快文化旅游融合发展提供了政策利好。我们要抓住省市全域旅游示范区建设的良好机遇，把繁峙县旅游产业有机融合到全域旅游的骨架之中，争抢全省旅游大发展的红利。省里确定打造黄河、长城、太行三大板块，我们县结合实际，重点是打好五台山、长城两张牌，深入挖掘佛教文化、关隘文化、城堡文化资源，融入太行旅游板块。要针对繁峙县旅游项目大多为政府主导打造的实际，大力推进旅游项目开发的市场化、专业化运作，核心是要引进实力强、业绩好的运营商参与经营。要加快重点景区建设，继续全力推进平型关景区、大智镜圆、灵岩山景区等重点旅游项目。要以传统村落保护和农村特色风貌整治为契机，大力发展乡村旅游，以村为单元编制专项规划，突出生态特色、地域特色，培育一批乡村旅游示范点。有条件的村都要立足自身优势，突出“乡村游”“特色游”“农家乐”等主题，大力发展休闲度假、农耕体验等有特色、叫得响的乡村旅游项目，要加快推进茨沟营、韩庄、公主等乡村旅游项目。要继续推进伯强红色旅游，实施毛主席路居纪念馆基础设施配套工程建设，高标准、专业化进行布展，同时，推进漂流、滑冰等夏季、冬季旅游项目，打造红色乡村旅游的新亮点。

四是围绕“转型项目建设年”，培育转型发展新动能。省委、省政府确定2018年为转型项目建设年。我们要按照省、市相关部署，充分发挥经济技术开发区建设的支撑作用，抓紧建设一批全局性、基础性、战略性、牵引性强的优质项目，让新材料、新能源、现代农业和现代服务业成为转型发展的新引擎。全县上下要紧紧围绕产业转型上项目，围绕产业转型抓招商，强化要素保障，压实目标责任，凝聚工作合力，优化建设环境，着力解决项目建设进度慢等问题，形成转型升级的蓬勃势头和强劲动力。2018年要积极谋划一批优质项目，策划包装推进一批可行性强的重大项目，抓好计划投资216.8亿元的170个项目的开复工和建设，特别是抓好总投资106亿元的69个传统产业改造升级项目、总投资33.9亿元的7个新兴产业项目和总投资11.8亿元的7个科技创新项目，通过一批转型项目的实施，为培育新动能和实现高质量发展夯实基础。

（二）大力发展新能源，建设清洁能源生产基地

繁峙县新能源产业从无到有，从有到强，呈现出蓄势待发、蓬勃发展的良好势头。我们要围绕争当能源革命排头兵的目标，按照建设新型能源基地的定位，促进新能源产业提质发展，到2020年使新能源产业增加值在GDP中占比达到15%以上。

一是加快风电基地建设。要抓住省里推进晋北千万千瓦级风电基地建设的机遇，进一步加强繁峙县风电基地规划建设管理工作。特别是依托繁峙县风能资源优势，继续大力引进国内大型风电企业来繁峙县布局风电项目。要加快推进国电投繁峙云雾峪三期100兆瓦风电项目、乔家窑100兆瓦风电项目建设。要创新新能源应用模式，全力推进国电投繁峙县200兆瓦清洁能源供暖这一省级试点示范项目建设。在推进三个风电项目建设的同时，依托风力资源、企业前期准备情况优中选优，再筛选上报一批新的风电项目，与企业共同努力，年内再争取审批2-3个100兆瓦以上的风电项目。

二是推进光伏全产业链发展。推进光伏产业发展对于繁峙县脱贫摘帽，抢占未来发展制高点具有重大意义。要将光伏产业作为繁峙县“十三五”发展的一个重点产业，合理制定发展目标，编制发展规划，加大已开工建设项目的推进力度，按时完成117个村级光伏电站和30兆瓦集中式光伏电站建设项目，分步式户用光伏电站要抓住机遇，最大化发展。要积极发展光伏全产业链，在着力打造光伏发电基地的同时，重点抓好与青岛奥博能源电力有限公司合作建设的太阳能电池组件生产线项目。

三是推进输变电配套工程建设。2018年省里要用好发电权交易改革办法，增加清洁能源外送，为繁峙县风电、光电场的并网发电提供了机遇。我们要全力抓好滹源220KW变电站项目建设，确保满足风电、光伏发电基地各规划风电场的并网需要。同时，要着手开展大型新能源基地建设对电网发展要求及其应对措施的研究，县发改局要提出配套电网布点及建设规划，为清洁能源外送创造条件。

（三）构建“新高地”，打造对外开放“东部门户”

繁峙县是面向京津冀及雄安新区开放的忻州东部门户，我们要把握新一轮开放的机遇，转变观念，善于借力发展，以开放促发展、促转型。

一是树立强烈的开放意识。开放的发展首先需要开放的意识。繁峙县位于内陆地区，多年来形成的内陆心态和陈旧观念严重束缚着开放的步伐。当下，区位已不再是开放的决定性因素，关键看开放的观念和能力。站在新的历史发展起点上，我们必须牢固树立开放意识，摒弃内陆心态；要眼睛向外，克服长期形成的资源型地区眼睛向内的习惯，以更加宽广的视野和开放的心态推进各项工作。尤其在转型发展中要树立开放的思维方式，突破传统的思维模式，主动“走出去”，寻找合作伙伴，引进现代企业管理模式，以开放的理念和开放的胸怀，在更高的层面、更大的空间实现更高质量的发展。

二是积极主动融入国家开放大战略。实现开放发展，就是要积极融入国家开放大战略。近年来，国家实施“一带一路”战略，推动京津冀协同发展、雄安新区建设，省里正在积极争取开展国家低空空域管理改革试点，这为我们争取项目投资、扩大对外开放、加快产业发展带来了新的机遇。我们要充分整合优势资源，全面加强战略对接，深度融入国家和省里的发展战略，坚持引资引智引技，承接产业转移，进一步培育发展新动能，开拓发展新空间，打造对外开放新高地。

三是培育外向型“新主体”。近年来，我们在培育外向型经济市场主体方面取得突破性进展，要继续积极实施外贸主体培育工程，用足用好进出口信贷等支持政策，进一步扩大中兴华德联铸有限公司配重产品和繁峙万锦肉牛、晋绣坊刺绣的影响力和竞争力，继续开拓国内外市场，扩大出口份额，增加企业的对外知名度。要做大做强小杂粮、脱水蔬菜、畜禽产品等出口品牌，组织县内企业参加广交会、农博会等国内外知名会展，加强产品推介，促进出口对接。2018年要帮助绿源亨通、润隆食品有限公司、恒鑫盛粮食收购等企业自主出口，培育更多的外向型经济主体。

四是进一步扩大招商引资。繁峙这些年的发展得益于招商引资，但客观来看，最大的短板也在招商引资。要紧紧围绕开放发展，以更大的力度抓实招商引资。组织绘制

《繁峙县重点产业招商地图》，提高招商精准度。大力开展产业链延伸招商、园区招商、小分队招商、专业招商、委托招商、回归招商，提高招商引资实效。要建立健全招商引资考核办法，突出考核项目资金到位率、项目落地开工率，项目对财税、就业等的贡献率，重奖招商引资功臣。要组织开展有影响、有声势、有实效的招商活动。要全程服务招商，进一步完善招商引资责任制，建立“引进—落地—投产—帮扶”全过程服务机制，对招来的每一个企业、每一个项目，引进的每一笔资金，都要跟踪问效，一包到底，确保前期项目能签约，签约项目能落地，落地项目早开工。要优化营商环境，推行企业投资项目承诺制，深化“放管服”改革，推进“证照分离”改革，全面推行网上审批和并联审批，进一步优化投资环境。

四、聚焦短板，在打好“三大战役”上取得突破性进展

打好“三大攻坚战”，这是实现共享发展的必然要求，是社会稳定的“压舱石”，必须抓实抓好、抓出成效。

一是以打好脱贫攻坚战为基础性工作促进乡村振兴。关于脱贫攻坚工作已经作了专门部署，我们就是要紧盯脱贫摘帽目标，扎扎实实组织实施好 30 个专项行动。要压实责任，拧紧螺丝，工作倒排，问题倒查，考核倒逼，靠过硬作风和高强本领真抓实干，以钉钉子精神全面推进脱贫攻坚各项工作落地见效。党的十九大首次提出“实施乡村振兴战略”，既体现了中央对“三农”工作的高度重视、对广大农民的深切关怀，也体现了中央坚持问题导向的深谋远虑和对农业农村工作定位的再思考。我们要抢抓国家战略契机，坚持农业农村优先发展，科学制定乡村振兴实施方案，稳步推动乡村建设。结合脱贫攻坚任务，当前重点是抓好美丽乡村建设，全面实施农村建设提质升级行动，全面开展以“一整、二清、三改、四化、五治”为重点的农村环境整治，打造一批美丽乡村示范村。要加强农村道路、安全饮水、电网改造、光纤入户等基础设施建设，补齐农村公共设施、公共服务等方面的短板，全面改善农村人居环境。

二是打好生态环保攻坚战。高质量发展，是人与自然和谐共生的发展。环境治理工作是一个动态的过程，要增强打持久战的意识，久久为功，驰而不息，铁腕治污、依法治污、科学治污，坚决补上环境污染治理短板。要持续打好大气污染防治攻坚战，以烟尘、扬尘防治为重点，积极实施北方地区冬季清洁取暖五年规划，在县城禁燃区实施新能源改造工程；统筹推进燃煤治理、机动车尾气治理和工业企业污染治理，继续开展“铁腕治污”专项行动，突出抓好“散乱污”企业整治，加强砖瓦企业监管，切实减少大气污染物排放，确保县城区空气质量优良天数达 330 天以上，空气质量优良率 90%以上。要深化水污染防治攻坚，全面落实河长制，加快推进境内主要流域生态综合治理，重点实施滹沱河砂河段滹沱河源头生态修复治理工程，以及赵庄河流域生态治理工程，进一步改善县城、砂河人居环境和空气质量。要全面启动土污染防治工作，以恢复、修养土壤环境为要务，着力治理土壤面源污染和持久性有机物污染。要持续加强林业生态建设，大力实施退耕还林、生态修复、经济林提质等生态工程，坚持保质量、提效益，年内再完成植树造林 2800 公顷。要加强与五台山森林管理局的合作，全面实施砂台路生态造林工程，打造旅游景观大道。要把管护提上重要日程，完善制度、健全机制，落实责任，进行严格的考核奖惩。要严格落实环境保护责任制，强化属地管理职能，落实部门行业管理职能，加强配合协同，完善工作机制，形成工作合力。

三是打好防范化解重大风险攻坚战。中央将防范化解重大风险作为三大攻坚战的首要战役。我们要坚持底线思维，凡事从最坏处打算，向最好处努力，抓好重点领域风险防范化解工作，防患于未然，坚决不让小问题演化为大风险。要确保财政平稳运行，加大政府债务化解力度，进一步摸清底数，逐步消化存量，树立长期过紧日子思想，除保工资、保运转、保基本民生之外，努力压减一般性支出，年度财政预算要安排必要的化解债务支付，进一步降低债务率。要严格控制债务增量，不断强化预算约束，进一步推进政府重大项目投融资改革创新，从严把好关口，坚决不搞超出承受能力的工程，同时要善于走“合规正门”，创新融资模式，严格依法依规举债，坚决防止引发新的债务风险。要加强地方金融风险管控。当前，繁峙县同全省一样，金融风险总体可控，但也存在一些突出问题，个别金融部门贷款不良率较高，贷款发放不规范，有的甚至内外勾结形成呆死账，影响金融企业正常运行。我们要坚持地方政府属地管理，按照促进形成金融和实体经济、金融和房地产、金融体系内部良性循环的工作要求，加强风险源头管控，依法纠正违法违规金融活动。要加强金融监管，依法查处非法吸收公众存款、集资诈骗、高利转贷等违法违规行为，及时消除非法集资引发重大的社会不稳定隐患。要有效防范社会风险。当前各种社会矛盾和问题交织叠加，各类利益诉求群体数量大、人数多，公共安全隐患点多量大。我们要增强党对社会治理的领导，全面加强社会面防控，及时预防和化解各类群体性问题。

五、全面保障和改善民生，让人民在共建共享中有更多获得感和幸福感

全面推进以人民为中心的发展，坚持在发展中保障和改善民生，既尽力而为、又量力而行，持续加大民生投入，增加保障和改善民生的服务供给，更好满足人民日益增长的美好生活需要。

一是促进居民就业增收。坚持就业优先，实施更加积极的就业政策，突出抓好高校毕业生、有劳动能力贫困人口、农民工、困难群体的就业创业工作，实现更高质量和更充分就业。继续加强公益性岗位就业人员管理与开发，做好就业困难人员的安置工作。要加强劳动技能培训，县劳动部门要既抓培训，又有效促进就业，检验工作成效既看培训数量，又看实际就业人数。要加强与重点项目企业就业岗位培训和就业扶持政策对接，督促用工企业吸纳本地劳动力。积极推进“大众创业、万众创新”，建立就业人员信息库，引导各类人员充分就业、积极创业。

二是办好人民满意的教育。紧紧咬住建设教育强县的目标不动摇，加大改革的力度，加强教育教学质量管理，全面提高办学水平。要实施好“农村幼儿班提升工程”和“农村特色学校建设工程”。根据人口增长规律和城镇化发展进程，科学调整城乡中小学校布局，努力办好农村教学点。认真实施教育质量提升三年行动计划，深入推进全县基础教育课程改革，抓好校长和教师队伍建设，提高教师待遇，充分调动工作积极性。义务教育、高中教育、职业教育的教育教学质量都要有大的提高。教育部门每年要向县委、县政府报告质量提升工作情况，出现滑坡要深入分析原因，人为因素要追究责任。精准推进教育扶贫，严格落实各项资助政策，不落一户、不落一生。

三是提高全民健康水平。落实好医疗、医药、医保各项政策，以标准化村卫生室建设为载体，推进卫生计生基本公共服务下沉，让全县人民群众在家门口就能享受到优质医疗服务。巩固推进县乡医疗卫生机构一体化改革试点成果，突出抓好县医疗集团的科学规范高效运行，建立健全现代医院管理制度，为全县人民提供高质量的医疗卫生服务。加强医疗卫生基础保障，加快县人民医院门急诊综合楼建设，推进中医院、妇幼保健综合大楼尽快投入使用。

四是筑牢社会救助保障网。要充分发挥社会保障在脱贫摘帽中的重要作用，进一步织密社会保障网、完善保障体系。精准摸排确认各类保障服务对象，分类建立数据库，分类保障救助。通过实施全民参保计划，完善社会救助、社会福利、慈善事业、优抚安置等制度，健全农村留守儿童和妇女、老年人、残疾人关爱服务体系，让全县所有困难群众都享受到党和政府的关爱，真正实现社会保障由制度全覆盖到人员全覆盖。

五是守住安全维稳底线。全面落实“党政同责、一岗双责、失职追责”的责任体系，全县各级、各部门要按照“管生产必须管安全、管行业必须管安全”的要求，认真落实各项安全生产措施，压实责任，持续开展隐患排查，强化基层基础工作，确保全县安全生产形势持续稳定。深入推进社会矛盾纠纷排查化解，探索建立多元化纠纷解决机制。不断完善信访工作机制，加强信访法制化建设，认真落实领导信访接待日、重大疑难信访问题领导包案制度，促进信访形势持续向好。完善社会治安防控体系，严厉打击各类违法犯罪活动，推进平安县建设，努力提高群众的安全感。

六、坚持和加强党对经济工作的领导，不断提高促转型促发展的能力和水平

习近平总书记指出，能不能保持经济持续健康发展，从根本上取决于党的领导核心作用发挥得好不好。我们必须增强责任感、使命感、紧迫感，加强和改善党对经济工作的领导，提升驾驭经济工作的能力和水平，为全县经济高质量发展提供坚强保证。

一是切实强化党的领导。做好2018年经济工作，关键在加强党对经济工作的领导，关键在以党建促发展，关键在各级党组织和广大党员干部。全县各级党组织和广大党员干部务必增强“四个意识”，把思想和行动统一到党的十九大精神上来，统一到中央、省委、市委经济工作会议发展思路上来，统一到县委对2018年经济工作的部署上来，锐意进取、埋头苦干，确保各项工作执行到位、有序推进。全县各级党委和广大党员干部要把主要精力集中到经济建设主战场上来，切实把经济工作抓实抓好。要切实加强对经济工作的调度，敢抓敢管、善抓善管，确保每项工作、每个环节不落空、不脱档。

二是切实提升调研谋划能力。调查研究是谋事之基、成事之道。现在我们不少干部都存在一个问题，谋划部署心中无数，推动工作手上无招，调研座谈答不上来，说到底就是缺少学习、缺少研究、缺少责任心。当前发展形势错综复杂，发展任务艰巨繁重，全县各级干部务必提升谋事干事的能力。要加强学习，深入调研，少坐办公室，多到一线听实话、摸实情、出实招，切实杜绝“盲人骑瞎马”的现象，真正做到情况明、底子清、定位准、措施实。要善于谋划，紧扣全县发展大局，找准贯彻落实县委发展思路的切入点，不跑题、不偏向，聚焦聚力、同心同向，切实提高推进工作的精准性和实效性。

三是切实改进工作作风。推进经济社会发展，凭的是真抓实干，靠的是狠抓落实。2018年经济工作任务已经明确，但更多的是点题，如何破题？还需进一步细化、落实。习近平总书记强调，抓落实来不得花拳绣腿，光喊口号、不行动不行，单单开会、发文件不够，必须落到实处。我们要按照中央要求，真抓实干，一抓到底。全县各级各部门要紧扣全年目标任务，把任务落实到项目、分解到人头、量化到时间，确保各项工作都有人抓、有人管。要加强督促推动，2018年对重点工作实行一季一调度、半年一观摩，用结果衡量干部工作成效，以真奖实罚促真抓实干。要坚决打好改进作风持久战，深化落实中央八项规定及其实施细则精神，认真贯彻落实习近平总书记进一步纠正“四风”、加强作风建设重要批示精神，强化监督检查，持续整治“四风”，着力整治执行县委决策打折扣、破坏发展环境以及基层“微腐败”问题，以作风转变推动高质量发展。

繁峙县人民代表大会常务委员会工作报告（节选）

繁峙县人大常委会主任　赵琦

2017年的主要工作

2017年，是党的十九大胜利召开的一年。一年来，县人大常委会在县委的正确领导下，在“一府两院”的积极配合下，在全体代表的支持、监督下，以学习贯彻党的十八大、十八届历次全会、十九大精神为主线，紧紧围绕全县工作大局，认真履行各项职权，先后召开常委会会议7次，主任会议17次，听取和审议“一府两院”专项工作报告12项，作出决议决定2项，审议意见10件，圆满完成了县十六届人大二次会议确定的各项工作任务，为推进全县民主法治建设、促进经济社会持续健康发展作出了积极贡献。

一、更加注重政治引领，在加强党的领导上提升新站位

常委会把习近平新时代中国特色社会主义思想，作为坚持和完善人民代表大会制度的强大思想武器，把坚持党的领导放在首要位置，牢固树立政治意识、大局意识、核心意识、看齐意识，自觉在思想上、政治上、行动上同以习近平同志为核心的党中央保持高度一致，始终做到旗帜鲜明讲政治，努力使人大各项工作都有利于加强和改进党的领导、有利于巩固党的执政地位和执政基础，从制度上、法律上保证党的路线方针政策在人大工作中得到全面贯彻。常委会自觉把贯彻党委决策意图与充分发扬民主、严格依法办事结合起来，重要监督议题、重大事项决定、县乡人大工作等重要问题，都及时主动向党委请示汇报，自觉维护党总揽全局、协调各方的领导核心作用。结合机关“主题党日活动”和“双日双评”，强化常委会党组在人大工作中的政治领导责任，发挥把方向、管大局、定大事、建队伍、保落实的重要作用，对党委作出的各项决策部署及时研究、认真贯彻，保证了人大工作始终与党委中心工作同频共振。认真履行了党要管党、从严治党的主体责任，对常委会及机关党员的思想、作风和制度建设提出要求、作出部署。特别是习近平总书记来山西视察和党的十九大胜利召开后，常委会迅速传达贯彻，学习领会习总书记对山西工作提出的总体要求、五项重大任务和深度贫困地区脱贫攻坚座谈会的讲话精神和习近平新时代中国特色社会主义思想，深入开展研讨交流，统一思想、武装头脑，并就新时代人大工作进行及时安排部署，有力推动人大工作与时俱进、创新发展。

二、更加注重监督实效，在推动我县发展上彰显新作为

常委会按照“站位全局、服务发展、突出重点、讲求实效”的要求，紧紧抓住经济发展新常态下面临的新问题，正确处理监督与支持的关系，进一步提升了监督的针对性、实效性。

严格计划预算审查。常委会密切关注全县经济运行，听取和审议了2017年上半年全县国民经济和社会发展计划执行情况的报告，并作出审议意见，全力支持县政府厚积发展优势，强化要素保障，做强实体经济，统筹抓好稳增长、促改革、调结构、惠民生、防风险各项工作，有力推动了全县经济平稳健康发展。加强对财政工作的监督，听取和审议了县人民政府关于2016年财政预算变更情况和2017年上半年财政预算执行情况报告，强化对部门预算、非税收入的审查监督，切实增强预算编制的合理性和执行的严肃性，推动政府加快建立现代财政制度，更好发挥财政调控经济的杠杆职能。同时，听取和审议了2016年财政预算执行和其他财政收支审计工作情况的报告，督促抓好审计查出问题的整改，充分发挥审计监督职能作用。

力促经济加快发展。常委会高度关注全县经济发展，去年10月，组织全体常委会组成人员和部分省、市、县人大代表，对繁峙县经济技术开发区、大智镜圆文旅开发项目、田源毛驴养殖基地等涉及工业、畜牧业、文化旅游、移民扶贫等7个重点项目进行了集中视察，了解项目建设中遇到的困难和问题，并及时召开了座谈会。针对视察中发现的问题，委员和代表们提出政府及相关部门要抓住机遇，加大支持力度，深入挖掘我县红色文化、佛教文化和民俗文化等18条合理化意见和建议呈报县委、县政府，为扎实推进全县重点工程建设保质保量完成做出了积极努力。

致力保障改善民生。围绕改善民生福祉，常委会听取和审议了县人民政府关于全县卫生事业工作情况的报告，针对全县卫生事业工作存在问题，委员们提出要加强卫生队伍建设，提升基层医疗卫生服务能力、加强村卫生室建设和村医队伍的管理等建议。听取和审议了全县旅游业情况的报告，建议县政府及相关部门要不断创新管理体制，制定好旅游发展工作方案，及时解决旅游发展中的问题。听取和审议了农村饮水安全情况的报告，针对农村供水保障水平低，水源建设和保护压力大等问题，提出要严格落实农村饮水安全相关制度等建议。还听取和审议了精准扶贫、生态建设等多个民生领域的工作报告，并针对存在的问题，提出建议意见，下发了审议意见书，推进相关问题的解决。

人大常委会先后组织了职业教育、农村合作医疗体制改革等工作的视察调研，并提出了合理化建议意见，切实解决了人民群众普遍关心的一些热点难点问题。

周密组织专题询问。2017年是我县脱贫攻坚的关键年，针对脱贫工作中存在的突出问题和难题，人大常委会主任会议提前两个月就安排布置农工委牵头，其他工委配合，深入乡镇、农村开展大调研。10月25日，常委会召开了精准扶贫专题询问会，围绕“农业产业扶贫、教育补贴、危房改造、健康扶贫”等方面，委员们提出了13个问题，县政府副县长孔国红，财政局、农委、发改局等13个部委局室主要负责人针对各自的问题进行了面对面的解答，每个问题解答数据翔实，实事求是。整个会议既是对各行业群众普遍关心问题的政策解读，更是让人民群众充分了解扶贫领域实际存在的困难，加强沟通群策群力的过程。对专题询问中反映突出的问题，县政府及相关部门迅速行动，采取措施，让贫困群众享受到了最现实最直接的实惠，切实推动了精准扶贫工作的整体提质。

加强专项工作调研。按照县委部署，常委会专门组织人员对全县的脱贫攻坚、异地搬迁和退耕还林作了专题视察调研，深入实地，摸清实际情况，提出了切实可行的建议意见。对退耕还林形成了专题调研报告，提出有前瞻性、操作性的意见建议，为县委决策提供依据，推动相关工作的开展。

提高建议办理质量。常委会坚持把督办代表建议意见作为推动“一府两院”工作、促进民生改善、保障代表权利的重要途径，不断完善代表议案建议办理方式，加大督办力度。对县人大第十六届二次大会期间代表提出的36件建议意见，于2017年5月4日，专门召开了人大代表意见建议交办会，向政府及时提交并对办理代表建议的方法、责任、时限提出了明确具体的要求，督促承办单位提高办理质量。并对重点建议实行跟踪督办，推动了代表建议办理由“答复型”向“落实型”转变。

三、更加注重法治建设，在推进依法治理上实现了新突破

常委会主动适应新时代法治建设新要求，致力推动依法治县工作深入开展，积极促进严格执法、公正司法和全民守法，全力维护社会公平正义。

强化法律工作监督。听取审议了县人民法院关于司法改革进展情况和县人民检察院关于刑事执行检察情况的工作报告，加快了司法体制改革的纵深发展，促进司法公正进程，努力让人民群众在每一起司法案件中感受到公平正义，为创优我县法制环境，规范执法，优化法律服务作出了努力。先后组织开展了对《农业法》等7部法律贯彻实施情况的执法检查，针对发现的问题，提出处理意见，要求相关部门及时整改，巩固和扩大了工作成果，促进了法律法规在全县范围内的有效实施，努力为全县经济社会发展营造了良好的法治环境。配合省、市人大三晋环保行“回头看”检查组和“一法一办法”执法检查组在我县开展执法检查活动，全面督促整改了存在的所有问题，并及时向市人大报送了整改情况。高度重视市人大围绕《忻州市五台山风景名胜区条例（草案）》立法和“滹沱河生态环境保护”来我县的三次调研，县人大相关工委负责人陪同到所涉乡镇、山区和周边矿区进行了深入调研，召开了座谈会。当时，五台山风景区管委会起草的《忻州市五台山风景名胜区条例（草案）》存在“规划管理和行政管辖混淆，景区管委会和繁峙、五台两地政府权责不对等”、“景区范围边界不明确，景区管理责任主体不明确，执法权限不明确”等问题。繁峙县人大常委会根据国务院《风景名胜区管理条例》《山西省宗教事务条例》等法律法规，从《条例（草案）》的适用范围、风景区范围边界、重叠区域管理主体和权限、宗教和文物保护、行政执法等方面，有理有据，合理建议，全力争取。并提出了忻州市政府在在五台山风景名胜区的门票收入和风景名胜区资源有偿使用中应给予繁峙县相应的补偿等建议意见。忻州市人大在《忻州市五台山风景名胜区条例》立法时采纳了相关意见。

依法决定重大事项。常委会认真行使重大事项决定权，把县委重大决策及时转化为全县人民的共同意志。一年来，县委、政府坚持以脱贫攻坚统揽经济社会发展全局，把“三农”工作作为重中之重，推动农业农村取得显著成绩。我县贫困人口多，脱贫任务重，常委会在认真调研的基础上，审议通过了《繁峙县“十三五”脱贫攻坚总体规划》和《繁峙县“十三五”易地搬迁规划》两个规划，为全县脱贫攻坚规划了蓝图，提供了依据，有力地支持了全县的脱贫攻坚工作。

依法行使人事任免。按照党中央要求和全国人大常委会决定，及省、市、县委改革试点方案要求，积极为监察体制改革提供法治保障，在第十六届人大二次会议上，选举产生了县监察委员会主任一名，在第五次常委会上任命了县监察委员会副主任 2 名、委员 4 名，为监察体制改革提供了坚实的组织机构保障，迈出了监察体制改革工作坚实的一步。正确处理党管干部与人大依法任免国家机关工作人员的关系，健全完善人事任免办法和程序，落实任前法律知识考试、拟供职发言、颁发任命书、宪法宣誓等制度，进一步增强了被任命人员的宪法意识、法律意识、人大意识、责任意识和公仆意识。一年来，先后任免国家机关工作人员 15 人次，保证了国家机关的正常运转。

做好备案审查和人大信访工作。一年来，常委会积极开展规范性文件备案审查的各项工作。统一整理存档了 2013 年以来收到报备的 25 件规范性文件，其中 2017 年度，共收到县人民政府报备的规范性文件 4 件，县人大常委会报备的规范性文件 2 件。切实做到了有件必备、有备必审、审查必严。常委会高度关注基层群众呼声，不断加强人大信访工作。2017 年，共接待处理了群众来信来访 20 件、46 人次，依法及时向“一府两院”进行了交办、转办和督办，妥善处理群众反映的一些信访问题，化解了矛盾，促进了社会和谐稳定。

四、更加注重代表工作，在发挥代表作用上推出了新举措

常委会始终把加强代表工作作为履职基础，尊重代表主体地位，加强和改进服务保障，代表作用得到进一步发挥。

提升代表履职能力。在高度重视代表培训工作的基础上，常委会为全县的省、市、县人大代表订送《山西人大》《人民代表报》等刊物和《繁峙人大》内部交流资料，既开拓了代表的视野，又提升了代表的履职素质。去年，共组织开展代表小组活动 14 次，先后邀请 30 名代表列席常委会会议，106 名代表参加视察调研、执法检查活动和旁听法院庭审。鼓励代表积极参加各种社会、政务活动，依法保障了代表的参与权、知情权。

搭建代表履职平台。2017 年，县人大常委会有关领导先后去吕梁市孝义、交口，朔州市右玉和内蒙古自治区固阳县进行了学习、考察、交流，回来后，针对我县人大创新精神不足、代表活动激情不高、履职平台缺乏等问题，及时向县委孔书记作了汇报。在县委、政府的大力支持下，常委会贯彻落实上级关于加强基层人大工作的精神，召开了全县“关于加强县乡人大代表工作的安排部署会”。根据“就近就地、便于联系选民、便于组织活动”的原则，筹备每个乡镇建立一个高标准的“代表之家”活动室，以充分发挥代表在闭会期间的作用。目前繁城镇、砂河镇、大营镇、东山乡、杏园乡、柏家庄乡6个乡镇的活动室已全部建成。今年其余7个乡镇和机关代表团的“代表之家”活动室也要全部建设好，实现代表履职平台全覆盖，为创新代表活动方式，全面形成闭会期间联系代表工作的常态化、制度化奠定了基础。根据中央、省、市关于加强基层人大工作精神的要求，乡镇人大要有专职人大工作人员。目前部分乡镇已经做了安排，今年要全面推动此项工作，使每个乡镇都有专职人大工作人员，让县乡（镇）人大机构建设得到加强，履职能力和工作质量得到提升。

全力助推脱贫攻坚。县人大常委会把精准脱贫工作作为一项重要的政治任务来抓。常委会主任、副主任按照县委、政府的工作安排和分工，坚持常年亲临扶贫一线，及时了解所包乡镇、村庄的扶贫工作开展情况，为帮扶工作谋划全局，把握方向。县人大办作为柏家庄乡北辛庄村、仲沟村的帮扶单位，积极与水利部门联系，勘察立项，项目资金不足部分用人大代表的捐款，为北辛庄村新建100立方米的人畜饮水池一座。充分调动全体干部职工的积极性和主动性，全面落实帮扶责任，形成脱贫攻坚的强大合力。

常委会密切关注群众所思所想、所忧所盼，组织全县各级人大协同推进脱贫攻坚，引导各级人大代表在脱贫攻坚主战场主动作为。2017年初，人大常委会召开“助推脱贫攻坚·人大代表在行动”主题活动动员会。5月2日，常委会又相继召开人大代表“结对帮扶贫困户”活动动员会。一年来，市代表帮扶24户，县代表帮扶320户，乡代表帮扶1220户。自活动开展以来，各级人大代表积极参与，利用他们与人民群众联系最直接、最广泛的优势，采取多种形式，努力发挥各自的表率作用。机关代表能在扶贫政策上做到最专业的宣传；专业技术人员代表在产业扶贫上会诊把脉，深入贫困村传授实用技术，增强“造血”功能；生产一线代表能在深化农村经营体制改革，创办领办专业合作社，推广现代生态农业等方面积极示范带头，引领贫困户共同发展；企业家代表更能主动承担社会责任，为贫困户拓展就业和增收创造条件。

五、更加注重自身建设，在提升履职能力上进行了新探索

常委会及机关主动适应新时代新要求，始终把自身建设摆在突出位置，大力推进思想、作风、制度建设，不断提高依法履职能力和服务保障水平。

抓学习强素质。常委会坚持把思想政治建设放在首位，结合“双日双评”学习教育活动，通过每周一的机关学习会、常委会会议、支部学习会等行之有效的方式，组织常委会组成人员和机关干部职工系统深入地学习党的十九大精神和习近平新时代中国特色社会主义思想，系统学习宪法、法律和人大业务知识，切实做到视察调研先学法，讨论问题不离法，行使职权依据法，作出决议符合法。

抓作风提效能。认真贯彻习近平总书记关于进一步纠正“四风”、加强作风建设重要批示精神，严格遵守中央“八项规定”，进一步加强党风廉政建设。认真落实全面从严治党的各项工作，深入开展“两学一做”学习教育活动，切实增强“四个意识”。紧紧围绕全县发展大局，围绕常委会会议议题，围绕社会普遍关注的热点难点问题，深入开展调查研究，为县委科学决策和人大依法履职提供了重要参考。

抓制度促规范。坚持从严从实立规矩，

先后修订完善并审议通过了《人大常委会议事规则》《主任会议议事规则》《代表建议、批评、意见督促办理办法》《讨论通过重大事项规定》等10个工作制度，常委会党组重新制定了12个党务工作制度和8个机关工作制度，逐步形成较为完善的制度体系，保证常委会各项工作依法规范运行，极大地提高了人大工作制度化、规范化、科学化水平。

抓宣传树形象。采取多种形式，加强人大宣传工作，巩固人大宣传阵地，在继续认真办好人大网站、发行《繁峙人大》内部资料（半年一期）的基础上，印发《人大信息》20期，组织了“助推脱贫攻坚·人大代表在行动”的采访宣传活动，并且首次编写《繁峙人大履职实录》，进一步宣传了人大制度、传递了人大声音、展示了人大风采，扩大了人大工作的社会影响力。

抓组织强机构。根据中发（2015）18号、晋发（2015）24号文件关于进一步加强县乡人大工作和建设的实施意见要求和2017年骆惠宁书记《在推进县乡人大建设会议上的讲话》精神，县委高度重视，县编委认真落实、安排部署，人大常委会工作机构得到及时加强。县人大常委会新增设常委会人事代表工作委员会，使人大原有的“一室四委”增加为“一室五委”。同时，新增设了人大法制、财政经济两个委员会，新增设了事业编制的人大办信息中心，使县人大机构建设得到全面加强，履职能力和工作质量得到提升。

2018年的主要任务

2018年县人大常委会工作的总体要求是：以习近平新时代中国特色社会主义思想为指导，深入学习贯彻党的十九大精神，全面贯彻落实全国“两会”精神，特别是习近平总书记在全国人大十三届一次会议上的重要讲话精神，全面贯彻落实县委第十三届四次全会和经济工作会议精神，紧紧围绕全县工作大局，不忘初心、牢记使命，依法履职、担当作为，以习总书记提出的“脱贫攻坚作风建设年”推进“工作机关和代表机关”优良作风建设，为实现全县整体脱贫摘帽，建设美丽、幸福新繁峙作出新的更大贡献。

一、坚持党的领导，把牢政治方向，切实增强制度自信

人民代表大会制度是坚持党的领导、人民当家作主、依法治国有机统一的根本政治制度。人大工作作为党的工作重要组成部分，必须以党的旗帜为旗帜，以党的方向为方向，以党的意志为意志，自觉向党中央看齐、向习近平总书记看齐、向党的路线方针政策看齐，在政治立场、政治方向、政治原则、政治道路上，始终同以习近平同志为核心的党中央保持高度一致，牢固树立“四个意识”，不断增强“四个自信”，坚决贯彻中央和省委、市委、县委的决策部署，紧紧围绕县委确定的中心任务，不断提高政治站位和政治能力，切实把坚持党的领导贯穿于人大依法履职全过程，体现在人大工作各方面，使人大工作始终在党的领导下不断向前推进。

二、坚持围绕中心，履行监督职能，全力服务全县经济社会发展

加强对经济运行和财政预算工作的监督，听取审议县人民政府2017年财政预算变更情况、2018年上半年财政预算执行情况、2018年上半年国民经济和社会发展计划执行情况的报告，积极发挥财政经济委员会的职能，全面推进预算联网监督。加强审计监督，听取审计查出问题整改情况的报告，不断强化审计监督职能作用。加强跟踪监督，听取相关工作报告，并进行满意度测评。加强民生领域监督，听取和审议县人民政府关于全县交通秩序管理、社区矫正、高中教育发展、文物保护、行政村变更情况、“四好农村路”建设等工作情况的报告。加强经济工作监督，推动贯彻落实新发展理念。听取审议全县关于扶贫、畜牧业发展、工业经济发展和信息化建设工作情况的报告。

回应关切重点监督，以“实效人大”保障人民安居乐业。对全县人民普遍关注的乡村振兴、生态环境保护、危房改造等重点工作，要组织省、市、县人大代表进行集体视察，开展“防污治污攻坚战”专题询问会。并对全县基层派出所建设、学前教育发展、电价执行情况进行专题调研，保障人民安居乐业、社会安定有序，使人民群众的获得感、幸福感、安全感更加充实、更有保障、更可持续。

三、坚持法治理念，营造法治环境，扎实推进依法治县

加强司法监督。听取和审议县人民检察院法律监督（审判工作和刑侦工作）情况的报告。听取和审议县人民法院关于刑事审判工作情况的报告。同时，要以推动法律法规实施为重点，组织开展对《消防法》《养老保险法》《传染病防治法》《药品管理法》《动物防疫法》《种子法》《森林法》《山西省安全生产条例》贯彻执行情况的执法检查，督促相关部门依法履职尽责，不断提高我县依法治理能力和治理水平。依法监督、支持县监察委员会全面履行监察职能，实现对所有行使公权力的公职人员监察全覆盖。做好规范性文件备案审查工作，切实维护法制的统一和尊严。加强和改进人大信访工作，努力维护人民群众的合法权益。健全依法决策机制，认真落实并不断完善人大讨论决定重大事项制度。坚持党管干部与人大依法任免的有机统一，维护人大人事任免工作的严肃性和权威性。

强化立法调研。2017 年 6 月 22 日，忻州市人大常委会把繁峙县作为全市首批基层立法联系点并举行了授匾仪式。2018 年，县人大常委会要高度重视立法工作，秉承“绿水青山就是金山银山”的理念，处理好当前与长远的关系，既要保护人民群众的切身利益，维护好企业的发展，又要立足于滹沱河的生态修复与保护，精心组织，制定调研方案，力求掌握全面系统的第一手资料，结合我县的发展思路，主动参与，认真分析研究，开展好《忻州市滹沱河流域生态修复与保护条例（草案）》的立法调研工作，为我县今后绿色发展奠定良好法律基础。

四、坚持服务大局，助推脱贫攻坚，全面贯彻落实县委决策

2018 年是我县脱贫攻坚摘帽年。全县仍然有 132 个贫困村 24284 名贫困人口。时间紧，任务重，唯有撸起袖子加油干。县人大要坚决贯彻落实县委脱贫攻坚的决策部署，主动作为，履行好人大职责，发挥好代表作用。一是在监督检查上下实功夫。除听取和审议政府关于脱贫攻坚工作情况的报告外，2018 年要围绕职能部门服务脱贫攻坚专项工作，如异地搬迁、整村提升、土地增减挂钩等进行专项督查，有力督促脱贫攻坚任务的推进和重点任务的落实。此外，要围绕金融扶贫开展深入调研，加大金融扶贫力度。对扶贫资金的使用和管理，要加强监督，提高扶贫资金使用绩效，使“好钢用在刀刃上”。二是在服务脱贫攻坚上做好文章。认真落实县委“两代表一委员”结对帮扶的要求，继续深化“助推脱贫攻坚·人大代表在行动”活动，制定《繁峙县开展“聚力脱贫攻坚四级人大代表在行动”活动方案》。把全县的省、市、县、乡四级人大代表分成13个活动小组，充分发挥乡镇人大“代表之家”的职能作用，组织引导四级人大代表广泛开展以“开展一次政策宣传、为群众办一件实事、提一条脱贫建议、参加一次评议活动、确实帮扶一户贫困户”为主要内容的“五个一”活动，全力为脱贫攻坚服好务。三是在包村帮扶上勇挑重担。要充分调动全县的市、县人大代表中企业家代表助推脱贫攻坚的积极性，以“活力人大”开创扶贫工作新格局。通过“一企帮一村”的形式帮扶贫困村，在全县范围内掀起“百企帮百村”的脱贫攻坚新高潮。常委会五位主任要在原来帮扶一个村的基础上，再从所包乡镇选择一个贫困村进行帮扶，要深入调研，为脱贫把脉，想办法找门路，牵线搭桥，扶持支柱产业，破解村集体经济发展难题，切实提高贫困户收入，确保贫困户真正脱贫。要号召各级人大代表人人参与，帮扶工作，主动融入，积极作为，全力推进和服务全县脱贫攻坚战略行动，切实在脱贫攻坚征程中以实际行动发好“人大声音”，讲好“人大故事”。

五、坚持强基固本，发挥主体作用，努力建设代表机关

人大代表是人民代表大会的主体，是人大工作的力量源泉，肩负着严肃的政治责任。要以保证人民当家作主为根本，切实强化为代表服务的理念，全力支持和保障代表依法履职，着力提升代表工作整体水平。今年要采取“走出去请进来”的方式，全面加强代表履职的培训力度，重点抓好常委会组成人员和代表活动小组组长的培训，促进人大代表和人大工作者提升政治素养、增强履职能力。注重发挥一线代表和专业代表作用，邀请代表列席常委会会议，组织代表参加常委会的执法检查、专门委员会的有关会议和活动。完善人大代表联系人民群众制度，引导代表深入基层一线，联系群众促和谐，立足本职作贡献，争做政治坚定的明白人、社会进步的带头人、社情民意的代言人、乐于奉献的热心人、遵纪守法的正派人。健全完善代表建议办理“四方协商”机制，强化过程管理和集中督办，不断提高建议办结率和代表满意率。

六、坚持能力建设，练就过硬本领，持续提升履职水平

深入学习贯彻党的十九大精神和习近平新时代中国特色社会主义思想，扎实开展“不忘初心、牢记使命”主题教育，用党的创新理论武装头脑，切实做到忠诚核心、服务中心、紧贴民心。认真履行党要管党、全面从严治党的政治责任和主体责任，切实加强常委会及机关党的建设、党风廉政建设各项工作，持续打造良好的政治生态，始终做到忠诚、干净、担当。加强作风建设。自觉树立“监督者更要接受监督”的意识，带头遵规守纪，严格落实中央八项规定精神及相关实施细则，驰而不息纠“四风”，锲而不舍转作风，久久为功树新风。人大视察调研要深入基层、深入一线，查实情、拿实招，推动解决实际问题，树立常委会良好形象，努力打造务实高效、担当作为、开拓创新、清正廉洁的工作机关。加强能力建设，积极适应治理能力现代化和法治繁峙建设新需要，着力培养常委会组成人员和机关工作人员的专业素养、专业精神，进一步增强运用法治思维、法治方式开展人大工作的自觉性。加强县人大各专门委员会能力建设，健全工作制度，明确职责要求和履职程序，不断提高人大工作的科学化、制度化、规范化水平。

进一步改进人大宣传工作。创建繁峙人大微信公众号，按照省人大“推进人大机关信息化建设”的要求，继续做好人大信息的采编、收集、宣传工作，逐步完善人大信息库建设，加快人大信息化建设步伐。要认真做好《经典繁峙》的征编工作，作为对十九大开局之年和改革开放四十周年的献礼，为大力塑造繁峙形象、增强文化自信和自豪感，提升竞争软实力，助推繁峙经济发展和社会全面进步贡献力量。要加强对乡镇人大工作的指导，全面推进“代表之家”开展活动，把省市人大代表编入辖区内县乡代表活动小组，以小组为单位进行联系选民、履职述职、助推脱贫攻坚、排解信访纠纷等活动，拓宽代表履职渠道，激发代表履职热情。加强县乡人大联动配合，凝聚全县人大工作的整体合力。

政府工作报告（节选）

繁峙县人民政府县长　崔峥岭

一、2017 年工作回顾

2017 年，我们坚持以习近平新时代中国特色社会主义思想为指导，全面落实省委“一个指引、两手硬、三大目标”重大思路和要求，认真贯彻市委、市政府“1661”发展战略和“3659”脱贫攻坚策略，坚持以脱贫攻坚统揽经济社会发展全局，在县委的坚强领导下，在县人大、县政协的监督支持下，团结带领全县人民，改革创新，攻坚克难，成功创建国家义务教育发展均衡县、省级平安县城、省级园林县城、省级文明县城、省级食品安全示范县、省级出口食品农产品质量安全示范区等多项各级荣誉，全县经济社会呈现出健康稳步发展的良好态势。

（一）经济持续健康发展。坚持以提高发展质量和效益为中心，深入贯彻新发展理念，积极破解发展难题，通过综合施策，全县经济运行保持在合理区间。全年地区生产总值完成 66.7 亿元，同比增长 5.5%；规模以上工业增加值完成 36.4 亿元，同比增长 4%；固定资产投资完成 40.3 亿元，同比增长 7.5%；社会消费品零售总额完成 20.6 亿元，同比增长 8.4%；一般公共预算收入完成 2.39 亿元，同比增长 11.9%；城镇和农村常住居民人均可支配收入分别达到 28211 元和 7523 元，同比增长 5.8%和 8.4%。资源节约和环境质量约束性要求全面完成，经济发展呈现出稳中有进、稳中向好、好中提质的态势。

（二）脱贫攻坚再战再胜。深入贯彻落实习近平总书记视察山西重要讲话精神，实行举县体制，下足“绣花”功夫，不断夯实统揽格局，5738 户 15834 名贫困人口高质量脱贫，贫困发生率降到 10.1%。繁峙县在全省产业扶贫现场会、全省扶贫小额信贷推进会等会议上进行经验介绍，全省农村危房改造现场推进会、忻州市“坚持问题导向、突出示范引领、深化脱贫攻坚”现场会、忻州市金融扶贫现场推进会等会议均在繁峙县召开。繁峙县脱贫攻坚工作得到国家、省、市的支持和认可，人民群众对脱贫攻坚的满意度不断提升。

（三）产业发展稳中提质。现代农业产业化成效初显。全面强化农业产业化、集群化发展，重点建设了6666.67公顷优谷、6933.33公顷精黍、2000公顷马铃薯、1333.33公顷富硒藜麦、1万公顷中药材等13个特色种植基地。粮食总产量达到8417.7万公斤。全县牛、驴、羊、猪、鸡、兔分别发展到3.1万头、1.02万头、53.6万只、36.5万头、112万只、1.4万只。大力实施特色品牌打造工程，万锦肉牛育肥场成为晋北首家活牛供港、供澳企业。绿源亨通在山西股权交易中心培育板（企业创新板）挂牌。工业经济发展质量持续提升。全县工业总产值实现116亿元，同比增长13.7%。全县规模以上工业企业主营业务收入91.7亿元，同比增长31.8%；实现利润6.5亿元，同比增长132%；实现利税10.3亿元，同比增长87%。3户企业“小升规”。强化企业科技创新，紫金矿业获得工信部用电需求侧“A”级评价，获得“山西省两化融合示范企业”称号。汉和中兴年产2万吨机床项目投产运行。文旅产业发展扎实推进。大力实施文旅兴县战略，组建成立平型关景区管委会，成立国有控股繁峙县憨山文化旅游开发有限公司。灵岩山文化旅游区总体规划通过专家论证，平型关长城修复和文化展示中心建设稳步实施，大智镜圆景区工程积极推进。谋划推进繁峙县滹源通用机场项目，瑞迪航空飞行营地建设开创繁峙低空经济发展先河。

（四）项目建设稳中趋强。不断强化项目支撑作用，2017年157个重点项目完成投资35.07亿元，同比增长6.8%。实施现代农业项目、文旅项目、新能源项目85个，占到产业类项目总数的72.65%；投资额占到产业项目总投资的26.5%。全面推行集中联审联批和跟踪服务相结合的服务机制，开展入企服务常态化等10个专项行动，着力打造“六最”营商环境。青岛奥博1GW光伏生产基地项目，从签约到投产仅用3个月时间；汉和中兴年产2万吨机床零部件项目，5月开工建设，10月投产；田源毛驴养殖项目，5月开工，9月投产；伯强农村特色风貌整治项目，6月开工，9月完成；瑞迪航空飞行营地项目，6月开工，9月完成；大营亨隆绿蔬加工项目，从建设到投产仅用6个月时间，等等。在转型跨越、脱贫攻坚进程中创造出了“繁峙速度”。

（五）重点改革持续深化。以敢于啃硬骨头、敢于涉险滩的担当和魄力，统筹推进各领域各方面改革。全力推动开发区改革创新。积极申创省级经济技术开发区，《设立繁峙经济技术开发区可行性研究报告》通过全省专家评审。全面实施“三化三制”改革，率先发展装备制造园区、农业生物园区和文创物流园区。全面推进县乡医疗卫生机构“一体化改革”。以县人民医院为龙头，整合县域医疗资源，实现重塑管理体制、医保总额打包付费改革、建立动态调整机制、改革财政补助方式，药械供应保障实行“五统一”。医疗集团挂牌运行，实现了基层医疗服务量、医疗服务能力、群众满意率“三提升”。深化农村产权制度改革。农村土地承包经营权确权登记颁证基本完成。全力推动不动产登记改革，完成不动产统一登记资料移交、存量数据整合、信息平台建设等工作。

此外，国有林场改革、安全生产领域改革、行政审批制度改革、基础教育改革等各项改革全面推进。

（六）城乡建设统筹发展。强化城市基础建设，投资3.81亿元推进实施城市人居环境改善工程。完成砂河镇棚户区改造工程。启动兴城街、万里路等6条道路建设和维修工程。不断完善城市公共交通建设体系，开通环保公交车。深入开展“八道四治四建”专项行动，推动实施农村建筑风貌特色整治工程和农村垃圾治理工程，城中村环境卫生统一购买社会化服务，由专业团队进行清扫保洁。

（七）生态环境持续改善。持续开展“铁腕治污”行动，强力开展大气污染综合治理攻坚行动，县城建成区10蒸吨/小时及以下燃煤锅炉全部“清零”。滹沱河源头断面和青羊河源头断面水质稳定达到省下达标准。全面开展土壤污染调查，有效控制农业面源污染，强化畜禽养殖污染防治。绿化造林4133.33公顷，全市造林绿化现场推进会在繁峙县召开。全面推进滹沱河源头、赵庄河流域综合治理、平型关景区矿区生态治理等生态修复项目。全面推行河长制，县乡村河长基本实现全覆盖。

（八）民生事业全面进步。始终以敬民爱民亲民为民的民生情怀，聚焦群众关切，不断提高人民群众的获得感、幸福感和安全感。全年民生投入15.6亿元，占到全县公共财政支出的84.7%，有力保障政府承诺的民生实事逐一兑现。全力办好人民满意的教育，“全面改薄”工程完成年度任务，全县国家义务教育基本均衡发展工作通过验收。全县二本B类以上达线367人，应届生达线238人，创历史新高。中考成绩保持相对稳定，继续排名全市前列。实施初中教育“强腰工程”，开展中学教育布局调整工作。加强教师队伍建设，补充48名特岗教师到农村教育一线，为砂河中学公开招聘28名研究生教师。不断提高卫生保障水平。实施县医院门急诊综合楼、中医院综合大楼、妇幼计生大楼等医疗基础设施工程。全县所有公立医疗机构全部实施基本药物制度，乡镇卫生院基本药物使用率均达到90%以上。全面强化社会保障。14.75万人参加城乡居民养老保险。新农合参合率达到98%，受益22.66万人次。全县农村低保户18317户18473人，全县五保户2022名。文体事业全面繁荣。“送戏下乡”492场。农村公益电影放映5047场。成功举办“中兴铸业杯”2017年中国·繁峙毽球公开赛和“首创奥莱奥跑中国”奥林匹克中心大众路跑全国系列赛——山西繁峙站比赛等国家级赛事。

（九）社会大局安全稳定。全面落实习近平总书记总体安全观的要求，深入贯彻省委骆惠宁书记“三个坚决防止”和楼阳生省长关于安全生产工作的“四铁”要求，持续推进“4438”安全生产机制落实，政府部门安全监管实现“全覆盖”。为13个乡镇配备专职“安监员”，387个行政村设立387名安全信息员。全面开展安全生产隐患大排查大整治专项行动、非煤矿山采空区治理和在线监测四级联网等专项活动，安全生产形势持续稳定。深入推进“七五”普法，人民群众法律意识不断增强。全力推进“平安繁峙”建设，坚持“预防为主、打防结合”的方针，加大对各种违法行为的查处力度，共立各类刑事案件554起，破案率66.73%。加强群防群治队伍建设，建立村委会治保组403个、建立居委会治保组8个。加强信访维稳，狠抓领导干部接访下访、矛盾纠纷排查、信访积案化解、特殊敏感时期信访稳定等各项工作，信访工作继续保持平稳可控、持续向好的态势。

（十）自身建设不断加强。严格落实政府系统全面从严治党主体责任，深入推进反腐败斗争。扎实推进法治政府建设，严格执行人大及其常委会的决议决定，主动接受人大、政协监督，办理人大代表建议36件、政协提案37件。深化“放管服效”改革，对全县权责清单行政职权进行动态调整，调整后行政职权为3265项。推进减证便民专项行动，梳理行政审批事项前置申请材料3071项，取消942项，保留2129项；梳理年检事项25项，保留20项。县长信箱受理来信来访81件，办结率100%。以“13710”电子督办平台为载体，全力强化效能革命。省、市、县的重点工作任务、重大改革事项、重点工程项目、重点招商项目等全部进入平台，2017年高质量办理省市下达督办件59件，下发各乡镇、各部门督办件22件，构建起横向到边、纵向到底的抓落实体系。自觉增强“四个意识”，推动“双日双评”，持续巩固“两学一做”，严格执行中央八项规定精神和省、市相关规定，财政监督和审计监督不断加强。

与此同时，我们统筹兼顾、积极支持全县各条战线开展工作，国防动员、人民防空、民兵预备役建设、武警消防、双拥共建和优抚安置工作不断加强，工会、共青团、妇女儿童、关工委、老干老龄、红十字会等事业全面发展，民族宗教、外事侨务、工商联、文联、统计、保密、档案、史志、粮食、气象、通信、电力、烟草等工作得到巩固提升。

二、2018年工作安排

2018年政府工作总体思路是：全面贯彻党的十九大、十九届二中、三中全会精神，以习近平新时代中国特色社会主义思想为指引，进一步落实习近平总书记视察山西重要讲话精神，认真落实第十三届全国人民代表大会第一次会议精神，加强党对经济工作的领导，坚持稳中求进工作总基调，坚持新发展理念，坚持高质量发展要求，统筹推进“五位一体”总体布局和协调推进“四个全面”战略布局，认真贯彻省委“一个指引、两手硬、三大目标”总要求，把深化供给侧结构性改革与深化转型综改试验区建设结合起来，作为经济工作的主线，按照市委“1661”发展战略部署，按照县委对经济社会发展工作的统一安排，以脱贫攻坚统揽经济社会发展全局，在打造资源型经济转型发展“示范区”、能源革命“排头兵”、内陆地区对外开放“新高地”三大目标上迈出新步伐，在打好防范化解重大风险、精准脱贫、污染防治三大战役上取得新成效，全力推进质量变革、动力变革、效率变革，扎实抓好稳增长、促改革、调结构、惠民生、保稳定各项工作，促进经济社会持续健康发展。

2018年经济社会发展的主要预期指标是，全县地区生产总值增长6.5%，全社会固定资产投资增长10%以上，社会消费品零售总额增长7%，一般公共预算收入增长7.2%，城乡常住居民人均可支配收入分别增长6%和7.5%以上，居民消费价格涨幅控制在3%以内，城镇新增就业3500人，城镇调查失业率、城镇登记失业率分别控制在6%、4.2%以内，实现整县脱贫摘帽，资源环境类13项约束性指标全面完成省市要求。其他各项转型指标不折不扣完成省市下达任务。

以上目标是按照高质量发展要求，立足整县脱贫摘帽决胜要求和转型发展阶段特点，综合考虑需要和可能予以确定的，综合考虑了速度、效益、结构、动能四个维度的同步协调、相互支撑，既体现决胜脱贫攻坚的发展要求，又为转型和高质量发展留下空间。特别是我们今年面临脱贫摘帽的艰巨任务，要实现高质量发展，必须奋力赶超跨越，付出更为艰苦的努力，实现稳中求进的高质量发展。

面对今年艰巨繁重的脱贫摘帽和改革发展稳定任务，我们要始终按照市委“五个必须坚持”要求（必须坚持脱贫攻坚统揽统筹的举市体制，必须坚持以供改和综改相结合作为经济工作的主线，必须坚持转型为纲、产业为王、创新为上、改革为要，必须坚持全面构建良好政治生态，必须坚持以质量效益为中心加强和改善党对经济工作的领导），以“开局即决战、起步就冲刺”的姿态，重点抓好以下工作：

（一）坚持精准方略，采取超常举措，奋力夺取脱贫摘帽全面胜利

2018年，将重点围绕132个贫困村9366户24284名建档立卡贫困人口的脱贫任务和全面巩固提升任务，动员一切力量，采取超常规举措，按照“易地搬迁任务全面完成、产业发展明显进步、内生动力大幅增强、村庄设施根本改变、群众满意度跃升、长远发展体制机制建立健全”六个标准，坚决打赢打好脱贫摘帽攻坚战。

1. 推动脱贫产业“全覆盖”。继续坚持把产业作为脱贫的关键支撑。以“一村一品一主体”“五有”全覆盖为引领，大力推行家门口创业就业脱贫的产业模式。

一是做“优”特色种植业。重点在提升特色种植业规模和效益上下功夫，黍子、谷子、豆类等杂粮种植面积达到16800公顷，丰产方玉米种植1.4万公顷，发展白水大杏2666.67公顷，马铃薯2000公顷，蔬菜2000公顷，油料作物1200公顷，高粱666.67公顷，黄花333.33公顷，水稻200公顷，红树莓166.67公顷；二是做“大”健康养殖业。建立企业与贫困户合作互助、风险共担、利益共赢的长效发展机制，全年新发展能繁母牛1万头，育肥肉牛3000头；能繁母驴1万头，育肥肉驴3000头；新发展肉羊5万只、肉兔10万只、鸡30万只；以牧原集团为引领，建设70万头生猪养殖基地；三是做“好”光伏扶贫产业。新建总装机规模25.5兆瓦村级光伏扶贫电站、30兆瓦集中式扶贫电站，确保6月底前建成运行。继续推进分布式户用光伏；四是做“赢”生态林果业。继续坚持在一个战场打赢生态和扶贫两场攻坚战，新造林及经济林提质增效3133.33公顷，林业特色扶持产业2000公顷；五是做“好”培训劳务业。培训贫困劳动力3000人。建立“技能培训+劳务输出”联结模式，打造家门口的就业产业，引导促进农村贫困劳动力转移就业1万余人；六是做“大”手工业。继续推进手工业发展壮大，全力抓好具有本地特色的刺绣和引进实施的箱包、服装、鞋帽、绢花等手工产业，培育贫困户手工业产业工人1500人，全县手工业工人达到5000人；七是做“强”农副产品加工业。重点突出“基地+合作社+企业+农户+品牌”产业化经营，鼓励和支持绿源亨通、宏钜大磨坊、宝山鼎盛等17家龙头加工企业以入股订单等方式与贫困户建立紧密、半紧密的利益联结，带动贫困户稳定增收；八是做“深”中药材产业。打造晋北优质道地中药材种植基地，全县中药材种植面积达到13333.33公顷以上。全力推进恒宇天然草本中药材精深加工项目建设；九是做“通”农村电商产业。打造“滹源味道”繁峙特色食品农产品区域电商推广品牌，力争农副产品线上交易额达到1亿元以上；十是做“活”乡村旅游业。紧密对接全省长城、太行、黄河三大板块旅游发展战略，全力打造平型关、韩庄、赵庄、老泉头、桥儿沟等独具特色的乡村旅游村。

2. 啃下易地搬迁“硬骨头”。继续坚持“六环联动”，全力破解“人、钱、地、房、树、村、稳”七个问题。全面完成上级下达65个村1144户2779人易地扶贫搬迁任务。自筹资金组织实施砂河18个村765户1942人的易地移民搬迁。采取“4+1”（整村搬迁退耕还林、光伏扶贫、土地复垦增减挂钩、荒山造林“四个全覆盖”+家门口就业）后续保障模式，完成旧房拆除、土地复垦、复绿等后续工作。全力推进城乡建设用地增减挂钩，为脱贫攻坚注入强劲动力。实施滨河、东山移民小区箱包加工、小杂粮加工和分布式户用光伏等移民后续产业项目。对搬迁户开展订单式、定向式和储备式免费就业技能培训，努力使搬迁群众在家门口就业致富。

3. 强化政策兜底“全落实”。全面落实教育扶贫政策，对从幼儿园到大学各学段10984名贫困家庭学生进行不同标准的资助，所有村实现“一村一园（班）”，让贫困家庭学生都能上得了学；全面落实健康扶贫政策，“三保险、三救助”、“双签约”、“一站式”服务等政策得到很好落实，因病致贫人员医疗救助实现全覆盖，对全县142个未达标的村级卫生室实施改扩建工程；全面落实民政兜底政策，将3383户建档立卡贫困户纳入低保、五保救助范围，实现应保尽保；对2653名重度残疾人进行护理补助；全面落实安居保障政策，今年再改造3200户贫困户危房。

4. 实现整村提升“全达标”。坚持规划先行，整合人力、财力、物力，实施四大提升工程、一个专项行动。实施农村公路提升工程，建制村通硬化路86条251.63千米；实施贫困村饮水安全提升工程，完成107个行政村（自然村）的饮水基础设施；实施农村电网提升工程，改造10千伏线路24.5千米，低压线路45.3千米；实施农村网络提升工程，全县所有贫困村通宽带，有条件的自然村也全部通宽带。开展农村环境整治专项行动，重点实施以“一整（整治残垣断壁）、二清（清洁家园、清洁水源）、三改（改圈、改厕、改厨）、四化（绿化、亮化、硬化、美化）、五治（治理污水乱泼、垃圾乱堆、粪土乱堆、杂草乱垛、畜禽乱跑）”为主的环境综合整治，村容村貌得到彻底改善。

5. 实现保障支撑“多渠道”。健全完善脱贫攻坚政策体系。完善出台农业、林业、手工业等13大类67项产业扶持政策，推动脱贫攻坚各项政策措施落地生根。强化三支力量攻坚合力。进一步强化县乡村党组织的脱贫攻坚主体力量，驻村工作队、第一书记、帮扶单位等帮扶力量和“两代表一委员”、离退休老干部、回乡创业人才等社会力量，形成脱贫攻坚的强大合力。有效激发贫困群众内生动力。坚持扶贫与扶志、扶智、扶德相结合，真心实意和群众交朋友，为群众办实事，加强农村公益性岗位设置和管理，将有劳动能力贫困人口获取收益与公益劳动挂钩。深入开展“自强、诚信、感恩”主题实践活动，教育引导贫困群众树立自强不息、诚实守信、脱贫光荣的思想观念和感恩意识。提升干部帮扶能力。在贫困村干部帮扶全覆盖的基础上，对有贫困人口的非贫困村全部派驻工作队，建立履职清单，压实帮扶责任，提升帮扶工作成效。强化资金支撑。通过下大力气争取各类资金、全面统筹整合涉农资金、争取金融部门支持、土地指标换资金、动员社会资金投入等多渠道筹集资金，切实加强资金保障力度。强化纪律保障。全面开展扶贫领域腐败和作风问题专项治理行动，全面加强作风建设，确保阳光扶贫、廉洁扶贫。加大巡察督查力度，建立全方位的问责追责制度。

（二）壮大实体经济，打通产业链条，谋求转型发展新突破

实现高质量发展，必须发挥供给侧结构性改革的治本良方作用和转型综改的战略牵引作用。我们将坚持把深化供给侧结构性改革与深化转型综改工作结合起来，突出创新驱动，加快构建现代产业新体系。

1. 打造全产业发展链条。以全产业链发展为切入点，推动铁金传统产业“采选—冶炼—铸造—装备制造”链条的不断发展壮大，实现实体经济发展的不断突破。重点推动汉和中兴集团2万吨机床铸件加工项目良性运行，有效提升装备制造发展水平；实施鑫友矿业球团、神邦矿业球团、金程球团、宝山球团等项目，推动有条件的企业多上铸造项目，力争全县铁精粉就地转化率达到80%以上。以紫金矿业和金都黄金冶炼为龙头，实施紫金矿业贵金属研发中心项目和金都黄金冶炼研发中心项目，推动金矿产业链条延伸。

在拉长产业链的基础上，积极培育优质高效、转型升级、潜力成长的实体经济，推动实体经济由零散化、小型化向集群化、规模化、优质高效化转变。加快传统产业转型升级步伐，重点培育年产20万吨以上铁选企业，力争3年内达到25户。投资1.5亿元实施华茂技改升级标准化建设项目。投资2000万元实施中兴实业机床铸件延伸加工项目。打造新型建材产业基地，投资1.3亿元实施许氏维雅古建砖瓦建材生产项目；投资2200万元实施大鑫建材生产项目；投资3800万元实施宏卓新型建材项目。紧抓低空经济发展机遇，以推动通用航空项目落地和壮大瑞迪航空为引领，打造集航空体育运动培训、飞行体验、无人机科研、汽车营地为一体的低空经济产业基地。

2. 统筹抓好“三去一降一补”。加快建立多主体供应、多渠道保障、租购并举的住房制度。加大保障性住房分配力度，推动南关片区保障房分配到位。继续做好砂河镇旧城区棚户区改造工作。投资1.88亿元深入推进繁城、杏园棚户区改造项目。通过农村居民市民化、易地扶贫搬迁集中安置等多种方式，加快化解房地产库存。全力降低企业成本。继续认真贯彻落实好减税降费提标政策，继续深化行政审批制度改革，降低企业制度性成本。以鸿深物流、并州物流等企业为引领，利用“互联网+”，逐步实现由传统运输业向现代物流业的转变。加快补齐发展短板。聚焦解决发展不充分不平衡问题，加快补齐产业发展、城市建设管理等短板，推动经济社会高质量发展。

（三）聚焦“三大目标”，展现“繁峙作为”，打造跨越发展新动能

“建设资源型经济转型发展示范区、打造能源革命排头兵、构建内陆地区对外开放新高地”“三大目标”是全省2018年经济工作的主发力点。我们将积极主动在“三大目标”中展现“繁峙作为”，努力将繁峙县正在积累的“厚重势能”转化为转型发展的“强劲动能”。

1. 积极推进“转型项目建设年”。以“转型项目建设年”为抓手，以集中谋划一批转型项目、集中招商一批转型项目、集中办理一批项目前期手续、集中开工一批项目、集中推进一批省市重点工程。在全省建设“资源型经济转型发展示范区”中展现“繁峙作为”。

一要全力推动重点项目建设。全力推动实施年度计划投资91.55亿元的170个重点

项目，其中转型项目83个，计划投资54.33亿元；民生类项目78个，计划投资34.5亿元。积极开展“前期手续集中办理月”“项目集中开工月”“进工地、到一线、解难题”等专项活动，确保转型项目投资完成额达到全年固定资产投资比重60%左右，民生项目投资完成额达到全年固定资产投资的40%左右。着力筑牢新产业、新动能的坚实基础。

二要大力优化营商环境。全面推行企业投资项目承诺制改革试点工作，探索建立以政策性条件引导、企业信用承诺、监管有效约束为核心的企业投资项目承诺制管理模式。政府统一服务事项供地前完成，企业承诺事项开工前完成，竣工前完成联合验收。实现清单之外无审批、无监管。全面推行多图联审，设立统一接件回复窗口，切实提高工作效能。建立部门联合惩戒制度，强化对企业作为投资主体的守信践诺约束作用。

三要继续加大招商引资力度。依托开发区建设、脱贫摘帽、国资国企改革等重点工作，瞄准世界名企、大型国企、实力民企，大力开展园区招商、产业招商、资本招商和以商招商。全面开展重大招商活动，充分运用“迎老乡、回故乡、建家乡”等活动成果，精准绘制《繁峙县重点产业招商地图》。加大面向京津冀、雄安新区、周边友好区县等地区的精准招商，深度参与中博会、厦洽会、广交会、西博会等重大经贸活动。大力倡导和推行“理解企业家，尊重企业家，爱护企业家，支持企业家”的理念，让企业家群体有尊严有豪情，意气风发地为社会创造更多的财富和价值。

四要不断健全项目保障机制。健全并联审批机制。建立健全常态化并联审批工作机制，实行一窗交办、同步办理、限时办结。建立职能部门责任机制。县直相关部门对全县范围内项目建设涉及本系统的审批及相关事项负总责。建立项目化管理机制。对事关经济社会发展全局的重大项目，明确项目化管理的主管部门、主管领导。每个项目定人、定责、定任务、定时限，挂牌推进、一抓到底。建立协调调度机制。县政府常务会议每季度听取一次重点项目推进情况汇报。分管领导及时召开调度例会，协调解决突出问题。健全省、市、县三级联动机制。加强与省市的沟通对接，形成上下联动的合力。全面落实督查考核机制。进一步强化项目审批在线监管，加强专项督查、稽查力度，发现问题，限期整改落实。对突出困难、突出问题，纳入“13710”督办平台跟踪办理。把项目建设作为目标责任考核重要内容，严格考核奖惩。

2. 大力发展新能源产业。围绕国家级山西能源革命战略部署，打造面向京津冀清洁能源生产基地，在全省打造“能源革命排头兵”中展现“繁峙作为”。

抓好风力发电工程。在继续抓好国电投云雾峪一、二期10万千瓦和华能韩庄风电场9.9万千瓦风电项目运营基础上，全力推进实施省级清洁供暖重点示范项目国电投金丰新能源20万千瓦风电清洁能源供暖项目一期工程、国电投云雾峪三期10万千瓦风电项目、协合风电乔家窑10万千瓦风电项目。积极争取国电投金丰新能源20万千瓦风电清洁供暖项目二期工程和武汉风脉15万千瓦风电项目等项目列入“十三五”风电开发建设计划。抓好光伏发电工程。村级电站、集中式电站、分布式户用光伏三项总规模要达到6万千瓦以上。抓好输电输气管网建设。投资5700万元新建繁城-砂河-金山铺城镇燃气输气管道工程项目。投资1.6亿元实施滹源220千伏变电站项目，为全县风电、光伏产业发展提供电力输出保障。打造能源装备制造基地。全面落实《中国制造2025-能源装备实施方案》，全力扶持山西奥博能源电力有限公司发展能源装备制造产业，投资4亿元建设年生产1吉瓦光伏组件生产线，提升繁峙能源装备产业核心竞争力。

3. 全面构建对外开放新格局。聚焦国际国内发展格局，在全省构建“资源型内陆地区对外开放新高地”中展现“繁峙作为”。

主动融入全球经济发展格局，大力实施外贸主体培育工程。继续做优做强铸造装备制造产业，以汉和中兴为引领，全力打造装备制造出口基地。以万锦肉牛、绿源亨通等出口企业为引领，努力实现全域全产品出口。紧密对接推动大同、五台山机场航空口岸开放和太原、大同无水港建设契机，积极争取出口产品的就近检疫检验和产品的自营出口权，提高通关效率。

主动融入国家发展战略，突出“东融”战略定位，打造承接京津冀、雄安新区产业转移示范区。全面加强与白沟、阜平等地深度协同发展，打造晋冀箱包加工集散基地。全力构建大开放综合交通体系，实施好108国道神堂堡-砂河一级公路建设项目，积极推动五台—繁峙高速公路建设，参与和推动G108繁峙集义庄到太原石岭关段改造提升前期工作。推动与大同浑源、广灵、朔州应县、河北保定等周边市县深度协同合作。

主动融入省市发展大局。紧扣全省、全市推进全域旅游发展战略定位，在打造全省乃至全国旅游重点县上下功夫；紧扣省市推进开发区改革创新发展战略定位，依托省级经济开发区创建，在打造全省乃至全国重要产业基地上下功夫；紧扣全省功能农产品品牌建设和全市“中国杂粮之都”品牌打造战略部署，在打造全省乃至全国优质农产品示范基地上下功夫。

（四）全面深化改革，破解发展难题，激发振兴崛起新活力

全面深化改革是实现高质量发展的根本动力。繁峙县将把深化推动重点领域改革作为推动高质量发展的关键，全力破除影响转型发展的体制机制障碍。

一是深化开发区改革创新。把开发区作为产业转型的主战场、主引擎和大平台，全力创建省级经济技术开发区。积极复制推广全省转型综改示范区先行先试经验成果，全面深化落实“三化三制”改革任务。全面强化起步区建设，推动入区项目熟地供应。积极引导社会资本参与开发区建设，完善开发区基础设施，积极推进天然气、热源站、变电站、水厂、污水厂等工程建设。全面加强企业入园工作，全力推动长田建材20万吨岩棉制品项目、华骏挂车汽车零部件项目、华港天然气LNG气站项目、宏钜大磨坊小米精深加工项目、恒宇天然草本中药材黄芪精深加工等项目建设并投产运营。积极对接雄安新区产业转移项目，争取更多的企业落户开发区。

二是深化国资国企改革。加快县酒厂改革进程，推进旭泰酿酒公司白酒、保健酒生产项目落地经济技术园区。全力做好太钢集团峨口铁矿分离移交办社会职能有关工作，切实解决好岩头7村供水、供电等问题。支持国有企业和民营企业交叉持股，采取租赁经营等方式推进国有企业改制。

三是深化农村综合改革。落实农村土地承包关系稳定并长久不变政策，衔接落实好第二轮土地承包到期后再延长30年政策，完善承包地“三权分置”和宅基地“三权分置”制度。落实农民闲置宅基地和闲置农房

政策，深入推进农村集体产权制度改革，深化农产品收储制度和价格形成机制改革。

在抓好以上重点改革的同时，扎实推进政府机构改革、行政执法体制改革、生态文明改革、投融资体制改革、商事制度改革、社保体制改革、林权制度改革等各项改革。为推动高质量发展提供不竭的改革动力，以优异成绩迎接改革开放40周年。

（五）推动乡村振兴，促进城乡融合，激活农业农村发展新引擎

实施乡村振兴战略是实现全面小康、加快经济社会发展的重要措施。繁峙县将始终坚持农业农村优先发展，按照产业兴旺、生态宜居、乡风文明、治理有效、生活富裕总要求，走中国特色社会主义乡村振兴道路，持续推动农业强、农民富、农村美。

1. 科学制定乡村振兴发展规划。实施乡村振兴战略是一项长期的历史性任务，要科学规划，注重质量，从容建设。要精准编制乡村振兴总体规划（2018-2022年）和产业兴旺专项规划、生态宜居专项规划、乡风文明专项规划、治理有效专项规划、生活富裕专项规划。

2. 全力推进乡村产业振兴。乡村要振兴，产业是支撑。要坚持质量兴农、绿色兴农，着力推进农业供给侧结构性改革，全力构建高效优质现代农业产业体系。

一是全力打造特色农业产业体系。突出农业产业的绿色化、特色化、品牌化和优质化。依托繁峙县被列入国家北方农牧交错带重点区域县和雁门关生态畜牧区建设的重大机遇，全面构建“种植+养殖”的特色优质农业产业体系。全力打造特色种植品牌，突出基地的带动引领作用，继续推动发展壮大13个特色种植基地，推动小杂粮、中药材、蔬菜、亚麻籽、干鲜果等特色产业种植不断发展壮大。加快发展有机旱作农业，以繁峙县铭洋农牧合作社杂粮有机旱作封闭示范区为引领，全力推动繁峙小米、繁峙黄米等优质杂粮早日列入全省旱作农业封闭示范区。大力发展生态畜牧特色优势产业，以创建“繁峙黄芪肉牛”特色农产品优势区、“金驴产业示范县”、繁峙牧原100万头生猪养殖基地为抓手，推动全县牛、驴、羊、猪、鸡、兔发展总规模分别达到4.4万头、2.02万头、58.6万只、106.5万头、142万只、11.4万只，打造晋北生态畜牧大县。

二是实施品牌建设工程。继续加大“三品一标”认证力度，打造绿色品牌和地理标志产品，深入推进“中国好粮油”行动计划，叫响“繁峙黄米”“繁峙小米”“繁峙大米”“北芪羊肉”“黄芪肉牛”“繁峙驴肉”“繁峙大杏”“繁峙胡麻油”“繁峙豆制品”“神堂堡苹果”等地域特色农产品品牌，在打造全省乃至全国优质农产品示范基地上下功夫。打造“滹源味道”繁峙特色食品农产品区域电商推广品牌。积极创建国家级出口食品农产品质量安全示范区和国家生态原产地产品保护示范区。抓住我省作为国家标准化工作综合改革试点省的机遇，加快繁峙县区域性综合检验检测中心建设，积极推动建立农产品安全与营养研究中心，打造繁峙的“国字号”质量标准体系。

三是加强农业综合生产能力建设。深入实施藏粮于地、藏粮于技战略，全县粮食产量稳定在8000万公斤以上，保障全县粮食安全。投资2000万元在集义庄乡、大营镇建设高标准农田866.67公顷。投资1351万元实施砂河镇北坡贫困村坡耕地改造项目490.27公顷。积极争取实施高效节水灌溉项目，新增灌溉面积1640公顷，改善灌溉面积726.67公顷。投资1700万元在光裕堡乡、

大营镇等 8 个乡镇实施膜下滴灌 1333.33 公顷。全县保护性耕作作业面积达到 13333.33 公顷；深松整地作业面积达到 4000 公顷。深入推进农业机械化全程、全面、高质、高效发展，有效提升农业全程机械化发展水平。加快推进“互联网+现代农业”。在种、养、加基地里推广可视化管理系统。建设繁峙县农产品质量安全追溯系统。

3. 全力推进生态宜居乡村建设。乡村振兴，生态宜居是关键。坚持走城乡融合发展之路，继续强化城市基础设施建设，推进实施“三馆一院”周边道路管网配套完善工程、县城基础设施建设工程、砂河镇市政基础设施改造工程和县城园林城市绿化提质工程。积极推进滨河公园一期、二期提质改造工程。继续实施“一河两山”生态修复治理工程。实施平型关、朝台路、岩头大东沟、赵庄流域四大生态治理工程。结合乡村环境整治和“四好农村路”建设，大力开展乡村美化和通道绿化工程，打造秀美乡村。继续实施农村人居环境改善工程，以农村环境综合整治和垃圾污水治理为突破口，巩固“八道四治四建”成果，加强农村环境综合整治。以美丽乡村建设和乡村旅游示范村建设为抓手，全力打造以砂河镇为代表的美丽小镇、以赵庄村为代表的美丽村庄，让美丽乡村成为农民幸福生活的宜居家园和市民休闲养生养老的生态乐园。

4. 全力推进乡风文明建设。乡村振兴，乡风文明是保障。要把乡风文明建设与群众文化活动紧密结合，以农村文化活动广场和大戏台等为载体，将乡村建设成为农民群众的精神家园、人文家园、和谐家园。按照“看得见山，望得见水，记得住乡愁”的要求，保护和开发利用好茨沟营、韩庄等历史文化村落和“繁峙秧歌”等非物质文化遗产，保护好古村古建、农业遗迹等优秀农耕文化遗产，使乡村成为守望乡愁重要依托。

5. 全力推进乡村治理体系现代化。实施“三基建设”提升行动，探索“功能型党组织+自治组织、专业机构、社会组织”的治理机制；把“法治”建设贯彻到乡村振兴全过程和各方面，引导群众学法用法，做到办事依法、遇事找法；加强乡村“德治”建设，将社会主义核心价值观融入乡村，提振群众精神，让群众找得到认同感。

6. 全力推进农村居民生活富裕。乡村振兴，生活富裕是根本。着力增加农民工资性收入。实施全民技能提升工程，努力实现“培训一人、就业一人”和“就业一人、培训一人”的目标，提高农民群众就业稳定性和工资收入水平。着力增加农民家庭经营性收入。依托农业特色产业提升工程和特色脱贫产业发展，吸引更多的城市和社会资源进入农村、发展农村，与村集体、农民开展股份、租赁、流转等合作，有效提高家庭经营收入。着力增加农民财产性收入。推进农村土地制度改革、农村集体产权制度改革，激活农村集体资产、资源，增加农民财产性收入。创新资产收益机制，实现财政资金形成的经营性资产、村集体资产赢利增值，有效拓宽增收渠道。着力增加农民转移性收入。严格执行粮食直补、良种补贴、农机购置补贴等惠农支农政策，建立农业农村投入稳定增长机制，用财政资金撬动金融和社会资本投向农村，有效增加农民群众转移性收入。

（六）融入三大板块，聚集要素提升，构建文旅产业新格局

旅游文化产业是经济转型发展的新引擎、新支柱。繁峙县将积极融入全省黄河、长城、太行三大旅游板块发展战略，加快把

旅游文化业培育成战略性支柱产业。

1. 全面支持长城一号、太行一号旅游干线建设。以“快旅慢游深体验”现代旅游交通理念为导向，主动谋划、积极争取县域内长城一号、太行一号两条旅游干线。全力以赴支持对接干线和支线的建设，通过两条干线、三条支线的联通串联，实现全县重点旅游景点的互联互通。继续抓好县域内京原铁路、灵河高速、108 国道各站口到各景区旅游公路建设，全面规划、分步建设。精心编制繁峙县全域旅游总体规划，主动融入山西、忻州全域旅游大格局。

2. 深入推进重点景区建设。全力打造县城和砂河两个集“吃、住、行、游、购、娱”为一体的旅游集散中心，大力引进省内外投资者，推进景区景点专业化、公司化、市场化运营。继续推进“旅游厕所革命”，强化旅游基础设施配套力度。全力推进平型关段长城关城及长城墙体修缮等工程建设；完成大智镜圆景区文殊塔、北坛、文殊广场等建设。加快推进灵岩山景区建设。实施韩庄旅游环境综合提升工程。全力推进实施滹源通用机场、瑞迪航空飞行营地主题公园、旭日东升水上乐园等项目建设，打造文旅产业发展新业态。

3. 狠抓旅游产业宣传推荐。进一步明晰旅游发展定位，全力将繁峙县打造成为太行、长城两大板块重要组成部分。以山西境内和京津冀旅游市场为重点，全力打造旅游集散基地和休闲健身度假目的地；以中药材产业为带动，大力发展健康养生产业；以滹源景区、平型关景区、大智镜圆景区、灵岩圣境景区为龙头，全力打造红色旅游、礼佛朝台、休闲养生、户外健身为主题的繁峙旅游品牌。加大在主流媒体的宣传力度，注重新媒体营销。

（七）突出生态优先，筑牢绿色屏障，拓展生态文明新内涵

推进生态文明建设，必须树立和践行“绿水青山就是金山银山”的理念。繁峙县将坚持绿色发展鲜明导向，像保护生命一样保护生态环境，让绿色成为美丽繁峙的“底色”，努力把生态优势转化为发展优势。

一是大力推进生态绿化。继续实施“13232”生态保护修复工程，投资 2532 万元绿化造林 2800 公顷。其中：实施县政府与五台山国有林管理局合作造林工程，投资 782 万元实施砂台路 18 千米通道两侧山体绿化林带及困难地荒山造林 466.67 公顷；继续实施赵庄河流域综合开发项目，投资 700 万元在赵庄河流域造林 933.33 公顷；实施滹沱河源头治理工程，投资 250 万元实施滹沱河源头治理造林 333.33 公顷；投资 800 万元在 11 个乡（镇）实施特色干果经济林工程 1066.67 公顷。坚持建管并重，进一步加强对营造林的管护。投资 100 万元实施干果经济林提质增效 333.33 公顷。全面推进绿色矿山创建，重点实施紫金矿业、中兴矿业、宝山矿业等绿色矿山创建工程。投资 2000 万元继续推动实施平型关景区、矿区治理及生态修复工程。投资 1600 万元实施好伯强沟泥石流地质灾害三期治理项目。投资 4700 万元积极推进总规模 102 公顷的五台山风景名胜区关闭矿土地复垦治理项目。在重要功能区划定生态红线，确保生态功能不降低、面积不减少、性质不改变。

二是深入推进污染防治。全面推进繁峙县第二次污染源普查工作，为建设“美丽繁峙”提供依据和支撑。深入开展大气污染防治行动。大力推进清洁生产和达标排放，积极推进“煤改气”、“煤改电”工作。投资 2000 万元实施砂河镇供热公司清洁供暖项

目。继续深入开展大气污染综合治理攻坚行动，强化区域联防联控联治。着力开展清水行动。积极推进饮用水、地下水、流域水、黑臭水、污废水“五水同治”。加大城乡污水配套管网建设力度。开展“控源头、保清流”专项行动，督促排污企业和企业负责人落实治污主体责任。全面推进河长制工作，覆盖全县流域面积50平方千米以上的19条河流及流域面积50平方千米以下的河道。强化滹沱河、峨河、青羊河等重要河流的保护治理力度。扎实推进净土行动。全面开展土壤污染调查，建立污染地块动态清单和联动监管机制。有效控制农业面源污染，扎实推进化肥农药使用量“零增长行动”。加大畜禽养殖业污染综合治理力度，对规模畜禽养殖企业开展粪污处理和资源化利用。

（八）强化富民导向，关注民生福祉，实现共建共享新提升

繁峙县将始终坚持在发展中保障和改善民生，兜牢“底线民生”，保障“基本民生”，提升“质量民生”，不断增进民生福祉。

一是办好人民满意的教育。坚持“打造繁峙教育品牌，建设晋北教育强县”目标不动摇，力争普通高考达线总人数达到400人以上；职业高中对口升学人数力争达到270人以上。推进“校长末位淘汰制”、“集团化管理模式改革”等一系列改革任务。全面规范办学行为，基本消除“择校热”、“大班额”等突出问题。巩固“县域义务教育基本均衡”成果，全面提升农村幼儿园、小学办学水平。支持民办教育事业健康持续发展。

二是促进高质量充分就业。按照“人人持证、技能社会”的工作要求，把“建档立卡农村贫困劳动力免费职业培训”拓展为“全民技能提升工程”。推进就业供给侧结构性改革，集中力量抓好高校毕业生就业工作，开展高校毕业生创业培训和就业见习活动。统筹做好农村转移劳动力、城镇失业人员、“4050”人员、退役军人等群体的就业。

三是提升全民健康水平。深入实施“健康中国”战略，努力将笔峰村打造成为首批省级健康村试点。继续深化县乡医疗卫生机构一体化改革，实现医疗集团对乡镇卫生院和村卫生室的垂直管理。全面加强乡村医生队伍能力建设。推动县级医院优质医疗服务和乡村医生贴心公共卫生服务最大范围惠及人民群众。巩固取消药品加成和医疗服务价格改革成果，继续完善“一站式”结算制度。继续实施残疾预防重点干预和残疾儿童抢救性康复项目，将免费“两癌”检查服务由建档立卡农村妇女扩大到全部适龄农村妇女，继续为怀孕妇女提供免费产前筛查与诊断服务。

四是筑牢社会救助保障网。进一步推进“全民参保登记计划”，努力实现各项社会保险法定人群全覆盖，基金应收尽收。持续完善社会保险制度体系，加强城乡之间的统筹协调和政策衔接完善，确保各项社会保险待遇按规定支付。健全农村“三留守”人员关爱服务体系，继续实施高龄失能老人和困难残疾人生活补贴制度。倾情倾力做好托底工作，要让每一个身处困境者都能得到社会的关爱和温暖。切实维护老年人权益，营造敬老、爱老、助老的良好氛围。

五是全面繁荣文化体育事业。继续开展免费“送戏下乡”，免费放映农村公益数字电影。举办好“三民”舞台艺术大赛。推动“三馆一院”早日投入使用。依托国体总局扶贫优势，举办定向越野、毽球等一系列国字号比赛项目，组织开展广场舞、健步走等群众喜闻乐见文体活动和全民健身活动。进一步加大对长城和文物的保护力度。

在全面完成好省政府六件民生实事和抓好以上民生工作的同时，全力兴办以下民生实事。

1. 实施“一村一园（班）”工程，使所有农村学龄前儿童全部享受优质学前教育。2. 改扩建齐城村、兴旺庄村两所全免费寄宿制小学，使全县所有留守儿童、孤儿、特困学生等弱势群体都能享受优质均衡教育。3. 实施农村危房改造3200户，解决6400余名贫困人口的住房安全问题，实现贫困村危房改造“全覆盖”。4. 建设89个日间照料中心、2所敬老院，使2800余名鳏寡孤独老年人实现“老有所养”。5. 分配入住聚宝新区保障性住房1344户，解决3700余名城镇低收入人群的住房问题。6. 新建平型关街农贸综合批发市场和聚宝新区便民市场，满足周边3.5万居民的日常生活需求。7. 实施农村人畜饮水巩固提升工程，实现贫困人口安全饮水“全覆盖”。8. 新建、改扩建142个标准化村卫生室，为169个村卫生室配备基本医疗设备，实现村级标准化卫生室“全覆盖”，满足全县所有农村人口就近就医需求，实现“小病不出村”。9. 建设老干部活动中心，建设老年大学等学习阵地，为全县老干部提供优质规范、设施功能完善的活动场所，为全县老年人实现“老有所学、老有所乐、老有所养”提供支撑平台。

（九）坚持共建共治，全力防控风险，营造安全稳定新局面

安全稳定是必须牢牢守住的底线。繁峙县将全面落实总体国家安全观，把“三个坚决防止”作为底线，统筹抓好政治安全、经济安全、社会安全、网络安全等各方面安全工作，努力增强人民群众的安全感。

1. 打好防范化解重大风险攻坚战。按照标本兼治、长短结合、态度坚决、方法稳妥的要求，确保2018年防范风险工作取得积极成效。全力防控金融风险，开展防范非法集资宣传活动和涉嫌非法集资风险排查专项行动，依法惩治打着扶贫济困旗号非法吸收公众存款、集资诈骗等非法集资犯罪活动。积极防范和化解企业债务违约风险，降低银行不良贷款率。切实加强对全县18家小额贷款公司等地方性金融机构的监管。防范政府债务风险，加强政府债务管理。防范房地产领域风险和养老保险支付风险。

2. 坚持不懈抓好安全生产工作。全面学习贯彻习近平总书记关于安全生产的重要思想，全面贯彻落实“四铁”要求和“4438”工作机制，坚决杜绝重特大事故，有效遏制较大事故，全力减少一般事故。扎实推进安全生产领域各项改革工作，压紧压实党委政府领导责任、部门监管责任和企业主体责任。健全从主要负责人到一线从业人员的全员安全生产责任清单，推动企业落实全员安全生产责任制。紧盯非煤矿山、道路交通、危险化学品、建筑施工、消防、城镇燃气、冶金工贸、特种设备等重点行业领域，提升安全保障水平。严厉打击以建代采、以掘代采、以探代采、私采滥挖、超层越界等非法违法行为。扎实开展好安全生产宣传教育“七进”活动。推进实施金方圆矿业、宝山矿业、义联金矿等矿山采空区治理项目。全面加强城市安全工作，促进建立以安全生产为基础的综合性、全方位、系统化的城市安全发展体系。不断夯实食品药品安全，确保群众饮食安全。推动质量强县战略深入实施，坚决守住质量安全底线。

3. 加强和创新社会治理。加强预防和化解社会矛盾机制建设，利用法治思维和法治方式化解矛盾纠纷，扭转“信访不信法”的

错误导向。推进“六网覆盖”、“雪亮工程”建设，不断提升全社会视频监控覆盖率，新建各类视频监控400路。深入推进扫黑除恶专项斗争，以“利剑”系列行动为抓手，始终保持对枪爆拐、盗抢骗、黄赌毒等违法犯罪的打击力度，严厉打击电信诈骗、网络传销、非法集资等涉众型经济犯罪。全面提升群众识毒、防毒、拒毒、参与禁毒的意识，提升打击毒品犯罪能力。

同时，认真做好国防动员、双拥共建、民族宗教、优抚安置、人民防空以及统计、史志、档案等工作，支持工会、共青团、妇联、文联、残联、工商联等群团组织发挥更大作用，有效凝聚全县脱贫摘帽、改革发展的强大合力！

三、努力建设人民满意的服务型政府

（一）强化政治建设，以新思想引领新时代。以习近平新时代中国特色社会主义思想为指引，深入学习贯彻党的十九大精神，始终强化“四个意识”、坚定“四个自信”，坚决维护以习近平同志为核心的党中央权威和集中统一领导，始终保持政治定力、战略定力、发展定力，确保政令畅通、令行禁止。推进“两学一做”学习教育常态化制度化，扎实开展“不忘初心、牢记使命”主题教育，不断加强政府系统思想政治建设，在革故鼎新、守正出新中始终保持正确的导向。

（二）弘扬奋斗精神，以新举措推动新发展。我们将牢记“人民对美好生活的向往就是我们的奋斗目标”，不断完善公共服务、促进公平正义，使全县人民的获得感、幸福感、安全感更加充实、更有保障、更可持续；牢记“幸福都是奋斗出来的”，勇于挑最重的担子、敢于啃最硬的骨头、善于接最烫的山芋，加快破解不平衡不充分发展问题，以时不我待、只争朝夕的精神扎扎实实抓好脱贫摘帽和改革发展各项工作任务，努力创造人民认可、经得起历史检验的发展实绩。

（三）坚持依法行政，以新作为担当新使命。全面推进依宪施政、依法行政。严格遵守宪法法律，加快建设法治政府，把政府活动全面纳入法治轨道。严格执行县人大及其常委会的决议决定，主动接受人大的法律监督和工作监督，接受政协的民主监督，接受司法监督、审计监督、群众监督和舆论监督。坚持依法决策，严格执行重大行政决策法定程序。深化政务公开和行政执法体制改革。发挥好政府法律顾问作用。

（四）转变政府职能，以新效能营造新环境。进一步转变政府职能，深化机构改革和“放管服效”改革，强化事中事后监管，力争做到“只进一扇门”、“最多跑一次”。要进一步深化、拓展、延伸“13710”工作制度，完善“清零”机制和办法，巩固提升“马上就办”的工作氛围。进一步深化首问负责、一次性告知、限时办结、超时问责等工作制度，强化正向激励和反向问责，优化绩效管理和考评体系，进一步提升政府服务效能。

（五）坚持勤政廉洁，以新形象凝聚新合力。我们将坚决落实全面从严治党要求，履行好党建主体责任，始终坚持管业务必须管廉政、管业务必须管安全、管业务必须管稳定。严格落实中央“八项规定”实施细则，驰而不息纠正“四风”，严厉整肃懒政庸政怠政行为；强化扶贫资金、公共资源和国有资产监管，严厉查处群众身边的不正之风和腐败问题；坚持过紧日子，执守简朴、力戒浮华。以政府的“清廉指数”提升人民的“信任指数”。

中国人民政治协商会议第十一届繁峙县委员会常务委员会工作报告（节选）

繁峙县政协主席　钟文秀

2017年工作回顾

2017年，县政协常委会在中共繁峙县委的坚强领导下，在县政府鼎力支持和社会各界的密切配合下，团结和带领广大政协委员，全面贯彻党的十八大和十八届历次全会精神，深入学习习近平总书记系列重要讲话，组织进行党的十九大精神学习，紧紧围绕全县十三届三次全会确立的奋斗目标和中心工作，积极履行三大职能，协商议政增合力，强化监督促落实，建言献策当参谋，为促进我县发展做出了积极贡献。

一、提高站位，服务发展，协商议政卓有成效

（一）增强政治定力，练好“看家”本领。我们坚持把学习贯彻习总书记重要思想摆在首位，与学习贯彻中共十八大和十八届中央历次全会精神及重大决策部署相融合，统筹推进常委会、委员和机关学习，深刻领会精髓要义，努力在学思践悟中融会贯通，在推进工作中增强学习贯彻的自觉性和坚定性。中共十九大召开后，我们认真落实省、市、县委部署要求，把学习贯彻习近平新时代中国特色社会主义思想和中共十九大精神作为县政协头等大事，立即动员部署，组织常委会组成人员、政协委员和机关干部按照“学懂弄通做实”要求，在深刻领会、深刻把握上狠下功夫，进一步激发政协人的使命情怀。县政协深入开展了“双日双评”，推进了“两学一做”学习教育常态化、制度化，切实增强了“四个意识”，坚定了“四个自信”。注重发挥县政协党组的模范带头作用和战斗堡垒作用，在思想和行动上做到了自觉与中央、省、市、县保持高度一致。坚持在县委领导下开展协商民主建设工作，确保政治协商的有序有效开展。

（二）强化调研视察，助推重点工作。县政协紧紧围绕统筹推进“五位一体”总体布局和协调推进“四个全面”战略布局，紧扣省、市、县工作部署，认真履职、努力做好重点工作。县政协常委会坚持发展第一要务，注重发挥调研视察的基础性作用，紧紧围绕县委、县政府中心工作，坚持把调研视察作为年度重要任务，统一安排部署。县政协班子成员分组牵头调研视察课题，积极投身“万名干部大调研”，相关专委会负责组织承办，政协办公室和有关单位协同配合，围绕推进创新驱动转型升级、农业供给侧结构性改革、民生领域重点改革、发展壮大扶贫产业等课题全年共开展调研视察15次，形成调研报告15篇，提出意见、建议50多条。其中《关于推进我县城市执法体制改革的调研报告》《关于我县职业教育发展情况的调研报告》《关于推进农村集体经济发展的调研报告》《关于推进脱水蔬菜种加销一体化发展的调研报告》《关于开发利用旅游资源助推我县脱贫攻坚的调研报告》《关于繁峙县手工业产业发展的调研报告》《关于我县推进贫困村通讯、电力全覆盖的调研报告》等7个调研报告，经主席会议研究，确立为政协建议案，呈送县委、县政府主要领导，为党政决策提供了有益参考。

（三）践行为民代言，助推改善民生。突出民生主题，倾听民间呼声，是搞好政协工作的题中之义。县政协班子成员带头联系乡镇、联系项目，深入扶贫联系点，走访困难群众，研究制定帮困措施，协调解决实际问题，参与重点工作，助推民生改善。班子成员组成视察督导组，深入所包乡镇，实际了解民生政策落实情况。在十一届二次全会期间，我们精心组织讨论协商，整理出委员对我县经济发展、精准扶贫、社会稳定、招商引资等方面的意见建议44条，呈报县委、县政府，积极助力县委、县政府相关工作决策科学，落实到位。

（四）加强信息工作，广泛汇集民意。引导广大政协委员走村入户，体察民情，汇聚民意，积极通过政协组织与相关网络平台反映社情民意。全年共反映社情民意60多条，编报专刊32期。在今年市政协全会期间，我县社情民意工作继续受到表彰，获得“年度政协信息工作先进单位”的荣誉称号，位列全市第三。其中《关于做好精准扶贫工作的几点建议》被全国政协采用。《关于落实中央一号文件加强地理标志农产品认证和原产地保护基地建设的建议》《健康养殖是养殖业发展的必由之路》等社情民意被省、市政协采用。

（五）精准提案督办，加强提案监督。建立健全了提案办理机制。所有提案建立了由县委、县政府分管领导牵头领办，主办单位具体承办，相关部门、乡镇协助办理的机制。县政协十一届二次会议以来，共收到委员提案49件，经提案委员会审查和归类，共立案37件，对立案提案县政协专门召开提案交办会，向政府及有关部门全部进行了提交，及时呈送相关单位研究处理，对没有立案的提案，也以信函的方式转交相关单位参考。将提案办理情况及时答复委员，对办理落实情况予以跟踪督办。

（六）立足存史育人，推动文史工作。高度重视文史资料的“存史、资政、团结、育人”作用，认真做好文史资料的收集整理工作，克服机构、人员短缺困难，聘请了4名热爱文史工作、且有较高文字功底和社会影响力的文史爱好者为县政协文史委员。已编印出版了文史资料第十三辑《繁峙文史·老照片专辑四》，并编写了《繁峙年鉴》政协部分资料，正在整理编印第十四辑《繁峙文史·漫录正觉寺》、第十五辑《繁峙文史·历代咏繁峙诗词赋选注》和关、口、城、堡系列专辑。此外，还协助上级政协完成长城繁峙段的文史资料征编工作。

二、同心同向，广泛联谊，团结民主和衷共济

（一）团结各界力量，合力同心同向。充分发挥政协联系广泛、渠道畅通的优势，及时反映群众呼声愿望，协助县委、县政府化解影响社会和谐稳定的苗头性问题。进行了统战、宗教工作调研，加强同各党派、无党派人士、工商联及社会各阶层人士的联系沟通，支持宗教界委员忠实履职，积极引导宗教与社会主义社会相适应，促进宗教和睦。始终高举团结和民主的大旗，为繁峙的发展、改革与稳定寻找最大公约数，传递最大正能量。

（二）强化脱贫攻坚，彰显政协担当。政协常委会始终坚持把脱贫攻坚作为最大的政治任务和民生工程，统领政协各项工作。政协班子成员严格按照县委、县政府要求，以身作则，深入所联系的乡镇、村，认真落实精准帮扶，指导督查扶贫工作。张晋军副主席主抓我县手工业发展的招商引资和项目落地工作，多次赴白沟、阜平等地进行考察、洽谈，为我县引进了箱包、插花、服装、毛绒玩具等项目，现有近30家企业在我县落地，预计六月底前至少有50家企业落地我县，解决5000人就业，可带动贫困人口1500人。副主席邬春生积极参与全县招商引资工作，带领我县招商小分队多次赴雄安等地进行招商引资，取得了明显效果，有的项目现已落地。政协办作为东山乡冻冷沟村的帮扶单位，机关工作人员进村入户与村民进行座谈，了解掌握基本情况，走访建档立卡贫困户，制定帮扶方案，共商村民脱贫计划，筹资4万余元为贫困户购置种羊，助力实现整村脱贫。认真贯彻落实中央和省市县关于脱贫攻坚的部署要求，按照“关于政协委员结对帮扶助推脱贫攻坚工作方案”的要求，在委员中开展了“三个一”活动，(即倡导每名县政协委员资助贫困家庭一名在校学生完成学业，或者有条件的政协委员帮助贫困家庭一名成员解决就业，或者帮扶一户贫困家庭增加收入。）积极引导广大政协委员立足各自实际，继续开展“六帮六送”等扶贫济困活动，150余名委员确定了结对帮扶对象，制定了帮扶计划，明确了帮扶措施和脱贫的时限，建立了帮扶台账，确保精准帮扶。据不完全统计，全体政协委员共结对帮扶贫困户781余户，2183人。委员们积极行动，上项目、出资金、送温暖，帮扶效果明显，共计捐资290余万元，其中产业扶贫278万元。并为300多人提供了就业岗位，委员们在帮扶措施上形式多样，有的委员捐资建设基础设施、捐资助学、送温暖、捐资扶持养殖、购买农作物种子，进行金融扶贫。实施“五位一体”帮扶措施。有的委员发展地方产业，为贫困户提供就业岗位，提供种植、养殖技术。有的委员为贫困户争取低保、寻医送药、实施“光伏发电”、帮助困难户参加合作社、为贫困户解决实际问题等，真正做到了帮有成果，扶有实效。沙万里、黄卫东等11名企业家委员共捐资276.6万元。沙万里委员先后为小砂河小学、大营中学、砂河二小、四小共捐资助教10万元、为繁城镇民盛村购买药材籽种捐资2万元、为小砂河村基础设施建设捐资232万元；黄卫东委员先后为80人次提供就业岗位、为油房村光伏发电捐资8万元，无偿提供光伏安装场地，侯占胜委员以奶牛养殖公司+农户的方式带动80户96名贫困户增收。张月来、李三有、刘奇、陈晓勇等委员为小砂河、冻冷沟、常坪、卤城等村送温暖11余万元。所有这些都为打赢脱贫攻坚战贡献了政协力量，展示了新时代政协委员的风采。

三、与时俱进，开拓创新，履职能力不断提升

认真贯彻习总书记关于政协委员要“懂政协、会协商、善议政”和提高“四种能力”的要求，2017年，县政协组织对160名委员、20余名政协机关干部进行了集中培训，内容涉及政治理论、党的统一战线工作、党的理论创新及党风廉政建设、“两学一做”，提案、调研和社情民意信息的收集、撰写、报送以及政协业务知识和脱贫攻坚形势、任务、政策等，通过培训学习，政协委员的履职能力有了新的提升。

2018年工作建议

2018年，县政协工作的总体要求是：深入贯彻中共十九大精神，以习近平新时代中国特色社会主义思想为指导，紧紧围绕县委十三届四次全会确立的目标任务和工作重点，紧紧围绕团结和民主两大主题，全面有效履行政治协商、民主监督、参政议政三项职能，不忘初心、牢记使命，切实发挥协调关系、汇聚力量、建言献策、服务大局的重要作用，努力开创政协工作新局面，为推动全县打赢脱贫攻坚战、实现全县脱贫“摘帽”，与全国同步建成小康社会作出更大贡献！

一、深入学习，力求在思想理论水平上有新提高

党的十九大作出了中国特色社会主义进入新时代、我国社会主要矛盾已经转化等重大政治论断，同时对人民政协的性质定位作出了新的表述，对统一战线和协商民主作出了全面部署。我们要按照党的十九大精神，开拓创新，大胆探索，不断开创政协工作的新局面。要深刻领会党的十九大报告的精神实质，深刻认识习近平新时代中国特色社会主义思想的丰富内涵，牢固树立“四个意识”，不断增强“四个自信”，始终在思想上、政治上、行动上同以习近平同志为核心的党中央保持高度一致。要深刻理解党的十九大对人民政协作出的新表述，充分认识人民政协作为统一战线组织的重要地位，充分认识人民政协作为发展社会主义民主这一形式的重要作用，充分认识人民政协作为专门协商机构的重大使命，切实增强政协工作的责任感和使命感。要精心组织开展“不忘初心、牢记使命”主题教育，以学习会、报告会、研讨会、交流会等多种形式，以专家解读、集中授课、撰写心得、畅谈体会等多种途径，切实学懂弄通做实党的十九大精神。要坚持系统性思维和创造性工作，适应新时代新要求，大力营造“有事好商量，众人的事情由众人商量”的民主氛围，在方法上、途径上进行探索，在渠道上、特色上形成亮点，不断开辟政协工作的新境界。

二、围绕中心，力求在履职尽责上有新作为

要着眼全局，深化政治协商。县政协要紧紧围绕县委工作中心，聚焦县委县政府关于工业发展、项目建设、乡村振兴、脱贫攻坚、生态建设、民生保障等重大决策部署和重要工作安排，主动加强有效衔接，充分运用好全体会议、常委会议、主席会议、政情通报等协商形式，积极开展协商议政，切实增强政治协商的广度与深度，提出具有前瞻性和建设性的意见和建议，为县委、县政府科学决策提供有价值的参考。

要突出重点，强化民主监督。进一步完善民主监督的实现途径，把县委、县政府重大决策部署的贯彻落实作为民主监督的重要内容，对涉及民生的重要决策、重大项目、重点建设，通过提案、社情民意、调研视察等方式，开展民主监督，如实提出建设性意见建议，积极为维护民利出实招，使百姓关心的热点难点问题得到及时反映和有效处理。进一步组织委员参与社会监督活动，促进问题的解决和工作的落实。

要深入实际，积极参政议政。要精心提炼人民群众普遍关心的热点问题作为参政议政的切入点；要认真选择经济社会发展中具有综合性、全局性、前瞻性的问题作为参政议政的制高点，紧跟县委县政府重点工作推进，按照“小切口、大文章”的原则，围绕经济技术开发区，在转型项目建设上求突破；大力发展新能源，建设清洁能源生产基地；落实乡村振兴战略，推进农业供给侧结构性改革；构建“新高地”，打造对外开放“东部门户”；聚焦短板，在打好“三大战役”上取得新突破；优化县域环境，激发发展内生动力；坚持实事为民，改善民生福祉；强化社会生态综合治理，打造幸福和谐美丽家园等课题，运用主席重点调研、专委专题调研、界别联合调研等不同形式，深入实际、深入群众，加强调查研究，分析新情况、研究新问题，把问题找准，把原因说透，形成高质量的调研报告，提出符合客观实际、符合群众意愿，具有可操作性的意见建议，确保参政参在点子上，议政议到关键处，让更多的所建之言和所献之策进入县委、县政府决策的范围，促进参政议政成果转化。

三、聚心合力，力求在发挥政协特色上有新气象

聚力脱贫攻坚。全县脱贫“摘帽”，是今年我县的首要政治任务和最大的民生工程。现在已经到了啃硬骨头、攻坚拔寨的决胜冲刺阶段，县政协充分发挥人才荟萃、智力密集、联系面广等独特的优势，继续一如既往做好、做实助推脱贫攻坚工作，要坚持把助推打赢脱贫攻坚战作为今年履职尽责的重点。继续全力以赴开展委员结对帮扶和“六帮六送”活动，为全县脱贫“摘帽”出实招、献良策。坚持物质帮扶“输血”和精神激励“造血”一起抓，保障脱贫攻坚的质量和成效。政协委员在今年的脱贫攻坚中，要有新打算、新举措。政协常委沙万里在去年扶持小砂河村脱贫取得显著成效的基础上，今年打算在横涧乡和集义庄乡扶持两个村，为全体政协委员树立了榜样。政协班子成员在包乡包村的基础上，按照县委、县政府安排，做好所负责的脱贫项目的引进、落地和生产。为助推全县打赢脱贫“摘帽”这场硬战，继续贡献政协力量。

增进团结合作。高举团结民主大旗，努力营造平等议事、和谐共商、严谨活泼的协商民主氛围，以道相交、以诚相交、以志相交，切实提升做好团结联谊工作的能力。发挥工商联、人民团体和各界人士的作用，积极为有序政治参与提供畅通渠道。进一步密切同党外人士、民族宗教界人士、非公经济人士的沟通联系，做到志相同、心相通、情相融，最广泛地调动一切积极因素，形成助推脱贫攻坚的强大合力，形成促进发展的强大合力。

加强联谊交流。发挥政协优势，加强对外的沟通联系，扩大与各界的交往联谊，努力多渠道引进资金、技术、人才参与我县经济社会建设。继续做好与兄弟政协的联谊交流工作，组织委员赴工作先进地区考察学习，开阔履职视野。组织好政协联络联谊的特色活动，创新形式，丰富内容，为各界人士沟通思想、交流感情、建言献策搭建平台，依靠共同的智慧，把政协工作推进到一个新的阶段，提升到一个新的水平。

促进社会和谐。按照贴近实际、贴近民生的宗旨，动员和组织广大政协委员深入基层，深入群众，客观、准确、及时反映社情民意，反映带有全局性、倾向性、苗头性的问题，为党委政府了解民情、掌握民意、科学决策提供依据。协助党委政府多做理顺情绪、化解矛盾、凝聚民心的工作，引导群众合理表达利益诉求，促进社会和谐稳定。围绕教育、医疗、社会保障、公共服务、安全生产等群众最关心、最直接的利益问题，多建利民之言，多谋利民之策，多办利民之事。关心困难群体、弱势群体、特殊群体的生活，积极组织开展扶贫济困、爱心救助等社会公益活动，为广大群众特别是困难群众办实事、解难事、做好事。

四、夯实基础，力求在自身建设上有新突破

进一步发挥委员的主体作用。健全完善委员学习制度，把学习贯穿于委员履职的全过程，定期推送相关信息，帮助委员知情明政、开阔视野、提高能力，为委员履职提供更加便利的条件。全面加强委员履职管理，健全完善委员履职考核，将调研参与率、会议参加率、提案与社情民意信息提交率纳入履职评价机制，继续实行委员履职情况考核通报制度，用荣誉激励委员，用责任调动委员，用活动凝聚委员，用服务感召委员，进一步激发委员履职尽责的主观能动性。全面拓宽委员履职空间，除协商会议、专题调研、专题视察等履职活动外，根据委员的特长，组织开展医疗、卫生、科技、文化等为民服务公益活动，引导委员广泛收集民情民意，切实使履职活动积极而富有成效。

进一步发挥政协机关的引领作用。落实全面从严治党的政治责任，严明党的政治纪律和政治规矩，严明廉洁纪律、工作纪律、群众纪律。强化纪律执行，让机关党员干部知敬畏、存戒惧、守底线。以“不忘初心、牢记使命”主题教育为契机，大力开展机关作风建设，切实提高机关服务意识、服务能力、服务实效，以优质高效为标准，发挥好机关的统筹协调作用、日常运转的枢纽作用、后勤服务的保障作用、服务委员的纽带作用，努力营造勇于担当、奋发向上的良好氛围，造就一支政治坚定、作风优良、学识丰富、业务熟练的政协机关干部队伍。

国民经济和社会发展计划（节选）

繁峙县发展和改革局

一、2017年国民经济和社会发展计划执行情况

2017年是实施“十三五”规划的重要一年，是供给侧结构性改革和转型综改的深化之年，是繁峙发展进程中极不平常的一年。在县委、县政府的坚强领导下，深入学习贯彻习近平新时代中国特色社会主义思想，认真贯彻习总书记视察山西重要讲话精神，全面落实省委和市委历次全会精神，坚持“一个指引、两手硬”重大思路和要求，坚持稳中求进工作总基调，按照市委“1661”发展战略，坚持以脱贫攻坚统揽经济社会发展全局，统筹做好稳增长、促改革、调结构、惠民生、防风险各项工作，全年经济社会发展取得好于以往、好于预期的明显成效。

（一）经济增长好于预期。认真落实省、市、县经济工作会议精神，牢固树立和贯彻新发展理念，全面深化供给侧结构改革，着力稳增长、调结构、增动能，全县经济总体呈现稳中有进、稳中向好、稳中提质的良好局面。全县地区生产总值完成66.7亿元，同比增长5.5%；规模以上工业增加值完成36.4亿元，同比增长4%；固定资产投资完成40.3亿元，同比增长7.5%；社会消费商品零售总额完成20.6亿元，同比增长8.4%；城镇常住居民人均可支配收入完成28211元，同比增长5.8%；农村常住居民人均可支配收入完成7523元，同比增长8.4%；公共财政预算收入完成2.39亿元，同比增长11.9%。特别是通过产业结构优化调整，服务业增加值在GDP中占比由2016年的33.6%提高到35%，服务业对GDP增长的贡献率达到42.8%。主要经济指标增速好于预期，经济运行的质量和效益不断提高。

（二）转型综改不断深入。以《国务院关于支持山西省进一步深化改革促进资源型经济转型发展的意见》（国发〔2017〕42号）为指导，立足繁峙县实际，充分利用繁峙县各类资源优势，大力改造提升传统产业，积极培育壮大新兴产业，以改革的办法推进实体经济转型升级，全力构建现代产业体系。以推进农业供给侧结构性改革为主线，加快现代农业提质增效。建设13个特色种植基地，粮食总产量达到8417.7万公斤。新认证地理标志农产品1个、绿色农产品4个，农民专业合作社发展到614个，农产品加工业销售收入完成4.3亿元，畜牧业总产值完成5.6亿元。万锦肉牛育肥场成为晋北首家活牛供港、供澳企业。绿源亨通在山西股权交易中心培育板（企业创新板）挂牌。加快工业经济新旧动能转换，工业发展动力持续增强。积极申创省级经济技术开发区并取得积极进展，全面实施“三化三制”改革，率先发展装备制造园区、农业生物园区和文创物流园区。汉和中兴集团年产2万吨机床铸件加工项目投产运行，年产20万吨玄武岩纤维岩棉制品项目、240万吨球团建设项目、国电投100兆瓦风电项目、青岛奥博能源电力有限公司光伏组件生产基地等项目开工建设。强化企业科技创新，紫金矿业获得工信部用电需求侧“A”级评价，获得“山西省两化融合示范企业”称号。文旅产业服务业提档加速。成立平型关景区管委会，成立国有控股繁峙县憨山文化旅游开发有限公司。灵岩山文化旅游区旅游总体规划通过专家论证，平型关长城文化展示中心建设稳步实施，大智镜圆景区积极推进。超前谋划推进繁峙县滹源通用机场项目，瑞迪航空飞行营地建设开创繁峙低空经济发展先河。

在此基础上，县乡医疗卫生机构“一体化改革”、农村产权制度改革、行政审批制度改革、国有林场改革、安全生产领域改革、基础教育改革等各项改革全面推进，努力开创了繁峙转型综改新局面。

（三）项目建设持续发力。始终秉承“抓项目就是抓发展”的理念，着力打造“六最”营商环境，专门成立项目推进领导组，全面推行集中联审联批和跟踪服务相结合的服务机制。2017年157个重点项目完成投资35.07亿元，同比增长6.8%。实施现代农业项目、文旅项目、新能源项目85个，占到产业类项目总数的72.65%；投资额占到产业项目总投资的26.5%。10个省市重点项目，完成投资18.87亿元，占年度计划投资的103%。市考核繁峙县的新开工2亿元以上重大产业项目共12个，完成投资12.58亿元。招商引资共签约项目25个，总金额60.38亿元，完成任务的120.8%。

（四）脱贫攻坚再战再胜。深入贯彻落实习近平总书记视察山西重要讲话精神，实行举县体制，坚持以脱贫攻坚统揽经济社会发展全局，把精准贯穿于扶贫和脱贫全过程，识别和退出更加准确真实，产业扶贫“五有目标”基本实现，整村搬迁破题克难，政策兑现落实到户到人，干部帮扶精准到位，以较扎实的工作基础接受了全省组织的脱贫成效考核第三方评估，全县群众和社会对脱贫攻坚的满意度不断提升，脱贫攻坚实现再战再胜目标。2017年实现34个村退出，完成任务的113%；5738户15834人脱贫，完成任务的106%。

（五）生态环境明显改善。坚持把生态建设、绿色发展放在突出位置，认真落实环境保护主体责任，持续开展“铁腕治污”行动，及时处置环保突出问题。对中央、省各级类环境保护督察组交办转办的问题进行了积极调查整改。全面开展大气、水、土壤污染综合治理专项行动，县城建成区 10 蒸吨/小时及以下燃煤炉全部“清零”。全年优良天数达到 332 天，占到全部监测天数的 91%。滹沱河源头断面和青羊河源头断面水质稳定达到省下达的三类和二类水质标准。科学推行河长制，完成羊眼河河道划界确权工作。开展土壤污染调查，有效控制农业面源污染，强化畜禽养殖污染防治。持续加强生态绿化，新增绿化造林 4133.33 公顷，全市造林绿化现场推进会在繁峙县召开。全面推进滹沱河源头、赵庄河流域综合治理、平型关景区矿区生态治理等生态修复项目。

（六）民生保障逐步提高。坚持以人民为中心的发展思想，千方百计提高公共服务供给水平，努力使发展成果惠及全县人民。进一步提高教育教学质量。“全面改薄”工程完成年度任务，全县国家义务教育基本均衡发展工作通过验收。实施初中教育“强腰工程”，大力调整全县中学教育布局。全县二本 B 类以上达线 367 人，应届生达线 238 人，创历史最高纪录。提高卫生保障水平。扎实推进县乡医疗卫生机构一体化改革试点工作，繁峙县人民医院医疗集团挂牌成立。实施县医院门急诊综合楼、中医院综合大楼、妇幼计生大楼等医疗基础设施工程。新农合参合率达到 98%。推进社会就业和社会保障事业发展。城乡居民充分就业，各类社会保险实现全覆盖，困难群众实现应保尽保和有效救助。文化体育事业蓬勃发展。成功举办“中兴铸业杯”2017 年中国·繁峙毽球公开赛和“奥跑中国”奥林匹克中心大众路跑全国系列赛—山西繁峙站比赛等国家级赛事。进一步改善城市人居环境。启动砂河镇棚户区改造工程，县城兴城街、万里路等 6 条道路建设工程。深入开展“八道四治四建”专项行动、农村建筑风貌特色整治工程和农村垃圾治理工程。政府部门安全监管实现“全覆盖”。持续开展安全生产系列专项整治活动，安全生产形势持续稳定。

此外，全县精神文明、民主法治建设进一步加强，科技、双拥、消防、档案、老龄、民族宗教等各项事业都均衡发展。

全县经济社会的健康发展促进了各级各类创建活动的快速推进。成功创建国家义务教育发展均衡县、省级平安县城、省级园林县城、省级文明县城、省级食品安全示范县、省级出口食品农产品质量安全示范区。充分彰显了全县上下与时俱进、赶超跨越的精神风貌。

二、2018 年经济社会发展的总体要求、主要目标及主要任务

2018 年全县工作的总体要求是：全面贯彻党的十九大精神，以习近平新时代中国特色社会主义思想为指引，进一步落实习近平总书记视察山西重要讲话精神，加强党对经济工作的领导，坚持稳中求进工作总基调，坚持新发展理念，按照高质量发展的要求，统筹推进“五位一体”总体布局和协调推进“四个全面”战略布局，坚持把深化供给侧结构性改革与深化转型综改试验区建设结合起来，作为经济工作的主线，全面实施市委“1661”发展战略，以脱贫攻坚统揽经济社会发展全局，在打造资源型经济转型发展“示范区”、能源革命“排头兵”、内陆地区对外开放“新高地”三大目标上迈出新步伐，在打好精准脱贫、污染防治、防范化解重大风险三大战役上取得重大成效，全力推进质量变革、动力变革、效率变革，扎实抓好稳增长、促改革、调结构、惠民生、保稳定各项工作，促进经济社会持续健康发展。

2018 年经济社会发展的主要预期目标

是：全县地区生产总值增长6.5%，全社会固定资产投资增长10%以上，社会消费品零售总额增长7%，一般公共预算收入增长7.2%，城乡常住居民人均可支配收入分别增长6%和7.5%以上，居民消费价格涨幅控制在3%，城镇新增就业3500人，城镇调查失业率、城镇登记失业率分别控制在6%、4.2%以内，实现整县脱贫摘帽，资源环境类13项约束性指标全面完成省市要求。其他各项转型指标不折不扣完成省市下达任务。

围绕上述目标，今年重点抓好以下十个方面的工作：

（一）坚持深化供给侧改革和深化综改相结合，全力构建现代产业体系

繁峙县以铁为主的传统产业受政策和市场双重挤压，发展动能由强转弱，支撑全县经济基础的作用在逐步减弱，发展新产业、培育新动能成为当务之急。建设资源型经济转型发展示范区是党中央、国务院赋予山西的重要历史使命，也是繁峙经济发展的必然选择，资源型经济转型发展示范区建设的主攻方向是构建现代产业体系。我们必须把深化供给侧结构性改革与深化转型综改试验区建设结合起来，坚持改革促转型，坚持扩大产业体量与提升产业质量并重，改造传统产业与培育新兴产业并重，着力优化产业结构，推动实体经济转型升级，积极推进现代产业体系建设，提高供给体系质量和效率。

提升传统产业。要按照打造全市矿业冶炼经济板块的定位，借助省市加大企业技改资金扶持的政策机遇，继续推进技术改造、设备更新和整合重组，全面提升工艺水平，推进技术、产品、业态、管理等创新，进一步扩张规模，延伸链条，推动矿产业向精深加工和成品制造转变，向产业链下游延伸、价值链高端升级，构筑全产业链条及产业集群，不断增强传统产业的竞争力。重点推动汉和中兴集团2万吨机床铸件加工项目良性运行，有效提升装备制造发展水平。实施鑫友矿业240万吨球团、神邦矿业120万吨球团等项目，推动全县铁精粉就地转化率达到80%以上。积极争取和推动宝山矿业100万吨铸管和240万吨钢铁（型钢）等全产业链项目。投资1.3亿元实施紫金矿业贵金属研发中心项目和金都黄金冶炼研发中心项目，推动金矿产业链条延伸。关小建大，改进采选工艺，做大采选业，重点培育年产20万吨以上铁选企业改进，力争3年内达到25户。

注重新兴产业发展。围绕高端装备制造、通用航空、新材料、新能源等新兴产业，积极培育以汉和中兴、奥博能源、华茂精密铸造等为代表的优质高效实体经济。投资1.3亿元实施许氏维雅古建砖瓦建材生产项目，投资3800万元实施宏卓新型建材项目，投资2200万元实施大鑫建材生产项目，打造新型建材产业基地。紧抓低空经济发展机遇，以推动通用航空项目落地和壮大瑞迪航空为引领，打造集航空体育运动培训、飞行体验、无人机科研、汽车营地为一体的低空经济产业基地。将晋绣坊、五台山金石雕刻、绿源亨通、星河银业等公司培育成为“专精特新”企业。

全力推进“转型项目建设年”。项目是构建现代产业体系的重要支撑。为切实发挥投资对优化供给结构的关键性作用，引领繁峙县经济平稳健康发展，出台《繁峙县转型项目建设年（2018）实施方案》。以集中谋划一批转型项目、集中招商一批转型项目、集中办理一批项目前期手续、集中开工一批转型项目、集中推进一批省市重点工程为重

点，全力推动实施总投资216.83亿元、年度计划投资91.55亿元的125个新建重点项目和45个续建项目，其中转型项目83个，计划投资54.33亿元。确保转型项目投资完成额达到全年固定资产投资比重60%左右，着力筑牢新产业、新动能的坚实基础。

抓好“三去一降一补”。加快建立多主体供应、多渠道保障、租购并举的住房制度。加大保障性住房分配力度，推动南关片区保障房分配到位。新开工建设砂河镇旧城区棚户区改造住房。实施县城棚户区改造工程。通过加快农村居民市民化、易地扶贫搬迁集中安置等多种方式，加快化解房地产库存。全力降低企业成本。继续认真贯彻落实好减税降费提标政策，继续深化行政审批制度改革，降低企业制度性成本。利用“互联网+”，逐步实现由传统运输业向现代物流业的转变。开通繁峙—白沟等物流线路。加大物流经营主体奖补力度，积极引导企业创新管理，向管理要效益。

（二）大力发展新能源产业，争当能源革命“排头兵”

繁峙县特有的地理条件形成了丰富的风资源、光资源优势，近几年随着国家产业政策的调整，繁峙县以风电、光电为主的新能源产业发展迅速。现有风电总装机规模23.45万千瓦。围绕争当能源革命“排头兵”的目标，按照建设面向京津冀清洁能源生产基地的定位，全力促进新能源产业提质发展。力争2020年实现光电、风电“达十进百”目标，即：全县光伏发电达到10万千瓦，风力发电达到100万千瓦。到2020年使新能源产业增加值在GDP中占比达到20%。

抓好风力发电三大工程。全力推进实施省级清洁供暖重点示范项目——国电投金丰新能源20万千瓦风电清洁能源供暖项目一期工程、国电投云雾峪三期10万千瓦风电项目、协合风电乔家窑10万千瓦风电项目。积极争取国电投金丰新能源20万千瓦风电清洁能源供暖项目二期工程和武汉风脉15万千瓦风电项目等风电项目列入十三五全省风电开发建设计划。

推进光伏全产业链发展。全力推动建设总规模2.55万千瓦的117个村级电站（含联村电站）、3万千瓦集中式扶贫电站以及分布式户用光伏项目的建设。在保质保量按时完成光伏扶贫电站建设的同时，全力扶持山西奥博能源电力有限公司发展光伏产业链的上游产品，投资4亿元建设年生产1GW光伏组件生产线，带动繁峙光伏全产业链的发展。

推进输变电配套工程建设。繁峙现有的高压输变电站已严重制约影响着风光电新能源的电力输出。投资1.6亿元的滹源220千伏变电站项目，力争在6.30前完工，为全县风电、光伏产业发展提供电力输出保障。

同时，推进投资5700万元新建繁峙—砂河—金山铺城镇燃气输气管道工程项目；积极争取30兆瓦生物质发电项目；争取大李牛、大保、杨树湾水电站项目尽早落地。

（三）优化招商引资，打造晋北对外开放“新高地”

作为面向京津冀及雄安新区开放的忻州东部门户，要把握“构建内陆地区对外开放新高地”的机遇，将区位优势转化为开放优势，打造承接京津冀、雄安新区产业转移示范区，借力发展，以开放促发展、促转型。

全面构建对外开放新格局。继续做优做强铸造装备制造产业，全力打造装备制造出口基地。以万锦肉牛、汉和中兴等出口企业为引领，实现全域全产品出口。紧密对接推动大同、五台山机场航空口岸开放和太原、大同无水港建设契机，争取出口产品的就近检疫检验和产品的自营出口权，提高通关效率。全面加强与白沟、阜平等地深度协同发展，打造晋冀箱包加工集散基地。全力构建大开放综合交通体系。推动与大同浑源、广灵、朔州应县、河北保定等周边市县深度协同合作。主动融入省市发展大局。在打造全省乃至全国旅游重点县、重要产业基地、优质农产品示范基地上下功夫。

促进招商引资提质增效。大力开展园区招商、产业招商、资本招商和以商招商。全面开展重大招商活动，充分运用“迎老乡、回故乡、建家乡”等活动成果，精准绘制《繁峙县重点产业招商地图》。加大面向京津冀、雄安新区、周边友好区县等地区的精准招商，深度参与中博会、厦洽会、广交会、西博会等重大经贸活动。加快推动外贸出口工作，在万锦肉牛、汉和中兴等企业的引领带动下，再引进打造一批优质外贸出口企业和项目。

着力打造“六最”营商环境。推行企业投资项目承诺制改革工作，深化“放管服效”改革，推进“证照分离”，全面推行网上审批和并联审批，减少企业时间和费用成本。充分利用全省企业投资项目在线审批监管平台，建立透明、高效、规范的部门纵横联动协调监管机制。建立部门联合惩戒制度，强化对企业作为投资主体的守信践诺约束作用。

（四）深化重点领域改革，增强转型动力

改革创新是经济社会发展的不竭动力。要继续坚定不移地推进重点领域改革，保障全县经济社会的高质量发展。

深化开发区改革创新。要把开发区作为产业转型的主战场、主引擎和大平台，全力创建省级经济开发区。积极复制推广全省转型综改示范区先行先试经验成果，全面深化落实“三化三制”改革任务。全面强化起步区建设，推动入区项目熟地供应。积极引导社会资本参与开发区建设，完善开发区基础设施，全面推进实施天然气、热源厂、变电站、水厂、污水厂等工程建设。

深化国有企业改革。要加快县酒厂改革进程，推进旭泰酿酒公司白酒、保健酒生产项目落地经济技术园区。全力配合太钢集团峨口铁矿做好分离移交办社会职能有关工作，切实解决好岩头7村供水、供电等问题。支持国有企业和民营企业交叉持股，采取租赁经营等方式推进县磷肥厂改造。

深化农村综合改革。完善承包地“三权分置”制度体系，让承包户放心流转土地，让经营主体放心投资土地。落实农村土地承包关系稳定并长久不变政策，衔接落实好第二轮土地承包到期后再延长30年政策。稳步推进宅基地“三权分置”改革，全面推进房地一体的农村集体建设用地和宅基地使用权确权登记发证工作。积极探索宅基地集体所有权、农户资格权、宅基地及农房使用权“三权分置”具体实现形式。适度放活宅基地和农民房屋使用权，不得违规违法买卖宅基地，严格实行土地用途管制，严格禁止下乡利用农村宅基地建设别墅大院和私人会馆。完善农民闲置宅基地和闲置农房政策，推进闲置低效宅基地盘活利用。完善闲置凋敝宅基地退出、补偿、安置、收益分配等方面配套政策，实施复绿复垦及就地建设，确保闲置低效宅基地得以有效盘活。深入推进农村集体产权制度改革，深化农产品收储制度和价格形成机制改革。

深化综合行政执法体制改革。全面推进

城市管理执法体制改革，推动环境保护、工商管理、交通管理、水务管理、食品药品监管等方面相关行政处罚权的职能、人员编制稳步划转，实现“1+5”行政处罚权的集中行使。整合相关职责和资源，组建市场监管、卫生计生、文化旅游、国土资源、农业、林业、水利、交通运输、商务等综合执法队伍。

在抓好以上重点改革的同时，要扎实推进政府机构改革、生态文明改革、投融资体制改革、商事制度改革、社保体制改革、林权制度改革等各项改革。

（五）举全县之力，运用超常措施，打赢整县脱贫摘帽攻坚战

打赢脱贫攻坚战是全面建成小康社会的底线任务和标志性指标。繁峙县是2018年全市6个脱贫摘帽县之一。2018年繁峙县将围绕132个贫困村9366户24284名建档立卡贫困人口的脱贫任务和79个村14363户37553人的巩固提升任务，继续坚持脱贫攻坚统揽统筹的举县机制，采取超常规的举措，把中央和省委、市委关于脱贫攻坚的各项决策部署落实到工作中的每个环节、每个细节，确保脱贫摘帽这项重大政治任务圆满完成。

1. 推动脱贫产业“全覆盖”。我们将坚持把产业作为脱贫的关键支撑。以“一村一品一主体”、“五有”全覆盖为引领，大力推行家门口脱贫的产业模式。一是做“优”特色种植业。重点在提升特色种植业规模和效益上下功夫，因地种植小杂粮、白水大杏、黄花、水稻、红树莓等农作物。努力使种植业收益对贫困户进行广泛覆盖。二是做“大”健康养殖业。建立企业与贫困户合作互助、风险共担、利益共赢的长效发展机制，全年新发展能繁母牛10000头，育肥肉牛3000头；能繁母驴10000头，育肥肉驴3000头；以牧原集团为引领，建设70万头生猪养殖基地。新发展肉羊5万只、肉兔10万只、鸡30万只。三是做“实”光伏扶贫产业。新建总装机规模25.5兆瓦村级光伏扶贫电站、30兆瓦集中式扶贫电站，确保6月底前建成运行。继续推进分布式户用光伏电站建设。四是做“精”生态林果业。继续坚持在一个战场打赢两场攻坚战，新造林及经济林提质增效3133.33公顷，林业特色扶持产业2000公顷。五是做“强”培训劳务业。培训贫困劳动力3000人。建立“技能培训+劳务输出”联结模式，打造家门口的就业产业，引导促进农村贫困劳动力转移就业10000余人。六是做“大”手工业。继续推进手工业发展壮大，全力抓好具有本地特色的刺绣和引进实施的箱包、服装、鞋帽、绢花等手工产业，培育贫困户手工业产业工人1500人。七是做“强”农副产品加工业。重点突出“基地+合作社+企业+农户+品牌”产业化经营，鼓励和支持龙头加工企业以入股订单等方式与贫困户建立紧密、半紧密的利益联结，带动贫困户稳定增收。八是做“强”中药材产业。打造晋北优质中药材种植基地，全县中药材种植面积达到13333.33公顷以上。全力推进恒宇天然草本中药材精深加工项目建设。九是做“通”农村电商产业。打造“滹源味道”繁峙特色食品农产品区域电商推广品牌，力争农副产品线上交易额达到1亿元以上。十是做“实”乡村旅游业。紧密对接全省长城、太行、黄河三大板块旅游发展战略，全力打造平型关、老泉头、桥儿沟等独具特色的乡村旅游村。

2. 啃下易地搬迁“硬骨头”。继续坚持“六环联动”，全力破解“人、钱、地、房、

树、村、稳”“七个问题”。全面完成上级下达65个村1144户2779人易地扶贫搬迁任务。自筹资金组织实施砂河18个村765户1942人的易地移民搬迁。采取“4+1”（四个全覆盖+家门口就业）后续保障模式，完成旧房拆除，土地复垦，复绿等后续工作。实施滨河、东山移民小区箱包加工、小杂粮加工和分布式户用光伏等移民后续产业项目。对搬迁户开展订单式、定向式和储备式免费就业技能培训，努力使搬迁群众在家门口就业致富。

3. 强化政策兜底“全保障”。全面落实教育扶贫政策，对从幼儿园到大学各学段10984名贫困家庭学生进行不同标准的资助，所有贫困村实现“一村一园（班）”，让贫困家庭学生都能上得了学；全力落实健康扶贫政策，“三保险、三救助”、“双签约”、“一站式”服务等政策得到较好落实，因病致贫人员医疗救助实现全覆盖，对全县142个未达标的村级卫生室实施改扩建工程；全面落实民政兜底政策，实现应保尽保；对残疾人进行补助；全面落实安居保障政策，今年再改造3200户贫困户危房。

4. 实现整村提升“全达标”。紧抓国家实施乡村振兴战略的重大机遇，坚持规划先行，整合人力、财力、物力，实施四大提升工程、一个专项行动。实施农村公路、贫困村饮水安全、农村电网、农村网络提升工程，“以户为基，以村为体”开展村户环境综合整治。

5. 保障支撑“全方位”。有效激发贫困群众内生动力。坚持扶贫与扶志、扶智相结合，真心实意和群众交朋友，为群众办实事，加强农村公益性岗位设置和管理，将有劳动能力贫困人口获取收益与公益劳动挂钩。提升干部帮扶能力。在贫困村干部帮扶全覆盖的基础上，对有贫困户的非贫困村全部派驻工作队，副处及乡科级正职全部担任驻村工作队长，建立履职清单，严格执行月巡查、季通报、年考核，进一步压实帮扶责任，提升帮扶工作成效。强化资金支撑。通过下大力气争取各类资金、全面统筹整合涉农资金、争取金融部门支持、土地指标换资金、动员社会资金投入等多渠道筹集资金，切实加强资金保障力度。强化纪律保障。全面开展扶贫领域腐败和作风问题专项治理行动，全面加强作风建设，确保阳光扶贫、廉洁扶贫。加大巡察督查力度，建立全方位的问责追责制度。

（六）充分发挥规划引领作用，科学编制乡村振兴规划

实施乡村振兴战略，时间跨度长，涵盖内容多，是一项长期的历史性任务，必须要有谋划远、站位高、全方位、高质量的规划来引领。要坚持规划先行，树立城乡融合、一体设计、多规合一的理念，统筹考虑产业发展、人口布局、公共服务、土地利用、生态保护等各个方面，增强规划的前瞻性、约束性、指导性、操作性。乡村振兴总体规划（2018—2022年），要坚持以二十字方针为引领，对标中央精神，从全县实际出发，对乡村振兴战略进行全面规划设计，创新壮大乡村发展新动能。同时，重点编制好5个专项规划。产业兴旺专项规划要突出农业供给侧结构性改革和完善现代农业产业体系、生产体系、经营体系，促进农业产业转型升级、提质增效；生态宜居专项规划要突出生态环境治理和保护，建设家园美、生态美、生活美的美丽宜居乡村；乡风文明专项规划要突出培育文明乡风、良好家风、淳朴民风，不断提高乡村社会文明程度；治理有效专项规划要突出构建以党建为引领、自治为基础、

法治为保证、德治为支撑的乡村治理体系，促进农村社会和谐有序；生活富裕专项规划要突出拓宽农民就业增收渠道和提高农村民生保障水平，走出共同富裕之路。

（七）融入三大板块，构建全域旅游新格局

要精心编制繁峙县全域旅游总体规划，明晰发展定位，积极融入全省黄河、长城、太行三大旅游板块发展战略。大力引进省内外投资，积极培育市场主体，推进旅游项目开发的市场化、专业化运作。要加快重点景区建设，继续全力推进平型关景区、大智镜圆、灵岩山景区等重点旅游项目。要继续推进伯强红色旅游，实施毛主席路居纪念馆基础设施配套工程建设。全力推进实施滹源通用机场、瑞迪航空飞行营地主题公园、旭日东升水上乐园等项目建设，打造文旅产业发展新业态。继续推进“旅游厕所革命”，强化旅游基础设施配套力度。积极发展特色农牧产品、手工艺品、红色旅游纪念品等旅游产品。

（八）践行绿色发展理念，加强生态文明建设

要统筹山水林田草系统治理，坚决打好新时代生态环境保护攻坚战。

坚决推进三大污染防治专项行动。继续开展“铁腕治污”专项行动，强化“散乱污”企业整治；积极实施北方地区冬季清洁取暖五年规划，稳妥推进禁燃区内繁城镇6个村的型煤或清洁煤替代散煤、“煤改气”“煤改电”工作。投资2000万元实施砂河镇供热公司清洁供暖项目。积极推进饮用水、地下水、流域水、黑臭水、污废水“五水同治”，全面开展排查摸底。加大污水配套管网建设力度，对县城排水管网进行改造。对繁城镇城中五村生活污水进行集中处理。开展“控源头、保清流”专项行动，督促排污企业和企业负责人落实治污主体责任。全面强化滹沱河、峨河、青羊河的保护治理力度。要全面启动土污染防治工作，建立污染地块动态清单和联动监管机制。有效控制农业面源污染，加大畜禽养殖业污染综合治理力度。

继续实施造林绿化工程。继续实施“13232”生态保护修复工程，投资2532万元绿化造林2800公顷。实施园林城市绿化提质工程，积极创建国家级园林县城。全面推进紫金矿业、中兴矿业、宝山矿业等绿色矿山创建工程。

（九）加强和改善民生，增强人民群众的获得感和幸福感

始终坚持以人民为中心的发展思想，切实把共建共享作为新时代保障和改善民生的基本遵循，扎实做好民生工作，不断增进民生福祉。

办好有质量的教育。继续扭住“打造繁峙教育品牌，建设晋北教育强县”的目标不放松，坚持不懈抓好教育教学质量的提高，普通高考达线总人数达到400人以上，职业高中对口升学人数力争达到275人。推进“校长末位淘汰制”、“集团化管理模式改革”等一系列改革任务。巩固“县域义务教育基本均衡”成果，实施好“农村幼儿园（班）提升工程”和“农村特色学校建设工程”。

着力促进就业创业。按照“人人持证、技能社会”的工作要求，把“建档立卡农村贫困劳动力免费职业培训”拓展为“全民技能提升工程”。推进就业供给侧结构性改革，集中力量抓好高校毕业生就业工作，开展高校毕业生创业培训和就业见习活动。统筹做好农村转移劳动力、城镇失业人员、“4050”人员、退役军人等重点群体的就业。

提升全民健康水平。深入实施“健康中国”战略，努力将笔峰村打造成为首批省级健康村试点。巩固推进县乡医疗卫生机构一体化改革试点成果，推进医疗集团规范运行，建立健全现代医院管理制度。全面推广金山铺乡牛叫河村卫生室服务模式，让群众享受县级医院优质医疗服务和乡村医生贴心公共卫生服务。加强医疗卫生基础保障，加快县人民医院门急诊综合楼建设，推进中医院、妇幼保健综合大楼尽快投入使用。

筑牢社会救助保障网。通过实施“全民参保登记计划”，努力实现各项社会保险法定人群全覆盖，基金应收尽收。适时提高企业和机关事业单位退休人员基本养老金、城乡居民基础养老金最低标准。持续完善社会保险制度体系，加强城乡之间的统筹协调和政策衔接完善，确保各项社会保险待遇按规定支付。全面实行低保“两线合一”政策。健全农村“三留守”人员关爱服务体系，继续实施高龄失能老人和困难残疾人生活补贴制度。

繁荣文化体育事业。继续实施文化惠民工程，开展免费“送戏下乡”，举办第七届“三民”舞台艺术大赛，推动“三馆一院”早日投入使用。依托国体总局扶贫优势，举办毽球、定向越野等一系列国字号比赛项目，组织开展广场舞、健步走等群众喜闻乐见文体活动和全民健身活动。加大对境内重点文物保护力度。

在全面完成好省政府六件民生实事和抓好以上民生工作的同时，全力兴办好九件民生实事。

（十）全力防控风险，营造安全稳定新局面

打好防范化解重大风险攻坚战。全力防控金融风险，开展防范非法集资宣传活动和涉嫌非法集资风险排查专项行动，依法惩治打着扶贫济困旗号非法吸收公众存款、集资诈骗等非法集资犯罪活动。积极防范和化解企业债务违约风险，降低银行不良贷款率。切实加强对全县18家小额贷款公司等地方性金融机构的监管。防范政府债务风险，加强政府债务管理。防范房地产领域风险和养老保险支付风险。

坚持不懈抓好安全生产工作。全面学习贯彻习近平总书记关于安全生产的重要思想，全面贯彻落实“四铁”要求和“4438”工作机制，坚决杜绝重特大事故，有效遏制较大事故，全力减少一般事故。扎实推进安全生产领域各项改革工作，压紧压实党委政府领导责任、部门监管责任和企业主体责任。健全从主要负责人到一线从业人员的全员安全生产责任清单，推动企业落实全员安全生产责任制。全面加强城市安全工作，促进建立以安全生产为基础的综合性、全方位、系统化的城市安全发展体系。不断夯实食品药品安全，确保群众饮食安全。推动质量强县战略深入实施，坚决守住质量安全底线。

加强和创新社会治理。继续做好信访维稳工作。推进“六网覆盖”、“雪亮工程”建设，新建各类视频监控400路。开展扫黑除恶专项斗争，有力打击震慑黑恶势力犯罪。

同时，认真做好国防动员、双拥共建、民族宗教、优抚救灾、消防安全、人民防空以及统计、科技、老龄、史志、档案等工作，支持工会、共青团、妇联、文联、残联、工商联等群团组织发挥更大作用，有效凝聚全县脱贫摘帽、改革发展的强大合力！

财政预算报告（节选）

繁峙县财政局

一、2017 年全县财政预算执行情况

2017 年，面对复杂严峻的经济形势，全县财政工作在县委、县政府的坚强领导下，在县人大及其常委会的有效监督下，财政部门积极作为、攻坚克难，奋力拼搏、真抓实干，财政收支工作取得新成效。全县财政收入持续增长，收入质量显著提高；财政支出进度快于往年，重点支出保障有力，预算执行水平大幅提升。

（一）2017 年一般公共预算变动情况

繁峙县 2017 年财政预算经县第十六届人民代表大会第二次会议批准后，我们便按照会议批准的预算严格把关，维护了预算的严肃性。但在执行过程中，由于经济形势的变化和实际工作的需要，出现了一些新的收支变动事项。因此，根据全年的执行情况，对年初财政预算作了相应调整。

1. 一般公共预算收入。2017 年，一般公共预算收入调减 8671 万元，调减后一般公共预算收入为 23929 万元，占预算 32600 万元的 73.4%。

2. 一般公共预算支出。由于一般公共预算收入未能按预算完成，上级转移支付资金比年初有所增加，全年县级财力支出由年初预算的 97814 万元（含税费改革支出 2972 万元）调整为 105238 万元（含税费改革支出 2882 万元），净增加 7424 万元。上级下达的专项款支出 79128 万元，新增一般债券资金支出 600 万元，2017 年全县一般公共预算支出为 184966 万元，比年初预算的 160152 万元净增加 24814 万元。

（二）2017 年政府性基金预算变动情况

政府性基金预算收入在执行中，因收入项目有增有减，所以根据执行情况调整了以下收支预算：

收入调整：政府性基金收入净调减 5471 万元。其中：需追加的项目 3 项共计 1124 万元，即：城市公用附加收入追加 14 万元，城市基础设施配套费收入追加 10 万元，其他政府性基金收入追加 1100 万元；调减的项目 4 项共计 6595 万元，即：土地出让金收入调减 5759 万元，国有土地收益金收入调减 733 万元，农业土地开发资金收入调减 99 万元，污水处理费收入调减 4 万元。

支出调整：政府性基金支出净调减 11762 万元，调减后的政府性基金支出为 10112 万元，其中：专款基金支出 1436 万元，县级财力基金支出 8676 万元（含新增专项债券支出 2000 万元）。

（三）2017 年财政预算执行情况

1. 一般公共预算执行情况

2017 年，一般公共预算收入完成 23929 万元，占预算 32600 万元的 73.4%，欠收 8671 万元，比上年 21380 万元增收 2549 万元，增长 11.92%。其中：税收收入完成 14716 万元，同比增长 25.23%，增收 2965 万元。其中增值税完成 6281 万元，同比增长 89.02%；企业所得税完成 2115 万元，同比增长 38.6%；个人所得税完成 315 万元，同比下降 20.25%；资源税完成 1757 万元，同比增长 109.67%。

非税收入完成 9213 万元，同比下降

4.32%，减收416万元。

2017年，一般公共预算支出184966万元（包含新增债券支出600万元），比上年的172929万元多支12037万元，同比增长6.96%。其中：教育、文化体育与传媒、社会保障和就业、医疗卫生与计划生育、节能环保、城乡社区事务、农林水事务、交通运输、住房保障支出、粮油物资储备事务等民生支出共计155290万元，比上年增长2.55%，占全年公共财政预算支出的83.96%。

2017年财政预算执行结果是：一般公共预算收入23929万元，返还性收入1893万元，一般性转移支付收入103829万元，专项转移支付收入63625万元，上年结余20649万元，动用预算稳定调节基金2808万元，调入政府性基金9011万元，新增一般债券780万元，合计全年地方财政收入总计226524万元。本年全县财政总支出184966万元，专项上解支出583万元（援助新疆地区支出-44万元，拖欠国际贷款扣款-261万元，跨界水质考核补偿20万元，扣减2016年增值税税收返还-263万元，一般债券发行费-7万元，上解农田水利资金-28万元），安排预算调节稳定基金1771万元，调出政府性基金625万元，年终结余38579万元。

2. 政府性基金预算执行情况

2017年，政府性基金收入7189万元，占预算12660万元的56.79%，短收5471万元，比上年的10750万元减收3561万元，下降33.13%。其中：土地出让金收入5241万元，为年度预算的47.65%，短收5759万元，同比下降42.51%，减收3876万元。

2017年，政府性基金支出10112万元（含新增专项债券2000万元），比上年的16271万元减少支出6159万元，下降37.85%。主要投向：社会保障和就业630万元，城乡社区事务8306万元（其中：土地出让金支出7169万元），其他政府性基金支出1176万元。

政府性基金收支平衡情况：本年收入7189万元，上级下达专项款1227万元，上年结转收入8876万元，新增专项债券2000万元，调入一般公共预算625万元，本年政府性基金收入合计19917万元；本年政府性基金支出10112万元，调出一般公共预算支出9011万元，上解支出4万元，收支相抵，结余790万元（其中：县级财力基金441万元，专项基金349万元），全部结转下年使用。

3. 社会保险基金预算执行情况

全县社会保险基金收入完成67574万元，占预算的92.47%；社会保险基金支出64731万元，占预算的76.09%，主要用于兑现各项社会保险待遇，提高医疗保险、退休人员养老金待遇等。年末滚存结余5813万元。

4. 政府性债务情况

2017年全县新增债务2780万元，主要用于脱贫攻坚（整村提升）项目2600万元，特色农产品优势园区及产业园区基础设施建设100万元，一二三产业融合储藏烘干设施建设50万元，畜禽类污处理设施产业30万元。

2017年底，全县政府债务余额为61159万元，债务余额低于市财政核定的债务限额64100万元。

5. 落实县十六届人大二次会议决议情况

2017年，财政部门认真落实县十六届人大二次会议有关决议，深入推进财税改革，有效实施积极的财政政策，坚持“紧日子、保基本、调结构、保战略”十二字方针，财政管理持续加强，财政保障能力不断提高。一年来，在预算执行过程中，我们着重抓了以下工作：

1. 多措并举缓解收支压力，财政运行总体平稳。

面对复杂多变的经济形势和突出的财政收支矛盾，坚持一手抓收入组织，一手抓支出管理，有力地保障了全县经济社会发展需求。全县一般公共预算收入同比增长 11.92%，增收 2549 万元。税收收入占一般公共预算收入 61.5%，比上年提高 6.54 个百分点，财政收入结构进一步优化。

积极向上级财政争取转移支付资金，省、市财政全年下达繁峙县的一般性转移支付达到 103829 万元，比上年增加 9420 万元，增长 9.98%。

继续清理盘活财政存量资金，共收回存量资金 9619 万元，调整用于弥补财力缺口。优化支出结构，严控“三公”经费支出，全县各部门“三公”经费支出共计 716 万元，同比下降 30.62%。

2. 统筹整合涉农资金，实现扶贫投入“双增长”。

按照“多个渠道进水，一个龙头放水”的原则，2017 年全县统筹整合财政涉农资金 27741 万元。其中：财政扶贫专项资金达到 9819 万元，比上年增长 136.32%，创历史最高水平。县级投入 3991 万元，主要用于光伏扶贫产业项目 1000 万元，水利项目资金 275 万元，林业项目 200 万元，肉驴养殖产业扶贫贷款贴息项目 200 万元，扶贫产业项目 1200 万元，小额信贷风险补偿金 400 万元，教育扶贫 716 万元。县级扶贫投入比上年增长 53.5%，增加 1391 万元，实现了增幅和增量的“双增长”。

3. 调整优化支出结构，确实保障改善民生。

一是支持教育事业发展。全年教育支出共 46549 万元，增长 18.27%。其中：落实农村中小学义务教育公用经费 3634 万元，发放中小学贫困寄宿生生活补助 230 万元，农村中小学义务教育学生营养改善计划资金 2003 万元，普通高中学生免学费补助 436 万元，普通高中助学金补助 167 万元，职业高中助学金和免学费支出 783 万元；二是支持文化体育事业发展。文化体育与传媒支出 2225 万元，增长 54.84%。全年拨付农村文化建设资金 246 万元，“两馆一站”免费开放 105 万元，广播电视基础设施建设 86 万元，全民体育健身经费 60 万元；三是支持社会保障和就业工作，全年拨付城乡困难群众基本生活救助资金 6451 万元，城乡居民养老保险补助资金 3489 万元，就业补助资金 1587 万元，自然灾害生活救助 321 万元；四是支持医疗卫生事业发展，全年拨付城乡居民基本医疗保险基金 918 万元，建档立卡贫困人口医疗救助资金 1338 万元，基本公共卫生服务 1347 万元，城乡居民医疗救助 532 万元，困难企业职工医疗保险财政补助 1216 万元。

4. 强化财政预算管理，提升财政管理科学化水平。

严把预算关，围绕落实“八项规定”，从严审核预算调整和追加事项，除落实上级出台政策或者应对社会突发事件外，原则上不再追加一般性支出，大力降低公务活动成本。进一步加大预算信息公开力度，主动接受社会监督，继续对全县预决算、部门预决算、“三公”经费预决算实行网上公开。认真开展会计信息质量监督检查，加强基础管理和基层财政建设工作，健全完善财政内控机制建设，不断提升财政管理水平。

在肯定成绩的同时，我们清醒地认识到财政运行和管理中仍存在一些不足和问题，主要体现在：财源基础不牢，财政收入还处于恢复性增长，持续稳定增收面临较大压力；预算体系还不完善，短腿问题依然存在；财政调节能力较弱，刚性支出政策频繁出台，吃饭财政特征明显，财政运行面临巨大压力；花钱不问效的情况依然存在，加强财政绩效管理十分紧迫等。针对这些问题，我们要高度重视，下大力气不断改进提高。

二、2018 年全县财政预算草案

2018 年全县预算安排的总的指导思想是：全面贯彻落实党的十九大精神，以习近平新时代中国特色社会主义思想为指导，按照中央、省、市和繁峙县关于财政经济工作的总体部署，坚持稳中求进总基调，紧扣社会主要矛盾变化，按照高质量发展的要求，落实积极的财政政策，加大减税降费力度。减轻企业负担；调整优化财政支出结构，集中财力保基本保战略；加快推进财政体制改革，全面实施绩效管理；全力支持打好防范化解重大风险、精准脱贫、污染防治三大攻坚战，推进解决发展不平衡不充分问题，为全县经济社会稳中向好发展提供有力支撑。

根据上述指导思想，2018 年全县财政收支计划拟按以下原则安排：一是收入预算要实事求是、积极稳妥，与经济社会发展相适应。二是支出预算要统筹兼顾、突出重点。三是注重提高财政支出绩效、勤俭节约、效益优先。四是增强财政可持续性，按照量力而行的原则合理确定财政支出标准，严格控制非急需、非刚性支出。

（一）一般公共预算收支安排

全县一般公共预算收入计划安排 25650 万元，比上年实际完成数增长 7.2%，增收 1721 万元。其中：税收收入 16450 万元，增长 11.8%，非税收入 9200 万元，下降 0.1%。

全县一般公共预算收入，加上上级补助收入 69016 万元，动用预算稳定调节基金 1771 万元，2018 年县级财力共计 96437 万元。上级财政提前告知下达的专项资金 53730 万元，上年结转的专项资金 38579 万元，2018 年全县一般公共预算收入合计 188746 万元。

按照收支平衡的要求，公共财政预算支出按可用财力相应安排 188746 万元。其中：县级财力支出 96437 万元。

县级财力支出预算具体安排情况：

1. 个人部分安排 72740 万元。其中：

（1）行政事业单位人员工资（含离退休）56018 万元；

（2）职工医疗保险、生育保险 2739 万元；

（3）城乡居民养老保险县级配套 843 万元；

（4）困难群众救助资金县配套 320 万元；

（5）城乡群众基本医疗保险基金县级配套 957 万元；

（6）困难企业职工医疗保险 200 万元；

（7）其他个人部分支出（包括协警人员、环卫工、公费医疗、工伤保险、死亡人员抚恤金等）11663 万元。

2. 公用部分支出安排 23697 万元（含农村税费改革转移支付支出），其中：

（1）保障公安、司法及纪检、政法委办案经费 672 万元；

（2）其他执法办案经费 339 万元；

（3）乡镇运转经费 1005 万元；

（4）村级组织运转经费 3627 万元；

（5）部门运转经费及基本支出 13749 万元；

（6）县级安排的项目支出及配套的项目经费 4305 万元。

需要说明的是，除以上已经列入预算的项目外，还有一些应该足额列入预算而且在执行中必须支出的项目因受财力制约未能列入年初预算或者足额安排，主要有：2017、2018 年行政事业单位职工烤火费提标补助，行政事业单位职工住房公积金，死亡人员抚恤金，在职职工正常晋级进档调资，各项贷款到期的本金利息，置换债券和新增债券利息，居民集中供暖补贴，城中村保洁费、滨河公园东延伸卫生保洁费，困难企业职工医疗保险补助等。以上未列入预算的支出共1.7亿多元，需要在执行过程中根据财力的增加及时予以追加支出。

（二）政府性基金预算收支安排

2018年政府性基金收入预算安排17080万元。其中：国土出让金收入15000万元，国有土地收益基金收入1500万元，农业土地开发资金收入150万元，城市基础设施配套费收入300万元，污水处理费收入130万元。

加上上年结转的政府性基金790万元，提前下达专项政府性基金2562万元，政府性基金收入合计为20432万元。

根据政府性基金以收定支的原则，政府性基金支出预算为20432万元。其中：国土出让金支出、国有土地收益基金支出、农业土地开发资金支出共计16727万元（含上年结转资金77万元），计划安排扶贫提升工程项目6000万元，征地拆迁补偿费3000万元，土地开发支出800万元，出让业务费支出500万元，其他国土出让金支出6427万元（主要是市政建设工程资金）。

（三）社会保险基金预算

2018年，全县社会保险基金收入28246万元，下降58.17%。其中：保险费收入18098万元，利息收入274万元，财政补贴收入9589万元，转移收入221万元，其他收入64万元。全县社会保险基金支出52452万元，下降18.97%。本年收支结余-24206万元，年末滚存结余-18432万元。

三、2018年财政工作任务

（一）坚持依法征收和涵养财源并举，不断壮大财政实力。一是继续税费征管。强化财税协同配合，协调税务部门积极落实全年税收收入预算，分级落实责任、传导压力。完善激励约束办法，进一步调动各部门抓征管、促增收、调结构、提质量的积极性。健全税收保障机制，密切跟踪重点税源变化和税收缴纳情况，提高征管效率；加强欠税清缴和零散税收征缴，充分挖掘税收增长潜力，不断提高收入质量。二是严格落实减税降费。进一步落实国家和省、市、县有关减税降费措施和各项税收优惠政策，减轻企业负担，支持实体经济发展。加大财源建设投入力度，在县委、县政府大力开展招商引资的大好形势下，积极筹措资金支持项目建设，为招商引资项目尽快投产达效提供资金保障。三是灵活运用财政政策。密切跟踪和准确把握经济走势，适度扩大政府投资规模，灵活运用奖补、贴息、政府采购等政策和资源，引导撬动民间投资，促进经济稳定增长、转型发展。四是积极向上争取资金。根据国家产业发展政策和财政扶持政策要求，有针对性地做好项目谋划和申报，积极争取上级财力性转移支付资金和专项资金扶持。同时要积极向上争取更多的新增债券资金，用于保障民生、城市建设和重点项目建设，缓解本级财政资金暂时短缺的困难。

（二）坚持扶持经济与改善民生并重，全面优化支出结构。进一步压缩一般性支出，牢固树立过紧日子的思想，从严控制“三公”经费，降低行政运行成本。坚持把财政支出的重点放在“保工资、保运转、保民生”等必需支出上。遵循“保基本、兜底线、建机制”的原则，把财政资金向农村倾斜，实施乡村振兴战略，保障教育、医疗卫生、社会保障等重点支出，让广大群众得到更多“看得见、摸得着”的实惠。重点保障扶贫资金落实，按照精准的原则及时拨付，切实解决贫困群众的生产生活问题。

（三）坚持规范管理与提高绩效兼顾，有效提升理财水平。一是深入推进预算管理改革。进一步深化部门预算管理改革，建立健全预算编制、执行、监督相互制衡的财政资金运行体系，提高预算执行到位率，促进预算管理的科学化、规范化和精细化。加快预算执行进度、加快项目实施，避免“资金等项目”问题。对预算执行进度缓慢或预计年内难以执行的资金，及时调整用途，避免资金沉淀，提高支出效率。加快推进预算绩效管理改革，扩大绩效管理覆盖范围，强化绩效评价结果运用和公开，倒逼财政资金管理成效，提高资金使用效益。二是扎实推进预决算公开。严格执行上级财政关于建立透明预决算管理制度有关规定，进一步强化部门公开主体责任，扩大公开范围，细化公开内容，拓宽公开渠道，完善公开机制。有效保障人民群众的知情权、参与权和监督权。三是加强政府债务管理。强化政府债务限额管理，做好新增债券资金使用管理工作，加强 PPP 项目运营的财政监督，完善政府债务风险预警办法，防控财政风险。坚持依法理财，加强债务管理。

繁峙县人民法院工作报告（节选）

繁峙县人民法院院长　荣崇明

2017 年主要工作

2017 年，县人民法院始终坚持和紧紧依靠县委的坚强领导，县人大及其常委会的有力监督，县政府、县政协和社会各界的关心支持以及上级法院的精心指导，以习近平新时代中国特色社会主义思想为指引，认真贯彻落实党的十八大及各次全会和十九大精神，牢牢把握司法为民、公正司法工作主线，持续加强“三基”建设，深入推进“两学一做”学习教育常态化制度化，扎实开展“维护核心、见诸行动”主题教育，紧紧围绕执法办案第一要务，以党的建设、司法体制改革和法院信息化建设三项重点工作为抓手，攻坚克难、奋力拼搏、创新争先，推动法院各项工作保持了良好的发展势头。全年共受理各类案件 1785 件，审执结 1748 件，总审执结率达到 97.93%，继续名列全市前茅。先后被省文明委命名为“山西省文明单位”，被省高院荣记集体嘉奖，被县委、县政府评为“目标责任考核优秀单位”和“脱贫攻坚优秀帮扶单位”，并有两个庭室获得省、市表彰，10 名干警获得省、市、县记功嘉奖。为全县经济发展和社会稳定做出了新的贡献。

一、充分履行审判职责，切实维护社会公平正义

一年来，县法院坚持人员配备向审判执行一线集中、物质装备向审判执行一线集中、后勤保障向审判执行一线集中的原则，按照省高院制定的四个方面 12 项审判质效约束性重点指标任务，对标对表、真抓实干，取得优异成绩。共受理各类诉讼案件 1263 件，审结 1251 件，审结率达到 99.05%，居全市第一；法定审限内结案率为 97.83%，保持全市前列。

依法惩处刑事犯罪，维护全县社会稳定。严厉打击故意伤害、强奸、抢劫等严重暴力性犯罪，贩卖毒品、非法持有毒品等严重妨害社会管理秩序犯罪，以及盗窃、敲诈勒索等多发性侵财犯罪，加大诈骗、信用卡诈骗等影响经济发展犯罪的打击力度，全力维护社会治安和经济发展秩序。加强环境资源审判，审结非法收购珍贵濒危野生动物案件2件，切实保护生态环境建设。细致做好交通肇事、过失致人死亡等过失犯罪的刑事附带民事调解工作，最大限度地让被害人和其家属获得物质补偿和精神安慰，切实化解社会矛盾。共受理刑事案件132件，结案率达到100%，对158名被告人追究了刑事责任，其中判处十年以上有期徒刑1人、三年以上十年以下有期徒刑46人、三年以下有期徒刑60人、拘役4人，对4人单处罚金，对43名犯罪情节较轻或获得被害人及家属谅解的不具有社会危险性的被告人依法适用了缓刑，做到了宽严相济、罚当其罪。

着力化解民商纠纷，促进社会安定和谐。积极发挥民商事审判疏导职能，快速、有效地化解各类民商事纠纷，尽最大努力消除社会不和谐因素，全年共受理婚姻家庭、损害赔偿、物权争议、民间借贷、合同纠纷等各类民商事案件1124件，审结1112件，审结率达到98.93%。采取案件繁简分流措施，对较为简单的案件采用简易程序、快速审判等方式处理，努力做到快审快结，简易程序适用率为52.73%，平均办理天数74.7天，审判节奏明显加快。在受经济下行影响，调解工作难度不断加大的情况下，坚持创新调解方式，将调解贯穿于诉讼全过程，运用调解手段处理民事案件484件，并且全部当即履行，调撤率达40.29%，不仅促进了矛盾纠纷的彻底化解，保护了当事人的合法权益，也在一定程度上减轻了执行、信访工作压力，形成双方当事人和法院三方均受益的良好局面。妥善审理紫金矿业公司矽肺病工人群体性劳动争议纠纷案件，取得良好法律效果和社会效果。

深入化解行政争议，做好行政诉讼收尾工作。受理发回重审行政诉讼案件2件，审结2件，进一步推动了全市行政案件集中管辖、异地审理改革。

二、践行以人民为中心的发展思想，司法为民落到实处

在司法过程中践行司法为民宗旨，是坚持以人民为中心的发展思想的根本要求和生动体现。一年来，县法院在严格依法办案的同时，竭力满足人民群众多元化的司法需求，进一步增强了人民群众的获得感、幸福感和安全感。

扎实推进“基本解决执行难”，充分兑现当事人的胜诉权益。按照省高院制定的五个方面12项执行质效约束性重点指标任务和“基本解决执行难”工作要求，真抓实干，努力拼搏，不断加强执行规范化建设，加大执行保障力度，着力推进执行公开，努力提高执行质效，充分发挥执行信息化手段应用，下大力气推进执行大会战和“执行攻坚跨年大行动”，司法拘留20人，移送公安机关追究拒不执行人民法院判决裁定罪刑事责任案件1起（已判决），将394名失信被执行人纳入信用惩戒系统，全年受理的522件执行案件，执结497件，执结率达到95.21%，进一步推进了社会诚信体系建设。执行完毕率、重点执行信访案件率、应当纳入失信被执行人名单信息率、拘留人数、拒执罪移送立案数、基层法院院长和分管院长办理执行案件数等质效指标均排名全市前列。

严格落实司法救助规定，确保经济困难的当事人及时得到司法保护。全年共为58个案件的当事人缓减免收诉讼费用77.36万余元，并在县委、政府的大力支持下对生活困难的当事人给予了司法救助，彰显了司法人文关怀。

认真履行帮扶责任，助力脱贫攻坚。按照县委统一工作部署，向东山乡李庄村、太平沟村、岭底村派驻了脱贫帮扶工作队，落实干警包户，积极为223户建档立卡贫困户讲政策、送计策、施对策，在春节前后筹资购买价值4.6万余元的粮油慰问了贫困群众。同时，充分利用每一次下乡帮扶的机会，主动为广大村民普法析理、解疑释惑、定纷止争，获得群众的一致好评。

三、稳步推进司法体制改革，工作机制创新优化

去年是全面深化司法体制改革的决胜之年。一年来，县法院围绕完善司法责任制、完善司法人员分类管理制度、健全司法人员职业保障制度、推动省以下地方法院人财物统一管理等四项改革工作，坚持目标导向，认真落实改革举措，精心组织，稳妥实施，扎实推进，各项工作都取得了显著成效。

结合实际，精心组建审判团队。在稳妥完成机构人员上划和员额法官遴选工作的基础上，认真制定符合工作实际的审判团队组建方案，在全市法院率先组建了五个审判团队，即一个刑事审判团队、三个民事审判团队和一个综合团队。并从严格管控审判质量的角度出发，成立了咨询委员会，制定了《咨询委员会工作规则》，初步配备3名未入额的资深庭长开展工作，除为员额法官提供咨询意见外，还承担定期开展案件评查的职责，对所有审结的案件实施监督。

细致谋划，严格落实司法责任制。经过多次讨论研究，制定出台了《关于实施员额制和落实审判责任制的实施方案（试行）》，在案件分配、审判程序、适用法律咨询、裁判文书签署等方面强化司法责任制度，将“让审理者裁判，由裁判者负责”的司法责任制原则落实到了具体审判实践中。

多措并举，努力强化院庭长审判监督管理。针对审判团队组建运行以来，分管副院长、各业务庭室庭长职能弱化的实际情况，制定出台《院长、入额副院长审判监督管理工作规则（试行）》，明确院领导除负责对案件进行宏观指导、类案指导，亲自办理重大复杂疑难案件外，还通过从法院数字业务系统中抽查案件，主持和参加咨询委员会会议、审判委员会会议，听取独任法官或合议庭对涉及群体性纠纷和具有重大社会影响案件等四类案件进展和评议结果报告的方式对个案进行监督，较好地消除了案件审判质效方面可能出现的各种问题隐患。

认真研究，科学制定绩效考核及奖金分配办法。根据省高院的文件精神，制定《法官、审判辅助人员绩效考核及奖金分配办法》，明确了各类司法人员的绩效考核内容和方式，以及奖金计发标准和分配办法，并将省高院编制的约束性重点指标全部纳入绩效考核指标范围，实行量化百分制考核，基本做到了工作任务与薪酬待遇相匹配。

周密部署，推进以审判为中心的刑事诉讼制度改革。作为全市的试点法院，与县公安、检察机关联合下发《关于保障证人、鉴定人、侦查人员依法出庭的意见（试行）》，按标准建设了证人作证室，安装了具有面部遮挡、技术变声功能的证人保护系统，积极为证人、鉴定人、侦查人员创造依法安全作证的良好法庭环境，进一步推动了刑事诉讼庭审实质化。

四、加快智慧法院建设，法院信息化稳步发展

法院信息化是人民法院适应新一轮科技革命，推进审判体系和审判能力现代化的重要途径。一年来，县法院瞄准“上水平、创一流”工作目标，超前谋划、精心组织、高标实施，迈上新的台阶。

深入推进司法公开。更新高清显示屏，改造完成视频会议室，优化了语音、图像、网络传输和播放系统功能。加强审判流程公开、裁判文书公开、执行信息公开、庭审公开四大平台建设，全年依法公开裁判文书（含摘要信息）1560件；直播庭审258场，观看量达到15万人（次），遥居全市法院之首。

进一步完善法院网络基础环境。整合推进标准化机房建设和网络布线工程建设，强化办案、办公自动化和在线法院网上诉讼服务平台建设，夯实了法院信息化建设和应用的基础。

积极引进新浪互联网“智慧法院”技术。在五个法庭全部设置了庭审直播系统和庭审语音识别系统，配置了覆盖诉讼全程的在线立案、在线调解、电子送达、类案推送、文书自动生成等功能应用，更加适应审判工作需要。这在全市来说还是第一家。

不断加强信息技术在诉讼安全保障方面的应用。先后在接待室、安检通道等区域布设了警务呼叫系统、视频监控同步录音录像系统，增设了监控探头，进一步改善了法院的安保条件。

稳步推进诉讼档案数字化建设。电子卷宗随案生成工作顺利开展，新收案件全部实现了纸质档案与电子卷宗的同时收录；库藏历史档案数字化项目，经过公开招标确定了中标企业，各项工作全面展开。

五、着力加强自身建设，队伍建设持续深化

坚持以党建工作为龙头，以党建带队建，以队建促审判，全面打造信念坚定、执法为民、敢于担当、清正廉洁的法院队伍，取得良好成效。

加强意识形态工作。强化组织领导，按照分级负责和谁主管谁负责的原则，院党组对全院意识形态工作负主体责任，重点把好方向、管好导向、建好机制、守好阵地、强化队伍，同时把意识形态工作纳入党建工作责任制，纳入领导班子年度目标责任，与审判管理、推进司法改革发展和党的建设紧密结合，一同部署、一同落实、一同检查、一同考核，确保了每位干警牢牢把握正确的政治方向。

扎实开展党建各项活动。建立了活动台账，完善了相关工作制度，按时高质量完成“支部主题党日”活动和“党员先锋行实践日”活动的规定动作。作为党建示范点，多次接受上级领导和兄弟单位的调研观摩，得到广泛赞誉。主要工作亮点有：一是注重创新党课形式，运用多媒体设备，图文并茂，形象生动。党课内容紧跟时势，贴合法院实际，充实丰富，更便于干警们理解接受。二是注重干警平时的学习积累，党员谈心得体会认识到位、思想深刻，尤其是年轻党员能结合热播剧、具体案例、时事新闻等学、思、悟、践，观点新颖，贴近生活工作实际。三是注重发挥先进典型的示范作用，多次组织观看教育影片，进一步引导党员缅怀革命先烈，牢记党的光辉历史，发扬党的优良传统，增强了使命感和荣誉感。四是注重在实践中锤炼，经常组织党员干部参加义务劳动、脱贫帮扶集体活动，为建设美丽文明繁峙和助力脱贫攻坚贡献了一份力量，提升了党员的“身份感”，增强了党员的“责任感”。

持续加强纪律和作风建设。严格落实中央“八项规定”，将执行各项规定情况纳入考评体系和干部年度考核的重要内容，做到落实规定有硬性约束、有责任制度、有惩戒措施。在深入开展“双日双评”活动和“维护核心、见诸行动”主题教育的同时，结合法院实际明确目标导向和问题导向，开展各类专项检查30余次，驰而不息抓好作风建设，进一步规范司法行为，审判秩序和工作环境得到进一步优化。全年没有发生一起干警违法违纪案件。

扎实推进基层基础建设。以安检通道隔离方式，推进办案区、办公区和生活区“三区分离”，已初步竣工；加强诉讼安全，购买了社会化保安服务，加快诉讼服务中心改建工程建设，顺利完成设计、立项、建设合同签订工作，工程建设有序开展。

六、自觉接受监督，切实改进人民法院工作

自觉接受监督是人民法院正确履行职责、实现司法公正的重要保障。县法院牢固树立“监督就是支持、监督就是爱护、监督就是帮助”的意识，每年定期向县人大及其常委会、向人大代表、政协委员报告各项工作情况，自觉接受县人大常委会的专项执法检查和工作调研，并及时制定改进工作的措施；健全代表、委员联络制度，认真落实人大代表和政协委员提出的议案和建议；认真对待检察机关的法律监督；积极接受新闻媒体和社会各界的监督，展示了人民法院的良好形象。

2018年工作安排

2018年，县法院的总体工作思路是：以习近平新时代中国特色社会主义思想为指导，深入学习贯彻党的十九大和十九届二中、三中全会精神，坚持“司法为民、公正司法”工作主线，全面贯彻落实中央、省、市、县政法工作要求，按照县委的总体安排部署，细化目标责任，强化工作措施，充分发挥审判职能，助力脱贫攻坚和乡村振兴，为实现全县整体脱贫，建设美丽、幸福新繁峙积极营造良好的法治环境。

一是在坚定政治方向上有新气象。把学习宣传贯彻落实党的十九大精神作为全院当前和今后一段时期的重要政治任务。一是继续深入学习贯彻党的十九大和十九届二中、三中全会精神，原原本本学习十九大报告、《党章》，开展理论调研，组织学习测试，全面提升干警政治理论水平；二是办好“新时代讲习所”，围绕“信念过硬、政治过硬、业务过硬、责任过硬、作风过硬”，加强法院队伍政治建设和思想建设；三是通过支部学、庭室学、个人学习等形式组织广大干警深入学习贯彻党的十九大精神，用习近平新时代中国特色社会主义思想加强全院理论武装。

二是在服务中心工作上有新举措。紧紧围绕县委中心工作，充分发挥法院刑事、民事审判和执行职能，为全县经济社会平稳较快发展提供强有力的司法保障。刑事审判以贯彻总体国家安全观，严厉打击犯罪、维护社会稳定为重点，扎实开展扫黑除恶专项斗争，把打击的锋芒对准黑恶势力，坚决维护国家政治安全和社会大局稳定；民事审判以定分止争、案结事了人和为重点，抓紧打好防范化解重大风险、精准脱贫、污染防治三大攻坚战的服务保障工作，推动全县经济转型发展；执行工作以决胜“基本解决执行难”为目标，完善执行联动机制，加快执行信息化，切实维护司法权威。

三是在加强党的建设上有新作为。深入推进“两学一做”学习教育常态化制度化，大力开展“不忘初心、牢记使命”主题教育，用党的创新理论武装头脑；深入夯实党建责任，继续抓好各项党建活动，开展经常性党建督促检查；深入夯实组织建设，坚持“三会一课”、“支部主题党日”、“党员先锋行实践日”等制度，严肃党内政治生活，严格落实全面从严治党，创新活动载体，积极发挥团队桥梁纽带作用，激发队伍活力。

四是在推进司法改革上有新发展。深入总结和把握司改工作经验，切实解决在司法体制改革过程中面临的困难和存在的差距。认真抓好人员分类管理、审判团队协作运行，进一步完善审判方式改革，充分保障法官助理作用发挥，深入推进案件繁简分流，细化量化审判绩效考核制度，积极探索内设机构改革，适时调整兼顾工作均衡的分案机制，加强案件流程管理，强化对权力的监督，努力构建公正高效的审判执行运行机制。

五在打造智慧法院上有新成效。加快诉讼服务中心建设，积极运用现代科技推动司法为民、便民服务平台提档升级，力争实现自助立案、自助文书生成并打印、案件信息查询、自主缴费、手机 APP 网上立案系统、手机 APP 咨询平台、远程视频调解、网上送达系统等信息化诉讼自助功能服务。提高庭审直播使用率，推进信息技术与审判执行、服务群众、队伍管理、廉洁保障的深度融合与运用，切实提升工作的质量和效率。

六是在提升法治文化上有新特色。以党的十九大精神为行动指南，实现由法院文化到法治文化的转变，注重提炼既有的法治文化建设成果和经验，拓展文化的形式和内容，丰富活动载体，凝聚队伍合力、培育法治精神。加强学习交流，增强文化自信，继续打造独具地域特色和职业特点的法治文化，通过文化建设塑造忠诚、干净、担当的法院形象，进一步提升法院的影响力和公信力。

附：报告中相关用语说明

1. “三基”建设：即“基层组织、基础工作、基本能力”建设。全面加强“三基建设”是山西省推进“两学一做”学习教育常态化制度化的特色载体，是保障中央各项决策部署落到实处的重大举措。

2. “维护核心、见诸行动”主题教育：2017 年 4 月 22 日下午，山西省十一届省委 19 次常委会议审议通过了《关于开展维护核心、见诸行动主题教育和推进“两学一做”学习教育常态化制度化的实施方案》。强调指出，确立和维护习近平总书记为党中央的核心、全党的核心，关乎旗帜道路方向，关乎党运国脉民心。

3. “基本解决执行难”：2016 年 3 月 13 日，周强院长在十二届全国人大四次会议上报告最高人民法院工作时庄严承诺：“用两到三年时间基本解决执行难问题”，这是人民法院满足人民群众日益增长的多元司法需求、提升司法公信力的内在要求，是人民法院为实现全面建成小康社会和“四个全面”战略布局目标提供有力司法保障的应有之义。两年来，全国法院不断推进执行工作，取得了显著的成效。2018 年是“基本解决执行难”的决胜之年。

4. 独任法官或合议庭应向院领导报告案件进展和评议结果的四类案件：《最高人民法院关于完善人民法院司法责任制的若干意见》第 24 条规定，对于有下列情形之一的案件，院长、副院长、庭长有权要求独任法官或者合议庭报告案件进展和评议结果：（1）涉及群体性纠纷，可能影响社会稳定的；（2）疑难、复杂且在社会上有重大影响的；（3）与本院或者上级法院的类案判决可能发生冲突的；（4）有关单位或者个人反映法官有违法审判行为的。

5. 电子卷宗随案生成：指办理案件过程中，司法工作人员将接收到的诉讼材料通过扫描设备同步扫描成电子文件，并归入案卷档案管理系统的工作流程，极大地方便了法官应用和当事人查询相关案卷信息。

繁峙县人民检察院工作报告（节选）

繁峙县人民检察院检察长　岳岐峰

2017年工作情况

2017年，在市检察院和县委的正确领导下，在县人大、县政府、县政协及社会各界的有力监督和大力支持下，认真贯彻学习党的十八大及十九大会议精神，紧紧围绕全县经济发展和社会稳定工作大局，忠实履行宪法和法律赋予的职责，充分发挥法律监督职能，持续狠抓检察队伍建设，稳妥推进司法体制改革，全力配合监察体制改革试点，各项检察业务均有较大提升，在全市业务考核中非人均排名第四。

一、围绕中心，服务大局，在服务保障经济社会发展中履职尽责

——助力脱贫攻坚。始终把脱贫攻坚作为当前工作的首要政治任务，充分履行各项检察职能抓实抓好。深入开展“互联网阳光百姓工程”，利用涉农资金信息监管平台跟踪监督项目、资金的落实情况，让每一笔扶贫资金都能及时准确发放。全年，繁峙收到涉农项目数141项，报备涉农项目数124项，报备金额3.0875亿元。县检察院向定点联系村派驻了驻村工作队，从党员干部中选派了第一书记，定点定人，开展结对帮扶，通过召开座谈会、入户访谈、实物慰问、扶贫捐款等方式，为贫困户讲政策、解难题、送温暖。被帮174名贫困人员逐个过关，一个都不能少。

——创优发展环境。服务和保障繁峙经济健康发展，强化招投标、政府采购和银行贷款业务行为的监督。累计受理行贿犯罪档案查询4058次，有效避免了有行贿记录的不良企业和个人参与工程招标，降低了银行贷款发放风险。积极参与规范市场经济秩序，扎实开展“破坏环境资源犯罪和危害食品药品安全犯罪两个专项立案监督活动”和“关于打击侵犯知识产权和制售假冒伪劣商品专项活动”。全年共监督行政执法机关移送案件2件2人，监督公安机关立案2件2人，提起公诉2件2人。

——维护社会稳定。积极参与平安繁峙建设，依法严厉打击危害人民群众切身利益的犯罪活动。切实做好群众来访工作，以推行“阳光接待”工作为载体，深化各项便民利民措施，规范群众涉法涉诉行为，积极引导上访人员依法维权、理性表达。加强与公安、法院的协调配合形成“维稳”工作合力。依法批准逮捕3名无理违法缠访、闹访人员，受理控告案件7件，申诉案件3件，司法救助案件2件6人，依法向被救助人发放司法救助金57.7万多元。

二、牢记职责，聚焦主业，努力让人民群众在每个司法案件中都感受到公平正义

认真贯彻执行修改后刑事诉讼法、民事诉讼法和行政诉讼法，坚决做到敢于监督、善于监督、依法监督、规范监督。由被动监督向主动监督转变，由事后监督向事前、事中监督延伸。

——强化立案侦查监督。在刑事立案监督中，重点纠正有案不立、有罪不究等问题。全年共批准逮捕107人，决定不批准逮捕25人。监督行政执法机关立案2件2人，监督公安机关立案5件6人，监督撤案3件

3 人，追捕 3 人，发出纠正违法通知书 6 份，提前介入命案现场 6 件。

——加强刑事审判监督。综合运用检察建议、刑事抗诉等手段，把监督纠正个案与监督纠正普遍性问题结合起来，坚决纠正定罪不当、量刑严重失衡、审判程序违法等问题。全年共提起公诉 140 人，不起诉 20 人；向法院发出纠正违法通知书 26 份；向法院提出量刑建议 92 人，采纳 82 人；追诉漏犯 6 人，追诉漏罪 12 人；提起抗诉 2 件 2 人。

——创新民事行政监督。准确把握民事行政诉讼监督的法律属性，构建多元化的法律监督格局。共开展审判活动监督 18 件，执行活动监督 22 件，支持起诉 35 件，督促履行职责 4 件；探索开展公益诉讼，立案 3 件，结案 2 件，追缴土地出让金 2753 万元。

——增强刑事执行监督。把工作的基本点和着力点放在加强日常管理监督上。办理羁押必要性审查案件 7 件，填发纠正违法通知书 76 份；开展“财产刑执行”专项检察行动，对 2017 年 34 件生效裁判财产刑未执行案件发出纠正违法通知书。

——提升未检检察工作。进一步推进未成年人检察工作专业化建设，严格落实未成年人刑事诉讼特殊程序，充分保障未成年人合法权益。全年共受理审查批捕案件 12 件 23 人，其中批准逮捕 11 件 13 人，不批准逮捕 2 件 7 人，延长羁押期限 1 件 3 人，立案监督 1 件 1 人，追捕漏犯 1 人；受理审查起诉案件 13 件 16 人，其中起诉 11 件。14 人，报送 1 件 1 人，相对不起诉 1 件 1 人，追诉漏犯 2 人。发出法律援助通知书 10 份，发出纠正违法通知书 8 份，社会调查 2 件。2016 年 5 月，配合中央电视台法制频道摄制组成功拍摄了未成年人法制教育《少年抢钱的背后》系列节目。

三、落实责任，提质增效，深入推进司法体制改革

认真落实改革主体责任，不断完善改革方案和措施，以“钉钉子”精神狠抓落实。通过严格考试和审查，遴选出 9 名员额制检察官。认真落实司法人员分类管理、内设机构改革、办案团队配置、司法责任制等改革任务，真正让谁办案谁负责、谁决定谁负责。健全检察权力运行机制厂，执行新的案件分配、办案模式、工资改革、绩效考核等制度机制，充分运用信息化平台，对案件流程节点进行全程留痕、动态跟踪，把检察权牢牢关在制度的“笼子里”，从源头上杜绝“人情案”“关系案”和“金钱案”。检察长和员额检察官全部到一线办案，3 名入院额的院领导均亲自办理案件。其中，检察长办理控申案件 4 件、未成年人案件 16 件，立案监督案件 1 件。副检察长任小青办理审查逮捕案件 88 件、立案监督案件 14 件，侦查活动监督 8 件，执检案件 83 件。副检察长郭永秀办理公诉案件 9 件、审查逮捕案件 2 件、延长侦查羁押期限 1 件，控申案件 3 件。

四、提高站位，坚定立场，支持配合国家监察体制改革试点工作

秉持政治意识、大局意识、核心意识和看齐意识，严格落实监察体制改革试点要求。牢牢把握改革试点的关键环节，按照改革确定的“时间表”和“路线图”，扎实做好人员、机关、装备、案件线索的登记造册工作。确保反贪、反渎、预防三部门的人员、职能、机构平稳转隶。此次转隶，县检察院转隶至监察委员会人员 6 名，其中入额检察官 2 名。

组织开展落实“1+4”制度的相关培训 5 批次，覆盖全院所有在编在岗干警。组织专人参加省院组织的职务犯罪案件办理培训班。认真执行落实“1+4”等工作对接、衔接机制。通过定人员，定机构，定制度，为监察委移交案件工作做好了“法法衔接”准备。监察委移交的案件将由检察业务管理监督部统一受理，分流到刑事检察部后由指定的办案组依法办理。

五、从严治检，文化育检，着力提升检察队伍整体素能

——扎实开展党性教育。深入推进“两学一做”学习教育常态化制度化，以“维护核心、见诸行动”主题教育、“双日双评”活动为载体，以落实党员教育管理制度为依托，以党章党规和习近平总书记系列重要讲话精神为必修课，通过开展忆党史、重温入党誓词、学习贯彻党的十九大精神、观看警示教育片、人人讲党课、人人谈体会等形式，引导党员干警不断增强“四个自信”，牢固树立“四个意识”，确保检察工作正确的政治方向。

——突出司法能力建设。坚持以正规化、专业化、职业化建设为目标，不断提升队伍素能，把建设学习型机关作为一项基础任务来抓，每周三例会院领导班子轮流带头组织集中学习。支持鼓励干警参加岗位培训、干部在线学习及各类专项培训45人次，2名检察官攻读在职硕士研究生，多名干警通过国家统一司法考试，逐步提升干警的业务素质和办案能力。

——深化检察文化建设。努力打造“学习型、团结型、活力型、廉洁型”检察院，精心打造以“文化长廊、党员活动室、院史馆”为主体的文化建设阵地。坚持教育熏陶、模范引领、实践养成相结合，教育引导全院干警恪守“坚定理想信念、执法为民、捍卫法治、坚持公平正义、廉洁如水”的检察职业良知。

——全面推行“阳光检察”。自觉把检察工作置于人大监督之下，及时主动向人大及其常委会报告工作，认真办理人大代表议案及人大常委会转办的案件。主动接受政协民主监督，及时通报工作情况，认真听取意见建议。坚持“检察开放日”“开门评检”“阳光公诉”制度化、邀请各界人士视察检察工作，评议检察工作。充分利用“两微一端”公众平台，及时向社会各界传播检察好声音，弘扬维护公平正义正能量。全面应用案件信息公开平台，已发布案件信息331条，法律文书89份。

——狠抓纪律作风建设。认真落实全面从严治党“两个责任”，学习贯彻《关于新形势下党内政治生活的若干准则》《中国共产党党内监督条例》等党纪党规，定期召开民主生活会，开展批评与自我批评活动，坚决把党的纪律和规矩挺在前面。全面加强对检察人员的监督管理，每天上下午人脸识别签到，紧盯“八小时以外”，坚决纠正“四风”突出问题，严肃查处违规违纪人员。通过常态化的问责，有效促进了检察队伍纪律作风的持续、稳步好转。

2018年工作安排

2018年，县检察院在上级检察院和县委的正确领导下，以习近平新时代中国特色社会主义思想为指导，全面深入贯彻党的十九大和十九届一中、二中、三中全会精神，全力维护国家政治安全、社会稳定，全力服务保障全县工作大局，全力做好司法体制综合配套工作，配合搞好监察体制改革，全面履行法律监督职能，加强过硬检察队伍建设，为繁峙县经济转型升级创造安全的政治环境、稳定的社会环境、公正的法治环境、优质的服务环境。

牢固树立“一种理念”（院兴我荣，院衰我耻；求实奋进，争创一流），秉持“四个始终保持”（检察人员职业良知：始终保持对国家宪法、法律的尊崇与敬畏；始终保持对法律知识、社会百科知识、检察业务知识的好学与博采；始终保持履行职务行为的谦抑与审慎；始终保持日常职务行为的实干与笃行），清醒自觉葆有“四心”（敬畏之心、进取之心、律己之心、知足之心），努力创建“四型”机关（学习型、团结型、活力型、廉洁型）。具体工作措施如下：

一、切实增强政治意识，服务保障经济发展

检察机关作为党领导下的国家法律监督机关，任何时候都不能游离于大局之外，紧跟大局、服务大局、保障大局是检察机关讲政治的重要内涵和根本要求。要紧紧围绕县委中心工作，自觉保持检察工作与经济发展同频共振，服务保障繁峙社会经济发展。依法惩治破坏市场经济秩序犯罪特别是非法集资等涉众型经济犯罪，强化对重点领域的产权保护，及时跟进法律监督，积极应对涉法涉诉问题，促进各项改革政策措施有效落实。积极参与扶贫领域腐败问题专项治理，严惩危害农村稳定、侵害农民利益的犯罪，强化对土地承包、土地租赁、集体产权改革等领域的民事行政法律监督，配合保障乡村振兴战略的实施。

加强接受人大监督的意识。检察工作的开展，离不开人大的依法监督和有力支持。要牢固树立“接受人大监督就是接受人民监督”的意识，主动向人大及其常委会报告工作，积极配合人大及其常委会开展专项执法检查，健全完善代表意见建议机制，确保检察工作始终符合民情，反映民意，保障民生，维护民利。

二、依法打击黑恶犯罪，维护繁峙社会稳定

坚决落实中央、省委、市委、县委“扫黑除恶”专项斗争部署，与相关部门密切配合，形成打击黑恶势力合力。坚持打早打小、有黑扫黑、无黑除恶、无恶治乱。坚决铲除黑恶势力滋生土壤，对黑恶势力“关系网”“保护伞”，发现线索后及时移送有关部门查处，不放纵、不姑息。在批捕、起诉阶段，充分体现依法严惩精神，快捕、快诉涉黑涉恶犯罪案件，依法严厉打击组织者、领导者和骨干成员，坚决遏制黑恶势力的嚣张气焰，努力增强人民群众的安全感、幸福感。

加强对涉黑涉恶犯罪案件立案、侦查、审判、刑罚执行的法律监督，对重大、疑难涉黑涉恶犯罪案件及时介入侦查，引导取证，帮助完善证据；加大追捕追诉力度，做到除恶务尽；严格掌握对黑恶犯罪分子取保、不起诉、暂予监外执行等适用条件，既要及时收集固定证据，又要依法排除非法证据，提高证据证明力，严把事实关、证据关、程序关和法律适用关。确保每起案件经得起法律和历史的检验。

三、强化法律监督力度，维护司法公平正义

严格贯彻实施修改后的宪法，坚持检察机关的宪法定位，充分履行法律监督职责，全面推进新时代检察业务工作。

——做实做细侦查监督工作。持之以恒监督纠正有案不立、有罪不究和刑讯逼供、暴力取证等违法行为。加强对刑事案件的源头监督，继续推进介入命案工作机制向重大、疑难、复杂案件推广。

——着力加强审判监督工作。构建以抗诉为中心的刑事审判监督格局，充分发挥公诉在审判前程序的主导作用，强化对刑事审判活动合法性和判决裁定公正性的监督，维护司法公正和权威。

——强化刑事执行检察监督。重点加强刑罚交付执行和变更执行监督、羁押必要性审查、强制医疗执行监督、财产刑执行监督、社区矫正执行监督和刑事被执行人合法权益保障等工作。

——高度重视民事行政检察工作。以加强对公权力的监督为核心，健全多元化民事检察监督格局。综合运用抗诉、检察建议等方式，加大对生效裁判、调解书、执行活动以及审判人员违法审判活动的监督力度。扎实推进公益诉讼工作，坚决维护国家利益和社会公共利益。

——全面加强未成年人检察工作。大力推进未成年人检察工作专业化建设，健全完善捕、诉、监、防一体化工作模式，全面提升司法办案、帮教救助、协调沟通和研究创新能力。积极开展“法治进校园”，引导未成年人增强法律意识。

——创新控告申诉检察工作。深化涉法涉诉信访制度改革，健全纠正和防止冤假错案长效工作机制，切实推动控告申诉检察工作转型发展。

四、深入推进司法改革，增强检察工作活力

深化司法体制综合配套改革，全面落实司法责任制。主动加强与有关部门沟通，落实员额检察官晋升机制，落实检察官助理、书记员任职、等级晋升等工作。加强司法行政队伍建设，畅通各类检察干警职业发展通道，激发队伍活力，不断增强司法体制改革整体效能。深化内设机构改革，按照扁平化管理、专业化建设的要求，进一步理顺事权关系，提高管理水平和工作效能。积极适应检察权运行新模式，严格落实“谁办案谁负责、谁决定谁负责”的要求。要进一步强化对员额检察官的监督制约，努力提高员额检察官的责任意识和担当精神，防止各种执法不规范行为的发生，不断提高司法质量与效率，不断提升检察机关的司法公信力。

五、坚持全面从严治检，打造过硬检察队伍

落实新时代党的建设总要求，把政治建设摆在首位，坚持党对检察工作的领导，自觉将检察工作置于党的领导之下，永葆检察人员绝对忠诚的政治本色。扎实开展“不忘初心、牢记使命”主题教育和“双日双评”活动。加强专业化建设，着力培养业务能力和专业水平。坚持文化育检，以检察文化的厚植与传播，教育引导全院检察干警遵守检察官职业道德基本准则，深入践行繁峙检察人员职业良知，自觉做政治上的明白人，工作上的带头人，作风上的规矩人，生活上的正派人。持之以恒正风肃纪，强化政治纪律和组织纪律，严肃廉洁纪律、群众纪律、工作纪律和生活纪律。强化日常教育监督管理，做到压力层层传导，责任层层到位，工作层层落实，让检察干警知敬畏、存戒惧、守底线，着力营造检察机关风清气正的良好政治生态。

大事记

1 月

1 日，县委、县政府在县宣传文化中心召开繁峙县脱贫攻坚推进会。

3 日，市审计局局长韩计才带领市审计局扶贫工作队，深入帮扶村杏园乡铁家会村，举行扶贫下乡、政策宣讲活动，并给 109 户贫困户送上了白面、大米、对联等慰问品。

4 日，省国定贫困县群众满意度第五检查组组长、大同市扶贫办副主任田海英一行深入繁峙县，就国定贫困县群众满意度等问题进行监督检查，并在嘉盛伦五楼会议室召开山西省国定贫困县群众满意度检查繁峙座谈会。

6 日，由省文联副主席和悦带队的“深入生活，扎根人民”文艺志愿服务团在繁峙县举行慰问演出活动。此次活动由省文联组织省音协、舞协、摄协、剧协等相关文艺团体的艺术家、优秀演职人员组团成行。

15 日至 19 日，国务院扶贫办组对本县脱贫工作进行第三方评估。

17 日，省扶贫办主任刘志杰在副市长裴峰、市扶贫办主任杨志勇等陪同下，深入本县就产业扶贫项目进行调研。

19 日，市委常务副秘书长孙亮云带领市年度目标责任考核组一行在繁峙县嘉盛伦五楼会议室参加了繁峙县 2016 年度目标责任考核大会，对繁峙县 2016 年度目标任务完成情况、领导班子运行情况和领导干部综合表现情况等进行年度考核。

24 日，省政协副主席、省卫生计生委主任卫小春一行在繁峙县开展调研慰问，先后深入金山铺乡碱峪村、郝家湾村卫生室、农发村星旭养殖专业合作社，并召开座谈会。

本月，6 位道德模范和一个爱心公益群接受县委授予他们的荣誉称号。此次受县委、县政府表彰的县首届道德模范有诚实守信模范沙万里，敬业奉献模范宫廷泽，孝老爱亲模范董美鱼、师卫林、李改兰，见义勇为模范陈润祥，助人为乐模范繁峙爱心公益群。县委、县政府为他们颁发了荣誉证书和每人 1 万元的奖金。

本月，经传统村落保护和发展委员会评审认定，并向社会公布，住房保障和城乡建设部、文化部、国家文物局、财政局、国土资源部、农业部、国家旅游局公布了第四批中国传统村落名录。本县神堂堡乡韩庄村、岩头乡岩头村入选。

2月

15日，中共繁峙县委十三届二次全会暨经济工作会议圆满完成各项议程，会议听取和讨论了县委书记孔保宝，县委副书记、县长崔峥岭所作的工作报告，全面部署2017年经济社会工作，审议通过了《十三届县委全会工作规则》《十三届县委全委会决议》，对各乡（镇）党委书记加强党风廉政建设、维护社会大局稳定、抓意识形态工作、推进脱贫攻坚等重要工作的述职情况进行了测评。

本月，根据山西省卫生计生委办公室关于在医疗联合体内开展“百县千医牵手帮扶”工作的相关通知，县第一人民医院深入开展此项活动，成功与忻州市人民医院牵手帮扶，并签订“百县千医牵手帮扶”合作协议。

3月

3日，繁峙县在宣传文化中心召开2017年度安全生产工作会议暨3月份安全生产工作例会。

6日，繁峙县召开脱贫攻坚“春季行动”动员部署会，对在2016年脱贫攻坚中表现突出的繁城镇、砂河镇、杏园乡、东山乡、横涧乡5个乡（镇），县委办、政府办、组织部、民政局等12个县直单位、20个驻村帮扶工作队和20名第一书记进行了隆重的表彰。此次行动的主要任务是动员县乡村三级干部、包乡（镇）领导、扶贫工作队、单位帮扶责任人、第一书记、社会力量，对已脱贫困户如何进行巩固、2017年脱贫户如何组织帮扶、未脱贫困户如何组织帮扶、未脱贫困户如何制定长效措施三个主题展开，分为动员部署、组织实施、评比考核三个阶段，为期3个月。

16日，由县劳动部门牵头的繁峙县精准扶贫箱包加工第一期培训班在横涧乡白坡头村举行了开班仪式。参加第一期培训的是来自横涧乡小屯、白坡头、横涧、前所4个村的50多名妇女。

25日，政协第十一届繁峙县委员会第二次会议在嘉盛伦召开。县政协主席钟文秀代表第十届繁峙县委员会作了工作报告。

26日，繁峙县第十六届人民代表大会第二次会议在宣传文化中心隆重开幕。大会应到代表166人，实到代表159人，符合法定人数。各乡（镇）、居民办、县直机关等部门负责人共287人列席会议。会上，县长崔峥岭作了政府工作报告。

28日，繁峙县“五位一体”金融扶贫现场会在繁城镇召开。会议内容为提高贫困户脱贫能力，充分发挥金融杠杆作用，全面推动“政府+银行+实施主体+保险+贫困户”金融扶贫模式。

4月

5日，繁峙县在县烈士陵园组织举办了“缅怀革命先烈，清明节扫墓”活动。县老干局、县关工委、砂河镇党委、砂河中学、砂河育杰中学、驻繁部队等400多人参加了扫墓活动。

5日，繁峙县召开开展“双日双评”活动推进“两学一做”学习教育常态化制度化动员会，对全县“双日双评”活动推进“两学一做”学习教育常态化、制度化工作进行了安排部署。

10日至6月9日，省审计厅对繁峙县

2016年脱贫攻坚政策落实及扶贫资金分配管理使用进行审计。

18日，市人大常委会副主任魏广才带领市人大执法检查组深入繁峙县检查指导《中华人民共和国道路交通安全法》和《山西省实施〈中华人民共和国道路交通安全法〉办法》的贯彻落实工作。

22日至24日，县委书记孔保宝带领发改、商务、国土等6个部门和7个乡（镇）主要负责人组团赴河南省多地就畜牧产业发展、项目落地等进行了考察对接，与牧原集团完善了签约前期事宜，并与广联农牧集团达成了合作意向。

25日，在农行前广场，繁峙县第六届“全民读书月”活动暨创建省级文明县城志愿服务宣传月活动启动仪式拉开帷幕，此次全民读书月活动的主题是：“读书，点亮城市文明之光”。活动时间为4月23日至5月23日。

27日，忻府区区委常委、宣传部部长刘燕萍带领忻府区文化局、新闻办、文明办等部门负责人到本县就文明创建、文物保护、文化产业等进行考察学习。

28日，繁峙县召开创建省级园林县城动员大会，全面动员部署省级园林县城创建工作，号召全县广大干部群众进一步振奋精神、明确任务、合力攻坚，迅速掀起绿化美化家园、创建省级园林县城的热潮，力争将县城建成城郊绿化森林化、城内绿化园林化、绿化布局系统化、科学管护常态化的生态优良城市，打造一个青山绿水、文明宜居、人和业兴的新繁峙。

月底，繁峙县赵庄河流域综合开发项目、妇幼保健计划生育服务中心综合楼项目、县老年公寓建设项目、三馆一院建设项目等总投资18.7亿元的9个市重点项目集中开工。

5月

2日，繁峙县召开会议部署迎接中央环境保护督察工作。县委书记孔保宝，县长崔峥岭，县委常委、宣传部部长郭美凤，副县长高清平出席会议，县长崔峥岭主持会议。

上旬，繁峙县举办“践行总书记讲话 深化脱贫攻坚”专题培训班。县四大班子领导、13个乡（镇）的党委书记、乡（镇）长，扶贫工作队队长、县帮扶单位主要负责人以及扶贫开发中心全体人员约200余人参加了培训。

17日，县总工会组织召开全县2017年“弘扬劳模精神，塑造美好形象”座谈会，对在全县经济社会发展中做出突出贡献的先进集体和模范个人进行表彰。授予砂河镇党委等6个单位“‘五一’劳动奖状”，授予忻州华茂精密铸造有限公司制氧车间等2个班组“工人先锋号”，授予王伟宏等41人“‘五一’劳动奖章”。

22日，省文联组织艺术家们为繁峙县送去一场文艺表演，这次文艺志愿服务助力扶贫活动的主题是“深入生活，扎根人民”。繁峙县作为国家级“文艺扶贫奔小康”示范县，是省文联第二次对本县进行扶贫慰问演出。

24日，县委宣传部牵头组织县文化稽查大队、工商、公安、消防、电视台等相关单位的工作人员，对图书影像市场、网吧、KTV歌厅等娱乐场所展开“扫黄打非”专项行动。

31日至6月6日，县委、县政府聘请山西农业大学师生对本县扶贫工作进行第三方评估。

6月

6日，以交警城区中队为主力，抽调机关股室内勤人员组成整治大军，开展为期一个月的交通秩序专项整治工作。

12日，县委、县政府决定在全县范围内开展“八道四治四建”专项行动集中整治城乡环境活动。

中旬，繁峙县召开创建省级文明县城工作推进会，进一步分析形势，查找差距，进行决战前夕的再动员、再部署。

14日至16日，县委宣传部、县文化局在县宣传文化中心举行为期3天的“民歌、民舞、民乐”三民舞台艺术大赛。全县13个乡（镇）、各系统（单位）选送或以个人名义参加的102支队伍分别参加了声乐、舞蹈、器乐的初赛。经过评选，《父亲的草原母亲的河》《山丹丹花开红艳艳》《到吴起镇长征组歌》等六个节目率先进入声乐决赛。

17日至18日，县政府组织县农委、水利、住建、13个乡（镇）负责人及部分村干部赴长治市襄垣县、壶关县“取经”。长治“五道五治”工作的成功经验，推动了繁峙县“八道四治四建”整治工作扎实开展。

19日，金山铺乡农发村评选出贾计梅、张双双、吴建春三名最美儿媳妇，每人奖励一台洗衣机。

21日，县长崔峥岭带领“八道四治四建”专项行动工作领导组及相关成员单位负责人对高速公路、108国道、砂高线沿线的专项行动工作进展情况进行了督促检查。

23日，2017年繁峙县农村（社区）“领头雁”培训班在县宣传文化中心开班。此次为期3天的集中培训，围绕贯彻六中全会精神、推动《准则》《条例》落实、推进农村党风廉政建设和反腐败工作等内容，有针对性地进行专题讲授，引导学员边学习、边思考，理论联系实际，指导具体工作，把学习成效落到实处。

27日，县委书记孔保宝主持召开繁峙县传达中共中央总书记习近平在山西调研时重要讲话精神大会，全县副科级以上党员领导干部400余人参加此次会议。

30日，繁峙县在嘉盛伦五楼会议室组织召开全县干部大会，就习近平总书记视察山西重要讲话精神的学习贯彻落实工作进行了安排部署。县四套班子领导、法检两长、党群系统各部门负责人及乡（镇）书记、乡（镇）长、居民办和省、市扶贫队队长共170余人参加了会议。会议由县委副书记、县长崔峥岭主持。

7月

1日至2日，中国文联文艺志愿服务中心项目管理处处长刘海阔带领中国文联“文艺扶贫奔小康”演出队伍走进繁峙，开展文艺扶贫、文艺支教调研及慰问演出活动。

2日，县委宣传部、繁城镇、县文联携手县白水大杏协会和杏业专业合作社共同举办了繁峙县白水大杏采摘宣传系列活动，杏王评比拍卖、中国文联“文艺扶贫奔小康”助兴演出、名优特产品展销。

2日，在繁峙县赵家庄村召开的“佛国珍品香　滹源大杏甜”——山西繁峙白水大杏采摘宣传系列活动开幕式上进行的杏王评比、拍卖活动中，赵家庄村农民刘润和家选送的白水大杏以225克、色、形、味俱佳而力挫群雄获得本次杏王称号。随后，在杏王拍卖仪式中以5880元人民币的价格被繁峙某电子商务公司购得。

3 日，市委常委、常务副市长赵志坚一行深入本县兆丰农林基地、中兴华德联铸有限公司、忻州华茂精密铸造有限公司，就重点项目建设进展情况进行调研。

5 日，繁峙县在宝山中学会议室召开“尊崇党章、锤炼党性、向党说句心里话”警示教育主题党课宣讲大会。市委党校副校长宁志刚，县委副书记、县长崔峥岭等出席会议。全县副科以上干部，540 余人参加会议。

9 日至 10 日，北京体育大学全民健身服务队 50 余名师生走进繁峙，开展全民健身实践活动。活动内容包含全民健身指导、体育技能展示、体育师资培训等。北京体育大学师生深入到校园、社区、广场、体育馆，并对全县的体育师资和社会指导员进行了培训，指导项目涉及武术、广场舞、健美操等 12 个项目。

12 日，县委召开全县党组织专职党务人员培训暨“双日双评”活动工作推进会，会议的主要内容是认真学习贯彻总书记习近平山西调研讲话精神，安排部署全县 7 月份“支部主题党日”活动主要内容及具体要求，对各党（工）委专职党务人员进行业务培训。

16 日，县政协在县宣传文化中心会议室举办十一届政协委员培训班。省政协信息处处长卢成、市政协副处调研员吴卫东作专题授课。全体政协委员、政协机关干部 160 人参加培训。

26 日，繁峙县举办国防教育专题报告会，特邀国防大学教授张京为全县 200 多名党政领导干部上了一堂生动的国防形势教育课。

27 日，繁峙县在宝山中学会议室举行了全县技能脱贫劳务输出培训开班仪式。县人大常委会主任赵琦、杏园乡党委书记李斐、乡长王青、山西建工集团驻杏园乡扶贫工作队长韩晋民、劳动就业局局长赵欣龙出席此次开班仪式。共有 156 名贫困人口报名塔吊、电工、电焊、施工电梯、钢筋工五个专业的培训，其中 103 位贫困劳动力与企业达成就业意向。培训费用一律全免，经培训合格后将颁发建筑特种行业从业许可证，由山西建工集团安排在本系统就业。

30 日，繁峙县首届“中国体育彩票”铁人三项青少年夏令营繁峙站开营仪式在滨河小学成功举行，副县长武洪涛、教育局局长助理范福龙、夏令营工作人员，以及 20 名中小学生参加了开营仪式。

本月，繁峙县赵庄河综合治理工程开始。赵庄河综合治理工程位于县城的赵庄河河段上，是对治理段河道进行疏浚、加固或局部加高两岸堤防为目的的水利工程，治理长度 2.1 千米。

本月，全县普通高考二本 B 类以上达线和职业高中对口升学第一批录取共计 618 人。其中普通高考达线 367 人，职业高考对口升学达线 251 人。普通高考应届生达线 238 人，再创应届生达线数历史新高。2017 年全县中考总均分、及格率、优生率与 2016 年相比稳中有升，全县义务教育教学质量保持稳定发展态势。

8 月

1 日至 2 日，繁峙县参加山西忻州文化遗产精品展示月系列活动宣传日。县委常委、宣传部部长郭美凤带领繁峙文化遗产精品参展团队一行 30 多人，走进国家一级博物馆、国家 AAAAA 级旅游景区——恭王府，参加了由文化部恭王府博物馆、中共忻州市委、忻州市人民政府共同举办的山西忻州文化遗产精品展示月活动。

2 日，江西遂川县委副书记匡仁栋一行，就脱贫攻坚工作开展情况到繁峙县交流调研。

2 日，省安监局局长霍红义深入本县，就矿山企业尾矿库防汛度汛安全工作进行了检查指导。副市长范建民、县委书记孔保宝，县委常委、常务副县长居清平一同检查指导。

4 日，民盟山西省委会主委王维平一行深入本县检查督导脱贫攻坚工作，并召开座谈会。市委常委、统战部部长、经济开发区党工委书记刘婷芳，民盟忻州市委主委、市人大常委会副主任贾玲香，县长崔峥岭参加座谈会。

4 日至 5 日，由新疆维吾尔自治区阜康市委常委、副市长、山西省援疆干部李拴英，阜康市滋泥泉子镇党委副书记、镇长李萍带领的考察团深入山西省繁峙县，就现代农业发展、美丽乡村建设等情况进行考察调研。

5 日，省中小企业局创新创业服务处处长李建钢带领调研组一行，到繁峙县考察调研“双创”基地示范县建设工作，实地了解繁峙县创建“双创”基地示范县的建设优势、建设基础及建设成效。

5 日，农业部农机推广总站副站长王桂显就农机购机补贴等方面的工作在繁峙县进行调研指导，并召开座谈会。省、市、县各级农机部门相关领导参加了座谈会，一同进行了调研。

8 日，县委书记孔保宝带领国土、住建、发改等部门深入到砂河镇就城中村改造项目征迁工作进行调研。

9 日，县委书记孔保宝召集国土、水利、财政、住建、文化、旅游、移动、电力等相关部门负责人，就五台山旭日东升旅游开发有限公司伯强景区在建项目、伯强村农村建筑特色风貌整治、伯强村毛主席路居纪念馆改扩建工程，进行了实地调研指导。

13 日，2017 年“寻找美丽中华、重温抗战辉煌”全国旅游城市定向系列赛繁峙站开赛。300 多名来自全国各地的运动健儿在本县红色教育基地平型关景区展开角逐。亲子组和团体组的参赛者中年龄最大的 59 岁，最小的 7 岁。

14 日，县委书记孔保宝带领国土、住建、繁城等部门负责人深入到农副产品加工园区、鸿升物流园区就企业在园区内选址、企业入园情况、园区基础设施建设等进行调研。

15 日，2017 年繁峙县文化、科技、卫生“三下乡”宣传活动启动仪式在杏园乡南关村举行。此次活动为期半个月，“三下乡”宣传队将在全县各乡（镇）30 个村巡回活动。

15 日，县委书记孔保宝率队，深入光裕堡乡大木瓜村红树莓种植基地、截潜流蓄水灌溉工程、山西泓达安生物科技有限公司选址等处进行实地调研，并就推进繁峙县红树莓产业发展召开座谈会，分析研究并解决基地在发展过程中遇到的困难和问题。

16 日，县交警大队大队长殷建伟带领大队班子全体领导及繁城中队、岩头中队民警，深入辖区 108 国道展开查处交通违法行为“零点”行动，当夜查扣私改车型的翻斗车 6 辆、大型农用车 1 辆。

17 日至 20 日，繁峙县首届“农商杯”篮球赛在县城篮球馆举行。此次篮球赛共有 8 支代表队进入决赛。经过激烈角逐，最终砂河追梦代表队获得冠军，繁峙农商银行代表队和繁峙公安系统代表队分获亚军、季军。

18 日，繁峙县在伯强村举行了第三届“环五台山”徒步健身赛活动。来自县城的登山协会、色驴户外俱乐部、自行车协会等多个户外运动俱乐部共计 150 多人参加了比赛。这是繁峙县历届登山比赛规格最高、人数最多的一次。

21 日，按照市委统一部署，忻州市委巡察办副主任、市委第三巡察组组长牛旭伟率领市委第三巡察组一行深入繁峙县对扶贫领域工作开展情况进行专项巡察，并专门召开市委第三巡察组对繁峙县扶贫领域专项巡查工作动员会，安排部署扶贫领域专项巡查工作。

23 日，繁峙肉牛直供澳门首发仪式在砂河镇下汇村万锦肉牛育肥场隆重举行。省出入境检验检疫局副局长王益愚向万锦肉牛育肥场经理侯玉平颁发了直供澳门活牛出口证书，并宣布繁峙肉牛从即日起准许直供澳门市场。

23 日至 24 日，省级园林县城评审专家组傅泽秋一行深入繁峙县，就繁峙县创建省级园林县城工作进行实地调研、具体指导、综合评价与反馈。省住房和城乡建设厅城建处调研员杨晋樑、市住建局总工程师郭培明等一同调研。

24 日至 28 日，在太原煤炭交易中心举行的第三届山西文化产业博览会上，繁峙县展出的多项原创文化产业产品备受观展嘉宾和市民青睐。此次繁峙参展的文化产品主要有省级非物质文化遗产“晋绣纺”的刺绣作品、繁峙星河银业的银器制作、五台山金石雕刻公司以金矿石为原料的石雕作品及“双英绣纺”的民间刺绣作品。

26 日至 27 日，“江阴周庄”2017 年中国体育彩票全国象棋赛业余棋王赛山西赛区繁峙预选赛暨“丰泽杯”繁峙象棋公开赛在砂河镇丰泽大酒店举行。活动由繁峙县委、县政府主办，县体育发展中心承办，国家体育总局扶贫工作组协办。来自北京、太原、大同、吕梁、原平、河曲等地的 70 余名象棋爱好者参加了比赛。经过两天激烈角逐，来自太原的韩强独占鳌头，原平的李玉华、北京的刘龙分获二、三名。

27 日，县政府与厦门都航投资集团有限公司在忻州举行合作意向签字协议。市长郑连生出席并致辞，副市长安书田主持签字仪式。根据合作意向，厦门都航投资集团有限公司拟在繁峙县境内投资建设航空机场、航空小镇综合体和都航游乐园。同时，双方将充分发挥各自优势，不断在通用航空产业包括机场、飞机装备、航校、航空小镇、飞行员疗养中心、航空旅游、应急救援等通用航空领域，以及延伸产业项目方面开展深度合作。

28 日，县委组织全县各乡（镇）书记、分管副乡长开展抓党建、促脱贫“三基建设”现场观摩活动。观摩团一行先后观摩了繁城镇赵庄村、楼岗村、下茹越乡瓦磁地村、金山铺乡农发新村、光裕堡乡华岩村、杏园乡南关村党支部，听取了简要汇报，认真翻阅了党建各类工作资料和各种记录。并于当日召开抓党建促脱贫三基建设现场推进会。

本月，由国家体育总局科教司主办，国家体育总局运动医学研究所承办，国体总局扶贫工作组协办的“科学健身大讲堂”走进繁峙县，为繁峙县政府机关工作人员、群众体育赛事组织者、群众体育组织社团骨干积极分子等进行体育扶贫系列科普讲座。活动中，国体总局运动医学研究所主任医师汪永利和北京体育大学科学研究中心副教授包大鹏，分别以《运动损伤的防治与康复》和《科学运动是良医》为主题，通过知识讲座加情景体验的方式，围绕大家热衷的羽毛球、跑步、登山、健步走等运动，讲解运动损伤、防护及治疗知识，讲述日常生活中如何科学合理锻炼，纠正一些运动认识误区，提高大家对运动的科学认识。

本月，繁峙县在不断为义务教育阶段农村山区学校补充特岗教师的同时，为砂河中学新招聘了28名研究生学历教师。

9月

4日，省人大常委会城建环保工委副主任、三晋环保行记者团团长高建平一行深入繁峙县，就2016年三晋环保行集中采访活动中发现的具体环境问题的整改情况进行“回头看”。

4日，在县人武部四楼会议室组织召开全县集中清收处置农商行不良贷款行动动员会。会上，县政府办主任刘平牢解读了本县《组织开展集中清收处置农商行不良贷款工作实施方案》，县农商行党委书记、董事长宋俊拴作了表态发言，县人民法院副院长韩文波就清收工作的司法支持进行了安排，县委组织部副部长席恒中就恶意逃废银行债务的公职人员组织处理工作进行了安排，县纪委副书记、监委副主任张文胜就清收工作中涉嫌违法违纪查处工作进行了安排。

5日至8日，县长崔峥岭带领13个乡（镇）及相关部门负责人共37人赴河北涞源、容城、雄县、阜平等兄弟县市取经学习，在扶贫产业、招商引资、文化旅游等方面进行考察学习。

7日，本县专门召开创建省级文明县城工作推进会。

8日，县委书记孔保宝带领扶贫、国土等部门负责人深入岩头乡就易地扶贫搬迁工作进行实地调研。

8日，繁峙县年轻干部培养工程第一期培训班在繁峙县宣传文化中心举办。来自全县各乡（镇）、县直各单位优秀年轻干部约270余人参加培训。

10日，县长崔峥岭到砂河第三中学和砂河中学，走访慰问工作在教学一线的教育工作者，向他们致以节日的问候并送上良好的祝愿。

19日，县委书孔保宝深入杏园乡铁家会村和大砂村就精准扶贫、精准脱贫工作进行调研。

20日，忻州市政协第一视察组在市政协教科委主任薛文斌、市政协社法委主任刘卫东的带领下，到繁峙县调研脱贫攻坚及易地搬迁工作。县政协主席钟文秀、副县长孔国红及相关负责人陪同调研。

22日，县委宣传部、县互联网中心牵头在府东广场举行第四届国家网络安全周宣传活动启动仪式。宣传、新闻、文化、教育等部门负责人参加活动。活动中，共下发宣传手册1000多本、网络安全意识宣传单800多份、海报500多张。

23日至24日，由国家体育总局社会体育指导中心、中国毽球协会和繁峙县人民政府共同主办的2017年中国·繁峙毽球公开赛在本县体育馆举行。来自北京、天津、山西、河北、河南、宁夏等省（市）108支队伍的400余名毽球运动员进行了激烈鏖战。最终，毽球科研中心队、山西毽子联一队、山西老A女子平推一队、天津市花毽子队分别摘得网毽、男女平推毽和花毽的桂冠，各单项前八名均获得国家体育总局颁发的证书和奖金。

23日至26日，国务院扶贫办对繁峙县建档立卡动态调整交叉检查。

26日，由省农业厅厅长关建勋带队的省农业厅调研组深入繁峙县对特色农业发展情况进行实地调研。忻州市副市长裴峰，县委书记孔保宝，县委副书记、县长崔峥岭一同调研。

27日，县委书记孔保宝召集扶贫、商务、组织等相关部门负责人深入集义庄乡净林村、常胜村就基层党建、扶贫攻坚等工作开展调研。

27日，繁峙县第五届庆国庆、迎重阳老年体育健身展示大会在祥龙广场举行，来自全县38个健身站，2500余名参赛人员参加了比赛。

28日，繁峙县在宣传文化中心召开迎接十九大保安全保稳定动员大会，对全县安全稳定工作进行了安排部署。全县13个乡（镇）、居民办事处、机关单位负责人及20家重点企业负责人230余人参加了大会。

28日，中共繁峙县委“双日双评”活动领导组办公室在宣传文化中心组织进行了“新田杯”讲党课竞赛的决赛活动。

29日，县长崔峥岭带领安监等部门负责人深入中石化砂河加油站、中兴实业、松润金矿、乙炔气厂、秀隆商场进行安全生产检查，常务副县长居清平一同调研。

29日，县人大常委会主任赵琦率县人大代表辗转5乡7村视察退耕还林工程，深入了解退耕还林工程进展情况及成效，考察结束后在岩头乡政府召开座谈会。

本月，在第三十三个教师节来临之际，本县隆重召开教师节表彰大会，对在过去一年中为全县教育事业发展做出突出贡献的繁峙中学等20所学校、柴树国等10名“最美乡村教师”、刘欣荣等20名“先进教育工作者”、赫俊权等108名“优秀教师”进行了表彰。

10月

7日，繁峙县召开“苦战70天全面完成2017年脱贫攻坚任务”誓师大会。

10日，忻州市委副书记王珍，市政协主席刘刚柱、副市长范建民率领由市直相关部门领导和全市各县（市、区）委书记、县（市、区）长等组成的全市重点项目建设观摩团在繁峙县观摩。

14日，国家级跑步赛事——“首创奥莱·奥跑中国”奥林匹克体育中心大众路跑全国系列赛（国内顶级A1类10千米路跑），在县城环滨河公园举行。

17日，由省委宣传部副部长董晓林带领的省委宣传部督导组，深入繁峙县督导村级综合文化服务示范建设工作。忻州市委常委、宣传部部长陈义青，县委常委、宣传部部长郭美凤陪同调研。

18日，繁峙县召开2017至2018年秋冬季大气污染综合治理攻坚行动推进会。

18日，县委组织全县广大党员干部群众认真收听收看中共第十九次代表大会开幕实况。全县372个农村党支部和159个非公企业党组织，分别在村级组织活动场所和党员活动室组织党员群众收看了实况，社会各界群众分别在大商场、门店及家里等自觉收看了开幕式实况。

19日，繁峙县在县人武部会议室举办了2017年招商引资项目集中签约活动，县委、县政府分别与青岛奥博能源电力有限公司、山东润隆食品有限公司、北京顺天东昊科技有限公司、莆田市明成房地产开发有限公司4家企业成功签下了总投资额近10亿元的项目。

20日，县委书记孔保宝召集扶贫、组织

等部门负责人深入杏园乡就脱贫攻坚工作以及村级组织换届工作展开调研。

23 日，省教育厅党组书记、厅长、省高校工委书记吴俊清一行深入繁峙县北城中学和兴隆幼儿园，实地调研九年一贯制学校和小区配建幼儿园办学情况、义务教育办学特色和全县教育发展情况。忻州市副市长安书田，市教育局局长刘新明，县委副书记、县长崔峥岭以及相关单位负责人陪同调研。

24 日，县人大常委会组织繁峙县市人大代表和县人大常委视察了 2017 年繁峙县部分重点项目工程。先后前往县汉和中兴机械制造有限公司、县经济技术开发区、砂河北山旅游区（大智镜圆文化旅游区）、东山乡伯强村、东山片惠民小区、田源毛驴养殖公司、瑞迪航空文化主题公园，涉及工业、旅游业、畜牧业等诸多领域。

26 日，本县召开村（社区）“两委”换届选举工作培训会，对换届选举有关工作人员 150 余人进行了培训。

27 日，本县在县宣传文化中心召开全县村（社区）“两委”换届选举动员大会，全面安排部署全县村党组织和第十一届村民委员会换届选举工作。县领导孔保宝、崔峥岭、姚力山、乔震宇、高瑞军、郭美凤等出席，副县长韩红英主持会议。县各乡（镇）、督查组、指导组成员单位有关负责人参加了会议。

28 日，县委书记孔保宝召集扶贫、卫计、组织、劳动等部门负责人深入集义庄、下茹越两乡调研脱贫攻坚工作。

30 日，县委书记孔保宝主持召开县委中心组学习会议，集中学习习近平总书记在中共第十九次全国代表大会上的报告。

31 日，市委常委、统战部部长刘婷芳带队莅临繁峙县，督查全年脱贫攻坚工作，并召开座谈会听取汇报。市委组织部常务副部长王廷，县领导孔保宝、高瑞军、乔震宇、孔国红等参加座谈会。

本月，繁峙县对乡（镇）挂职的百名干部进行了集中培训，省、市、县三级选派的挂职干部、各乡（镇）副书记、组织委员共 152 人参加了培训活动。

11 月

1 日，繁峙县在府新广场组织开展了 11 月综治宣传月活动启动仪式暨《反间谍法》颁布三周年人民防线专项宣传活动。活动中发放宣传资料 5000 多份，现场解答 80 余人次的法律咨询。

1 日，县委书记孔保宝带领扶贫、组织、民政、卫计、住建、人社等部门主要负责人深入东山乡调研指导脱贫攻坚工作。

2 日，繁峙县专门召开脱贫攻坚干部帮扶工作座谈会，省市帮扶单位工作队长、县直和条管有帮扶任务的单位负责人等 114 人参加了座谈会。

3 日，县委书记孔保宝，带领扶贫、民政部门负责人深入横涧乡、砂河镇调研指导脱贫攻坚工作。

8 日，繁峙县在县党校四楼会议室召开全县宣传文化系统中共十九大精神专题学习会，学习宣传贯彻中共十九大精神。

9 日至 10 日，国务院教育督导委员会检查组到本县实地检查指导义务教育发展基本均衡工作。

10 日，繁峙县召开 2017 年度扶贫对象动态调整动员培训暨扶贫领域不正之风和腐败问题专项治理整改工作会议。

17 日，繁峙县在县宣传文化中心举行主题为“贯彻十九大、传承好家风”的最美家庭颁奖典礼。特殊奉献沙万里，孝老敬老耿爱华、常美丽，比翼双飞赵晓芳等 12 个家庭获得了“最美家庭”荣誉称号。

17 日，繁峙县在政府会议室召开“铁腕治超百日专项行动”会议，安排部署治超工作。县长崔峥岭及各乡（镇）负责人、治超各成员单位负责人、重点企业代表共计 40 余人参加会议，副县长高清平主持会议。此次铁腕治超行动从 11 月 17 日开始持续至下年 2 月底，历时 100 天，重点采取路面管控和源头管控相结合的方式，在全县源头治超点及运输量较大的企业进行源头管控，同时在各治超站点增派执法力量，加大路面稽查力度，增加上路频次，扩大稽查范围，确保专项行动不走过场。

17 日，繁峙县在县人武部会议室举行了集中签约仪式，县政府与山西省大地控股土地开发有限公司、山西省农业信贷融资担保有限公司和中国人民财产保险股份有限公司忻州分公司三家企业签订了战略合作协议。

20 日，省检验检疫局植检处处长吕彦彬、省农业厅白国平处长一行 4 人组成考核组，深入本县对创建省级出口胡萝卜质量安全示范区建设工作考核验收。副县长韩红英陪同考核。

20 日至 21 日，省文联党组成员、书记处书记靳忠率团到繁峙县开展基层调研活动，县政协主席钟文秀，县委常委、宣传部部长郭美凤出席座谈会，县文联主席王爱中陪同调研。

21 日，县委书记孔保宝进村入户，深入砂河镇孙庄村、后庄村和东沿口村调研贫困村整村提升工程开展情况。

21 日夜，副县长高清平带领县铁腕治超百日整治专项行动领导组一行 20 余人，采取不打招呼、不听汇报、突击检查的方式，检查繁峙县公路治超工作。

22 日，中共忻州市政协党组副书记、副主席边升阳，副主席李效玲率调研组到繁峙县开展调研，县政协主席钟文秀及相关部门负责人陪同调研。

22 日，繁峙县 2017 年公务员管理系统信息采集和公务员统计工作培训会在县宣传文化中心开班。县委常委、组织部部长乔震宇，县人社局局长曹福秀出席开班式并讲话，组织部副部长席恒中主持开班仪式，全县各党群、行政、乡（镇）的 100 余名干部参会。

23 日，繁峙县工会第十次代表大会召开。来自全县基层的 136 名职工代表，参加了此次大会。会议讨论审议并通过了《繁峙县总工会第九届委员会工作报告》《繁峙县总工会第九届委员会财务工作报告》《繁峙县总工会第九届经费审查委员会工作报告》，选举出繁峙县总工会第十届委员会委员和繁峙县总工会第十届经费审查委员会委员。

24 日，省中小企业局局长李东洪一行到到繁峙县就中小微企业发展现状展开调研，副市长范建民陪同调研。

28 日，繁峙县在宣传文化中心举办党政领导干部学习贯彻中共十九大精神专题辅导报告会，国家行政学院原教务长陆林祥教授应邀作了《哲学思维的力量——学懂弄通做实党的十九大精神》专题报告。全县党政领导干部 300 余人参加报告会。

28 日，来自全国各地的 7 名文艺支教志愿者到“文艺扶贫奔小康”志愿服务行动示范县——繁峙县，分赴县综合职业技术学校、滨河小学和代堡小学进行文艺支教志愿服务活动。

30 日，市委常委、常务副市长赵志坚就长城板块旅游开发深入本县实地调研并召开座谈会，繁峙、代县、宁武、岢岚等八县及雁门关、老牛湾风景区、市长城学会有关负责人参加座谈会，繁峙县委书记孔保宝陪同调研。

本月，山西省食品安全委员会办公室发布公告，繁峙县被省食品安全委员会办公室命名为首批“山西省食品安全示范县”。繁峙县是忻州市唯一入选县。

本月，繁峙县创建省级园林县城工作顺利通过了省级专家组的考核验收。

12 月

1 日，中国共产党繁峙县第十三届委员会第四次全体会议在县宣传文化中心召开。会议的主要任务是，深入学习贯彻中共十九大精神，认真落实省委十一届五次全会、市委四届四次全会会议精神，以习近平新时代中国特色社会主义思想为指导，对繁峙县深入学习贯彻中共十九大精神作出全面部署，动员全县上下更加紧密团结在以习近平为核心的党中央周围，不忘初心、牢记使命，锐意进取、攻坚克难，坚决打赢脱贫攻坚战，决胜全面建成小康社会，加快经济社会转型提升跨越发展，开启繁峙县社会主义现代化建设新征程。

2 日，繁峙县在大营镇召开全县脱贫攻坚村级资料标准化建设现场会。全县 13 个乡（镇）书记、乡长，负责对 2017 年拟退出贫困村进行医保、养老、饮水、住房安全等专业评估认定的 11 个部门负责人参加会议。

6 日，学习贯彻中共十九大精神市委宣讲团在繁峙县举行报告会，市委宣讲团成员、市委组织部常务副部长王廷作宣讲报告。

7 日，省农机局局长王进仁率队到本县开展调研，市农机局局长袁文斌，县长崔峥岭陪同调研。

8 日，县委书记孔保宝在县委二楼会议室主持召开 2017 年县委议军会议。会上，县人武部、驻繁部队就一年来的工作情况作了汇报，并就县人武部、驻繁部队在日常训练及工作生活中遇到的实际困难进行了专题研究，并提出了解决办法。

9 日，县委书记孔保宝主持召开全县脱贫摘帽大调查大摸底工作汇报座谈会，听取全县各乡（镇）、部门相关工作汇报，安排部署脱贫攻坚重点工作。

10 日至 13 日，市政府对繁峙县开展贫困村退出抽检。

12 日，县长崔峥岭深入县人事劳动和社会保障局进行专题调研，了解全县劳动社会保障事业发展情况，分析研判工作中遇到的问题和困难，并对下一步工作提出具体要求。

12 日，全省中共十九大精神和脱贫攻坚政策宣讲会在繁峙县举行，省委政研室调研员彭军奎、省总工会派驻岢岚县宋家沟村第一书记杨涛作宣讲报告。在繁的县处级领导、县直各相关单位负责人、各乡（镇）干部、各驻村工作队及村第一书记等 300 余人聆听了宣讲。

12 日，县委书记孔保宝带领扶贫、国土等相关部门负责人深入岩头乡茶铺村、土岭村、碓臼坪村就精准脱贫、异地搬迁工作进行调研。

14 日，县委书记孔保宝召集国土、住建等相关部门负责人深入集义庄乡净林村，就整村搬迁工作展开调研。

17 日，省扶贫办移民处处长李武军率领督导组一行，深入繁峙县督查易地扶贫搬迁工作，县委副书记姚力山陪同督查。

17 日至 23 日，以山西农业大学统战部部长刘文生为队长的山西省脱贫工作成效第三方评估工作队来到繁峙，开始对脱贫攻坚工作成效进行评估调查。

18日，繁峙县召开脱贫攻坚“冬季行动”暨产业项目攻坚百日行动动员大会。

19日，由浙江省安监局巡视员吴更安率队的国家安监总局遏制非煤矿山重特大事故专项督导组到繁峙县紫金矿业有限公司开展督导工作，并召开情况反馈会。副市长范建民陪同检查。

20日，由大同市广灵县副县长杨志勇等一行5人组成的考察组莅临繁峙，就金融扶贫小额贷款工作开展跨区域交流学习。

21日，县委书记孔保宝带领国土、住建、环保等单位负责人，深入集义庄乡南龙兴、北龙兴、下永兴村开展调研。

21日，县委书记孔保宝带领国土、住建、交通、林业等单位负责人，深入大营镇固庄村就脱贫攻坚和贫困村整村提升工程开展调研。

22日，由省卫生计生委纪检组组长郭晋刚带领的省健康扶贫第三督导组，就健康扶贫成效对标提升工作督查检查，并召开汇报会。

23日，县长崔峥岭带领13个乡（镇）及相关部门负责人共36人，赴太原市阳曲县学习考察脱贫攻坚贫困退出方面的经验和做法，为繁峙县脱贫攻坚工作助力。

27日，县人民政府与忻州供电公司举行座谈会，就电网建设和发展进行了深入探讨。忻州供电公司总经理薛建虎，县委书记孔保宝，县委副书记、县长崔峥岭出席会议。

29日，本县在众安公交有限公司举行新能源公交运营启动仪式，县委常委、宣传部部长郭美凤宣布繁峙县城市公交正式启动运营。

本月，召开安全生产工作例会暨安全生产宣传教育“七进”活动促进会。各乡（镇）长、居民办主任，县安委会重点成员单位负责人，县安监局股所站长以上干部，10个“七进”活动示范点单位负责人，全县生产的矿山企业，共计70余人参加会议。

县情概览

自然地理

【位置　面积】　位置　繁峙县地处山西省忻州市东北部，位于北纬 38°58′至 39°27′，东经 113°09′至 113°58′。县城距北京 428 千米，距太原 190 千米，距大同 185 千米。

面积　境域东西最大横距长 75 千米，南北最大纵距宽 56 千米，全县境域总面积 2368 平方千米。（冯占军）

【地质　地貌】　地质　繁峙县境内，南部山区以太古界五台群片麻岩类居多，另有元古界震旦系白云岩及下古生界寒武系石灰岩、紫红色页岩分布；北部山区有太古界五台群片麻岩类，新生界老第三系玄武岩与第四系黄土覆盖。滹沱河阶地，为新生界第四系黄土覆盖。两边丘陵区系新生界第四系地层。

地貌　境内地形东北高，西南低。东有泰戏山，南依五台山，北靠恒山，中部是狭长的滹沱河谷地带，为子牙河系的最上游。全县由山、川、丘陵、沟壑，盘结构成。最低海拔 680 米，最高海拔 3061 米。境内多山，山梁坡洼，沟道纵横。神堂堡乡有孤山沟、宝石沟，横涧乡有狼窝沟，金山铺乡有大湾沟，下茹越乡有背堰沟，杏园乡有公主沟，岩头乡有大东沟、板峪沟、牛圈沟、南磨沟，繁城镇有前峪沟、王绪沟、石板沟、斗嘴沟、苏西沟。全县大小沟道共有 319 条，其中长度为 1 千米至 5 千米的有 287 条，6 千米至 11 千米的有 29 条，12 千米以上的有 3 条。本县三面高山，中间低洼，构成了平川区、丘陵区、石山区三类地区。（冯占军）

【气候】　1. 降水。全县有两个多雨区：一是伯强沟东西两侧及以南的五台山区，年降水量 500 至 1000 毫米；二是恒山部分山区，年平均降水量为 500 毫米左右。平川中东部为少雨区，年降水量在 400 毫米以下。其余丘陵区在 400 至 500 毫米之间。

全县降水分布特点是：降水量一般随海拔高度的增高而增加。全县年降水量分配极不均匀，降水量随季节变化非常明显。一般呈现出冬季干旱少雨（雪）、夏季雨水集中、秋雨多于春雨的特点。

2. 日照。年平均日照时数 2906.5 小时。最多年可达 3153.2 小时，最少年为 2527.1 小时。作物生长季 4 至 9 月份平均日照

1588.3小时，约占全年日照总时数的60%。能满足全县农作物的生长需要。平川区，一年里所得的太阳总辐射能为144.3千卡/平方厘米。

3. 气温。平川区由西向东气温逐渐降低，年平均气温在5℃至8℃之间。1月最冷，平均气温为-8℃至-11℃之间，极端最低气温为-26℃至-30℃之间。5月上旬平均气温为0℃以上。7月最热，平均气温在19℃至22℃之间，极端最高气温可达36℃至38℃之间。10月上旬，一般最低气温降到0℃或0℃以下。（冯占军）

【土地资源】 全县土地总面积为236827公顷，除裸露岩石、山涧沟壑、村庄、道路等非生产用地外，可供农林牧利用的土地为172594公顷，占总面积的73%，其中耕地41894公顷。平川地20334公顷，沟坡地1814公顷，沟坝地1627公顷，梯田18154公顷。（冯占军）

【水资源】 1. 地表水。境内河川径流水资源量517立方米，高于忻州市平均水平。南部山区河川径流较为丰富，但绝大部分流向外县。中部盆地平原区，由于地质原因，大部分渗漏潜流，只有北部地区利用率相对较高。

2. 地下水。1980年至2011年县内一般山丘区地下水资源量（降水入渗补给量）为10860万立方米/年，盆地平原的降水入渗补给量为3721万立方米/年，盆地平原区地下水资源量为9865万立方米/年，多年平均地下水资源量为14840.8万立方米/年。

（冯占军）

【矿产资源】 全县矿产资源丰富。在县境南北两山均有分布，以磁铁矿和赤铁矿为主。已探明储量为5亿吨，矿石品位高达60%。主要产地有大草坪、平型关、山角、文溪、太平沟等地，其中大草坪、平型关两个铁矿区为大型铁矿，探明储量达3.17亿吨。

钼矿储量居全省第一，累计探明储量17.1万吨。主要产于后峪、义兴寨等地。

金矿是本县优势矿种之一，在全省居重要地位。金、银、铜、铅、锌密切共生，大部分属石英脉型和热液型金，多金属矿床，可综合开采。主要产地有义兴寨、辛庄、耿庄等地。初步探明，这3个金矿床的黄金储量达20吨，伴生矿产银171.57吨、钼1884.1吨、铜5582.58吨、铅36464.55吨、锌25399.55吨。

铜矿大部分山区乡均有分布，矿物成分以黄铜矿为主，还有斑铜矿、辉铜矿、孔雀石等。主要产地集中于伯强、岩头、茶铺等地，宽滩、神堂堡、柏家庄、杏园、后河等地也有分布。

铅、锌矿已知矿床为多金属矿床，含量大多是贫至中等，部分较富，其主要成分为方铅矿和闪锌矿，伴生黄铜矿、硫铁矿、金、银等。主要分布在耿庄、义兴寨等地。

硫铁矿沿南山分布，主要产地集中在伯强一带。矿石类型以含铜硫铁矿为主，已探明储量86.18万吨，含硫量一般在20%左右，最高达42%。

石灰岩主要分布在童子崖及杜里坪一带，藏量较大。仅圐圙村一带储量就在3000万吨以上。

云母矿本县主要有白云母，其次还有少量黑云母。主要分布在庄旺、桥儿沟一带。已知矿区有庄旺、桥儿沟、元树、羊圈、西沟等处。其中庄旺、桥儿沟两个矿区初步探明白云母储量表内矿433吨，表外矿2814吨。

褐煤采掘历史悠久，总储量为 3.84 亿吨，主要集中于下茹越乡塔西沟一带。

此外，还有锰、石英岩、玄武岩、花岗岩等多种矿藏。（冯占军）

【植被资源】 繁峙山多坡广，沟壑纵横，气候类型多，故植被资源丰富。全县有植被 66666.67 公顷，覆盖率为 28%。有植物 447 种，隶属于 82 科、316 属。主要分布于南山、峨河、羊眼河、青羊河、石塘沟的深山地区，其次为滹沱河的发源地辛庄一带及平川沿河南岸。全县树木种类分为乔木树种、经济树种、灌木树种。（冯占军）

人口　语言

【人口】 据 2017 年人口抽样调查，年末全县常住人口 276480 人，比上年末增加 1181 人。全年全县出生人口 3027 人，人口出生率 10.97‰；死亡人口 1846 人，死亡率 6.69‰；自然增长率 4.28‰。

2017 年繁峙县常住人口数及其构成情况表

表 1　　单位：人、%

指　标	年末数	比　重
全县常住人口	276480	—
其中：城镇	126267	45.67
乡村	150213	54.33
其中：男性	143718	51.98
女性	132762	48.02

（县统计局）

【语言】 繁峙县地处山西省东北部，北靠应县、浑源，南连五台山、阜平，东接灵丘，西邻代县。繁峙与周边县交界附近的居民，说话时夹杂着邻县的语音。如岩头乡茶铺村、大明烟村以及神堂堡乡盘道村的居民，由于紧靠五台山，讲话时满口五台腔调。就是繁峙腹地的居民语音也不完全一致，按地区大体分为两种：东首话与西首话。习惯上把永兴桥以东地区的语言叫做东首话，永兴桥以西的语言叫做西首话。东首话语音重浊，西首话语音轻清。（冯占军）

国民经济和社会发展

【概述】 全年全县生产总值 666766 万元，按可比价格计算，比上年增长 5.5%。其中，第一产业增加值 52022 万元，同比增长 4.7%，占生产总值的比重 7.8%；第二产业增加值 381376 万元，同比增长 4.8%，占生产总值的比重 57.2%；第三产业增加值 233368 万元，同比增长 7.1%，占生产总值的比重 35.0%。

人均地区生产总值 24167 元，同比增长 5.3%，按 2017 年平均汇率计算为 3579 美元。

全年全县一般公共财政预算收入 23929 万元，增长 11.92%。其中,税收收入 14716 万元，同比增长 25.23%，非税收收入 9213 万元，下降 4.32%；财政总收入 50914 万元，同比增长 24.88%。财政总支出 184966 万元，同比增长 7.0%。“八项支出”124923 万元，

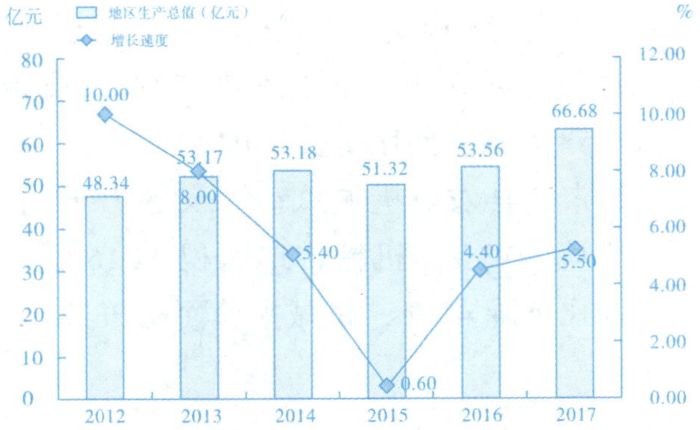

2012—2017 年 GPD 发展趋势图

分别是：一般公共服务支出14448万元，公共安全支出9141万元，教育支出46549万元，科学技术支出1333万元，社会保障支出22863万元，医疗卫生支出17445万元，节能环保支出6305万元，城乡社区支出6839万元，“八项支出”占到当年一般公共财政预算总支出的68%，有效地保障了全县经济社会健康发展。

全年全县城镇新增就业3172人，转移农村劳动力6526人，年末城镇登记失业率3.8%。（县统计局）

【农业】 全年全县农作物种植面积37.99千公顷，比上年增加0.17千公顷。其中，粮食种植面积34.16千公顷，减少0.72千公顷；在粮食种植面积中，玉米种植面积17.94千公顷，减少1.03千公顷；油料种植面积1.46千公顷，减少0.82千公顷。

全年粮食产量8.42万吨，同比增加0.29万吨，同比增长3.6%。其中，玉米6.6万吨，同比增加0.08万吨，同比增长1.2%。全年完成造林4.13千公顷，同比增长6.7%。

全年全县猪牛羊肉总产量1.62万吨，同比增长11.7%。其中，猪肉产量1.11万吨，同比增长7.8%；牛肉产量0.05万吨，与上年持平；羊肉产量0.41万吨，增长7.9%。年末生猪存栏8.6万头，生猪出栏13.1万头；羊存栏35.14万只，羊出栏22.1万只。牛奶产量0.99万吨，同比增长7.6%。禽蛋产量0.58万吨，同比增长7.4%。

年末全县农业机械总动力13.5万千瓦，同比下降20.2%。机械耕地面积32.16千公顷，同比下降4.3%；机械播种面积33.94千公顷，同比下降0.23%；机械收获面积27.08千公顷，同比增长10.2%。全县农机化经营总收入1.18亿元，同比增长2.6%。

（县统计局）

2017年繁峙县主要农林产品产量统计表

表2　　　　单位：万吨、%

产品名称	产　量	比上年增长
粮食	8.42	3.5
其中：玉米	6.6	1.2
谷子	0.59	25.5
豆类	0.28	–24.3
薯类	0.30	持平
油料	0.12	–29.4
蔬菜及食用菌	1.94	–2.5
瓜果类	0.79	–2.5
园林水果	0.22	37.5
食用坚果	0.015	持平
其中：核桃	0.005	持平

【工业和建筑业】 全年全县规模以上工业企业57户，比上年净增6户，规模以上工业增加值比上年增长4.0%。

全年规模以上工业企业实现主营业务收入917984.5万元，同比增长31.6%；实现利税102806.5万元，同比增长85.6%；实现利润64639.5万元，同比增长130.8%。

全年全县资质以上建筑企业10户，实现总产值179815万元，同比增长15.6%，共签订合同额197018万元，同比增长21.3%。房屋建筑施工面积940203平方米，同比增长33.8%；竣工面积811473平方米，同比增长24.1%。（县统计局）

2017 年繁峙县规模以上工业总产值统计表

表 3　　单位：亿元、%

项　目	工业总产值	比上年增长
规模以上工业	116.18	13.7
其中：轻工业	1.58	216.0
重工业	114.6	12.7
其中：国有及国有控股企业	1.98	7.6
其中：私营企业	114.2	13.8
其中：黑色金属采选业	70.69	19.9
黑色金属冶炼业	14.62	-34.4
黑色金属压延加工业	16.23	65.3
有色金属采选业	8.26	8.1
有色金属冶炼业	2.82	137.0
电力生产与供应业	1.98	7.56

2017 年繁峙县规模以上工业主要工业产品产量统计表

表 4　　单位：万吨、千克

产品名称	产　量	比上年增长%
铁精粉	885.3	23.4
铁铸件	27.8	-42.7
线　材	51.3	14.0
黄　金	445	14.4
大　米	0.2	-

2017 年繁峙县规模以上工业企业利润总额统计表

表 5　　单位：万元

指　标	利润总额
规模以上工业	64639.5
其中：国有控股企业	5511.8
私营企业	20683.6
其中：集体企业	0
股份制企业	0

【能源】　全年全县一次能源消费折标准煤70.17万吨，增长1.82%。其中规模以上工业综合能源消费28.68万吨，比上年同期下降9.5%，万元GDP能耗1.24吨标煤，同比下降3.53%。

全年全县全社会用电总量107821万千瓦小时。其中，第一产业用电4705万千瓦小时，占全社会用电量4.4%；第二产业用电87863万千瓦小时，占81.5%，其中工业用电87278万千瓦小时；第三产业用电5794万千瓦小时，占5.4%；城乡居民生活用电9460万千瓦小时，占8.7%。

（县统计局）

【固定资产投资】　全年全社会固定资产投资（新口径）402659万元。其中，固定资产投资（不含跨县、农户）402659万元，同比增长7.5%。

从投资去向看，工业投资118179万元，同比增长23.2%；基础设施投资74075万元，同比增长18.8%；其他投资210405万元，同比下降2.7%。

从投资登记注册类型看，内资企业和个体经营投资395039万元；外商及港澳台商企业投资7620万元。

从投资产业构成看，第一产业投资90197万元，同比下降0.5%；第二产业投资118179万元，同比增长23.2%；第三产业投资194283万元，同比增长3.4%。

全县工业投资中：铁矿投资59897万元，非铁产业投资284480万元；传统产业（煤炭、焦炭、冶金、电力）投资27906万元，非传统产业投资374753万元。

全年全县在建固定资产投资项目157个。其中，亿元以上项目38个，计划总投资1849385万元，本年完成投资235472万元。

全年房地产开发投资13080万元，同比下降12.1%。其中，住宅投资4510万元，同比下降58.6%；商业营业用房投资1417万元，同比下降39.9%。　（县统计局）

2017年繁峙县分行业固定资产投资（不含跨市、农户）统计表

表6　　单位：万元

项　　目	投资额
总　计	402659
农林牧渔业	99539
采矿业	64820
制造业	38531
电力、热力、燃气及水生产和供应业	4828
批发和零售业	22188
交通运输、仓储和邮政业	10491
房地产业	13080
租赁和商务服务业	20997
水利、环境和公共设施管理业	63584
教　育	9020
卫生、社会工作	5526
文化、体育和娱乐业	4969
公共管理、社会保障和社会组织	35086

2017年繁峙县房地产开发和销售统计表

表7　　单位：万元、平方米

指　标	绝对数	比上年增长%
投资完成额	13080	-12.1
其中：住宅	4510	-58.6
房屋施工面积	61843	-7.9
其中：住宅	434694	-11.6
房屋新开工面积	63991	-13.2
其中：住宅	32302	-38.1
房屋竣工面积	64719	-45.8
其中：住宅	58028	-34.8
商品房销售面积	64693	25.5
其中：住宅	61057	21.3

【贸易】　全年全县社会消费品零售总额205570万元，增长8.4%。按经营地统计，城镇消费品零售额131857万元，同比增长6.0%；乡村消费品零售额73714万元，同比增长13.0%。按消费形态统计，商品零售额180912万元，同比增长8.1%；餐饮收入额24658万元，同比增长11.0%万元。

全年全县外贸进出口总额682万元，同比增长8425.0%。其中：出口额682万元，同比增长11266.7%。　（县统计局）

2017年繁峙县社会消费品零售总额统计表

表8　　单位：万元、%

指　标	绝对数	比上年增长
社会消费品零售总额	205570	8.4
分地域：城镇	131857	6.0
乡村	73714	13.0
分行业：批发零售业	180912	8.1
住宿餐饮业	24658	11.0

2017年繁峙县限额以上批发零售业零售额统计表

表9　　单位：万元、%

项　目	绝对数	比上年增长
汽车类	23528.4	3.8
石油及制品类	19099.6	-9.4
金银珠宝类	749.2	10.0
家用电器和音像器材类	2143.1	6.6
粮油、食品、饮料、烟酒类	7188.5	6.0
服装、鞋帽、针纺织品类	4559.6	5.8
化妆品类	542.3	12.4
饮料	984.3	12.7
烟酒	1093.2	9.0
家具	332.6	-2.5
书报、杂志	3060.8	5.7
日用	549.8	10.2

【交通、邮电和旅游】 年末全县公路线路里程1428.97千米，其中高速公路57.57千米，国道84.13千米，省道57.75千米，县乡村道1230.52千米。

年末全县民用汽车保有量22196辆，比上年末增长8.3%。本年新注册汽车3063辆，增长43.8%。

全年全县完成邮电业务收入16503万元，比上年下降1.5%，其中，邮政业务收入2789万元；移动业务收入8864万元；联通业务收入3344万元；电信业务收入1506万元。固定电话用户年末11956户，其中，移动4008户；联通6840户；电信1070户。移动电话年末达到206923户，其中，移动173500户；联通15998户；电信17425户。年末全县宽带接入用户达到26859户，其中，移动12443户；联通4689户；电信9727户。

全年全县接待国内旅游者263.78万人次，同比增长25.73%；国内旅游收入23.74亿元，同比增长25.74%；旅游总收入23.74亿元，同比增长24.82%。（县统计局）

【金融】 年末全县各类金融合作机构人民币存款余额1285747万元，比年初增加178307万元，比年初增长16.1%；人民币贷款余额525292万元，比年初增加121279万元，比年初增长30.0%。

全年全县保费收入12669.61万元，同比增长27.4%。其中，寿险业务保费收入8818.13万元，同比增长35.7%；健康险业务保费收入104.53万元，同比下降79.6%；意外险业务保费收入143.14万元，同比下降54.7%；财产险业务保费收入3578万元，同比增长37.9%。全年支付各类赔款及给付1170万元，同比下降4.6%。（县统计局）

2017年繁峙县年末
金融机构本外币存贷款统计表

表10　　单位：万元、%

项　目	年末数	比上年增长
各项存款余额	1285747	16.1
其中：住户存款	1041211	12.9
非金融企业存款	156981	69.4
各项贷款余额	525292	30.0
其中：短期贷款	409895	25.8
中长期贷款	115397	48.0
其中：个人消费性贷款	47139	63.1

【教育和科技】 2017年末全县共有幼儿园32所，比上年同期增加4所；小学114所，比上年同期减少2所；普通初中13所，增加2所；普通高中2所，中等职业学校3所，成人高等学校1所，均与上年持平。全县学前三年毛入园率为89.1%，小学学龄儿童净入学率为99.99%，高中阶段毛入学率为94.2%。

全年全县专利申请量与授权量分别为31件和20件，分别增加1件和减少5件；其中发明专利申请量与授权量分别为10件和1件，发明专利申请量比去年增加5件，发明授权量比去年减少1件。全年新登记科技成果0项，比上年减少1项。

年末全县共有产品质量监督检验和计量检定技术机构1个。监督抽查了39家企业2类15种91批次的产品和商品。全年完成强制检定计量器具290台。

全县有气象台站15个，全县开展电话天气自动答询的台站15个。全县气象系统开展人工影响天气业务的单位1个，防雹、增雨累计受益面积26666.67公顷，增雨量1.2亿立方米。全县有天气预报服务Intel网站1个，卫星云图接收站1个。（县统计局）

2017 年繁峙县各类教育发展情况表

表 11　　　　单位：人、%

指标	招生	比上年增长	在校生	比上年增长	毕业生	比上年增长
中等职业教育	1072	17.0	2669	7.5	813	54.0
普通高中	1144	-9.8	3900	-11.6	1656	5.1
初中	3404	10.7	9057	1.1	3245	-4.0
小学	3676	-3.9	22479	0.4	3719	9.2
学前教育	2801	32.6	6953	13.5	2661	-2.1

【文化、卫生和体育】　年末全县共有文化馆 1 个，博物馆 1 个，文化站 13 个（其中，乡镇综合文化站 13 个），农村文化活动场所 298 个。专业艺术表演团体 5 个。公共图书馆 1 个。出版报纸 168 种 6 万份，各类杂志 3 种 1 万册，各类图书 10 种、3 万余册。广播电视台 1 座，电视台 2 座，中短波转播发射台 1 座，调频转播发射台 2 座，一百瓦以上电视转播发射台 2 座。广播人口覆盖率 99.13%，电视人口覆盖率 99.13%，有线电视用户 6980 户。

年末全县共有卫生机构（含诊所、村卫生室）450 个，床位 1171 张。卫生防疫、防治机构 1 个，妇幼保健院（所、站）1 个。全县卫生机构共有卫生技术人员 809 人；卫生院卫生技术员 233 人，防疫、防治卫生技术员 17 人，妇幼保健（所、站）卫生技术人员 12 人。全县 200594 农民参加了新型农村合作医疗合作医疗，参合率 98%。

全县有体育场 1 个，体育馆 1 个。全县销售中国体育彩票570 万元。　　（县统计局）

【人民生活和社会保障】　全年居民人均可支配收入 15721 元，同比增长 8.0%。按常住地分，城镇居民人均可支配收入 28211 元，同比增长 5.8%；农村居民人均可支配收入 7523 元，同比增长 8.4%。城镇占调查总户数 20%的低收入家庭人均可支配收入 10181 元，同比增长 9.4%；农村占人口 20%的低收入者收入 2889 元，同比增长 38.4%。城镇居民家庭恩格尔系数 22.3%；农村居民家庭恩格尔系数 37.0%。

年末参加城镇职工基本养老保险 26030 人，增加 7286 人；参加城乡居民社会养老保险 147855 人，增加 909 人；参加城镇基本医疗保险 26151 人，减少 12846 人；参加失业保险 9637 人，与去年持平；参加工伤保险 15497 人，增加 44 人；参加生育保险 12009 人，与去年持平。

2017 年城市低保人数 4214 人，全年发放 1722.13 万元。

全年得到农村最低生活保障救济人数 18436 人，全年共发放农村最低保障资金

2017 年繁峙县城乡居民可支配收入统计表

表 12　　　　单位：元、%

指　标	绝对数	比上年增长
城镇居民人均可支配收入	28211	5.8
其中：工资性收入	18619	1.4
经营性收入	1693	139.1
财产净收入	3667	-16.4
转移净收入	4232	31.9
农村居民人均可支配收入	7523	8.4
其中：工资性收入	4374	4.3
经营性收入	938	3.3
财产净收入	31	-3.1
转移净收入	2180	20.7

4639万元，2022人纳入农村五保供养。

年末全县城镇有各种社区服务设施40个；各类收养性单位床位数360张，收养人数0人；国家抚恤、补助各类优抚对象1327人。全年筹集社会福利资金0万元，接受社会捐赠款54.96万元。（县统计局）

【资源、环境和安全生产】 年末全县4座水库蓄水总量为1768万立方米，增加944万立方米。当年解决农村饮水安全人口19195人，2017年农村饮水安全覆盖率99%以上。

年末全县森林面积60443公顷，森林覆盖率25.44%。

按《环境空气质量指数（AQI）技术规定（HJ633-2012)》评价，2017年全县城市环境空气达标天数328天。

年末全县城市污水处理率达到97.6%；集中供热普及率达到93%。

全年各类自然灾害造成直接经济损失8663.6万元，同比增长77%；农作物受灾面积13483公顷，增加8793公顷。其中，绝收面积5875公顷，增加5748公顷。

全年全县共发生各类生产经营性事故15起。

全年共发生交通事故143起，造成人41死亡，84人受伤。直接经济损失52.7万元，比上年减少11.8%。（县统计局）

注释：

1. 本部分县统计局的数据为初步统计数据。

2. 地区生产总值、各产业增加值绝对数按现价计算，增长速度按不变价格计算。

3. 部分数据因四舍五入的原因，存在与分项合计不等的情况。

4. 从2012年四季度，国家统计局实施了城乡一体化住户调查改革。原有指标“农村居民人均纯收入”和“城镇居民人均可支配收入”变更为“居民人均可支配收入”、“城镇居民人均可支配收入”和“农村居民人均可支配收入”。

5. 为贯彻落实中央关于深化统计管理体制改革提高数据真实性的意见，进一步提高投资统计数量质量，为全国改革提供有益经验，2017年国家统计局确定山西为投资统计改革试点省份，固定资产投资额的统计方法由原来的以形象进度法为主改为以财务支出法为主，并以同样的方法对同期基数进行统计，实现投资增速的同口径比较。

（县统计局）

机构设置和领导人名录

中国共产党繁峙县委员会

第十三届

书　记：孔保宝

副书记：崔峥岭　姚力山　李立东（挂职）*　高爱萍（女，挂职）*　杜怀文

常　委：孔保宝　崔峥岭　姚力山　李立东*　高爱萍（女）*　杨有成　居清平　王彦清　高瑞军　乔震宇　师天阳　郭美凤（女）

委　员：（按姓氏笔画为序）

王世伟　王玉盒　王志胜　王国平　王彦清　方笔计　孔国红　孔保宝　师天阳　朱润生　乔　哲　乔震宇　刘　勇　刘平牢　刘俊智　刘爱中　闫晓平　李立东　杨文斌　杨有成　辛　岗　张　巍　张世龙　张占羽　岳岐峰　居清平　赵　琦　荣崇明　钟文秀　姚力山　贺乐天　高存国　高爱萍（女）　高清平　高瑞军

郭美凤（女）　席恒中　崔峥岭
韩红英（女）
候补委员：李　斐　乔　磊　任雨田　赵　斌
柴清亮　张巧香（女）　高宏波

繁峙县第十六届人大会常委会

主　任：赵　琦
副主任：闫保平　杨素珍（女）
王立颖（女）　亢仁义
委　员：（按姓氏笔画为序）
王三元　田金生　冯成功
乔晓华（女）　刘俐芩（女）
闫晓平　张巧香（女）　张永胜
张有明　张志强　张钟晓　张海明
张润平　郑吉祥　姚金成
赵　平（女）　袁绍华　高　文
高智勇　郭　峰　郭文华　崔爱军
梁占海　韩长青　韩博益　释仁法
魏秀德　魏春林（女）

繁峙县人民政府

县　长：崔峥岭
常务副县长：居清平
副县长：王海龙　孔国红　高清平
韩红英（女）　朱润生　武洪涛
梁泰刚　孙晓东　张　军

政协第十一届繁峙县委员会

主　席：钟文秀
副主席：张晋军　高玲玲（女）
郑宇利（女）　邬春生
秘书长：孙福焕
常务委员：（按姓氏笔画为序）
王永伟　王　旭（女）　冯占文
石峥嵘（女）　刘欣风（女）
刘娥生　孙福焕　沙万里　李万新
李晓东　杨俊海　杨　杉　吴和廷
张国君　张万恒　张月来　张含宁
张　尚　张国娟（女）
赵　丽（女）　赵　彬（女）
侯建明　侯占胜　贺玉军　贺　文
贺利平（女）　郭永平
郭再丰（女）　黄卫东
谢红梅（女）

中国共产党繁峙县第十三届纪律检查委员会

书　记：高瑞军
副书记：闫　佩　张文胜
常　委：高瑞军　闫　佩　张文胜　王　宁
蒲维成　张润平　高　鹏
委　员：（按姓氏笔画为序）
王　宁　王晓艳（女）　闫　佩
张文胜　张北秀　张志强　张眉乐
张润平　陈朝旭　侯占国　高　鹏
高星所　高瑞军　符卫林　蒲维成

繁峙县监察委员会

主　任：高瑞军(兼)
副主任：闫　佩（兼）　张文胜（兼）
委　员：高瑞军（兼）　闫　佩（兼）
张文胜（兼）　王　宁（兼）
蒲维成（兼）　杜文泽
王晓艳（女）

繁峙县人民法院

党组书记、院长：荣崇明
党组副书记、副院长：韩文波
党组成员、纪检组长：刘旺源
党组成员、政治处主任：樊政伟
党组成员：王治平
审委会专职委员：苏建峰　王晓勇

繁峙县人民检察院

党组书记、检察长：岳岐峰
党组成员、副检察长：高星所　任晓青
郭永秀
党组成员、纪检组长：姚素芳
党组成员、政治协理员：侯荣富
党组成员、民事行政检察部长：刘卫平

县委工作部门

中共繁峙县委办
主　任：高存国
副主任：刘鹏飞
中共繁峙县委组织部
部　长：乔震宇
副部长：席恒中　刘　勇（兼）
张志强（兼）　郭俊明　张利尧
中共繁峙县委政法委员会（繁峙县社会治安综合治理委员会办公室）
书　记：杨有成
常务副书记：张世俊
副书记：任宁彪　居卫星
综治办主任：居卫星（兼）
综治办副主任：王太平　廉舒波
中共繁峙县委统战部
部　长：乔震宇（兼）
常务副部长：辛　刚
副部长：任　义
中共繁峙县委宣传部
部　长：郭美凤（女）
副部长：田　野　陈焱伟
县机构编制委员会办公室
主　任：张志强
副主任：赵振明　王　旭
县信访局
局　长：薛　平
副局长：韩东茂
县委巡察办公室
主　任：江建伟
副主任：高国军
第一巡察组巡察专员：刘称科
第二巡察组巡察专员：宫慧亮
第三巡察组巡察专员：郑永军

县委部门管理机构

中共繁峙县委老干部局
局　长：刘　勇
副局长：宫峰祯

县人大专门委员会及其常委会工作机构

县人大常委会办公室
主　任：韩博益
副主任：乔晓华
县人大常委会法制工作委员会
主　任：梁占海
县人大常委会财政经济工作委员会
主　任：崔艾军
县人大常委会科教文卫工作委员会
主　任：郭　峰
县人大常委会农村工作委员会
主　任：张有明
县人大常委会人事代表工作委员会
主　任：赵　平
县人大信息中心
主　任：
副主任：

县委直属事业单位

县委党校
校　长：姚力山
常务副校长：刘俊智
副校长：钟秀成　吴雅玲（女）

县党史资料征集办公室（县志办）

主　任：范吉林

县政府组成部门

县政府办公室（加挂县民族宗教事务局、县人民防空办公室牌子）

主　任：刘平牢

副主任：陈平德　范君鹏

宗教局局长：未配备

人防办主任：贾绍峰

县发展和改革局

局　长：王玉盒

副局长：王建新　王阅兵　阎利民　孟　铭

纪检组长：单海军

总工程师：齐国樑

县教育局

局　长：张占羽

副局长：张文生

纪检组长：乔晓红

县科学技术局

局　长：贺乐天

副局长：郭　岐

县财政局

局　长：王国平

副局长：宫秀祯（女）　刘效俊　李振华

总会计师：朱耀平

县民政局

局　长：刘爱中

副局长：邢瑞雪　张瑞峰　李万寿

县住房保障和城乡建设管理局

局　长：张爱中

副局长：张东和　梁建军　李培栋

纪检书记：张春卫

总工程师：张国杰

县经济和信息化局（加挂繁峙县商务局、繁峙县粮油服务中心牌子）

局　长：李　勇

副局长：陈俊虎　钟文权　侯国华*　李军军*

商务局局长：钟文权（兼）

县环境保护局

局　长：阎旭光

副局长：张　林

县文化局

局　长：侯　军

副局长：张文伟

县交通运输局

局　长：刘国兵

书　记：郭建军

副局长：郭　达　阎志诚

总工程师：王俊杰

县安全生产监督管理局

局　长：张国璧

副局长：周有红　冯晋阳

总工程师：郭建丰

监察大队长：郑小红

县市场和质量监督管理局（加挂县食品药品监督管理局牌子）

局　长：王兆平

副局长：弓宝珠

县卫生和计划生育局

局　长：冯满全

副局长：刘海亮　刘秀萍　程文显

纪检组长：王　旸

县人力资源和社会保障局

局　长：曹福秀

党组书记、副局长：李金生

副局长：席富元　刘长恩

县国土资源局

局　长：梁　栋

副局长：王东流　段丽芳
纪检组长：李建华
总工程师：张慧国

县农业委员会

主　任：王　政
副主任：赵凌瑞　郭慧萍　张秀廷
　　　　赵志强
副书记：苑新福
纪检书记：何向春

县林业局

局　长：韩宏恩
副局长：韩福春　邓占银
总工程师：杨贵平

县统计局

局　长：李俊新
副局长：梁　勇　梁跃平
总统计师：赵建军

县审计局

局　长：陈朝旭
副局长：梁天亮　原立新

县水利局

局　长：高国斌
副局长：郑玉龙
总工程师：郭文斌

县司法局

局　长：李云山
副局长：刘天娥　李跃波

县公安局

党委书记、局长：朱润生
党委副书记、政委：秦永东
党委委员、副书记：张银虎
党委委员、副局长：武芝山　姚荣兴
党委委员：郭建国　潘荣生　康　云
　　　　　殷建伟　左宏廷　李　杰
　　　　　邱　峰　张志文　李虎存
　　　　　田勇进

县政协工作机构

县政协提案委员会

主　任：王永伟

县政协经济委员会

主　任：杨俊海

县政协教科文卫委员会

主　任：侯建明

县政协法制和文史委员会

主　任：张国君

县政协办公室

主　任：孙福焕
副主任：梁文锐

党委部门管理事业单位

县新闻办

主　任：乔　伟
副主任：李永春

县委理论组

组　长：李　敏
副组长：张四化

县广播电视台

主　任：侯来清
副主任：苑青贵
忻州电视台驻繁峙记者站站长：王一夫
总工程师：王卫东

县社会服务管理指导中心

主　任：高保安
副主任：

县委信息化中心

主　任：赵秋水

县关心下一代工作委员会办公室

主　任：冯拴全

县信访接待中心

主　任：

县少先队工作委员会办公室
主　任：刘心田
县妇女儿童工作委员会办公室
主　任：刘丽萍
县纪检监察信息中心
主　任：高文亮
县事业单位登记管理局
局　长：未配备

政府部门管理事业单位

县农业综合开发办公室
主　任：刘秀德
县政务大厅管理中心
主　任：吴秀廷
县地震局
局　长：张　廷
县重点工程领导组办公室
主　任：王阅兵
副主任：张有书
县老龄委员会办公室
主　任：
副主任：柴成强
县收费管理局
局　长：姚晓军
副局长：张贵生　张向袖
县档案局
局　长：张国文
副局长：梁永兴
县机关后勤服务中心
主　任：张希恩
县治理超限超载车辆办公室
主　任：
县旅游开发服务中心
主　任：宫成瑞
副主任：高晋平
县居民办事处
主　任：刘玉树
书　记：高宏波
副主任：李万胜
县京津风沙源治理办公室
主　任：侯　权
副主任：王海峰
县供销合作社联合社
理事会主任：
监事会主任：胡二秀
理事会副主任：李万生　王卫青
县接待办公室
主　任：邓　峻
县农业机械化服务中心
主　任：周明亮
书　记：任跃飞
副主任：王月英　吴和廷
县畜牧兽医中心
主　任：高月平
副主任：杨国胜　殷向东
县扶贫开发中心
主　任：姚宏伟
副主任：乔俊伟
县中小企业服务中心
主　任：侯志敏
县城镇集体工业联合社
主　任：未配备
县粮油贸易总公司
总经理：高鸿飞
总支书：高保平
副总经理：王永胜
县人才交流服务中心
主　任：刘焕生
县体育发展中心
主　任：韩乐平
副主任：王兴华

县中小企业信用担保中心
主　任：徐培珍
县综合检验检测中心
主　任：宫惠廷
副主任：张俊廷
县爱国卫生运动委员会办公室
副主任：孙耀武
县疾控预防控制中心
主　任：高贵成
副主任：王瑞峰　付宇泽
县妇幼保健计划生育服务中心
主　任：傅利新
副主任：王小平　张　丽
县人民医院
院　长：贾国忠
副院长：郑竹成　殷高寿　刘崇义
副书记：郝晓东
县第二人民医院
院　长：赵文龙
副院长：贺　文　闫志明　郝继龙
副书记：聂和平
县中医院
院　长：张　彦
副院长：李万红　刘立中
县精神病院
院　长：
副院长：韩　华　刘拴虎
副书记：赵永宏
县卫生综合执法大队
队　长：
县卫生监督所
所　长：张振飞
县计划生育协会
副会长：高兴国
繁峙县繁峙中学
校　长：张万恒
书　记：王恒志
副书记：张国君
副校长：刘　忠　左国平
繁峙县繁峙二中
校　长：王平易
副书记：王存万
副校长：帅旭东　李眉所　郭文华
繁峙县砂河中学
校　长：周明国
副校长：吴忠孝　郭永平　刘欣荣　高勇顺
繁峙县砂河二中
校　长：梁　杰
副校长：康爱国　刘贵祥　高　文
繁峙县教师进修校
校　长：李宪政
副校长：黄妙英　胡岳禄
繁峙县职业中学
副校长：王恩增　侯恩寿
繁峙县教育督导室
副主任：刘建平
县国库集中支付中心
主　任：任政智
县农业（畜牧）综合执法大队
队　长：未配备
县农业技术推广中心
主　任：未配备
县农村经济经营管理站
主　任：未配备
县农业广播电视学校
校　长：高智伟
县经贸综合执法队（县商务综合执法稽查队）
队　长：苑必胜
县政府电子政务信息中心
主　任：杨瑞旗
县政府采购中心
主　任：刘兴元

县金融服务中心
主　任：左　权
县红十字会
会　长：未配备
县蔬菜开发服务中心
主　任：张晓东
县粉丝开发服务中心
主　任：贺志坚
副主任：周勤奋
县文化市场行政综合执法队
队　长：韩　飞
县医疗保险中心
主　任：杨玉林
县新型农村合作医疗中心
主　任：邓　晔
县社会劳动保险事业所
所　长：邓　峰
县机关事业养老保险所
所　长：
县劳动就业局
局　长：赵欣龙
县碧秀公园
主　任：李守清
县不动产登记中心
主　任：未配备
县国土资源执法监察大队
队　长：
县道路运输管理所
所　长：
县房产管理局
主　任：潘建国
县滨河公园管理处
主　任：苏建军
县城建监察大队
队　长：未配备
县污水处理中心
主　任：刘帅命
县市容环境卫生管理中心
主　任：未配备
县水资源管理委员会办公室
主　任：杨彩元
县水工程移民工作办公室
主　任：未配备
县凿井队
队　长：未配备
县公证处
主　任：未配备
县食品药品稽查队
队　长：未配备
县检验测试所
所　长：黄三保

群众团体

县总工会
主　席：闫晓平
副主席：张永胜　崔艳玲　马雁茹
经审委主任：崔艳玲
女工委主任：郭冰晶
共青团繁峙县委员会
书　记：袁绍华
副书记：王兴华　王海凤　赵丹琳　韩　智
　　　　吕　玲　金　磊
县妇女联合会
主　席：张巧香
副主席：侯晓华*　魏丽婷　陈　娟
县科技协会
主　席：郭俊廷
县文学艺术工作者联合会
主　席：王爱中
副主席：周宽怀

县残疾人联合会
理事长：马吉兵
副理事长：单俊恩
县工商业联合会
主　席：李万新

县人民武装部

部　长：陈志科*　上校
　　　　刘振山　　上校
政治委员：王彦清　上校
副部长：石　瑞　中校

民主党派

中国国民党革命委员会繁峙支部
主任委员：王海龙
副主任委员：郭文华
中国民主促进会繁峙小组
组　长：李银锁

驻繁单位

山西省五台山国有林管理局
书记、局长：吴　强
副书记、常务副局长：李吉龙
党委委员、副局长：李田彬　郭俊平　张振飞
党委委员、纪委书记：杨　洲
党委委员、山西臭冷杉省级自然保护区
　管理局局长：高永平
党委委员、总工程师：刘子忠
党委委员、山西省森林公安局
　五台山分局局长：张允生
忻州市下茹越水库管理局
局　长：刘国梁
副局长：谢建廷　赵文新
总工程师：刘宝成
国网山西省电力公司繁峙县供电公司
经　理：王永华
书　记：张卫真
副经理：宫永峰　侯秀慧　董　焱　王　震
工会主席：王　震（兼）
县国家税务局
局　长：李　强
副局长：冯俊田　王少军　胡　健
纪检组长：赵仕诚
县地方税务局
局　长：刘卫红
副局长：高　利　李和平　胡　林
纪检组长：姚晓峰
县气象局
局　长：陈维胜
副局长：刘培娥　刘爱东
繁峙公路管理段
段　长：赵永宽
书　记：刘国梁
副段长：杨永红　宫宏宇
新华书店
经　理：孙建军
副经理：王汇崇　刘晋文
中国人民银行繁峙县支行
行　长：殷巧文
纪检组长：王润平
忻州银监分局繁峙监管办事处
主　任：张尚忠
中国农业发展银行繁峙县支行
行　长：赵晓军
副行长：武国帅　张文成
中国农业银行股份有限公司繁峙县支行
行　长：薛雨田
副行长：姚　江　居玉莲
中国建设银行股份有限公司繁峙支行
行　长：王永兴
副行长：侯　宏　董高峰
纪检特派员：杨润才

中国工商银行股份有限公司繁峙支行

行　长：侯达君

副行长：王永军

山西繁峙农村商业银行股份有限公司

董事长：宋俊拴

行　长：张　磊

监事长：王国才

副行长：李素伟* 郭跃卿* 毛利民
郝国强　赵立文

中国邮政储蓄银行股份有限公司忻州繁峙县支行

行　长：庄俊芳

繁峙新田村镇银行

董事长：王洪利

行　长：张　驰

监事长：杨　志

副行长：李华伟

晋商银行股份有限公司繁峙支行

行　长：谢桂英

中国人寿保险股份有限公司繁峙县支公司

经　理：安健龙

副经理：李　微　杨秀萍　郝俊莲

中国人民财产保险股份有限公司繁峙支公司

经　理：赵晓琴

副经理：耿永红　赵保国

忻州市住房公积金管理中心繁峙管理部

主　任：任耀德

中国邮政集团山西省繁峙县分公司

支部书记：马忠伟

总经理：高茂怀

副总经理：郭　军

中国移动通信集团山西有限公司繁峙县分公司

经　理：李旭勇* 张俊峰

中国电信股份有限公司繁峙分公司

经　理：杨悦梓

中国石化销售有限公司山西忻州繁峙石油分公司

经　理：张　宇

县烟草专卖局（营销部）

局　长（经理）：李小宁

副局长（经理）：宫治华　赵全红　高利元

乡（镇）

繁城镇

党委书记：王世伟

党委副书记、镇长：韩海亮

人大主席：冯成功

党委副书记：马培文

纪检书记：张北秀

组织委员：张田飞

武装部长：张学峰

副镇长：郭林秀　张　彦　王林春　杨瑞江

砂河镇

党委书记：师天阳

党委副书记、镇长：张　斌

人大主席：杨维廷

党委副书记：王　媛

纪检书记：符卫林

组织员：郭向廷

武装部长：韩兴旺

副镇长：阎文伟　韩春芳　王占虎　张　宇

大营镇

党委书记：赵　斌

党委副书记、镇长：苏建政

人大主席：席应平

党委副书记：李　辉

纪检书记：侯占国

组织委员：李爱国

武装部长：刘瑞山

副镇长：王利峰　陈陆英　闫保平　宫宏亮

横涧乡

党委书记：方笔计

党委副书记、乡长：彭爱国
人大主席：高智勇
党委副书记：詹俊伟
纪检书记：冯璐峰
组织委员：孟鑫春
武装部长：李胜明
副乡长：冯　力　李玉娥　姚俊峰　赵宇臣

神堂堡乡

党委书记：乔　哲
党委副书记、乡长：马晓华
人大主席：韩　铭
纪检书记：武文旺
组织委员：宫志红
武装部长：高俊慧
副乡长：康命文　高白小　董新秀

柏家庄乡

党委书记：杨文斌
党委副书记、乡长：康秀文
人大主席：张卫龙
党委副书记：郭晔祥
纪检书记：张　赟
组织委员：宋秀春
武装部长：屈海涛
副乡长：姚爱国　刘倬玮

金山铺乡

党委书记：柴清亮
党委副书记、乡长：武培勇
人大主席：张海泉
党委副书记：张利军
纪检书记：王吉恒
组宣员：魏一仕
武装部长：王俊利
副乡长：赵振宇　周少华　刘卫峰　高眉文

东山乡

党委书记：任雨田
党委副书记、乡长：赵保国
人大主席：姚金城
党委副书记：郭利平
纪检书记：王存安
组宣员：李鹏翀
副乡长：耿　鑫　刘秀峰　韩永旺

集义庄乡

党委书记：乔　磊
党委副书记、乡长：李翀龙
人大主席：刘智亮
党委副书记：胡　鹏
纪检书记：张　立
组织委员：崔立峰
武装部长：孙国良
副乡长：张国娟　孙志君　李计红　贾　琼

下茹越乡

党委书记：张世龙
党委副书记、乡长：程　巍
人大主席：孙良山*　李跃波
党委副书记：张海龙
纪检书记：刘爱清
组织委员：石国梁
武装部长：张云开
副乡长：石　达　阎建武　杨奇伟　王治平

光裕堡乡

党委书记：王志胜
党委副书记、乡长：李　贝
人大主席：魏秀德
党委副书记：郄路彦
纪检书记：王谊诚
组织委员：李树平
武装部长：张计祥
副乡长：张耀宇　王熙臣　张莉卿　宫彩云

杏园乡

党委书记：李　斐
党委副书记、乡长：王　青

人大主席：张永胜
党委副书记：王国华
纪检书记：范俊海
组织委员：李宏伟
武装部长：郭国良
副乡长：张卫星　梁　敏　韩云娟　杨挺秀

岩头乡

党委书记：张　巍
党委副书记、乡长：王国元
人大主席：刘剑跃
党委副书记：韩　升
纪检书记：刘建军
组织委员：王鹏飞
武装部长：宫建平
副乡长：杨玉春　冯如雷　原建国　杨艳林

说明：

1. 中国共产党繁峙县委员会、繁峙县人民代表大会常务委员会、繁峙县人民政府、中国人民政治协商会议繁峙县委员会、中国共产党繁峙县纪律检查委员会按届期分列。

2. 机构分类除了“繁峙县人民武装部、民主党派、驻繁单位”外，均来源于繁峙县机构编制委员会办公室。

3. 领导人名录来源于各相关单位，县属各单位领导人名录已经组织部审核；在2017年期间，于2017年12月31日前单位变动或个人调离岗位者在右上角标注*，除特殊标注外，排名不分先后。

4. 本类目所载单位为县属副科级以上，领导人为副科级实职以上。

中国共产党繁峙县委员会

重要会议

【党风廉政建设干部大会】 2017年，县十三届纪委二次全会于2月24日召开，县委书记孔保宝作重要讲话，传达了党的十八届六中全会和中央纪委七次全会、省纪委二次全会、市纪委二次全会精神，特别是习近平总书记在中央纪委七次全会、省委书记骆惠宁在省纪委二次全会、市委书记李俊明在市纪委二次全会上的重要讲话精神，充分肯定了繁峙县党风廉政建设和反腐败斗争取得的新进展新成效，科学研判了繁峙县反腐败斗争面临的形势，明确提出全年党风廉政建设和反腐败工作的总体要求和主要任务。会议强调，全县各级各部门要紧密结合实际，深入学习贯彻中央纪委、省纪委、市纪委全会精神，坚决把思想和行动统一到习近平总书记系列重要讲话精神和中央、省、市纪委全会部署要求上来。要肯定成绩、正视问题，进一步坚定反腐的信心和决心。要保持政治定力，勇于担当作为，推进全面从严治党各项任务落到实处。要深入学习贯彻中央六中全会精神，坚持把《准则》和《条例》执行到位；压实“两个责任”，强力推动全面从严治党向基层延伸；在坚持中深化，驰而不息抓好作风建设；坚持零容忍的态度和决心，持续保持惩治腐败高压态势；勇于担当，打造敢于监督执纪的反腐“铁军”。各级党组织和领导干部要旗帜鲜明，态度坚决，鼎力支持各级纪检监察机关和纪检监察干部依法依纪履行职责、开展工作。 （赵秋水）

【稳定和信访工作会议】 2017年，全县信访问题源头化解、源头管控专项行动动员会于7月21日召开。县委书记孔保宝出席会议，分析研判形势，进一步对全县专项行动工作进行再安排、再部署。会议详细解读了《关于进一步加强信访问题源头化解、源头管控专项行动工作实施方案》，全面回顾总结了全县上半年信访维稳工作，认真分析当前重点信访问题，对下一步工作进行了具体安排。会议强调，全县各级各部门要正确认识当前信访形势，保持清醒头脑，深入学习贯彻习总书记对信访工作的重要指示，严格按照习总书记提出的“三到位一处理”要求来推动信访问题的解决；在下一步的信访工作中，要依法及时，就地解决群众的合理诉求；要高度重视源头预防和基层基础工作，

多措并举，依法化解；要加强领导，严明奖惩，真正把信访工作放在心上、抓在手上、扛在肩上、落实在行动上。（赵秋水）

【县委全会暨全县经济工作会议】 2017年，县委十三届二次全会暨全县经济工作会议于2月15日召开，县委书记孔保宝作工作报告。会议全面部署2017年经济工作，审议通过了《十三届县委全会工作规则》《十三届县委全委会决议》，对各乡镇党委书记加强党风廉政建设、维护社会大局稳定、抓意识形态工作、推进脱贫攻坚等重要工作的述职情况进行了测评。会议提出，2017年全县经济工作的总体要求是：深入贯彻习近平总书记系列重要讲话精神和治国理政新理念新思想新战略，全面落实中央经济工作会议、省委十一届二次全会暨经济工作会议、市委四届二次全会暨经济工作会议精神和县第十三次党代会总体部署，统筹推进“五位一体”总体布局，协调推进“四个全面”战略布局，践行“五大发展理念”，坚持“一个指引、两手硬”的重大思路和要求，牢牢把握稳中求进工作总基调，坚持以推进供给侧结构性改革与深化转型综改试验区建设为主线，认真贯彻市委（1661）发展战略，坚持以脱贫攻坚统揽经济社会发展全局，全力做好稳增长、促转型、增动能、强实体、建城乡、惠民生、保稳定各项工作，促进经济稳步向好和提质增效，加快全面脱贫、全面小康进程，以优异成绩迎接党的十九大胜利召开。会议强调，2017年是实施“十三五”规划的重要一年，是供给侧结构性改革的深化之年，是全面贯彻落实省第十一次党代会、市第四次党代会、县第十三次党代会精神的关键之年，做好新一年经济工作，实现全年的奋斗目标，必须千方百计抢抓七大机遇：要抢抓国家政策机遇，千方百计争资金、争项目；要抢抓供给侧结构性改革机遇，加快经济结构调整步伐；要抢抓转型综改试验区建设重大机遇，在改革创新上实现新突破；要抢抓振兴实体经济机遇，加快传统产业技术改造；要抢抓脱贫攻坚战略机遇，提高脱贫攻坚工作成效；要抢抓优化投资结构的战略机遇，持续加强项目建设；要抢抓国家重视民生改善的政策机遇，进一步增进民生福祉。会议号召，全县广大党员干部要增强政治意识、大局意识、核心意识、看齐意识，把思想和行动统一到以习近平为核心的党中央关于经济工作的重大决策部署上来，在市委、市政府的坚强领导下，坚定信心，主动作为，真抓实干，为塑造繁峙美好形象，实现繁峙振兴崛起作出新贡献，以优异成绩迎接党的十九大胜利召开！（赵秋水）

【县委书记抓党建工作专项述职会议】 2017年度县委书记抓基层党建工作述职评议考核暨落实党风廉政建设主体责任述职和脱贫攻坚专题述职会议于2018年1月10日召开。会议听取了部分乡镇党委书记、乡长的述职报告，县委书记孔保宝对各乡镇的具体工作从多角度、多层面、多方位作了细致到位的点评。会议要求进一步做好基层党建、党风廉政建设和脱贫攻坚工作。一方面要明确工作任务，全面履行抓党建工作职责。切实严格党内政治生活；扎实推进“三基”建设，筑牢党建工作根基；突出抓好后进党组织的转化提高；突出抓好“两个覆盖”；切实加强党员队伍建设；深入推进抓党建促脱贫工作。另一方面要严字当头，惩防并举，确保党风廉政建设工作取得新成效。坚决落实全面从严治党主体责任，深入推进全面从严治党在基层落地生根，积极践行“四种形态”，明确工作重点。要决战决胜，全面打赢脱贫攻坚战。尽快制定完善2018年脱贫攻坚实施方案；部署开展2018年脱贫摘帽分析研判工作；以整村搬迁为重点，深入推进易地搬迁工作；及早谋划特色产业，持续推动特色产业扶贫；加快实施贫困村整村提升工程。（赵秋水）

【党的思想政治教育】 2017年4月5日，全县召开开展“双日双评”活动推进“两学一做”学习教育常态化制度化动员会，县委书记孔保宝作了动员讲话。会议指出，开展“双日双评”活动、推进“两学一做”学习教育常态化制度化，是全面从严治党的战略性、基础性工程，是思想建党、组织建党和制度治党紧密结合的有力抓手，也是加强基层组织、基础工作、基本能力“三基”建设的必然要求。要通过开展以“学”为基础的“支部主题党日”、以“做”为关键的“党员先锋行实践日”和以“促”为手段的支部评先、党员评优活动，将“两学一做”学习教育与党的基层组织生活紧密结合起来，融入日常，抓在经常。在打牢“学”的基础上、在推进“做”的关键上、在发挥党支部主体作用上、在抓住“关键少数”上实现常态化制度化。会议要求，开展好“双日双评”活动，要牢牢抓住“严”和“实”，从严要求，提高质量，注重实效；要紧密结合实际，大胆探索创新，通过健全完善长效工作机制，督促指导各项工作制度的严格执行，不断推进“两学一做”学习教育常态化制度化。全县上下要以严谨的态度、务实的作风、高效的举措，在开展“双评双日”活动推进“两学一做”学习教育常态化制度化活动中精心组织、务实推进，先走一步、走好一步、作出示范、树出样板、打造精品，为全省、全市、全县开展“两学一做”学习教育常态化制度化建设工作提供有益借鉴。（赵秋水）

【全县组织工作会议】 2017年，全县组织工作会议于4月28日召开，组织部部长乔震宇作题为《聚焦主业，精准施策，为全面脱贫全面小康提供坚强的组织保障》的组织工作报告。会议指出，2016年在市委组织部的正确指导和县委的坚强领导下，全县深入学习贯彻习近平总书记系列重要讲话精神，注重在“四个全面”战略布局中定位组织工作，紧紧围绕“落实全面从严管党治党建设党的要求”这条主线，紧紧围绕做好干部、组织、人才三个方面工作重点，积极进取，努力工作，全县组织工作取得较好成绩。会议提出做好2017年组织工作的意见要求：（1）以开展“双日双评”活动为载体，扎实推进“两学一做”学习教育常态化制度化。作为全省“两学一做”学习教育常态化制度化31个示范点之一，全市两个试点县之一，繁峙县要按照县委《关于开展“双日双评”活动推进“两学一做”学习教育常态化制度化的意见》精神，认真抓好落实。（2）以选好干部、配好班子为根本出发点，切实加强领导班子建设，全面落实从严管党治党要求，坚持把建设坚强有力的领导班子放在首位。（3）以实施“年轻干部培养工程”为重点，大力加强干部队伍建设，深入贯彻习近平总书记选人用人重要思想，坚持选育管用并重，建设高素质干部队伍。（4）以“三基建设”为牵引，全面加强基层组织建设。坚决贯彻落实省委、市委、县委关于加强“三基”建设的总体要求，结合全县实际、分类制定机关、农村、社区、非公企业和社会组织“三基”建设方案。坚持问题导向，通过品牌引领、典型示范，分类施策、整体推进，努力实现繁峙县基层党建工作全面进步、全面过硬。(5) 实施人才强县战略，全面夯实人才队伍建设。牢固树立开放共享的人才工作新理念，坚持有所为有所不为，培引并重、以用为本，把本土人才的培养使用与紧缺急需人才的引进结合起来，对照《繁峙县高层次人才引进方案（2015—2017 年)》深入实施“柔性引才”计划，服务全县经济社会发展。（赵秋水）

【县委议军会议】 2017 年 12 月 8 日，县委书记孔保宝主持召开 2017 年县委议军会议，进一步深入学习贯彻习近平总书记关于国防和军队改革建设系列重要讲话精神和治国理政新理念新思想新战略，对党管武装工作进行总结和部署。会议强调，(1) 要认真学习贯彻党的十九大精神。要深入学习领会新时代党的强军思想，坚定不移坚持党对军队、对武装力量的绝对领导，严格执行党管武装八项制度，认真落实拥军优属各项政策，不断强化“四个意识”，切实承担起武装工作的政治责任。(2) 要扎实做好练兵备战。要着力加强民兵队伍建设，坚持政治建军，扎实开展“传承红色基因、担当强军重任”主题教育，引导广大民兵立根固本、铸牢军魂，争做有灵魂、有本事、有血性、有品德的新时代民兵。要高度重视国防教育，巩固军政军民团结。要着眼有效履行使命任务，认真抓好国防动员建设。县人武部党委和驻繁部队党委要聚焦新时代党的强军思想，进一步理清思路、突出重点、明确举措，加强与县乡党委政府沟通联系，推动全县民兵工作取得新成效。(3) 要全力推动党管武装落到实处。党管武装是人民武装力量建设的根本原则。要坚持抓经济不忘固国防、搞建设不忘兴武装、居平安不忘强战备，切实履行政治责任，认真抓好征兵、民兵整组、国防动员等各项工作，着力打造特色亮点和工作品牌。要扎实推进军民融合深度发展，积极打造符合新时代特征、具有繁峙特色的军民融合深度发展格局。全县各级各部门要进一步增强国防观念和责任意识，一如既往地关心支持武装工作，推动党管武装、国防动员和后备力量建设再上新台阶。（赵秋水）

纪检监察

·中国共产党繁峙县纪律检查委员会·

【监察体制改革试点工作】 2017 年，先后成立了繁峙县深化监察体制改革试点工作小组，召开 6 次县委常委会议、2 次深化监察体制改革试点工作小组会议。部署推进试点工作、研究解决具体问题，制定并审议通过《繁峙县深化监察体制改革试点工作实施方案》和《繁峙县纪委监委职能配置内设机构和人员编制方案（试行)》，扎实有序推进了监察体制改革试点工作。（张志刚）

【县监察委员会挂牌组建】 2017 年，在前期全面摸底调研的基础上，县纪委监委有序转隶划转，统筹整合资源，先后落实了 62 间，共 868 平方米的新办公用房（其中县纪委监委占用县民政局办公用房 51 间，714 平方米；县委巡察办占用县民政局房间 11 间，154 平方米)，接受县检察院涉改部门 63 台电子设备、2 辆公务用车和 11 间办案技术用房（176 平方米)，做好案件线索登记移交工作，优化机构编制，合理安置了转隶人员，确保县监察委员会于 3 月 29 日按时挂牌组建。改革后，县纪委监委增设案管室和第七纪检监察室，形成6个基础科室加7个纪检监察室的建制结构；从县检察院划入行政编制12名，共有编制54名，其中行政编制42名，事业编制10名，工勤编制2名。 （张志刚）

【“四种形态”践行】 改革前，全县监察对象为1214人；改革后，全县监察对象共7764人，增加6550人。面对监督对象范围大幅扩大的形势，县纪委监委坚持挺纪在前，深入实践运用“四种形态”，既严格执纪，保持反腐败高压态势，又加强谈话提醒，抓早抓小，不断减少腐败存量、遏制腐败增量。2017年，全县各级纪检监察机关共处置线索234件，同比增长62.5%，其中谈话函询处置问题线索105件，占问题线索处置总数的44.9%，同比增长45.8%。全县纪检监察机关立案99件，结案98件，同比增长32.4%，组织处理10人，党政纪处分88人，其中重处分16人，涉及乡科级干部17人，特别是积极探索使用“四个一”制度规定的12项调查措施，进行谈话60人次。全县共约谈176人，其中乡镇和单位一把手93人。同时强化查案治本，对查处的典型案例在全县范围内进行了通报，形成强大震慑，达到查处一个、警示一批、教育一片的目的；对存在问题的部门单位责令及时整改，弥补制度漏洞，不断构建长效机制。 （张志刚）

【中央八项规定精神的落实和“四风”的纠正】 2017年，对党风廉政建设警示教育基地内容进行了更新，并组织全县党员干部4000余人次参观学习；在高速入口、进五台山道路入口、县城主要街道、人口密集乡镇喷绘廉洁标语；通过县电视台、《今日繁峙》、短信、户外电子显示屏等载体宣传市纪委“十个严禁”规定；向全县609名副科以上领导干部发送廉政短信；通过电话提醒28名处级以上领导干部做好表率示范，管好身边人和分管部门单位。县纪委和15个县直单位联动协作，凝聚工作合力，抓住节假日等重要节点，对全县各级各单位开展监督检查7次。全年，立查违反中央八项规定案件6件，组织处理2人，党纪处分4人，并进行了通报曝光。 （张志刚）

【基层涉纪信访事项管控】 2017年，省市基层涉纪工作组交办繁峙县基层涉纪领域信访事项13件，其中初核2件，拟立案1件，阅处1件，了结10件（其中查否5件，党内警告1人，党内除名1人，开除党籍2人），5名上访人已签订息诉罢访协议，其余上访件已责成专人对接上访人，针对具体上访事项和诉求进行解释、协调、解决、稳控，坚决防止失管失控，确保基层稳定。

（张志刚）

【扶贫领域群众身边的不正之风和腐败问题整治】 10月24日开始，在全县开展了为期1个月的扶贫领域不正之风和腐败问题专项治理行动。县委成立了扶贫领域不正之风和腐败问题专项治理领导小组，县委书记担任组长，统筹安排部署；各乡（镇）、各部门各单位围绕扶贫领域政策、项目、资金、措施落实及驻村帮扶情况开展全面的自查自纠；县纪委监委班子成员牵头，抽调各单位精干人员组成7个督查组对自查自纠和问题整改情况进行督导抽查，自查、督查、整改滚动推进，实行台账式管理，层层落实责任，取得了阶段性成果。全年，县委书记共就专项行动做出批示17个，县委督查组共走访贫困村166个，占贫困村总数的77.9%，走访贫困户481个，走访脱贫户242个，走访非贫困户255个，检查扶贫资金29笔，检查扶贫项目18个；共发现问题295个，其中县委督导抽查发现问题104个，各乡（镇）和部门单位自查发现问题191个。省督导抽查组反馈的32个问题已完成整改17个，占比53.1%；市督导抽查组反馈的51个问题已完成整改30个，占比58.8%；县督导抽查组反馈的104个问题已完成整改102个，占比98.1%；乡（镇）和部门单位自查发现的191个问题已完成整改162个，占比84.8%，其余问题均正在限时整改。全年立查扶贫领域案件16件，处理16人，其中组织处理6人，党纪政务处分10人，重处分1人，并在全县通报了查处的典型问题，形成了强大震慑。（张志刚）

【党内监督】 2017年在全县13个乡（镇）、居民办事处和67个县直部门全面推行全面从严治党“两个责任”全程纪实信息化管理系统，实现对县、乡两级81个党组织、28个纪检机关落实全面从严治党责任的细化分解、全程纪实和跟踪监督，进一步压实各级党组织的主体责任，纪检机关的监督责任。全年，全县各级党组织共梳理主体责任清单任务2889项，已完成并上传系统1910项；各级纪检机关共梳理监督责任清单任务571项，完成并上传系统374项；梳理问题清单任务133项，已完成并上传系统83项；梳理整改清单任务367项，已完成并上传系统274项目。全年县委开展两轮巡察，其中一轮对6个乡镇的巡察已完成，发现问题线索39件，问题100个；对4个乡镇和6个单位进行的第二轮巡察基本结束。对中央、省委巡视反馈问题整改情况进行了“回头看”，推进了全面从严治党落实。全年，共问责32人，其中乡镇和单位一把手12人，党内问责25人。（张志刚）

【自身建设】 结合县委“支部主题党日”“党风先锋行实践日”党支部评先、党员评优“双日双评”活动，组织集体学习7次；9月27日开始，利用一个月时间集中开展组织带着学、党员自觉学、领导带头学、辅导交流学、结合实际学“五学”专项学习活动，进行集体学习9次，全县纪检监察干部学党纪法规、学十九大精神、学习总书记习近平系列重要讲话、学纪检监察业务知识，集体缴纳党费、重温入党誓词，班子成员讲党课，广大纪检干部谈认识、谈体会，缺什么、补什么。

严格执行《中国共产党纪律检查机关监督执纪工作规则（试行）》和省、市纪委“四个一”制度，制定了繁峙县纪委、监委《会议工作规则（暂行）》《考勤和请销假制度》《外出报备制度》等一系列内控制度，强化制度约束，加强日常监督管理。

组织全县纪检监察干部88人观看《打铁还需自身硬》专题片，不断提高纪检干部纪律规矩意识，打造忠诚、干净、担当的纪检监察干部队伍。（张志刚）

·繁峙县委巡察办·

【概述】 2017年，县委成立巡察办公室。巡察办编制4名，其中主任1名，副主任1名，办公室行政编制2名；设立3个巡察组，每组行政编制2名，巡察专员（副科级）和专职巡察干部各1名。为确保巡察工作规范、精准开展，巡察办结合实际，梳理细化分解巡察任务，将整个巡察三个阶段七个环节细化为94项具体工作（其中，巡察办 40 项，巡察组 42 项，被巡察单位 12 项），做到事事有安排、件件有落实。还编制《巡察办基础工作目录》《巡察办工作应知应会手册》等。建立 22 项日常工作制度，巡察办工作进一步推进了标准化、制度化、规范化。

县委巡察办完成对十三届县委第一轮巡察工作的汇报、反馈、移交工作。完成了十三届县委第二轮巡察各环节工作，此轮巡察共发现问题线索 39 件，发现共性问题 100 个（其中三大问题 75 个）。开展了十三届县委第三轮巡察工作。 （江建伟）

【十三届县委第一轮巡察】 2017 年，县委巡察办组织 3 个巡察组首先对 2016 年已巡察的集义庄乡、大营镇、金山铺乡和农委、人社局（社会保障）、环保局于 3 月 14 日向县委巡察工作领导小组作了汇报；4 月 19 日向县委书记专题会议作了汇报；4 月 21 日向县委常委会作了汇报。各巡察组从 4 月 21 日至 5 月 3 日完成了对 6 个被巡察单位的反馈工作。此轮巡察，3 个巡察组坚持以问题为导向，深挖细查，共发现问题线索 23 件，其中涉及科级干部 11 人，科级以下 5 人，村“两委”负责人 6 人，村“两委”班子成员 4 人；发现“三大问题”68 个，其中党的领导弱化方面问题 21 个，党的建设缺失方面问题 26 个，从严治党不力方面问题 21 个。 （江建伟）

【十三届县委第二轮巡察】 十三届繁峙县委第二轮县乡巡察工作于 2017 年 5 月 4 日正式开启。县委共派出 3 个巡察组，分别对下茹越乡、岩头乡、柏家庄乡、东山乡、光裕堡乡、杏园乡开展巡察工作。7 月 21 日，3 个巡察组撤点，巡察了解工作基本结束。8 月 3 日，巡察工作领导小组全面听取 3 个巡察组的工作汇报。8 月 30 日，县委书记专题会议听取各巡察组的巡察情况报告。9 月 4 日至 12 日，各巡察组完成对 6 个被巡察单位的反馈工作。此轮巡察，3 个巡察组共发现问题线索 39 件、问题 100 个。其中，发现“三大问题”75 个，分别是党的领导弱化方面问题 19 个，党的建设缺失方面问题 36 个，从严治党不力方面问题 20 个。

（江建伟）

【十三届县委第三轮巡察】 2017 年 9 月 12 日，召开十三届县委第三轮全县巡察工作动员大会，全面开启十三届县委第三轮巡察工作。本轮巡察采取常规巡察和专项巡察相结合的方式。根据县委对乡镇巡察全覆盖的要求，对未巡察过的繁城镇、居民办进行常规巡察；对易地扶贫搬迁任务重的东山乡、岩头乡、神堂堡乡及涉及扶贫领域工作的财政局、农委、卫计局、民政局（残联）开展扶贫领域专项巡察。 （江建伟）

组　织

【思想教育】 2017 年，扎实开展“双日双评”活动，维护核心、见诸行动主题教育和推进“两学一做”学习教育常态化制度化试点工作。创新推进“两学一做”学习教育常态化制度化全省示范点工作。结合实际制定出台了《开展“双日双评”活动推进“两学一做”学习教育常态化制度化的意见》。以支部为单位，在全县各级党组织中创造性开展以“支部主题党日”“党员先锋行实践日”“党支部评先”“党员评优”为抓手的“双日双评”活动，以“双日双评”活动为载体，统筹推进“两学一做”学习教育和维护核心见诸行动主题教育工作，“两学一做”学习教育常态化制度化全省示范点工作取得实效，形成了“两学一做”学习教育常态化制度化“五统一”（即统一活动内容、统一活动时间、统一活动室配备、统一活动台账、统一督促检查），注重“四结合”（即与“三基建设”工作相结合、与脱贫攻坚工作相结合、与重点中心工作相结合、与农村“两委”换届工作相结合），突出“三创新”（即创新工作方式、创新学习方式、创新活动方式）工作经验做法，主要经验做法在全市“抓党建、强三基、促脱贫”现场会上交流发言，被市委组织部评为党建和组织工作年度创新项目并在全市推广，经验做法得到省委组织部和市委的肯定。开展“党员先锋行实践日”主题4个，“创建园林县城，我是党员我先行”“城市是我家，文明靠大家”等主题实践活动2次。2017年，全县累计开展“支部主题党日”活动10次，机关支部党员参学率达95%，农村党员参学率达70%以上，涌现出一批先进基层党组织、优秀共产党员、优秀党务工作者以及省、市优秀农村党组织书记。营造了全县各级基层党组织和广大共产党员以实际行动维护核心，立足岗位践行责任的良好氛围。（郭俊明　李鹏程）

【组织建设】　2017年，以“三基建设”为牵引，全面加强基层组织建设。先后制定出台《关于加强村级组织“三基”建设夯实党的执政根基的实施意见（试行）》《关于在开展“双日双评”活动推进“两学一做”学习教育常态化制度化中加强“三基建设”的实施方案》，结合实际制定了《繁峙县“三基建设”2017年度重点工作任务清单》，明确具有牵引作用的15项重点工作，健全“三基建设”领导组及办公室推进机制，明确“三基建设”领导组及办公室工作职责，采取“两清单一时限”压实工作责任，健全完善行业部门、牵头单位运行机制，形成了“三基建设”整体扎实推进的态势。在乡（镇），全县13个乡（镇）“五小”建设高标准、高质量按期完成，乡镇周转房建设稳步推进，实现了办公和住宿分开，选派70名干部到乡镇挂职帮助工作，各乡（镇）均已对挂职干部的食宿、办公作出安排；在农村，全面实施基层党建“五抓”工作法，通过抓书记、抓阵地、抓制度、抓公示、抓服务，以建强阵地（达到“八有”）、及时规范填写“五簿一册”为重点，典型示范，以点促面，全面加强村级党组织规范化建设，实践中大力实施“三个三”工作法夯实农村基层组织基础，得到市委组织部肯定；在机关，大规模开展干部通用能力、专业能力培训，启动“五大培训工程”，共培训21班次，培训干部8551人次。制定基础工作达标指导意见，全县104个单位“一目录三手册”制定工作全部完成，全面推行（13710）工作督办制、限时办结制等八项效能建设，圆满完成了“一年解决突出问题、初见成效”的目标。（郭俊明　李鹏程）

【干部培训】　2017年，加大培训力度，全面提升干部素能。实施《2017年度繁峙县干部教育培训计划》，先后举办“领头雁”专题培训班4期，培训村两委主干504人，利用县、乡两级党校培训村两委其他干部1500余人；举办“践行总书记讲话，深化脱贫攻坚”培训，培训扶贫干部190余人；举办2期年轻干部培训班，培训年轻干部400余人次；举办7期全县党组织专职党务人员培训暨“双日双评”活动工作推进会，共培训党务工作者1000余人次；采取巡回培训方式

2017 年 9 月 8 日举办繁峙县年轻干部培养工程第一期培训班　郭俊明提供

就习总书记视察山西重要讲话精神、十九大精神培训各级干部 3200 余人次。

（郭俊明　李鹏程）

【扶贫工作】　2017 年，坚持以党建引领脱贫，结合“两委”换届、万名干部大调研和脱贫攻坚工作，先后到全县 13 个乡（镇）的 105 个村调查研究基层党建工作，做到党建工作与脱贫攻坚工作目标同向、工作合拍、措施配套。采取“建平台+明职责+强管理”的“平台+”管理模式，支持和引导各级党组织和党员干部参与精准脱贫，为贫困村选好干部、配强班子，把最优秀的干部人才汇集到贫困地区，把包村领导、驻村工作队、第一书记、帮扶干部“四支队伍”管住、管实、管活，形成了县、乡、村三级书记齐抓共管、6000 名干部全力推进的工作态势，为全县脱贫攻坚工作提供了坚强组织保障，“平台+”管理模式先后被山西日报、忻州日报等多家媒体宣传报道，并得到市委组织部肯定。8 月底，召开繁峙县抓党建、促脱贫，“三基建设”现场推进会，对在全县范围内抓党建、强三基，为脱贫攻坚提供坚强组织保障进行安排部署，实现了基层党建和脱贫攻坚互促共进。

（郭俊明　李鹏程）

【村“两委”换届工作】　2017 年，完成第十一届村“两委”换届工作。着眼于全面打赢脱贫攻坚战，全面建成小康社会，把坚持党的领导贯穿村（社区）“两委”换届全过程，抽调纪检、组织、检查和公安等部门组成 8 个督查指导小组全程参与换届选举，全面营造风清气正选举环境。同时，大力加强整村搬迁和撤并行政村中村级党组织建设，积极实施本土人才回归工程，通过换届，283 名本土人才、乡土能人进入党组织班子，33 名当选为支部书记。409 名妇女进入农村（社区）“两委”班子，“两委”主干一肩挑人数达到 208 人，“一肩挑”比例达到 63.6%，“一肩挑”比例全市排名最高，全县“两委”换届工作按期平稳圆满完成。

（郭俊明　李鹏程）

【队伍建设】　2017 年，狠抓队伍建设，打造一流干部队伍。坚持好干部标准，严格按《条例》选任干部，把政治品质的考察考核纳入考察识别干部范畴，坚持因事择人、人岗相适，严格按事业需要和岗位职能选人用人，提高干部专业能力与工作要求、岗位职责的匹配度。2017 年全县共调整干部 7 次 97 人，其中平调 23 人，提拔 62 人，免职 12 人。坚持严管和厚爱结合、激励和约束并重，完善干部考核评价机制，落实激励机制和容错纠错机制，旗帜鲜明为那些敢于担当、踏实做事、不谋私利的干部撑腰鼓劲，着力营造风清气正、务实高效的干事环境。　（郭俊明　李鹏程）

【人才队伍建设】　2017 年，实施人才强县战略，全面夯实人才队伍建设。一是创新人才发展的体制机制。对照《繁峙县高层次人才引进方案（2015—2017 年）》，深入实施“柔性引才”计划，服务全县经济社会发展。结合实际制定了“十三五”人才发展规划以及关于促进人才创新创业的系列办法，确保人才工作与发展规划有机衔接、高度协同。进一步优化吸引、留住、使用人才的政策机制，引导各类优秀人才向基层一线流动，为脱贫攻坚和全面小康服务。二是搭建人才发挥作用的载体平台。深入落实《关于实施“滹源双创聚才行动计划”的意见》和“大众创业、万众创新”精神，最大限度释放各类人才创新创业活力，健全完善专家工作站和创业园区运行机制，着力打造创新创业平台。依托重点企业、借力专家工作站引进紧缺急需领军人才，助推全县新兴产业快速发展、传统产业升级提高。三是创优人才工作的社会环境。

（郭俊明　李鹏程）

宣　传

·宣传部·

【繁峙秧歌剧团排练新戏】　1月18日、19日，繁峙秧歌剧团排练新戏，晋剧《清风亭》、繁峙秧歌剧《夜宿花亭》在育英中学首演，之后，《夜宿花亭》参加忻州市春晚演出。

（张　向）

【中国文联文艺扶贫项目申请】　1月23日，繁峙县正式向山西省文联递交关于申请中国文联文艺扶贫项目，五台山佛乐培训班、音乐厅及平型关博物馆布展项目。（张　向）

【音乐慰问演出】　2月4日，县文联组织音乐家协会成员及表演爱好者去集义庄乡上永兴村，为村民进行慰问演出，演出的节目有旗袍走秀、合唱、独唱、小品、扭秧歌等。

（张　向）

【繁峙县向中国文联上报文艺扶贫项目】　3月13日，繁峙县向中国文联上报了三个文艺扶贫项目：一是首届繁峙大杏文化节（主要活动有：1. 大杏文化节开幕式大型文艺表演；2. 摄影大赛暨摄影展；3. 诗文笔会；4. 书画写生；5. 繁峙特色农产品、文旅产业展销暨招商引资；6. 文体赛事；7. 中国文联文艺家到赵家庄周边乡村调研、走访。从4月中旬开始到7月底结束）。二是邀请中国文联在繁峙扶贫支教项目请示。三是关于邀请中国文联为示范县繁峙县开展“三个创作”的项目请示。

（张　向）

8月15日，繁峙县文化、科技、卫生“三下乡”宣传活动启动仪式　张向提供

【首届山西繁峙白水大杏原生态宣传系列活动】　4月17日，首届山西繁峙白水大杏原生态宣传系列活动开始。此次活动，由繁峙县委宣传部、县文联组织实施，县文联主要承担了整个活动的策划、组织和实施。主要活动有：1. 杏花节开幕式暨文艺扶贫演出；2. 书画写生；3. 摄影大赛暨摄影展；4. 举办元好问咏繁峙杏花诗词朗诵会、“杏花花你就白”诗文大赛、笔会；5. 市委宣传部、市文联到繁峙开展农村现实题材文艺作品采风创作活动；6. 杏树认养活动；7. 户外休闲旅游活动；8. 由文联及音乐协会组织的每天的文艺演出。（张　向）

【第六届全民读书月活动】 4月25日，繁峙县第六届全民读书月活动暨创建省级文明县城志愿服务宣传月活动举行启动仪式。活动旨在呼吁广大市民积极主动参与读书活动，养成爱读书、善读书、读好书的好习惯，配合创建省级文明县城，以提升素质、铸就品格，营造良好的社会文化氛围。县文联、图书馆、新华书店向小学生、志愿者以及现场观众，赠送平型关、新华字典等各类书籍1000多本。 （李晓军）

【省文联到繁峙助力扶贫慰问演出】 5月22日至23日，由省文联和悦副主席带队，带领本省艺术家一行47人，到繁峙进行文艺志愿者服务助力扶贫慰问演出、培训辅导主题活动。 （张 向）

【中国文联文艺志愿服务中心到繁峙参加大杏采摘节开幕式暨文艺演出】 7月1日至3日，由中国文联文艺志愿服务中心项目处负责人，著名词作家、音乐家樊孝斌以及李宏伟、王聆燕、王馨等全国著名歌唱家到繁峙参加大杏采摘节开幕式暨文艺演出，并在繁峙县调研文艺支教、文化资源、辅导繁峙的音乐爱好者。 （张 向）

【繁峙白水大杏采摘宣传系列活动】 7月2日，佛国珍品香、滹源大杏甜，繁峙白水大杏采摘宣传系列活动开幕。

开幕式上，来自空军政治部文工团男高音歌唱家李宏伟演唱了《我爱你，中国》《草原上升起不落的太阳》，中国煤矿文工团青年女高音歌唱家王灵燕演唱了《大家好》《百姓是父母》和新声代侗族女歌手王馨演唱了《歌飘四海》《越走路越宽》，其中王灵燕与现场观众进行了互动。山西省音协带

4月25日，繁峙县第六届全民读书月活动暨创建省级文明县城志愿服务宣传月活动举行启动仪式 张向提供

来了两个节目助兴，山西青年唢呐演奏家、中国民族管弦乐学会唢呐专业委员会理事郭柱演奏曲目《打枣》，山西青年女高音歌唱家任粉萍演唱曲目《桃花红、杏花白》《亲圪蛋下河洗衣裳》。

此次活动主要有：1.“大杏杯”三民舞台艺术大赛；2. 大杏采摘开幕式暨文艺扶贫演出；3. 北体大体育艺术团表演慰问；4. 大杏采摘活动；5. 杏王评选拍卖活动；6. 摄影大赛暨摄影展；7. 户外休闲活动，主要活动有：(1)“寻找美丽中华城市定向系列赛”平型关站；(2) 北京体育大学体育舞蹈表演及健身讲座；(3) 青少年亲子户外休闲活动；8. 繁峙名优特产展；9. 忻州二人台表演艺术团送戏下乡演出；10. 航空动力伞展演。

（张 向）

【招商引资宣传】 8月1日至2日是繁峙县参加山西忻州文化遗产精品展示月系列活动宣传日。县委常委、宣传部部长郭美凤带领繁峙文化遗产精品参展团队一行30多人，走进国家一级博物馆、国家5A级旅游景区——恭王府，参加了由文化部恭王府博物馆、中共忻州市委、忻州市人民政府共同举办的山西忻州文化遗产精品展示

月活动，通过发放宣传资料，进行文艺展演和招商引资宣传推介，借力宣传繁峙形象，吸引更多的中外朋友来繁峙投资兴业。（李晓军）

【“三下乡”宣传活动】 8月15日，2017年繁峙县文化、科技、卫生“三下乡”宣传活动启动仪式在杏园乡南关村举行。本次“三下乡”宣传活动，由县委宣传部、县文明办牵头，县文化、科技、卫计、司法、交警等9家单位抽调精干力量组成小分队，坚持贴近农村、贴近生活、贴近实际的原则，深入到乡镇、村庄和偏远山区，把戏台搭到村头，把科技和法律送到田间地头，把知识、健康和快乐送进农家，丰富了农民的文化生活，增强了农民的致富能力，积极推进文化、科技、卫生等惠民项目与精准扶贫工作有效对接。（李晓军）

【原创文化参展】 8月24日至28日，县委宣传部组织文化产业企业参加了在中国太原煤炭交易中心举行的第三届山西文化产业博览会。本届展出的多项原创文化产业产品备受观展嘉宾和市民青睐。这次繁峙县参展的文化产品主要是省级非物质文化遗产“晋绣纺”的刺绣作品、繁峙星河银业的银器制作、五台山金石雕刻公司以金矿石为原料的石雕作品及“双英绣纺”的民间刺绣作品。（李晓军）

【网络安全宣传】 9月22日，县委宣传部、县网络安全和信息化领导小组、县互联网新闻宣传中心联合举办“网络安全为人民　网络安全靠人民”网络安全周活动，此活动进一步强调网络安全以人为本，以人民为出发点和中心，通过发动号召社会各界朋友和全县广大人民群众重视网络安全，提高网络安全风险防范意识，提升网络安全防范技巧，使全民亲身参与、主动加入、共同维护网络安全。

本次活动中，发放宣传手册1000多本、网络安全意识宣传单800多份、海报500多张。（张四化）

【县文艺小分队进基层宣传党的十九大精神、脱贫攻坚】 党的十九大胜利闭幕后，为让全县人民深入学习、迅速领会党的十九大精神，县委宣传部、县文联、老年大学合唱团的文艺工作者，组成脱贫攻坚文艺宣传小分队，深入全县基层农村、社区、学校，通过快板、三句半、舞蹈、歌唱等老百姓喜闻乐见的形式宣讲党的十九大精神，把党的十九大精神融入老百姓的日常生活，在全社会营造学习宣传贯彻党的十九大精神的浓厚氛围。

县十九大精神暨脱贫攻坚文艺宣传小分队，先后到繁城镇后掌村、杏园乡大沙村、砂河镇小砂河村、后河村、金山铺乡农发新村、大营镇杨庄村、横涧乡小屯村等地进行了演出。（张　向）

【繁峙县提出2018年文艺扶贫重点项目：砂河佛教音乐艺术小镇】 按照中国文联的要求，本县提出了2018年文艺扶贫重点项目：繁峙县砂河佛教音乐艺术小镇。

坚持以佛乐为主，融合西洋乐、朗诵、歌舞等多种表现形式，依托五台山，把砂河镇打造成“台山看寺庙，砂河听佛乐”的五台山旅游文化副中心。

其主要内容有音乐厅、五台山佛乐特色学校、五台山佛乐演艺中心、五台山佛乐专著、寺观壁画展览、佛乐音乐会。1. 成立繁峙县五台山佛乐研究会，整理五台山佛乐专著。挖掘、整理、出版五台山佛乐曲谱、发展历史等相关专著，收集、整理、创作、录制佛教音乐、歌曲；申请非遗项目五台山佛乐省级和国家繁峙传承保护基地；举办全国五台山佛乐研讨会，展演会；设立五台山佛乐网上论坛；制作五台山佛乐 MV。进而推动五台山佛乐的传播，为更进一步打造砂河镇佛乐特色艺术小镇奠定坚实的基础和扩大知名度。2. 举办寺观壁画展览。繁峙县寺观壁画数量、题材丰富，其中岩山寺金代壁画，号称亚洲第一壁画，在砂河镇大智镜圆景区内，进行数字化展演和壁画复制品展览，与五台山佛乐珠联璧合，相得益彰。3. 在大智镜圆景区举办书画展览、佛教摄影大赛、展览，金石佛教造像展览等。（张　向）

【文艺扶贫】　11 月 28 日，来自全国各地的 7 名文艺支教志愿者到“文艺扶贫奔小康”志愿服务行动示范县——繁峙县，分赴县综合职业技术学校、滨河小学和代堡小学进行文艺支教志愿服务活动。（李晓军）

·理论工作·

【理论学习】　2017 年，根据中央办公厅印发的《中国共产党党委（党组）理论学习中心组学习规则》，制定了《2017 年县委理论学习中心组学习计划》，按照集体学习研讨每季度不少于一次的要求，县委理论学习中心组全年集中学习 13 次，重点学习了“习近平总书记在中央深化改革领导小组第 32、33、34 次会议上的讲话精神”《习总书记的成长之路》《永远为了人民的期待》“习近平视察山西的重要讲话精神‘7·26’重要讲话精神”、党的十九大精神等内容进行了专题辅导。

8 月 28 日，市委“总书记视察山西讲话精神”进基层第二宣讲组组长李林春和成员张彦妮深入本县进行了两场宣讲报告，全县理论骨干 60 余人和集义庄乡党员干部、村两委主干 80 余人聆听了宣讲报告。

12 月 6 日，学习贯彻党的十九大精神市委宣讲团在本县举行报告会，市委宣讲团成员、市委组织部常务副部长王廷作宣讲报告。县委副书记姚力山主持会议并讲话。县四大班子领导及其市管县处级以上领导干部、担任过正处实职的离退休干部、各乡（镇）党委书记、县直各单位主要负责人，县委宣传部、县委党校理论骨干，城区各居委会党支部书记、城区周边村党支部书记、部分企业的领导和管理干部代表等共 240 余人聆听宣讲报告。市委宣讲团一行还深入东石龙社区居委会向基层干部群众宣讲十九大精神。

县委宣传部、县委理论组先后三次与县委党校共同组成宣讲团，深入全县各乡镇、各系统宣讲习近平总书记视察山西时的重要讲话精神、“7·26”重要讲话精神、县纪委组织的“尊崇党章、锤炼党性”教育活动的相关内容、党的十九大精神。（李　敏）

【扶贫工作】　按照县帮扶办安排，县委理论组在编干部 6 人到东山乡中庄寨村进行帮扶，每人帮扶 5 户贫困户。经多次深入贫困户家中了解情况、分析原因，因地制宜制定相应的帮扶措施，共有 13 户贫困户实现了当年稳定脱贫。按照县委统一安排，年底为 30 户贫困户送去了白面、大米、食用油。

（李　敏）

·新闻工作·

【专题报道】　2017 年，《今日繁峙》报先后开设“脱贫攻坚”“创建省级文明县城”

“创建省级园林县城”“八道四治四建”“学习宣传贯彻十九大精神”等专题栏目，报道本县经济社会发展以及重点工作所取得的新成就、出现的新亮点、呈现的新气象。

（乔　伟）

【新闻策划】 《今日繁峙》报不定期实行版面改版，腾出重要版面、更多版面，对县委、县政府的重大决定部署和中心工作作系列专题报道，组织记者深入一线采访，刊发新闻消息同时，编发新闻特写、署名文章等，正确引导舆论，积极营造氛围。

（乔　伟）

【对外宣传】 县委新闻办主动与《忻州日报》《山西日报》《山西经济日报》、新华社山西分社、新华网沟通，围绕繁峙县在脱贫攻坚、项目建设、城乡发展、民生保障、文旅兴县、绿色生态等各个方面所取得的成就进行宣传报道，提升了繁峙的知名度，擦亮了繁峙的名片。特别是围绕脱贫攻坚重头戏，采写了大量既鲜活又典型的新闻，相继在《新华网》《人民网》《山西日报》《山西经济日报》《忻州日报》《山西晚报》《生活晨报》等媒体发表。《扶贫花开香满园》《繁峙：下足绣花功夫，脱贫靶向发力》《繁峙县凝聚社会力量决战脱贫攻坚》《繁峙县四千干部投身精准扶贫主战场》等文章被网媒大量转载。2017年1至12月份共计在各类媒体发稿312件，其中国家级3件，省级46件，头版63件。

每遇到重大活动、重要会议、重要项目签约、重点项目落地，县委新闻办都积极邀请《忻州日报》《山西日报》《山西经济日报》、新华社山西分社等省级以上各大媒体记者到繁峙采访，力争刊发更多的繁峙新闻，加大对外宣传繁峙。特别是大力宣传了繁峙赵庄杏花节和白水大杏采摘系列活动，集中优势媒体宣传了国体总局在繁峙县举行的“奥跑中国繁峙站比赛”“中国繁峙毽球邀请赛”“全国定向运动平型关站竞赛”等全国性赛事活动。（乔　伟）

·广播电视·

【舆论宣传】 1. 内宣工作。2017年，按照县委、县政府工作要求，深入报道全县各级党组织“两学一做”学习教育常态化制度化情况，“八道四建四治”“砥砺奋进的五年”、迎接党的十九大宣传工作、扶贫攻坚、项目建设情况等。截至年底，《繁峙新闻》共播出本县新闻150余期760余条。2. 外宣工作。在市台发稿达360余条，仍保持全市前列；省台发稿5条。（刘炳全）

【重点工程】 1.“户户通”工程建设（即人居环境广播电视覆盖任务），2017年上级下达本县4300套安装任务，在完成前期调查摸底、任务分解、技术培训等工作的基础上，自11月30日市下拨设备到位后，工程建设人员不畏严寒，戮力奋战，全部安装任务在本年年底完成。2. 按照中央、省、市无线数字覆盖工程任务安排，实现地面电视由模拟向数字化整体转换目标，圆满完成塔基、立塔、天馈系统，以及节传系统的安装。（刘炳全）

【安全播出】 不断完善安全防护体系。通过细化明确责任，强化节目信息内容安全的审核把关，提高技术防范水平，加强对网络安全的防范和安全播出值班制度，确保网络传播、网络设备设施安全，实现了安全播出无事故，特别是党的“十九大”期间，实现了正常、优质、零事故安全播出。

（刘炳全）

【作风建设】　认真学习贯彻党的“十九大”会议精神，扎实开展“双日双评”活动，“两提一创”大讨论活动，促进“两学一做”学习教育常态化制度化，以“建强基层组织、助推脱贫攻坚”为主题，组织帮扶干部33人，对蹲点村175户贫困户进行走访核查帮扶；以“三基”建设为抓手，着力解决观念陈旧、思维固化、能力不足、本领恐慌、不会为、不善为、不愿为等问题，努力树立对标一流、争创一流的鲜明导向。（刘炳全）

统　战

【基层统战工作】　2017年，全县13个乡镇、居民办、工商联配备了15名统战委员，基层统战工作力量得到加强。（张永顺）

【沙万里作为中共十九大代表参加十九大会议】　2017年，全国优秀共产党员、县工商联主席、第三建筑工程公司沙万里作为中共十九大代表参加十九大会议。（张永顺）

【繁峙县社会力量参与扶贫行业办公室成立】　2017年，以县委统战部牵头成立繁峙县社会力量参与扶贫行业办公室。全县参与扶贫民营企业达20户，参与扶贫的社会组织4个，参与扶贫的政协委员、人大代表达300多人。社会力量参与扶贫资金总额达700多万元，实施贫困人口技能培训1000多人次，社会力量参与扶贫惠及贫困户1000多户。（张永顺）

【非公有制经济人士综合评价】　2017年，对非公有制经济人士开展了综合评价工作，并依据评价结果对20名非公经济界代表人士进行了政治安排。（张永顺）

【归侨工作】　2017年，在归侨界成立“侨胞之家”。开展“送温暖”活动，慰问困难归侨7户，发放慰问金5000元。（张永顺）

【结对帮扶】　2017年，统战部结对帮扶东山乡塘后村，使该村于2017年年底实现整村脱贫。（张永顺）

机构编制

【概述】　2017年，繁峙县机构编制工作紧紧围绕县委、县政府中心工作，进一步深化综合行政执法体制改革，推进开发区和旅游管理体制改革，切实转变政府职能，优化营商环境。同时，加强机构编制管理及队伍建设，创新机构编制工作机制，为繁峙县全面深化改革、加快转型发展提供体制保障。（刘俊峰）

【综合行政执法体制改革】　2017年，根据综合行政执法体制改革时间节点要求，2016-2017年重点推进市场监管、卫生计生、文化旅游、商务流通、城乡建设和城市管理等领域的改革。根据《中共山西省委、山西省人民政府印发〈关于深化综合行政执法体制改革的指导意见〉的通知》（晋发〔2016〕32号）文件精神，本县分别以繁编发〔2017〕38号、繁编发〔2017〕46号文件组建了繁峙县卫生计生综合行政执法队和繁峙县商务经信粮食综合行政执法队，并以繁编发〔2017〕28号文件将组建繁峙县文化综合行政执法队文件上报市编办。（刘俊峰）

【深化“放管服效”改革】　2017年，根据省、市文件精神，4月，印发《加快推进县政府部门行政许可标准化建设工作方案》

（繁政办发〔2017〕32号），对行政许可事项、行政许可流程、行政许可服务、行政许可受理场所建设与管理，以及监督检查评价进行规范，督促各部门积极推进行政审批标准化工作，制定并完善信息公开制、一次性告知制、首问责任制、顶岗补位制、服务承诺制、责任追究制及文明服务制等行政许可制度。6月，以繁政发〔2017〕19号、繁政发〔2017〕20号文件对应取消行政许可事项2项、取消行政审批中介服务事项3项，并按照《权责清单动态管理办法》及时对原本县权责清单3304项行政职权进行动态调整为3302项。（刘俊峰）

【减证便民专项行动】 2017年，根据《中共繁峙县委办公室、繁峙县人民政府办公室关于印发〈繁峙县2017年开展优化营商环境专项行政工作方案〉的通知》（繁办发〔2017〕44号）文件精神，对县级行政审批前置申请材料进行全面清理规范，大幅度精简申请材料、相关证照的年检和与之挂钩的政府指定培训，共梳理行政审批事项前置申请材料3057项，保留2145项，取消912项；年检事项25项，保留20项，取消2项，延长年检周期1项，改为年度报告2项；无政府指定培训事项。（刘俊峰）

【开发区和旅游管理体制改革】 2017年，为进一步推进开发区和旅游管理体制改革，根据省、市文件精神，繁峙县分别以繁编发〔2017〕6号、繁编发〔2017〕14号、繁编发〔2017〕15号文件成立繁峙县平型关风景区管理委员会、繁峙经济技术园区管理委员会和繁峙县招商服务中心。（刘俊峰）

【事业单位法人登记】 完成2017年度事业单位法人年检、设立、注销及变更等工作。本年度已登记的法人单位359家，应报送年度报告公示的事业单位218家，实际报送209家，按期报送率达96%。全年，全县事业单位新设立登记31家，变更登记33家，证书废止后重新申领8家。在完成年检信息录入和数据整理汇总后，及时在“繁峙县人民政府网”公示各事业单位的年度报告。（刘俊峰）

【控编减编工作】 2017年，根据《忻州市机构编制委员会办公室关于认真做好控编减编工作的通知》（忻编办字〔2015〕21号）文件精神，通过对全县事业单位现状进行分析研判，采取清理规范“空壳类”事业单位和削减职能弱化事业单位编制等措施，以繁编发〔2017〕36号文件核减事业编制69名。（刘俊峰）

党校教育

【农村第一书记大学生村官驻村工作队长培训班开班】 2017年2月9日，由县委组织部与县委党校共同举办“农村第一书记、大学生村官、驻村工作队长培训班”，常务副校长刘俊智主持开班仪式并授课。教务科长贺利平进行了宣讲。（刘俊智）

【“一带一路”学习辅导】 2017年5月23日，教务科长贺利平在县委组织部进行一带一路学习辅导。（刘俊智）

【警示教育宣讲】 2017年8月3日，县委宣传部、县委党校成立6个宣讲小组，对全县各乡（镇）、居民办事处进行“遵从党章、锤炼党性、向党说句心里话”警示教育宣讲。（刘俊智）

【基层党建培训】 2017年8月17日，县委党校举办“繁峙县居民办事处2017年基层党建工作培训班”，党校副校长吴雅玲、崔天翔，教务科长贺利平进行了辅导。（刘俊智）

【全县理论骨干培训】 2017年8月18日，由县委组织部和县委党校对全县理论骨干进行了“学习习总书记视察山西重要讲话精神培训”。（刘俊智）

【习总书记视察调研山西重要讲话精神下乡镇】 2017年8月22日，县委宣传部、县委党校成立五个宣讲小组分赴全县各乡（镇）进行习总书记视察调研山西重要讲话精神宣讲。（刘俊智）

【中共十九大精神宣讲】 2017年11月13日，县委宣传部和县委党校成立六个宣讲小组分赴全县各乡（镇）、各机关进行中共十九大精神宣讲。（刘俊智）

【扶贫工作】 2017年12月28日，县委党校常务副校长刘俊智带领党校全体职工到东山乡对马家岔村民进行帮扶慰问。（刘俊智）

离退休干部管理与服务

【扶贫工作】 2017年，县委老干部局在做好日常老干工作的同时，紧紧围绕县委、县政府“精准扶贫”这一工作中心，严格按照上级要求，对帮扶村——东山乡宫黄沟村进行助力扶贫。春节期间，为21个贫困户送去慰问品、慰问金和衣物等。全年累计下乡入户40多人次，做到了真扶贫、扶真贫。（冯识途）

【“庆七一·迎重阳”广场体操表演比赛】 2017年，为提高广大老干部的文化素质，老有所为，老有所乐，县委老干部局和县文化局、老体协，联合举办了“庆七一·迎重阳”全县55周岁以上老年人大型广场体操表演比赛。参赛队伍20多支，参赛人数2000多人，这是本县历史上规模最大的健身操活动。（冯识途）

【春节送温暖活动】 2017年，春节期间，县委老干部局全体职工分四个小组，为期一周，深入各乡（镇），对全县离退休干部进行慰问，向每一位离休干部和副处以上的退休老领导发放了300元慰问金，向退休干部每人发放200元慰问金。对个别家庭特别困难、年老多病的老干部进行了慰问家访，了解他们的疾苦，努力帮助他们解决生活中的实际困难。（冯识途）

2017年，老干局领导慰问帮扶贫困户 冯识途提供

【老年书画展】 在中共“十九大”召开前夕，县委老干部局和县委组织部联合主办以繁峙县老年书画协会为主体的大型书画展，参赛会员100多人，展出作品200多幅。县四大班子领导亲临现场，参加开幕式，并作了重要讲话。此活动成为繁峙县喜迎中共“十九大”胜利召开的新亮点。（冯识途）

【干部体检】 2017年9月4日至10月10日，在长达1个月的时间里，分县城和砂河

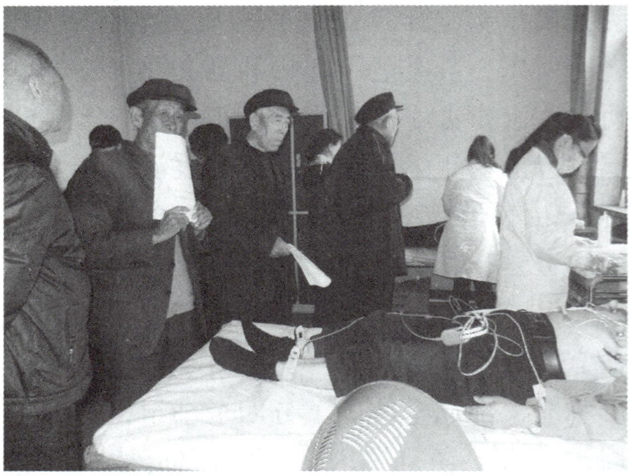

2017 年老干局组织全县离退休干部进行体检
冯识途提供

镇 2 个组，对全县 2000 多离退休干部进行了体检。（冯识途）

【“文艺扶贫下乡小分队”创办】 2017 年，为紧密配合扶贫工作，以老干局老年大学合唱团为主体，县委宣传部、县委老干部局和县文联三家共同创办了 35 人“文艺扶贫下乡小分队”，自编自演 20 多个短小精悍、群众喜闻乐见的文艺节目，深入繁城镇、杏园乡、砂河镇、集义庄乡等 7 个乡村进行文艺演出。宣传党的“十九大”精神，歌颂扶贫工作取得的成就，活跃乡村文化生活。

（冯识途）

【老干部文化生活】 2017 年，为让广大离退休干部提高思想觉悟，充实精神文化生活，县委老干部局请专人进行了网络培训，建立了“老来乐”微信群和 QQ 群。很多老同志通过上网，接受新思想、学习新知识、感悟新生活、抒发新认识。全年在省委老干部网站等发表各类文案 1500 多篇。名列全省前三名。

（冯识途）

【失能老干部待遇的提高】 2017 年 12 初，县委老干部局接到（忻老发〔2017〕1 号）《关于提高生活长期完全不能自理的离退休干部护理费标准的通知》的文件，特事特办。按照通知要求，及时请示相关领导协调相关单位，将生活长期完全不能自理的离休干部护理费标准由原来每人每月 1000 元提高到每人每月 2500 元，自 2017 年 7 月 1 日起执行。（冯识途）

信访

【概述】 2017 年，全县信访工作在县委、县政府的正确领导下，在各乡（镇）、县直各有关部门的共同努力下，以深化信访工作制度改革为主线，以实现“阳光信访、责任信访、法治信访”为目标，认真抓好领导干部接访下访、矛盾纠纷排查、信访积案化解、特殊敏感时期信访稳定等各项工作，全县信访工作保持平稳可控、持续向好的态势，为全县经济社会发展提供了和谐稳定的社会环境。（高 鹏）

【领导干部接访下访活动】 2017 年，按照省、市要求，认真开展县四大班子领导干部无节假日轮流大接访活动。县委要求四大班子领导每人每月接访、下访不少于 2 次。县信访接待中心把领导干部的姓名、职务、分管工作、接访时间在电子显示屏公示，接受社会监督，保证了领导干部接访工作制度化、规范化、常态化。1 至 12 月份，四大班子领导干部接待来访群众 231 批次 1574 人次，解决群众合理诉求，维护群众合法权益。（高 鹏）

【矛盾纠纷排查化解工作】 2017 年，按照省、市、县关于为中共“十九大”胜利召开营造和谐稳定的社会环境的部署和要求，开展了信访案件大调研、大排查、大化解活动和进一步深化社会稳定风险隐患大排查大整治活动，逐村（社区）逐户逐人排查矛盾纠纷和不稳定因素，及时掌握可能引发集体上访的重点事、重点人和苗头性、倾向性问题，做到未访先知、接访有备。全县共排查各类矛盾隐患67起，全部建立台账，落实了包处责任。（高　鹏）

【信访积案化解】 2017年，把推进积案化解作为处理信访突出问题的有力抓手，深入开展特殊疑难信访问题集中攻坚、信访问题源头化解源头管控专项活动。县联席会议对省市交办和自行排查出的信访案件进行集中交办、挂牌督办。联席办梳理出67件重点信访事项和特殊利益诉求群体案件，按照“属地管理、分级负责，谁主管，谁负责”和县级领导包乡（镇）、包分管领域的原则，逐案确定了包案领导和责任单位，落实了“五包一”教育稳控责任人。县委书记孔保宝、县长崔峥岭亲自上手，亲自督导，推动信访疑难问题快速解决。包案领导、责任单位按照“息诉罢访”“案结事了”的要求，持续发力、攻坚克难，集中化解特殊疑难信访事项，马某某、刘某某等一批久拖不决的信访积案“案结事了”“息诉罢访”。（高　鹏）

【重点信访问题源头化解专项行动】 完成635名退役人员大走访任务。通过考核考试，对应安置未安置40名退役士兵落实了工作岗位；12人选择了自谋职业；10人因对安置岗位不满意，选择了不服从政府安置，按政策规定享受待安置期间的生活补助费。帮扶军队退役人员88人，其中纳入低保23人，医疗救助18人，大病救助3人，临时救助9人，县主要领导“一帮一”结对帮扶救助10人，其他帮扶25人，发放救助金5.8万元。慰问“两参”人员242人，发放慰问金12.1万元。为128名烈士遗属、7462名退役军人、210名现役军人家庭悬挂了光荣牌匾。城乡建设领域：实行领导包案、专人负责、限时办结三项措施，省、市交办的51件信访案件全部化解办结，并完成信访信息系统的录入、办结、销账工作。社保领域：完成企业军转干部14人走访任务。清理企业转业志愿兵（士官）欠薪问题7人21.774万元。清理拖欠养老保险26人188.9万元。对25名企业下岗失业退役士兵由政府购买公益性岗位实施了托底安置。专项工作按时间节点完成工作任务，未发生进京、赴省、到市越级上访。（高　鹏）

【信访法治化建设】 2017年，一是加大《信访条例》等法律法规宣传力度，向群众发放宣传材料1万余份，引导群众依法理性通过正常渠道表达诉求，维护自身合法权益。二是加大依法处置力度。对行为过激、无理取闹、扰乱信访秩序的上访群众，采取必要措施，依法予以处置。全县刑事拘留3人，行政拘留20人，训诫4人，有力维护了全县信访秩序。三是进一步压实信访工作责任。县委、联席会议以严肃责任追究倒逼信访工作责任的落实，全县通报批评2次，约谈责任单位主要领导3人，党政纪处分4人，其他处理4人。（高　鹏）

【特殊敏感时期信访稳定工作】 全国、全省“两会”、“一带一路”和“十九大”期间，加强组织领导，狠抓工作落实，强化监督检查，全力以赴做好信访稳控工作。全县启动“五包一”教育稳控机制，组织精干力量加强重要交通要道、站点的蹲守布控，加

强驻京、驻省接劝返工作力量，有效劝阻越级上访人员，把信访人吸附在当地，有力维护了社会和谐稳定。（高　鹏）

史　志

【概述】　1980年9月，成立繁峙县地方志编纂委员会，下设办公室，负责收集、整理、编纂繁峙县志，办公室为正科级单位，隶属于中共繁峙县委。1982年3月，成立中共繁峙县委党史资料征集办公室（简称“党史办”），承担征集、整理、研究、编写中共地方党史和革命斗争史等工作。1986年8月25日，根据文件精神，县地方志编纂委员会办公室为全民所有制事业单位，编制总数3人，其中：正职1人，全额财政负责，人员不足可用事业费雇用。2009年12月，山西省地方志办公室分设后，繁峙县地方志编纂委员会办公室归属县政府。

2011年5月9日，根据繁峙县机构编制委员会下发的《关于印发〈繁峙县党史资料征集办公室（县志办）主要职责、内设机构和人员编制规定〉的通知》（繁编发〔2011〕31号）精神，中共繁峙县委党史资料征集办公室与繁峙县地方志编纂委员会办公室合并，改名为繁峙县党史资料征集办公室（县志办）。合并后的机构为正科级建制，隶属于中共繁峙县委。核定财政拨款管理人员编制8名，领导职数1正1副。内设3个股级机构：办公室、党史征编股、县志征编股，编制各2名，股级领导职数各1名。

（冯占军）

【党史资料征编】　2017年编纂《中国共产党繁峙县历史纪事》（以下简称《纪事》）。《纪事》以历史的眼光记载中国共产党在本县发展的历史，较好地反映了县科学发展的历史进程。为提高工作效率与质量，采取边编纂，边研讨，边修改模式，推进编纂工作。2017年12月，《纪事》稿送市级进行评审。同时，《中国共产党繁峙县历史》编纂工作开始。（冯占军）

【地方志编纂】　2017年9月，《繁峙年鉴（2017）》编纂工作结束，初稿送市地方志办公室审核；10月，评审结束，修改后送交方志出版社进行审核，同时与出版社签订了出版合同。该年鉴包含了2014年至2016年三年的内容，为标准16开本，全书75万字，由山西省史志印刷厂承印。（冯占军）

【扶贫工作】　2017年，认真贯彻县委、县政府脱贫攻坚任务，协助本办派出到村挂职的第一书记完成扶贫工作。同时，其他人员全员驻村到杏园乡鳌子头村进行扶贫工作。通过驻村入户走访调查，帮助村委制定可行的脱贫攻坚计划，受到精准贫困户的好评。年底，为全村所帮扶的贫困户和孤寡老人每户分别赠送大米1袋（10千克装）、食用油1桶（5千克装）、白面1袋（25千克装）。

（冯占军）

繁峙县人民代表大会

综　　述

2017年，繁峙县人大常委会召开1次人民代表大会（即县十六届人大二次会议）、7次人大常委会（即县十六届人大常委会第三次会议至第九次会议）和18次县人大常委会主任会议。上述会议共听取和审议了“一府两院”工作报告17项，提出审议意见书12份，讨论通过专题规划2个。全年，县人大常委会共开展执法检查6次，进行专项调研13次，专题询问1次，开展全县重点工程建设项目视察1次，进行专项视察3次，就政府部门依法行政和服务部门的整体工作进行了年度评议和测评；依法选举任命国家机关工作人员11人次。（赵永宏）

重要会议

【十六届人大二次会议】 2017年3月26日上午8时30分，繁峙县第十六届人民代表大会第二次会议在宣传文化中心开幕。来自全县各行各业和各条战线的人大代表，肩负全县人民的重托，共聚一堂，庄严履行宪法、法律赋予的神圣职责，共商发展大计，同绘发展蓝图。

大会主席团执行主席赵琦主持大会。大会主席团执行主席孔保宝、赵琦、姚力山、乔震宇、闫保平、杨素珍、王立颖、亢仁义在主席台前排就座。大会应到代表166人，实到代表159人，符合法定人数。各乡（镇）、居民办、县直机关等部门负责人共287人列席会议。

3月28日上午，历时三天的繁峙县第十六届人民代表大会第二次会议圆满完成各项议程，在县宣传文化中心胜利闭幕。会议听取、审议并通过了县政府、县人大常委会、县法院、县检察院的工作报告，表决通过《选举办法》草案；审查批准了繁峙县2016年国民经济和社会发展计划执行情况与2017年国民经济和社会发展计划、2016年财政预算执行情况和2017年财政预算草案。会上依法选举高瑞军为繁峙县监察委员会主任，补选梁占海、袁绍华、张润平为人大常委会组成人员，新当选出的人员并向宪法宣誓。

会议共收到代表提出的建议、批评和意见共36件，依照地方组织法有关规定，会后分别交县政府和其他相关部门认真办理。

会议客观回顾总结了“十三五”开局之

年全县各项工作的运行情况，深入分析当前的形势，精心谋划本年的发展方向和发展思路，具体部署了本年各项工作的任务和措施。会议决定，2017年，全县要深入贯彻习近平总书记系列重要讲话精神和治国理政新理念、新思想、新战略，全面落实中央经济工作会议、省委十一届二次全会暨经济工作会议、市委四届二次全会暨经济工作会议精神和县第十三次党代会总体部署，统筹推进"五位一体"总体布局，协调推进"四个全面"战略布局，践行"五大发展理念"，坚持"一个指引、两手硬"的重大思路和要求，牢牢把握稳中求进工作总基调；坚持以推进供给侧结构性改革与深化转型综改试验区建设为主线，认真贯彻市委"1661"发展战略；坚持以脱贫攻坚统揽经济社会发展全局，全力抓好项目建设，农业、工业供给侧结构改革，文旅发展，城乡建设，生态建设，民生幸福，改进政府自身建设，民主法治等工作，促进经济稳步向好和提质增效，加快全面脱贫、全面小康进程，以优异成绩迎接党的十九大胜利召开。

会议号召，全县人民要更加紧密地团结在以习近平同志为核心的党中央周围，在中共繁峙县委的坚强领导下，同心同德，攻坚克难，开拓创新，锐意进取，为实现繁峙振兴崛起，努力开创全县各项事业发展的新局面、夺取全面建成小康社会新胜利而努力奋斗。（赵永宏）

2017年3月27日，繁峙县十六届人民代表大会第二次会议召开，图为常委会主任赵琦作县人大常委会工作报告　赵永宏提供

常委会会议

【十六届第3次常委会】　2月28日上午，县人大常委会副主任王立颖主持召开十六届人大常委会第三次会议，表决通过县人大常委会2017年工作要点；听取和审议县人民政府关于2016年财政预算变更情况的报告；听取和审议县人民政府关于全县卫生事业发展情况的报告；听取和审议县人民政府关于全县精准扶贫工作的报告；会议决定任命武洪涛、梁泰刚为繁峙县人民政府副县长（挂职），被任命人员向宪法宣誓，县人大常委会主任赵琦颁发任命书；讨论通过县十六届人大二次会议有关文件，会议决定县十六届人民代表大会二次会议于2017年3月26日召开，正式会期三天。（赵永宏）

【十六届第4次常委会】　3月25日上午，县人大常委会副主任亢仁义主持召开十六届人大常委会第四次会议，讨论通过县人大常委会工作报告草案；表决通过张文胜辞去县人大常委会组成人员申请；讨论通过县十六届人大二次会议主席团成员名单草案；讨论通过县人大常委会代表资格审查委员会关于补选代表情况的审查报告；讨论通过繁峙县人大常委会关于繁峙县监察委员会副主任、委员任命和宪法宣誓程序的决定草案。

（赵永宏）

【十六届第5次常委会】　3月28日下午，县人大常委会副主任亢仁义主持召开十六届人大常委会第五次会议，讨论通过新修订的《繁峙县人民代表大会常务委员会讨论决定重大事项规定》、讨论通过新修订的《繁峙县人民代表大会常务委员会审议意见跟踪督办办法》、讨论通过《繁峙县人民代表大会常务委员会执法检查制度》；会议决定任命闫佩为繁峙县监察委员会副主任，张文胜为繁峙县监察委员会副主任，王宁、蒲维成、杜文泽、王晓燕为繁峙县监察委员会委员，被任命人员向宪法宣誓，县人大常委会主任赵琦颁发任命书。（赵永宏）

【十六届第 6 次常委会】 5 月 23 日上午，县人大常委会副主任闫保平主持召开十六届人大常委会第六次会议，讨论通过新制定的《繁峙县人民代表大会常务委员会主任会议议事规则》、讨论通过新制定的《繁峙县人民代表大会常务委员会关于任免国家机关工作人员的实施办法》；听取和审议县人民政府关于生态建设工作情况的报告；听取和审议县人民政府关于全县旅游业发展情况的报告。（赵永宏）

【十六届第 7 次常委会】 7 月 25 日上午，县人大常委会副主任杨素珍主持召开十六届人大常委会第七次会议，听取和审议县人民政府关于 2017 年上半年财政预算执行情况的报告；听取和审议县人民政府关于 2017 年上半年国民经济和社会发展计划执行情况的报告；听取和审议县人民法院关于司法改革工作情况的报告。（赵永宏）

【十六届第 8 次常委会】 9 月 26 日上午，县人大常委会副主任王立颖主持召开十六届人大常委会第八次会议，会议决定任命孙晓东为繁峙县人民政府副县长（挂职），被任命人员向宪法宣誓，县人大常委会主任赵琦颁发任命书；听取和审议县人民政府关于全县农村饮水安全工作情况的报告；听取和审议县人民政府关于 2016 年财政预算执行和其他财政收支审计工作情况的报告；听取和审议县人民政府关于全县打击毒品犯罪工作情况的报告；讨论通过《繁峙县组织实施宪法宣誓办法》和《繁峙县人民代表大会常务委员会专题询问试行办法》；审查批准《繁峙县“十三五”脱贫攻坚总体规划》和《繁峙县“十三五”易地扶贫搬迁规划》。

（赵永宏）

【十六届第 9 次常委会】 11 月 23 日上午，县人大常委会副主任亢仁义主持召开十六届人大常委会第九次会议，会议决定任命张军为繁峙县人民政府副县长（挂职），赵平为繁峙县人大常务委员会人事代表工作委员会主任，被任命人员向宪法宣誓，县人大常委会主任赵琦颁发任命书；听取和审议县人民政府关于全县文化事业建设情况的报告；听取和审议县人民检察院关于刑事执行监察工作情况的报告；听取和审议县人民政府关于全县安全生产工作情况的报告。（赵永宏）

上级人大视察调研

【省人大视察调研】 2 月 15 日至 16 日，省人大常委会副主任、省总工会主席田喜荣一行深入本县对脱贫攻坚工作情况进行专题调研。市委书记李俊明，市委副书记、市长郑连生，市人大常委会主任贾雪峰，县委书记孔保宝，县长崔峥岭，县人大常委会主任赵琦等陪同调研。

3 月 31 日，省人大财经委主任赵建平一行 9 人到本县就经济转型升级发展情况进行专题调研。市人大常委会副主任魏广才、县委书记孔保宝、县人大常委会主任赵琦等陪同调研。

9月4日，省人大常委会城建环保工委副主任、三晋环保行记者团团长高建平带领三晋环保行记者团部分成员到本县，就2016年三晋环保行集中采访活动中发现的具体环境问题的整改情况进行“回头看”，县人大常委会主任赵琦、副主任杨素珍、县政府副县长高清平、县环保局局长闫旭光等陪同查看。（赵永宏）

【市人大视察调研】 5月18日，市人大常委会副主任魏广才率市人大执法检查组，对本县道路交通安全“一法一办法”贯彻实施情况进行了检查。县人大常委会主任赵琦，副主任闫保平，副县长、公安局局长朱润生，交警大队队长张喜明以及人大常委会法工委的相关人员参与了此次活动。

2017年5月25日，市人大常委会副主任贾玲香一行10人到本县开展关于对《忻州市五台山风景名胜区条例（草案）》立法调研座谈会，出席座谈会的有县委副书记、县长崔峥岭、县人大常委会主任赵琦、副主任杨素珍、部分省、市人大代表，以及县有关部委局室和岩头乡、东山乡、神堂堡乡的负责人。

《忻州市五台山风景名胜区条例（草案）》经市人大常委会第六次会议讨论，立法工作已进入全面修改完善阶段，为扎实做好条例的修改工作，理清五台山管理和保护方面的突出问题。7月20日至21日，市人大常委会副主任魏广才带领以市人大法工委牵头的专题调研组，到本县开展《忻州市五台山风景名胜区条例（草案）》立法调研。参与调研座谈的有县人大常委会主任赵琦、副主任闫保平，县政府副县长孔国红，县环保、国土、林业、住建等相关部门负责人，市人大代表黄卫东、张钟晓、吴和廷，相关乡镇负责人和部分村干部。

10月30日至11月1日，忻州市人大常委会环保执法检查组及忻州环保行记者团对本县环境保护工作和中央、省委、省政府环保督察反馈问题整改落实情况在本县进行实地检查和采访，并召开意见反馈会。忻州市人大常委会副主任贾玲香出席反馈会并讲话，县委副书记、县长崔峥岭、县人大常委会主任赵琦、副主任杨素珍、副县长高清平及有关单位负责人等参加会议。（赵永宏）

人大监督

【计划和预算执行的监督】 加强对国民经济和社会发展计划，财政预算的审查监督是人大常委会的一项重大职责。一是听取和审议县人民政府关于2016年财政预算变更情况报告、2017上半年财政预算执行情况报告、2016年财政预算执行和其他财政收支审计工作情况的报告，通过提前介入，会中审议等方式对预算执行的各个环节实施全过程监督，促进预算的依法执行和本县经济的健康发展；二是依法作出关于批准县政府2017年县本级财政决算的决定，并对今后增强财政预算的科学性和预算执行的严肃性提出要求；三是听取和审议了2017年上半年国民经济和社会发展计划执行情况报告，对计划执行中存在的问题进行深入剖析，提出有针对性和可操作性的对策建议，要求县人民政府强化要素保障，做强实体经济，保持良好经济发展势头，督促相关单位和部门按时间节点加快推进。（赵永宏）

【司法监督】 以创优法制环境，规范执法，优化法律服务为重点，听取和审议法院司法改革进展情况工作报告，加快司法体制改革纵深发展，促进司法公正进程，维护社会公平正义。听取和审议县人民检察院关于刑事执行监察工作情况的报告，促进监管场所依法、严格、文明、科学管理，保护刑事被执行人合法权益，保障刑法正确执行，维护社会公平正义。（赵永宏）

【民生工作的监督】 常委会坚持把改善民生福祉、提升民生幸福指数作为履职重点。听取和审议了县政府关于全县卫生事业、精准扶贫、生态建设、旅游业发展、农村饮水安全、安全生产、文化事业建设等多个民生领域的工作报告，先后组织职业教育、农村合作医疗体制改革等工作的视察调研，并提出合理化建议，得到县委、县政府的支持和采纳，切实解决人民群众普遍关心的热点难点问题。

10 月 24 日，县人大常委会组织全体组成人员和部分省、市、县人大代表，对繁峙县经济技术开发区、大智镜圆文旅开发项目、田源毛驴养殖基地等涉及工业、畜牧业、文旅、移民扶贫的 7 个有代表性的重点项目进行集中视察，了解项目建设中遇到的困难和问题，并即时召开座谈会。参会代表对全县重点项目取得的成就给予充分肯定，也针对视察中发现的问题提出了合理化建议和意见，整理汇总出 18 条建议意见，得到县委、县政府采纳。（赵永宏）

2017 年 10 月 24 日，县人大常委会组成人员及省、市、县代表视察全县部分重点项目，图为县人大一行在中兴铸造车间视察 赵永宏提供

【法律工作的监督】 常委会坚持把法律法规的正确有效实施放在重要位置，抓住突出问题，加大监督力度，努力为全县经济社会发展创造良好的法治环境。先后组织开展了对《中华人民共和国农业法》《中华人民共和国水法》《中华人民共和国畜牧法》《中华人民共和国食品安全法》《山西省环境保护条例》《科技进步法》贯彻实施情况的执法检查，针对发现的问题，提出处理意见，要求相关部门及时整改，巩固和扩大工作成果，促进法律法规在全县范围内的有效实施，努力为全县经济社会发展营造良好的法治环境。

配合省、市人大三晋环保行“回头看”检查组和“一法一办法”执法检查组在本县开展执法检查活动，全面督促整改存在的所有问题，并及时向市人大报送了整改情况。

高度重视市人大围绕《忻州市五台山风景名胜区条例（草案）》立法和“滹沱河生态环境保护”到本县的三次调研，县人大相关工委负责人陪同到所涉乡（镇）、山区和周边矿区进行深入调研，召开座谈会。当时，五台山风景区管委会起草的《忻州市五台山风景名胜区条例（草案）》以下简称《条例（草案）》存在“规划管理和行政管辖混淆，景区管委会和繁峙、五台两地政府权责不对等”、“景区范围边界不明确，景区管理责任主体不明确，执法权限不明确”等问题。县人大常委会根据国务院《风景名胜区管理条例》《山西省宗教事务条例》等法律法规，从《条例（草案）》的适用范围、风景区范围边界、重叠区域管理主体和权限、宗教和文物保护、行政执法等方面，有理有据，合理建议，全力争取。并提出忻州市政府在五台山风景名胜区的门票收入和风景名胜区资源有偿使用中应给予繁峙县相应的补偿等建议意见。忻州市人大在《忻州市五台山风景名胜区条例》立法时采纳了相关意见。（赵永宏）

【专项工作视察调研】 按照县委部署，常委会专门组织人员对全县的脱贫攻坚、异地搬迁和退耕还林作了专题视察调研，深入实地，摸清实际情况，提出切实可行的建议意见。对退耕还林形成专题调研报告，提出有前瞻性、操作性的意见建议，为县委决策提供依据，推动相关工作的开展。（赵永宏）

【监察体制改革】 常委会坚决按照中央、省、市、县委改革试点方案要求，积极支持推进监察体制改革，认真组织实施，保证试点工作积极稳妥、工作关系依法理顺、监察改革有序推进，十六届人大二次会议期间，选举产生了县监察委员会主任1名，在第五次常委会上通过了监察委员会副主任、委员的任命。（赵永宏）

【专题询问首次启动】 通过开展专题询问，为监督工作注入新活力。专题询问是人大对“一府两院”实施监督的法定形式。常委会制定并通过《繁峙县人大常委会专题询问试行办法》，并于10月25日召开精准扶贫专题询问会，围绕“农业产业扶贫、教育补贴、危房改造、健康扶贫”等方面，委员们提出13个问题，副县长孔国红，财政局、农委、发改局等13个部、委、局、室主要

2017年10月25日县人大常委会召开脱贫攻坚专题询问会　赵永宏提供

负责人针对各自的问题进行了面对面的解答，每个问题解答数据翔实，实事求是。整个会议既是对各行业群众普遍关心问题的政策解读，更是让人民群众充分了解扶贫领域实际存在的困难，加强沟通群策群力的过程。对专题询问中反映突出的问题，县政府及相关部门迅速行动，采取措施，让贫困群众享受到最现实最直接的实惠，切实推动了精准扶贫工作的整体提质。（赵永宏）

重大事项决定

【依法决定重大事项】 繁峙县贫困人口多，脱贫任务重，常委会在认真调研的基础上，于2017年9月26日在十六届人大常委会第八次会议上审议通过了《繁峙县“十三五”脱贫攻坚总体规划》和《繁峙县“十三五”易地搬迁规划》两个规划。（赵永宏）

【选举和人事任免】 在干部任免工作中，始终坚持县委的领导，努力将县委的主张和意图通过人大法定程序转化为人民的意志，实现县委意图和人民意志的高度统一。加强对干部的任内监督，增强被任命人员的法律意识、责任意识、公仆意识，促进国

家机关工作人员依法履职、依法行政、公正司法。2017年，常委会依法任免本县国家人员11人次。其中依法任命县处级干部4人，科级干部7人。（赵永宏）

代表工作

【建议和意见提出】 2017年县十六届人大第二次大会期间，人大代表共提出36件建议意见。（赵永宏）

【建议办理质量提高】 2017年5月4日，常委会专门召开人大代表意见建议交办会，向县政府提交36件人大代表意见建议，并对办理代表建议的方法、责任、时限提出明确具体的要求，督促承办单位提高办理质量。对重点建议实行跟踪督办，推动代表建议办理由“答复型”向“落实型”转变。

（赵永宏）

【代表履职能力提高】 在高度重视代表培训工作的基础上，常委会为全县的省、市、县人大代表订送《山西人大》《人民代表报》等刊物和《繁峙人大》内部交流资料，以开拓代表的视野，提升代表的履职素质。

坚持邀请代表列席常委会会议，组织代表开展专题调研、视察重点项目建设、旁听法院庭审等方式，不断充实代表活动内容，调动代表履职积极性，提高代表履职能力。2017年，共组织开展代表小组活动14次，代表列席常委会会议30人次，参加常委会组织的专题调研、执法检查和旁听法院庭审等监督活动106人次。（赵永宏）

【代表履职平台搭建】 为贯彻落实中央、省、市有关加强县、乡人大工作和建设意见的要求，并全面提升人大代表履职能力，推进人大代表履职工作与时俱进、巩固提升，常委会下发《对乡（镇）人大2017年代表工作的指导意见》，就搞好乡（镇）人大“代表之家”建设、制度完善、活动组织、创建工作等方面提出明确的指导意见，提升乡（镇）人大工作规范化水平。8月18日上午，常委会组织各乡（镇）人大主席、机关活动小组负责人召开关于加强县乡人大代表工作的安排部署会。繁城、砂河、大营、东山、杏园、柏家庄6个乡（镇）作为试点，已率先建成“代表之家”活动阵地。

（赵永宏）

自身建设

【思想建设】 2017年，常委会坚持把思想政治建设放在首位，结合“双日双评”学习教育活动，通过每周一的机关学习会、常委会会议、支部学习会等方式，组织常委会组成人员和机关干部职工系统深入地学习党的十九大精神和习近平新时代中国特色社会主义思想，系统学习宪法、法律和人大业务知识，切实做到视察调研先学法，讨论问题不离法，行使职权依据法，作出决议符合法。（赵永宏）

【党风廉政建设】 认真贯彻习近平总书记关于进一步纠正“四风”、加强作风建设重要批示精神，严格遵守中央“八项规定”，进一步加强党风廉政建设。认真落实全面从严治党的各项工作，深入开展“两学一做”学习教育活动，切实增强“四个意识”。紧紧围绕全县发展大局，围绕常委会会议议题，围绕社会普遍关注的热点难点问题，深入开展调查研究，为县委科学决策和人大依法履职提供重要参考。（赵永宏）

【组织建设】　根据中发〔2015〕18号、晋发〔2015〕24号文件关于进一步加强县乡人大工作和建设的实施意见要求及2017年9月19日骆惠宁书记《在推进县乡人大建设会议上的讲话》精神，县委高度重视，县编委认真落实、安排部署，人大常委会工作机构得到及时加强。县人大常委会新增设常委会人事代表工作委员会，使人大原有的“一室四委”增加为“一室五委”。同时，新增设人大法制、财政经济两个委员会，新增设人大办信息中心，县人大机构建设得到全面加强，履职能力和工作质量得到提升。

（赵永宏）

【制度建设】　坚持从严从实立规矩，常委会修订完善并先后审议通过《繁峙县人民代表大会常务委员会讨论通过重大事项规定》《繁峙县人民代表大会常务委员会审议意见跟踪督办办法》《繁峙县人民代表大会常务委员会执法检查制度》《繁峙县人民代表大会常务委员会主任会议议事规则》《繁峙县人民代表大会常务委员会关于任免国家机关工作人员的实施办法》《繁峙县组织实施宪法宣誓办法》《繁峙县人民代表大会常务委员会专题询问试行办法》7个工作制度，常委会党组重新制定12个党务工作制度和8个机关工作制度，逐步形成较为完善的制度体系，保证常委会各项工作依法规范运行，提高人大工作制度化、规范化、科学化水平。

（赵永宏）

【人大宣传】　采取多种形式，加强人大宣传工作，巩固人大宣传阵地，在继续认真办好人大网站（http：//www.sxxzfsrd.gov.cn/）、发行《繁峙人大》内部资料（半年一期）的基础上，印发《人大信息》20期，组织了“助推脱贫攻坚·人大代表在行动”的采访宣传活动，并且首次编写《繁峙人大履职实录》，宣传人大制度、传递人大声音、展示人大风采，扩大人大工作的社会影响力。（赵永宏）

信访工作

【信访工作质量提高】　2017年，县人大认真分析人大信访工作特点，不断强化信访举措，增强办理信访工作活力，人大信访工作质量进一步提高。

加强信访信息调研。在办理群众来信来访工作中，常委会十分注意信访信息的研究工作，坚持每季度对群众来信来访内容进行综合分析、整理归纳，重点分析来信来访中反映全县政治、经济、社会、文化和生态文明建设中带共性的、人民群众反映强烈的、严重违法引起社会广泛关注的涉法涉诉和经核查案件事实清楚却久拖不决的案件，为开展执法检查、专项调查、视察、制定和修改规范性文件等监督工作提供参考依据。

加强协调沟通。人大信访工作具有法定性、民主性、权威性和查办方式的多层次性，人大及其常委会对“一府两院”具有监督职能，一般不直接处理信访问题，而是采取转办、交办的方式转交给“一府两院”处理，人大主要通过督查、督办方式，促使有关问题的解决。因此，加强与“一府两院”的沟通协调，是做好人大信访工作的有效途径。为使“一府两院”及政府各部门高度重视，认真办理人大信访案件，形成信访工作合力，常委会建立了与“一府两院”的联系会议制度，并把研究处理信访问题情况列入联系会议的重要内容。同时，常委会领导和各工委还把协调办理人大信访件与其他工作紧密结合起来，做到一并了解情况，一并研究办法，要求一并处理落实。

加强信访办理督办。为从根本上扭转人

大信访工作只转不办的被动局面，常委会坚持限期办结回复、发函催办和重点督办相结合的办法，确保信访者反映的问题得到合理解决。对一般信访件，收函单位未按规定期限反馈办理结果的，常委会采取发函催办的办法，督促相关单位迅速办理。对重大信访问题及一些到人大机关群访和重访的信访问题，常委会通过召开主任会议讨论研究，由主任牵头或者明确分管领导牵头进行重点督办，确保信访问题依法得到解决。

（赵永宏）

【群众来信来访办理】 2017年，常委会始终把热情接待和认真办理群众来信来访，作为倾听群众呼声、密切联系群众、促进社会和谐稳定、拓宽监督渠道的一项重要工作来抓。全年，共收到来信20件，来访46人次，每次来信来访经领导批示后转有关部门办理，并要求限期回复办理结果，做到了信访案件件件有落实，事事有交代。

（赵永宏）

扶贫工作

【帮扶责任落实】 2017年，县人大常委会把精准扶贫工作作为一项重要的政治任务来抓。领导班子成员按照县委、县政府的工作安排和分工，坚持亲临一线，靠前指挥，及时了解所包乡（镇）、村的扶贫工作开展情况，为帮扶工作谋划全局，把握方向。县人大办作为柏家庄乡北辛庄村、仲沟村的扶贫工作队，主动作为，充分调动全体干部职工的积极性和主动性，机关每个工作人员结对帮扶贫困户至少两户，全面落实帮扶责任，形成脱贫攻坚的强大合力。

按照县委安排，县人大常委会主任、副主任多次深入所包乡（镇），组织召开乡、村干部会议，深入学习、准确领会中央和省、市、县有关扶贫攻坚工作精神，把精准扶贫精准脱贫作为最大政治任务和最大责任担当，放在全局工作的首要位置，引导教育各村干部群众统一思想认识，坚持不等不靠、自力更生，强化责任担当，发挥能动作用，干群携手，齐心协力打好扶贫攻坚战，并且帮助乡（镇）从实际出发，针对贫困村、户不同情况，对照精准扶贫精准脱贫需求清单，确定扶贫项目，整合投入资金，精准施策、精准发力，坚决打赢脱贫攻坚战。

（赵永宏）

【帮扶实绩】 2017年3月，县人大常委会对本县扶贫开发工作开展了专题调研，并在县人大常委会议上听取和审议了县人民政府关于扶贫开发工作情况的报告。同时，通过加大听取和审议政府财政资金审计报告的力度，重点对产业发展规划、扶贫项目和资金管理实施监督，从而达到对脱贫攻坚工作的监督目的。

结合脱贫攻坚工作要求，县人大常委会领导到乡（镇）调研精准扶贫产业项目及精准扶贫工作，并指导产业发展规划和项目实施方案的编制。9月份，人大常委会审议讨论《繁峙县“十三五”脱贫攻坚总体规划》和《繁峙县“十三五”易地扶贫搬迁规划》，提出意见建议，完善《繁峙县“十三五”脱贫攻坚总体规划》和《繁峙县“十三五”易地扶贫搬迁规划》，在人大常委会上通过了两个规划，为全县的脱贫攻坚工作奠定了坚实的基础。

9月，人大机关积极与县相关部门协调，按照计划，为北辛庄新建100立方米的人畜饮水池1座。

12月，人大代表、人大机关干部捐款

18000余元购买了白面、大米、食用油，慰问仲沟村、北辛庄村的贫困户83户。

（赵永宏）

【人大代表在行动】 常委会密切关注群众所思所想、所忧所盼，组织全县各级人大协同推进脱贫攻坚，引导各级人大代表在脱贫攻坚主战场主动作为。2017年初，人大常委会召开“助推脱贫攻坚·人大代表在行动”主题活动动员会。5月5日，县人大常委会开展全县各级人大代表结对帮扶推进会。人大常委会主任赵琦针对活动中存在的部分领导干部思想认识不高，扶贫队伍薄弱，产业项目实施仍需加快，金融扶贫进度迟缓，大数据平台建设滞后等问题，对全县的活动进行了再动员、再部署、再深化。同时，全县乡镇人大制作宣传牌，宣传横幅，营造了浓厚的宣传氛围。

2017年，市代表帮扶24户，县代表帮扶320户，乡代表帮扶1220户。自活动开展以来，各级人大代表积极参与，利用人民群众联系最直接、最广泛的优势，采取多种形式，努力发挥各自的表率作用。机关代表能在扶贫政策上做到专业宣传；专业技术人员代表在产业扶贫上会诊把脉，深入贫困村传授实用技术，增强“造血”功能；生产一线代表能在深化农村经营体制改革，创办领办专业合作社，推广现代生态农业等方面积极示范带头，引领贫困户共同发展；企业家代表主动承担社会责任，为贫困户拓展就业和增收创造条件。

（赵永宏）

2017年12月19日，县人大常委会在北辛庄村开展“四送”慰问活动。图为县人大一行与村两委主干召开座谈会　赵永宏提供

繁峙县人民政府

办公室

【政务信息】 2017年，政府办公室紧紧围绕县委、县政府中心工作，重点关注经济社会发展中的重点、难点问题和群众关心的热点问题，采取多种形式，认真开展调查研究，为领导决策提供参考。先后赴河北、山东等地实地考察调研，学习外地经验，结合本县发展实际，提出建设性意见和建议。发动全办力量，深入基层调查研究，既为领导掌握情况、科学决策提供第一手资料，又密切群众关系，提高调研能力。全年办公室参与或组织各类调研达200余次，形成了《当前繁峙经济社会发展存在的几个突出问题》《当前繁峙资源型经济转型发展过程中存在的土地供应与耕地保护的几个突出问题》等调研报告80余篇。全年向市政府报送《繁峙政务信息》130余篇。 （席熠炜）

【政务公开】 通过县政府门户网站、权力运行平台、全民综合服务信息平台等网络媒介，将政务信息公开，确保政府各项权力在阳光下运行。2017年，县政府网站共发布公开各类信息1702条。依托政务微信“忻州随手拍”、政务微博“繁峙发布”等政务新媒体逐步扩大政务服务覆盖面。“忻州随手拍”接到群众反映问题153件，办结153件，办结率100%。政务微博“繁峙发布”累计发布信息1.2万条，粉丝数15万，阅读数270万以上。 （席熠炜）

【督查工作】 以省、市、县《政府工作报告》目标责任分解、县政府民生实事项目、县政府重要会议和文件贯彻落实情况、领导批示件办理情况等为重点，积极组织开展政务督查，及时跟踪、了解工作进展情况，反映存在的问题，有效推进政府工作落实，确保政令畅通。全年承办省、市领导批示300余件，编发办公室通报2期。依托13710电子督办平台，承办省市督办件70件，办结57件，办结率81%；督办各乡（镇）、各县直单位22件，办结15件，办结率73%。 （席熠炜）

【应急工作】 贯彻落实上级关于应急管理工作的方针政策，全面强化应急管理工作，全县县乡（镇）应急机构13个，村级应急机构403个，居民办应急机构1个，县直各部门、企业和学校均建立了应急机构，实现了“横向到边、纵向到底”的应急体系。进一步完善了综合、专项预案修订编制应急预案88个，其中，应急总体预案1个，专项应急预案35个，部门应急预案19个，乡（镇）应急预案33部。强化应急队伍建设，建设综合应急救援队伍1支，部门专业应急救援队伍7支，乡（镇）综合应急队伍13支，志愿者队伍2支，企业专业救援队伍3支。围绕“打基础、重规范、求创新”的要求，发挥综合协调职能，统一指挥调度，及时有效地处置滦兴铁选冒顶事件、灾害天气、及供水供暖电力设施抢修、环境污染等突发事件。（席熠炜）

机关后勤服务

【概述】 繁峙县机关后勤服务中心，2017年，有职工31人，党员13人。在县委、县政府的正确领导下，全面贯彻落实党的十九大精神和习近平新时代中国特色社会主义思想，按照中央、省、市各项决策部署，紧扣县委、县政府中心工作，讲政治，顾大局，改革创新，拼搏进取，不断提升管理水平。

（王　飞）

【公共机构节能】 为全面贯彻《山西省机关事务管理办法》，按照省、市有关节能减排文件精神，2017年6月13日，以“节能有我，绿色共享”为主题，在全县范围内以发放传单方式大力弘扬勤俭节约的好习惯好传统。同时，组织力量，开展了全县公共机构基本信息普查，建立公共机构名录库，准确掌握公共机构数量和基本信息，并严格按照《山西省公共机构能源资源消费统计制度》，准确、全面、及时汇总上报各地区、各单位公共机构能源资源消费统计台账，完善统计工作基础，并将此全部输入全省统计信息网络，实现公共机构能源资源消耗统计信息化、网络化。（王　飞）

【办公用房管理】 根据中央、省、市《关于党政机关停建新建楼堂馆所和清理办公用房的通知》精神，年初，按照“严格标准、自查自纠、统计汇总、加强督查”要求，本中心协助相关单位对党政机关办公用房进行了实地检查，检查中未发现办公用房、服务用房或附属用房面积超标违规现象。

（王　飞）

【服务保障】 做好机关大院、办公区的设施、设备维修工作，及时排查和有效杜绝安全隐患，确保设施、设备正常安全运行，保证各项工作及时、高效完成。对政府大院内和大门口路面的火烧板进行了10余次维修更换。对县委、县政府大楼暖气、排水主管路进行了维修更换，对楼顶进行了维修。开展大院环境卫生集中整治，加强日常保洁，确保大院良好的卫生环境；积极开展爱国卫生运动，组织开展除“四害”活动；认真做好苗木、花卉的日常养护和修剪工作，提升了院内的绿化景观效果。（王　飞）

【公务用车改革】 按照繁政办〔2017〕60号文件精神和县车改办公车改革工作有关要求，年初对全县公务用车进行数据收集、整理及统计摸底。全县涉改车辆共计267辆，车改领导组对全县现有167辆车况良好的公务用车分了五个平台进行管理并研究制定与公车改革相配套的管理制度。依照机关公务用车领导组的分工职责，8月20日在老干局一楼会议室对剩余39辆车况相对不好的公车进行公开拍卖，对不能正常行驶的61辆老旧车、黄标车进行处置和报废。12月底对所有公务用车张贴了公车标识，在

中心安装了举报录音电话，有效地监督了公车私用现象。（王　飞）

【扶贫工作】　2017年6月，机关后勤服务中心干部职工进驻集义庄常胜村开展扶贫工作。该村有耕地面积221.33公顷，以种植、养殖为主，主要种植玉米、薯类、小杂粮等，主要养殖羊、驴，牛、猪、乌鸡等。全村现有户籍人口483户1204人。建档立卡贫困户141户414人，其中低保贫困户53户109人，五保贫困户12户12人，一般贫困户76户293人。2014、2015年度通过社会保障脱贫35户87人，未脱贫户106户327人。

按照全县产业扶贫的要求，采取“合作社+基地+农户”的经营模式，积极推进乌鸡养殖项目，已将旧村42座旧窑洞改建成鸡舍，成立了繁峙县久胜农林牧专业合作社。并与大宁刘静农牧业专业合作社签订了鸡苗供应、鸡蛋销售和生鸡回收合同。

投入8万多元资金，个人集资3000元，帮助常胜村完善基础设施和发展扶贫产业，为改变常胜村贫困状况和群众脱贫致富打下了坚实基础。（王　飞）

扶贫攻坚

【年度减贫任务完成】　2017年，全县贫困村退出34个，脱贫退出5739户15836人，超额完成省、市下达本县30个贫困村有序退出、15000贫困人口脱贫的目标任务。

（姚宏伟）

【组织领导】　按照县脱贫攻坚指挥部总体部署，实行分管扶贫领导和分管行业领导“双组长”制，组织成立了培训就业创业、特色农业产业、易地搬迁等25个专项扶贫领导组及办公室。组织县、乡、村签订脱贫攻坚“双签”责任状，包村单位及领导、驻村工作队、第一书记、村“两委”干部等各类责任状6700余份。（姚宏伟）

【扶贫相关配套政策】　出台《繁峙县2017年产业扶贫政策》《繁峙县产业扶贫政策实施细则》《繁峙县易地扶贫搬迁货币化安置办法》《繁峙县扶贫小额信贷风险补偿金补偿实施方案（试行）》和《繁峙县“五位一体”扶贫小额信贷操作办法》资料汇编，涉及农业、林业、水利、畜牧、教育、民政、健康、劳动、旅游和光伏等43项扶贫政策。

（姚宏伟）

【动态调整】　为进一步提升贫困识别的精准度，完善数据质量，制定了《建档立卡数据核准、修改和补录工作方案》《繁峙县贫困识别、退出动态调整专项行动方案》《关于做好2017年度扶贫对象动态管理工作的通知》等一系列文件。2017年，整户识别1325户3254人，整户出列1617户4430人，人口自然增加2286人，人口自然减少5856人，遗漏整户补录33户80人，全县建档立卡人口总规模为23729户61837人。做到应纳尽纳、应清尽清、应退尽退，实现户内、线上、线下三统一。（姚宏伟）

【易地扶贫搬迁】　本县紧紧围绕精准识别对象、新区安置配套、旧村拆除复垦、生态修复整治、产业就业保障和社区治理跟进6个环节，精准解决整村搬迁中的人、钱、地、房、树、村、稳7个问题，确保贫困群众搬得出、稳得住、逐步能致富。2016年450户1200人移民任务全部完成，2017年已搬迁721户1645人，两年共拆除71村1430户66.67公顷，复垦34.87公顷，土地增减挂沟交易24公顷，4320万元。（姚宏伟）

【扶贫产业】　依托全县资源禀赋，把产业扶贫作为增强脱贫造血功能的重要载体和平台，以“一村一品一主体”为抓手，采取“政府主导、经营主体引领、金融助推、贫困户参与”四方主体联袂发展模式，盯紧盯实“五有”目标，以种、养、加、销、绿、新（新业态）、技（技能）、联（利益联结）全链条式产业发展为主线，建起扶贫项目库，共计储存项目971个。全县213个贫困村全部有脱贫产业，覆盖率100%；有企业的贫困村94个，覆盖率44.1%；贫困户参与的合作社覆盖117个贫困村，覆盖率54.9%；有产业脱贫增收项目的贫困户17579户，覆盖率74%；有技能的贫困人口33079人，覆盖率100%。十大脱贫产业带动全县建档立卡贫困户户均增收13629元，人均增收4907元。（姚宏伟）

【健康扶贫】　推行健康扶贫“双签约”服务，坚持把“三保险、三救助”作为破解因病致贫和“支出型贫困”难题的重要举措，县财政投入734万元对建档立卡贫困人口参加城乡居民医疗保险个人缴费部分进行全额资助；投入403万元，缴纳医疗补充保险。扎实推进“三个一批”行动，对具备条件的3646名慢性病患者纳入健康扶贫管理，对92名大病患者进行集中救治和兜底保障。及时开通“一站式”结算信息平台，7月份以来已办理1337人次，支付基本医保、大病保险、补充保险共计423万元。对2386户6649名因病致贫人口实行“双签约”管理。投资397万元，对整村脱贫的77个村卫生室进行标准化建设，12月份全部投入使用。全县60周岁以上贫困人口城乡居民养老保险参保率和贫困人口城乡居民医保参保率均达到了100%。（姚宏伟）

【金融扶贫】　组织成立了金融扶贫领导组，实行分管金融领导和分管扶贫领导双组长制。制定出台《繁峙县扶贫小额信贷风险补偿金补偿方案》《金融扶贫专项行动方案》《扶贫小额信贷操作办法》《提升金融精准服务水平责任清单及任务分解》等文件，全年发放小额扶贫贷款25379.87万元，带动贫困户5971户17293人，产业扶贫贷款24315万元，7958人。（姚宏伟）

【民政兜底保障】　将农村低保标准上调至3278元·人/年，实现了低保线和贫困线的“两线合一”。全县农村低保户18317户18473人，其中建档立卡贫困人口为12217人，发放生活补助金4991.43万元。全县五保户2022名，其中建档立卡贫困人口1241人，发放生活补助金797.26万元，实现应保尽保。发放医疗救助314.61万元，救助655人次；为439户困难群众发放临时救助83.8万元。为全县167名孤儿发放生活补助金121.32万元。为全县1899名困难残疾人、2043名高龄老人、1119名失能老人发放生活补贴243.78万元。总投资468万元先后建起老年人日间照料中心39所。启动运行了扶贫移民集中供养中心，入驻保障对象20人。（姚宏伟）

【教育扶贫】　围绕“扶贫先扶智”的重要举措，2017年面向贫困户培训各类专业技术人员6000余人。落实省、市、县各类学生资助12项政策，为学前教育、义务教育、普通高中、中职教育、大学教育阶段贫困家庭学生累计发放各类补助3000余万元。特别是高中教育全免费、二本B类以上四年补贴资助1.1万元和职高对口升学的贫困大学生每学年资助2000元的政策，让贫困家庭学生都能上得起高中、大学，切断了贫困代际传递。全县小学、初中入学率均达到100%，全县义务教育阶段学生毕业合格率达到了100%，义务教育阶段巩固率达到99.97%。（姚宏伟）

【贫困村提升工程】 把贫困村提升工程作为整村退出的硬性标准。投资1604万元实施饮水安全工程75处，改善和解决20619户56126人的饮水安全问题。截至2017年年底，已实施完成42个村安全饮水工程。改造拓宽83个贫困村通村公路134.8千米，整村退出贫困村客运班线全部开通。全县100%农户通生活用电，行政村所在地全部通动力电。完成139个行政村文化活动场所建设。2017年整村脱贫村实现光纤网络、4G网络、广播电视“户户通”全覆盖。（姚宏伟）

【宣传引导】 做好“10·17”扶贫宣传日活动，邀请民政、卫计、教育、妇联、团委、住建等十二个部门开展“10·17”扶贫宣传日活动，共发放宣传资料2万余份，现场募捐9万余元；全年印发脱贫攻坚战报80期，创建“繁峙扶贫”手机APP，同时，充分利用电视新闻媒体宣传推介作用，将精准识别、易地扶贫搬迁、产业扶贫等政策及时向广大人民群众进行宣传。（姚宏伟）

中国人民政治协商会议繁峙县委员会

综　述

【理论学习】　2017年，县政协深入学习贯彻中共十八大、十八届三中、四中、五中、六中全会和习近平总书记系列重要讲话精神，学习省第十一次党代会精神，学习省委、省政协工作会议精神，进一步坚定“四个自信”，牢固树立“四个意识”，坚定不移地维护以习近平为核心的党中央权威，始终在思想上、政治上、行动上同以习近平为核心的党中央保持高度一致。认真贯彻落实县委重大决策部署，及时向县委请示汇报工作，与县委、县政府中心工作同向同行。2017年常委会集体学习4次，集中培训政协委员、机关干部180余人次。

按照省、市、县的部署要求，始终把“维护核心、见诸行动”主题教育和“双日双评”专题教育作为重大政治任务抓紧抓好，组织学习骆惠宁在省委十一届三次全会上的讲话，学习贯彻落实习总书记视察山西讲话精神，学习刘云山、赵乐际在推进“两学一做”学习教育常态化、制度化工作座谈会上的讲话，学习习总书记在第十九次代表大会上的讲话和市委四届四次会议精神，以“三会一课”为基本制度，以“三基”建设为基本抓手，严格对照“三严三实”“四个意识”要求，提升了党员的“身份感”，增强党员的“责任感”，组织引导政协委员和党员干部在日常工作和生活中发挥模范带头作用，严格执行“支部主题党日”和“党员先锋行实践日”活动，制定方案，制订学习计划，领导干部认真讲党课，看纪录片，撰写心得体会，全体机关人员参加了专题教育，切实做到了“双日双评”“两学一做”学习教育常态化制度化。（刘锐锋　韩立华）

【议政建言】　2017年，县政协安排常委会议、专题议政会议就职业教育存在的问题提出了意见建议，围绕“发挥开发区在转型综改试验区建设中的引擎作用，推进创新驱动转型升级战略实施”主题进行调研，就“两不愁，三保障”情况、贫困人口识别和退出的准确率、群众满意度，分析问题所在，就“农业供给侧结构改革”“食品药品安全监管”“城市执法体制改革改进城市管理”中存在的问题提出相应的对策建议，就脱贫攻坚系列决策部署情况进行专项监督性视察，围绕打赢脱贫攻坚战实施意见情况；“五个一批”推进落实情况；10个深度贫困县推进脱贫攻坚情况，重点是易地搬迁7个问题的解决情况；脱贫攻坚责任制落实情况等调研视察。并对统战、宗教工作和平型关、韩庄长城保护修复情况等进行调研。此外，2017年还向县政府提供报省政府关于民生实事的建议，建议繁五、砂应高速路应尽快开工、山区乡村路养护应给予专款支持和省级电视台免费为小微企业做广告。

2017年，共组织调研、视察活动15批次，报送专题建议报告11余件；征集提案49件，立案办复37件，办复率达100%；委员们提出的关于全面整治出租车乱收费现象、规范繁峙县“顺风车”、在中小学校聘请政治辅导员的建议、如何发展壮大农村集体经济的建议、本县精准扶贫工作的建议、加强对宗教活动场所及教职人员依法管理和维权、发展农村电子商务的相关建议受到县委、县政府高度重视，有些已转化为党政推进科学发展、增进群众福祉的实际举措。（刘锐锋　韩立华）

【环境创优】 2017年选派20余名委员担任执法执纪监督员，配合县纪委、监察局开展政风、行风评议活动。（刘锐锋　韩立华）

【社情民意】 2017年，拓宽社情民意渠道，做好社情民意信息综合分析和报送工作，为党政机关掌握民情民意、推进工作提供服务。收集社情民意信息130余篇，编报专刊32期，其中国采1篇（条）、省采2篇（条）、市采2篇（条）。在2017年市政协全会期间，本县社情民意工作继续受到市级表彰，获得忻州市“年度政协信息工作先进单位”的荣誉称号。（刘锐锋　韩立华）

重要会议

【县政协十一届二次全体委员会议】 3月24日至27日，县政协十一届二次全体委员会议在县城举行。会议应出席委员160人，实到152人。24日下午5点举行预备会议，审议通过政协第十一届繁峙县委员会第二次会议主席团，主席团常务主席和秘书长名单，审议通过召开政协第十一届繁峙县委员会第二次会议议程、日程和其他有关事项。25日上午举行开幕会议，高玲玲主持会议。钟文秀代表县政协常委会向大会报告工作。张晋军向大会作政协繁峙县委员会常务委员会提案工作情况报告。会议期间，委员们列席县人大十六届二次会议，认真听取和讨论政府工作报告及其他报告。通过大会建言、小组讨论、联组会议和提案、社情民意信息等多种方式，围绕本县经济发展、精准脱贫、社会稳定、招商引资等重要问题提出了许多有价值的意见和建议。27日举行闭幕会，通过提案审查委员会关于县政协十一届二次会议提案审查情况的报告，关于政协繁峙县委员会常务委员会工作报告的决议，政协第十一届繁峙县委员会第二次会议政治决议。县委书记孔保宝在闭幕会议上讲话。会议期间，县委书记孔保宝，县委常委、县长崔峥岭等领导分别出席委员小组讨论。并向书记孔保宝、县长崔峥岭报送政协委员讨论意见建议整理稿，共44条。（刘锐锋　韩立华）

【县政协十一届四次常委会议】 4月14日，县政协十一届四次常委会议在县综合职业学校会议室召开。县政协主席钟文秀，副主席张晋军、高玲玲、郑宇利、邬春生，秘书长孙福焕出席。会议讨论了政协常委会工作要

点，协商讨论通过政协委员结对帮扶考核办法，决定建立台账；报送关于《繁峙文史》征编事宜。（刘锐锋　韩立华）

【县政协十一届六次常委会议】 11月9日，县政协十一届六次常委会议在砂河农造厂会议室召开。县政协主席钟文秀，副主席张晋军、高玲玲、郑宇利、邬春生，秘书长孙福焕出席。经企界委员参加会议。会议邀请十九大代表沙万里介绍十九大盛况和参加十九大的感受。（刘锐锋　韩立华）

重要活动

【“维护核心、见诸行动”主题教育和“双日双评”专题教育】 4月5日，繁峙县“双日双评”活动推进“两学一做”常态化、制度化动员会之后，县政协严格按照领导组办公室要求，每月第三周周三下午集中开展“支部主题党日活动”，每季度开展一次“党员先锋行实践日活动”，确定学习内容和实践主题，班子成员人人讲党课，其他党员干部谈学习体会，充分调动党员的积极性、主动性、创造性，使“两学一做”学得深入，做得到位，坚持经常、融入日常。

（刘锐锋　韩立华）

【扶贫工作】 县政协贯彻落实中央和省、市、县关于脱贫攻坚的部署要求，在委员中开展了“委员进村入户活动”和“五个一”活动（参加一次政协组织活动、提供一条招商引资信息、反映一条社情民意、撰写好一件提案、帮扶一户贫困户），积极引导广大政协委员立足各自实际。2017年，继续大力开展“六帮六送”等扶贫济困活动，截至年底，共有118名委员参与了结对帮扶助推脱贫活动，共帮扶781户，2183人。委员们积极行动，上项目、出资金、送温暖，帮扶效果明显，共计捐资280.165万元，其中沙万里、黄卫东等11名企业家委员捐资266.71万元，委员们在帮扶措施上形式多样，有的委员捐资建设基础设施、捐资助学、送温暖、捐资购买种羊、农作物种子、救助病患、捐资建厂房，进行金融扶贫。实施“五位一体”帮扶措施。有的委员发展地方产业，为贫困户提供就业岗位，提供种植、养殖技术帮扶。有的委员为贫困户争取低保、送药、实施“光伏发电”、帮助困难户参加合作社、为贫困户解决实际问题等，真真做到了真扶贫、扶真贫。

政协办作为东山乡冻冷沟村的帮扶单位，机关工作人员不定期的入户与村民进行座谈，了解该村的基本情况，并走访建档立卡贫困户，增感情、摸实情，全程参与了该村扶贫动态调整工作，退出14人，做到了应退尽退，应保尽保。制定帮扶方案，共同商讨村民脱贫计划和措施，并筹资7万余元为贫困户购置种羊125只，帮助贫困户脱贫。（刘锐锋　韩立华）

专门委员会

【提案委员会】 2017年，共收到委员提案49件，经提案委员会审查和归类，立案37件，其中经济和城市建设类23件，占立案总数的66%，文教卫生类9件，占立案总数的26%，劳动人事类3件，占立案总数的8%。县政协专门召开提案交办会，向县政府提交37件政协提案。及时将立案的提案呈送相关单位研究处理，对没有立案的提案，也以信函的方式转交相关单位参考，将提案办理情况及时答复委员，并对办理落实情况进行跟踪督办。（刘锐锋　韩立华）

【经济委员会】 2017年，围绕县政协常委会工作要点开展调研，通过调研、考察，就本县精准扶贫、农业供给侧结构改革、民营经济发展等提出意见建议。收集整理提交政协全会的“政协委员建言录”，为党政决策提供参考。（刘锐锋　韩立华）

【教科文卫体委员会】 2017年，组织文化、医卫、科技、教育、社科等界别的委员，开展调研活动，就文物保护、医疗保障、文化产业发展进行视察调研，形成相关调研报告。（刘锐锋　韩立华）

【法制与文史委员会】 2017年，编印出版了文史资料第十二辑《繁峙文史·人文自然景观专辑》，正在整理编印第十三辑《繁峙文史·老照片专辑四》和《繁峙文史·繁峙古迹文史》。此外，还向市政协报送了文史资料——长城繁峙段的相关资料。

（刘锐锋　韩立华）

民主党派

民革支部

【概述】 民革繁峙支部于2017年11月11日召开全体党员大会，认真学习中共十九大报告，并对贯彻中共十九大精神作了详细的部署安排。11月3日，参加民革忻州市委组织的《伟大的核心，祝贺中共十九大胜利召开》全国民革书画作品展。

2017年12月8日，参加了民革忻州市委举行的“拥戴核心 合作奋进”学习中共

民革繁峙支部召开学习中共十九大精神座谈会 郭文华提供

十九大知识竞赛，并荣获三等奖，同时还参加“拥戴核心 合作奋进”讴歌中共十九大民革党员风采展示会。通过上述系列活动，统一了思想，提高了认识，落实了行动，加强了党员的思想政治素质，提高了党员的思想理论水平。 （郭文华）

民进繁峙小组

【概述】 2017年县两会前，民进小组全体会员分组下乡进行社情民意调研。7月10日，民进小组召开会议，传达学习中共中央总书记习近平视察山西扶贫工作讲话精神。

7月12日，民进忻州市委主委王海英来本县调研，部分会员陪同调研。

12月29日，民进小组召开纪念民进成立72周年座谈会。 （李银所）

【扶贫工作】 3月底，民进小组扶贫工作队圆满完成了进驻神堂堡乡杨树湾村和砂河镇红崖村的扶贫工作。 （李银所）

社会团体

工　会

【概述】　2017年，县总工会紧紧围绕县委、县政府中心工作，按照省总工会确立的党政所需、职工所想、工会所谋的总体要求，全面加强工会组织三基建设，努力打造干事创业工会干部队伍，积极凝聚职工力量，推动全县经济社会持续健康发展。　（王卫东）

【五小竞赛】　全县企事业单位继续深入开展群众性“五小”竞赛活动。全县20家参赛单位，参与职工达到4700多人，达到预期效果的示范企业7家，创造利润（节能）600余万元。有16个项目上报市总工会参加省优秀成果评选，其中华茂精密铸造有限公司的混铁炉除尘风机变频节能改造、农机修造厂的低温核桃仁榨油机实验项目分别获省五小竞赛优秀成果三等奖。　（王卫东）

【劳模精神弘扬】　“五一”期间，开展了劳模宣传月系列活动，对2017年受到省、市、县记功表彰的52名先进模范个人制作了展板进行宣传，组织召开劳模表彰会、劳模事迹报告会、劳模座谈会三场，大力展示劳模风采，

2017年，劳模宣传月活动　王卫东提供

让劳模精神家喻户晓，深入人心。一个尊重知识、崇尚劳模、劳动光荣、创造伟大、奋勇争先、积极向上的良好社会氛围正在全县形成。（王卫东）

【扶贫工作】　县总工会紧紧围绕县委(1571)发展战略，聚集社会力量，主动履职，保障和支撑扶贫，为全县脱贫攻坚做出应有贡献。在脱贫攻坚中，用劳模精神引领贫困群众，把脱贫增收的期望转化为勤劳致富的自觉行动；支持企业家劳模、种植业养殖业劳模发展布局产业扶贫；支持企业家劳模、小康村带头人劳模和贫困村、贫困户结队帮扶。能人引路，助力脱贫，县总工会的帮扶工作得到贫困户的认可，受到县委、县政府的表彰，帮扶队员被省人社、扶贫部门表彰，劳模结队帮扶活动被上级工会肯定。（王卫东）

【四送活动】　县总工会把帮扶困难职工工作为维护社会稳定，促进社会和谐的大事来抓，积极建立健全工会援助服务体系，不断拓展服务职工领域，尽心竭力为党和政府分忧，为职工群众解困。春送岗位成功介绍 202 人就业，接待就业创业咨询 1200 人；夏送清凉深入 20 个单位，为奋战在生产一线的 740 人送上了防暑用品；金秋助学活动中，资助 12 名寒门学子圆了上大学的梦；冬送温暖发放资金 80 余万元，使 1200 名困难职工家庭得到救助。（王卫东）

2017 年，工会职工参加金秋助学活动　王卫东提供

【组织建设】　在推行工会组织建设过程中，始终坚持哪里有职工，哪里就要有工会的要求，把非公企业和农民工入会作为重点来抓，认真开展两注一建工作，做到了底清数明。为突出工会的桥梁纽带作用，本年加大力气整顿乡镇、居民办和机关事业单位工会组织，全县 13 个乡镇、1 个居民办事处，均组建为工会联合会，53 个机关事业单位配齐了工会主席，健全了工会组织领导机构。全县工会组织有 546 个，发展会员 30445 人，工会作为党联系职工群众的桥梁纽带，为履行职责提供了重要组织保证。（王卫东）

【换届工作】　按照中央、省、市、县党的群团工作意见要求，县总工会出台了全县工会改革方案，方案任务目标具体，工作要点和进度分工明确。11 月 23 日，繁峙县工会第十次代表大会在县城召开，选举产生了县工会新一届领导班子，并吸纳了 4 名社会各界职工为兼挂职副主席。各乡（镇）、居民办事处也从 11 月份开始，先后进行了工会换届工作。至年底，从县到乡（镇）一级工会换届工作全部完成。（王卫东）

共青团

【概述】　2017 年，团县委在县委和团市委的坚强领导下，选优配齐人才队伍，组织带领全县广大青年以脱贫攻坚为统领，把“党政所急、共青团所能、青年所需”作为工作的出发点和落脚点，不断开创青年团工作新局面。（刘心田）

【共青团改革】　落实共青团改革要求，召开共青团繁峙县十六届一次、二次全体委员会议，选举产生十六届领导班子，袁绍华为团县委书记；王兴华、王海凤为团县委专职副书记；赵丹琳为挂职副书记；韩智、吕琳、金磊为兼职副书记；配齐少工委班子，刘心田任少工委主任；遴选 2 名公益岗位大学生在团县委机关工作。（刘心田）

【扶贫工作】　（1）团县委 8 名帮扶干部结对帮扶东山乡兴胜村 16 户贫困户，每月入户帮扶 3 次以上，宣传扶贫政策，了解实际困难，因户施策进行帮扶。编制了《团县委脱贫攻坚帮扶贫困户信息表》，针对整村搬迁开展问卷调查。（2）实施“五位一体”金融扶贫项目，推动 3 户贫困户分别与鼎宝牧业公司、五台山旭日东升旅游有限公司签订帮扶协议，实现每年稳定增收 3300 元。

2017 年，阳光通讯行动中为贫困户发放并安装手机　赵丹琳提供

针对 1 贫困户开百货小门市的意愿，团县委积极协调县农商行为其发放个人贷款 5 万元。另有 3 户贫困户也提交了“五位一体”金融扶贫项目申请，正在审核中。(3) 应贫困户请求，为加强沟通、提升群众满意度和获得感，团县委于 7 月份向贫困户发放通讯手机 16 部（每户 1 部）。(4) 实施产业脱贫项目。团县委主要在整村搬迁和产业脱贫上下功夫。帮扶贫困群众于 2017 年 4 月全部完成整村搬迁协议签订工作；从团县委办公经费中拨付 1.2 万元，打捆第一书记 3 万元经费，对兴胜村 16 户贫困户实施绵羊养殖项目，每户 2 只，正在注册成立合作社。(5) 志愿服务助力脱贫。2017 年 4 月，团县委携手宏钜大磨坊爱心企业，组成志愿者队伍深入笔锋敬老院，为孤寡老人送去杂粮、油等生活用品 50 份，并开展生活照料等志愿服务活动；2017 年 5 月，与繁峙县心连心公益团队和繁峙县心理教育咨询协会，结对深入杏园小学，开展“情暖六一节、关爱农村留守儿童”主题活动，看望慰问该校 36 名留守、单亲、贫困儿童，捐赠了书包、T 恤、水杯、衣物等，并开展心理健康专题辅导。(6) 动员青联助力脱贫。积极对接市青联，多次组织释觉弘等青联委员，募集社会资金和物品，与 182 名贫困群众开展了帮扶行动，共计捐赠物品 424 份，捐资 1.9 万元。其中，2017 年 6 月，深入光裕堡乡富家庄村慰问贫困户刘林聪，赠送了白面、冬虫夏草粉等食品，并送去慰问金 3000 元；2017 年 7 月，深入到大营镇大营村，贫困户许立冬家中，赠送了野生沙棘原浆、白面、冬虫夏草粉、沙棘汁等食品，送去了慰问金 1 万元；2017 年 10 月，深入县敬老院，为老人们赠送了冬虫夏草粉、沙棘汁、醋、豆腐干等 60 余箱物品，并捐赠慰问金 6000 元；2017 年 11 月，向光裕堡乡 120 户贫困户每户赠送了大米、白面、色拉油等生活物品，共计 360 余份。（赵丹琳）

【基础工作】　(1) 2017 年，希望工程圆梦行动共资助贫困大学生 11 人。其中，通过省青基金会资助 10 人，每人 5000 元；通过团市委资助 1 人，争取省、市资金 5.5 万元。开展大病救助行动对上申报核准救助 5 人，每人 1 万元。(2) 组织举办了繁峙县首届风筝节活动，参众人数 2600 余人次；成功举办了夏季欢乐水娱活动，600 个家庭互动参与；推选本县两个项目参加忻州市创业大赛，共获得邮储银行 150 万元创业授信资金；组织 3 支志愿服务队伍，开展各类公益活动 29 期。(3) 牵头开展繁峙县青少年重点安全稳定风险隐患大排查大整治专项行动。2017 年 9 月，成功申请创建省级“青少

2017 年风筝节活动　赵丹琳提供

年零犯罪零受害社区”。与县司法局联合开展法律知识进校园活动，对县综合职业学校8个班400名青少年进行普法宣讲。（4）创业就业。配合县人社局、扶贫办等部门举办“春风行动”暨春季用工招聘会，提供岗位780多个，求职人数达1600余人，达成用工意向202人。（5）发展团员。完成市级下达本县新增600名新团员指标任务，全县团员总数达到10925人。（刘心田）

妇　联

【概述】　2017年是党的十九大胜利召开之年，是妇联改革纵深推进的关键之年，是繁峙县脱贫攻坚再战再胜的深化之年。县妇联坚持保持和增强政治性、先进性、群众性的根本要求，以脱贫攻坚为主线，以深化妇联改革为动力，以“妇女所急、党政所需、妇联所能”为定位，以“服务大局、服务基层、服务妇女”为根本，团结凝聚全县广大妇女务实创新，积极作为，各项工作取得较好的成绩。（张巧香）

【巾帼脱贫行动】　2017年，县妇联按照县委、县政府脱贫攻坚总体安排部署，把培训就业作为本年脱贫攻坚的重点之一，组织有外出打工意愿的妇女参加月嫂、家政培训，组织离家有困难的妇女学习刺绣、手工艺品培训，帮助她们实现灵活就业，增收致富。

2017年县妇联助力脱贫攻坚，打造“繁峙绣娘”品牌　张巧香提供

打响“繁峙绣娘”品牌。依托晋绣坊巾帼脱贫示范基地共举办绣娘培训5期，486名农村妇女（其中建档立卡精准贫困妇女246名）拿到了“培训合格证”，298名妇女签署《晋绣坊家庭绣娘聘书》，有20名农村妇女经过提升班的学习，与晋绣坊签约为固定绣娘。

着力培养“繁峙月嫂”，为愿意参加月嫂培训的农村妇女争取免费外出培训机会，选送4批次90多名农村妇女（其中建档立卡精准贫困妇女54名）参加月嫂培训，87名妇女通过考试拿到了“山西母婴护理员培训合格证书”，并先后有20名学员在省妇幼保健院实习就业；组织12名农村妇女参加市妇联组织的家政培训；选送5名妇女参加各级妇联组织的妇女电子商务培训班。

开展民间布艺技能培训。联合双英民间工艺品有限公司举办农村妇女创新创业民间布艺技能培训2期，60多名妇女参加了培训，为她们在脱贫致富中学习新技能，寻找新门路。

多次深入帮扶村岩头乡岩辛庄村，为广大贫困户讲解扶贫政策，激发内生动力，巩固脱贫成果。开展扶贫攻坚“四送”活动，为全村16户贫困家庭送去了白面、大米、食用油等总价值3000多元的慰问品。

（张巧香）

【巾帼建功行动】　充分用好全县“春风行动”这个平台，为妇女提供免费服务1600人次，共发放宣传资料2000份，免费提供政策咨询100余人次，提供企业用工信息200条，初步统计达成就业意向82人。选树段雪梅等7名脱贫致富带头人，选树晋绣坊为省级巾帼就业创业示范基地，发挥榜样和基地在技能培训、技术推广和扶贫帮困等方面的示范带动作用。（张巧香）

【妇女儿童合法权益维护】 开展家庭情感纠纷大排查大整治活动，将家庭情感矛盾纠纷解决在基础，化解在萌芽状态。并充分发挥“妇女维权法庭”的特殊作用，全方位为全县妇女特别是农村特困妇女提供法律援助，依法、依规维护妇女儿童的合法权益。

2017年“三八维权周”进行维权知识宣传 张巧香提供

借助“三八维权周”利用媒体和现场咨询，重点宣传《中华人民共和国反家庭暴力法》《中华人民共和国妇女权益保障法》等，共发放宣传资料3000余份。联合团委、司法局在县综合职业学校举办“法制进校园”活动，受益人数5610名。

深化“平安家庭”创建活动，各乡（镇）、居民办向县妇联推荐“平安家庭”140户，平安村（社区）14个，县妇联经过认真筛选，向市妇联推荐6户“平安家庭”，2个平安村（社区），向省妇联推荐1户“平安家庭”。

认真接待群众来信来访11件，其中电话咨询3件，婚姻家庭类2件，困难妇女医疗费问题9件，处理率达到100%。（张巧香）

【为妇女儿童办实事解难事】 1. 为65名“两癌母亲”发放每人1万元总计65万元的救助金，其中，建档立卡贫困妇女58名。继续为37名“两癌母亲”录入全国妇联农村妇女“两癌”免费检查统计系统。并为9名贫困妇女发放每人1000元总计9000元的慰问金。

2. 继2016年与中国农村杂志社、山西省人防办联合开展营养扶贫公益行动，继续为2016年没有发放的东山、大营、柏家庄、集义庄和横涧5个乡（镇）784名精准扶贫户0—6岁的儿童捐赠每户320元总价值25.088万元的营养奶粉和营养扶贫手册。为3名特困孤儿送去了每人1000元慰问金；为笔锋小学、东山乡小学100名留守儿童送去了书包和学习用品；为5名贫困女大学生送去每人2000元的助学金。

3. 圆满完成建档立卡农村妇女“两癌”免费检查工作。本县应检建档立卡农村妇女为12372人，共完成宫颈癌、乳腺癌检查人数为12694人，任务完成率为102.6%，其中查出宫颈癌疑似病例69人，乳腺癌疑似病例11人。并积极抓好妇女健康知识宣传教育，广泛动员全县妇女和家庭参与妇女健康行动，切实提高了贫困妇女“两癌”

2017年，为65名“两癌母亲”发放每人1万元总计65万元的救助金 张巧香提供

的早诊早治率，增强了农村妇女的健康水平。

（张巧香）

【基层妇联组织改建】 1. 妇联改建工作初见成效。全县 13 个乡（镇）、1 个居民办，按照乡镇（街道）妇联 1：4 的比例配备兼职副主席，已配备兼职副主席 56 名、执委 418 名。全县 394 个行政村、8 个社区完成了“会改联”，其中 55 个村联建妇联组织 26 个。村（社区）妇联选配副主席 324 名，执委 2279 名，进一步增强了基层妇联组织的辐射带动作用，加强了基层妇联工作力量。

2. 县级妇联改革圆满完成。召开县妇联八届四次执委会。以举手表决的方式选举产生魏丽婷、陈娟为繁峙县妇女联合会副主席，赵娟为繁峙县妇女联合会挂职副主席，史彩兰、张丽、张晓燕、苏建峰、杨芳、薄小燕为兼职副主席。

3. 建好、管好、用好“妇女之家”。为 13 个乡（镇）发放音响 25 台，确保“妇女之家”在宣传教育、维权服务、组织开展活动等方面发挥更多作用，并充分运用新媒体手段，通过建立月嫂、刺绣、家教等各类网上“妇女之家”，通过新媒体方式联系妇女群众人数 3 万多人，真正形成了实体“妇女之家”与“网上妇女之家”、线上与线下联动开展妇女工作的新格局。 （张巧香）

【和谐家园创建】 1. 依托“妇女之家”，积极开展“五好文明家庭”“平安家庭”“最美家庭”等特色家庭创评活动，共发放倡议书 2000 余份，寻找县级“最美家庭”50 户，推荐李香香、宋春芳等市级“最美家庭”10 户，选树贾计梅等市级“最孝儿女”“最美新娘”3 人，并在全县举办了以“庆祝十九大 传承好家风”为主题的“最美家庭”颁奖典礼。

2. 做足“联”字文章，创新开展家庭教

2017 年，举办以“喜庆十九大 传承好家风”为主题的“最美家庭”颁奖典礼 张巧香提供

育活动。联合繁峙县心理教育咨询协会开展了关爱留守儿童、关注未成年人健康成长和做智慧家长三大系列共 9 场公益活动，服务孩子 2700 人，家长 1500 多人，参与志愿者人数达 165 人；联合县教育局开展以“注重家庭、注重家教、注重家风”为主题的家庭教育进校园活动 10 余场，共计 3000 多名家长和学生参与聆听了讲座；开展市妇联、市教育局家庭教育“百场精品课”公益巡讲繁峙专场 7 场。特邀忻州市家庭教育辅导师郭玉莲老师为主讲，全县 7 个乡（镇）7 所小学 1000 余名师生和家长聆听巡讲。创建申报繁峙县新苗幼儿园为忻州市家庭教育示范基地，夯实基层家庭教育工作基础。开展“相伴共读、书香润德”亲子阅读夏令营活动。受益家庭 150 余个，直接受益儿童 300 多名，还现场为孩子们赠送了《小王子》等精美图书和《道德经》经典读本 100 余册。

（张巧香）

【“双日双评”活动】 组织开展的“双日双评”活动中，一个动作不减，一次活动不落，始终把思想教育放在重要位置，教育引导广大党员不断改造自己，提高思想政治觉悟，提高学习教育的自觉性和主动性。教育引导妇联干部学党史、颂党恩、听党话、跟党

走，自觉在思想上、政治上、行动上同以总书记习近平为核心的党中央保持高度一致。（张巧香）

【“强基固本”工程】 举办乡村妇联主席培训班和女性文化学堂专场讲座4次，传达学习市委四届三次全会精神和县委十三届三次全会精神；特邀县委党校讲师贺利平就习近平总书记视察山西重要讲话精神和党的十九大精神作专题辅导；并组织全体与会人员赴东山乡伯强村毛主席路居纪念馆，接受红色革命传统教育，更加坚定妇联干部的共产主义理想信念。（张巧香）

科　协

【概述】 繁峙县科学技术协会（简称繁峙县科协）是中共繁峙县委领导下的人民团体，是党和政府联系科技工作者的桥梁和纽带，是科学技术工作者的群众组织，是推动科学技术事业发展的重要力量。县科协是参照公务员管理的正科级事业单位，核定编制3人，其中领导职数1人，现有3人。（郭俊廷）

【全民科学素质】 2017年是本县全民科学素质工作取得突出成绩的一年，县科协认真履行全民科学素质工作领导组办公室职责，充分发挥组织协调作用，形成党委、政府领导，各成员单位密切配合，社会各界广泛参与的社会化科普工作新格局。（1）为进一步明确本县“十三五”期间全民科学素质工作任务，县政府以繁政办发〔2017〕71号文件印发了《繁峙县全民科学素质行动计划纲要实施方案（2016—2020年）》，明确了各单位、各部门的工作目标和任务。（2）为全面落实《科普中国·百城千校万村行动》在全县13个乡（镇）336个村，县城居民办8个社区居委会，90所中小学校选出660名科普信息员，在各居委会开通了“山西省科普网络书屋”。为提高全民科学素质，打通“科普中国”最后1公里，拓宽科普渠道，提高科普服务能力起到了积极作用。（3）以未成年人、农民、社区居民、城镇劳动者、领导干部和公务员五大重点人群科学素质提升工作为重点，进行广泛的科普教育活动。县科协与县二中共同组织全校学生参加了由中国科技馆组织的2017首届“参观科技展览有奖征文活动”，在此次活动中有12位同学获奖。其中，赵娇媛老师指导的229班侯妙妙同学《科技的魅力》一文，被评为全国优胜奖，也是山西省内唯一获此殊荣的奖项。师生二人应中国科技馆之邀，参加了为期七天的“中国科技馆2017科技夏令营活动”。以“科技助力脱贫攻坚”为主题，在社区居民中开展“忻州市第二届科普摄影展”征集活动，由社区居民张润生拍摄的《农村新能源（组照）》被组委会评为二等奖，并推荐参加了中国科协普及部和山西省科协、山西省摄影家协会举办的“第六届中国科普摄影大赛”，获优秀奖。县科技局、县农委、县人社局、县妇联等各成员单位全年共举办新型职业农民、厨师、驾驶员、繁峙绣娘、家政、电商等各类培训班70余期，参加人数达到6800余人次。以县委组织部牵头，县委党校、县委宣传部等部门积极配合，通过对党政领导干部、各类专业干部、基层干部、企事业管理人员、专业技术人才实施履职能力、思维创新能力、知识更新等工程，全年共举办各类培训班、培训会、讲座23场次，参加培训的各类干部达到8600余人次。全县有1000多名公务员参加了干部在线学习教育，全面提升了领导干部和公务员通用基本能力和科学素质。（郭俊廷）

【科普活动】　2017年5月30日是中华人民共和国首个“全国科技工作者日”，县科协积极组织开展以“精忠报国·敢为人先·拼搏奉献”为主题，邀请科技工作者座谈、举办科学道德和科学精神宣讲、悬挂标语、发放宣传资料等丰富多彩的宣传活动。

9月份全国科普日活动其间，县科协围绕“创新驱动发展、科学破除愚昧”的主题活动。9月22日至25日，在砂河镇“山西省科普惠农中心服务（繁峙）站”成功举办了“2017年繁峙县全国科普日活动”。活动其间，举办了“忻州市科普惠农服务大讲堂”“科技助力精准扶贫培训会”、现场观摩了玉米、谷子、中药材等新品种、新技术试验、示范田等活动。由忻州市科协从科普惠农专家服务团队中选派的专家、从山西农大聘请的老师围绕玉米品种、功能小杂粮、特色干鲜果、道地中药材、温室瓜菜等方面就栽培技术、田间管理、病虫害防治、经营理念等技术进行了深入详细的讲解，学员们受到了启发，初步掌握了技术。在为期4天的活动中，有全县科技示范户、种粮大户、贫困户、科技致富带头人、科普志愿者、各专业技术协会技术骨干、科普示范基地负责人、县科协、县科技局、县农委的领导和工作人员共计200余人参加了活动。（郭俊廷）

【科技助力精准扶贫工程】　按照省科协、省农委、省扶贫办的安排部署，县科协与县农委、县扶贫开发中心共同协商成立了“繁峙县科技助力精准扶贫工程领导小组”，办公室设在县科协，制订了实施方案，并及时向县委、县政府领导汇报工作，受到县委、县政府领导的高度重视。山西省科普惠农中心服务（繁峙）站充分发挥自身优势，聘请省农大、省农科院、和市科普惠农大讲堂的专家教授，以讲座、现场问答、实地观摩的方式举办“脱贫攻坚小杂粮培训班”“脱贫攻坚林果业生产培训班”“贫困妇女就业创业技能培训班”等各类培训班5期，受培训的精准贫困户达400余人。农业畜牧部门研究员郑竹胜、高级畜牧师高月平、高级农艺师高永伟等40多名专家和科技工作者对220余户贫困户实施了结对帮扶，通过宣讲国家扶贫政策、科技知识、分析致贫原因、制定并实施帮扶措施等，服务建档立卡贫困人口680余人。加大宣传力度，助力精准扶贫。全年共向各乡（镇）发放由省科协配发的《科技助力精准扶贫》科普挂图10期1500余份，县科协编印发放了《科技助力精准扶贫宣传册》《身边的科学知识手册》《互联网+时代的智慧生活》等科普图书1万多册。以全国科普日、科技活动周、科普惠农大讲堂、三下乡等大型科普活动为契机，在全县范围内针对贫困户进行了科普惠农实用技术和科技知识的培训、宣传，起到了应有的作用，收到良好的效果。（郭俊廷）

【驱动助力工程】　根据《山西省科协关于实施创新驱动助力工程的意见》和《忻州市科协创新驱动助力工程实施方案》，经市科协实地到企业调研，省科协联系相关学会专家入企对接服务等大量工作，繁峙县杏园农产品专业合作社与省科协学会专家达成了深入合作的意向，建起了“学会服务站”并受到省科协的资助。（郭俊廷）

工商联

【概述】　2017年10月，县工商联主席沙万里当选为“十九”大代表，出席了中国共产党第十九次全国代表大会。本年，沙万里个人捐资200万元，为小砂河村修渠造地，改善生产生活条件。

本年，繁峙县委统战部、县工商联帮扶的东山乡塘后村年底实现整存脱贫。

本年，繁峙县共有52家民营企业投入“百企帮千村”行动。（张众益）

残　联

【概述】　繁峙县残疾人联合会（以下简称县残联）是政府批准由残疾人及其亲友和残疾人工作者组成的人民团体，是全县各类残疾人的统一组织。县残联具有“代表、服务、管理”三种职能：代表残疾人共同利益，维护残疾人合法权益；团结教育残疾人，为残疾人服务；承担政府委托的任务，发展和管理残疾人事业。2017年，县残联有编制7名，实有工作人员6人，理事长1人，副理事长1人，其他干部4人。内设办公室、康复科、综合科。辖县残疾人劳动就业服务所，编制3名，实有工作人员1人。（单俊恩）

【组织建设】　2017年，通过参加县委开展的“两学一做”学习教育活动，县残联党员干部的思想得到提高，全心全意为残疾人服务的意识进一步加强；分片举办了2期残疾人专职委员培训班，不断提高全县残疾人专职委员的业务能力和服务水平。（单俊恩）

【残疾人扶贫】　2017年，进行了5个方面的扶贫工作。1. 根据忻州市民政局、市残联、市财政局联合下发的《关于印发忻州市困难残疾人生活补贴和重度残疾人护理补贴实施方案的通知》（忻民发〔2016〕9号）精神，县残联为2074名符合条件的一、二级重度残疾人发放了每人每月50元的护理补贴，共发放资金124.44万元。2. 为20户贫困残疾人家庭实施了“农村基层党组织扶贫工程”，每户帮扶资金3000元，共计6万元。3. 县残联在“全国助残日”其间，对20户贫困残疾人进行了慰问，每户发放了大米、白面、油等约200元的慰问品。4. 为5名驾驶机动轮椅车的残疾人发放了每人每年260元的燃油补贴。5. 对100名农村残疾人进行了种植、养殖实用技术培训。（单俊恩）

【宣传教育】　2017年，利用全国爱耳日、助残日、爱眼日、盲人节和聋人节等重大节日，广泛开展宣传活动。在县电视台飞播残疾人事业宣传标语25条、印发宣传单2000份、宣传手册200份。全年订购《中国残疾人》27份、《三月风》27份、《残疾人研究》3份。开展残疾人体育健身活动，为残疾人下发了2万元的康复体育健身器材。

（单俊恩）

【康复工作】　2017年，为112名白内障患者免费实施了手术；为7名肢体残疾人免费安装了普及型假肢；免费配发各种残疾人辅助器具269件；为840有需求的残疾人提供康复服务。先后为49人次0—6岁残疾儿童实施抢救性康复救助项目，0—6岁聋儿助听器免费适配1人，0—6岁聋儿机构康复训练5人，0—6岁智障及孤独症儿童康复训练19人，0—6岁肢体残疾儿童康复训练4人，0—17岁肢体残疾儿童矫形器装配4人，0—6岁残疾儿童基本辅助器具配发16件。

（单俊恩）

文　联

【拍全家福、写春联活动】　1月4日，县委宣传部、县文联组织美协书法家和摄影协会

2017年在塔坪村拍全家福、写春联活动　张向提供

摄影家分别到繁城镇后掌村、岩头乡塔坪村和闫辛庄村拍全家福、写春联。（张　向）

【省文联文艺志愿服务团在繁峙慰问】　1月6日，省文联文艺志愿服务团在繁峙砂河丰泽大酒店慰问演出。（张　向）

【繁峙县第二次音乐家协会会员代表大会召开】　1月17日，繁峙县第二次音乐家协会会员代表大会召开，会议选举了新一届音协主席、副主席。（张　向）

【市文联到赵家庄村采风、创作】　4月20日，忻州市文联带领20多名艺术家到赵家庄村采风、创作，入户扶贫慰问，并把赵家庄村定为市文联创作基地。市音协为繁峙创作了《杏花开了等你来》杏花节主题歌曲等。（张　向）

【省、市影协到繁峙进行摄影培训】　2017年6月30日—7月2日，山西省摄影家协会、忻州市摄影家协会在大杏采摘节期间，带领30多名摄影家到繁峙采风，帮助繁峙进行摄影培训、宣传等工作。（张　向）

【繁峙部分人员参加中国文联“文艺扶贫奔小康”示范县民间文艺人才培训班】　2017年10月30日至11月6日，由中国民间文艺家协会、中国文艺志愿服务中心、安徽省文学艺术界联合会联合发起的2017年中国文联“文艺扶贫奔小康”示范县民间文艺人才培训班在安徽省太和县开班。来自全国27个文联文化扶贫示范县的民间文艺家代表60多人，参加了为期8天的培训活动。县委常委、宣传部长郭美凤、县文联主席王爱中，县作协会员史彩兰参加了培训。（张　向）

【文艺扶贫研修班培训】　12月18日—20日，中国文联文艺志愿服务中心在京举办中国文联文艺扶贫示范县工作专题研修班。山西省文联书记处书记、通联部部长冯海涛，繁峙县委常委、宣传部部长郭美凤，县文联主席王爱中参加了研修班的学习。（张　向）

在大杏节上王馨老师进行精彩演唱　张向提供

军　事

【工作综述】　2017年，繁峙人武部深入学习领会省军区、军分区两级党委扩大会议精神，坚决落实上级党委决策部署，始终坚持以强军兴军目标为统领，紧紧扭住党管武装这把金钥匙，不断创新军民融合发展新局面，内正风气、外树形象、凝神聚力、真抓实干，以提高实战化水平为牵引推进战备训练工作，以开展“两项教育”为重点加强党委班子作风建设，以肃清郭徐流毒影响专项清理整治为抓手规范人武部运行秩序，围绕“创一流业绩，建过硬窗口”的工作目标，狠抓各项工作的落实，努力建设全面过硬的一流人武部。　（黄怀林）

2017年10月18日上午，繁峙人武部组织全体干部、职工、专武干部收听收看十九大召开盛况　黄怀林提供

【十九大精神学习】　2017年，部领导把学习贯彻十九大会议精神作为当前阶段最为重要的政治任务，作出专题部署，制订学习计划，并精心组织实施。统筹抓好全体人员学习培训工作，把党的十九大精神学懂学深、学透，通过学原文、抄原著、懂原理，真正入脑入心、融会贯通；全面、系统地抓好会议精神的传达学习工作，做到党员干部带头学，基层党组织全面学，专题培训系统学，基层人员原文学；通过集中学习、专题研讨、辅导报告等多种形式，把广大干部职工的思想和行动统一到全会精神上来；充分利用报刊、网络、微信、宣传橱窗等各种传播载体精心组织新闻宣传，加强对会议精神的宣传阐释，营造了学习宣传贯彻会议精神的浓厚氛围；将十九大会议精神的贯彻与“两学一做”学习教育相结合，把学习会议精神作为党的理论武装工作的重点任务，纳入“两学一做”常态化制度化教育；注重学用结合，切实以党的十九大精神引领各项工作，切实加强党的领导和党的建设，持续营造风清气正的良好政治生态。　（黄怀林）

【思想教育】 2017年，根据上级统一部署，全面筹划人武部党委机关“两学一做”学习教育常态化制度化和“维护核心、听从指挥”主题教育。根据军委机关、省军区、军分区对“两学一做”学习教育活动的指示要求，及时组织召开党委会，认真研究讨论县人武部具体实施计划，切实使党委班子成员在思想上达成共识，工作上形成合力。在军分区部署后，县人武部组织现役官兵、专武干部、职工党员进行再动员再部署，对教育活动开展情况进行具体安排，提出明确要求。活动中，严格落实集中理论学习和个人自学，印制“两学一做”口袋书，开展“百日手抄党章”活动；组织“知识答题竞赛”活动；人武部机关每名党员每月能够自觉按照标准足额上缴组织费。“七一”前，组织人武部机关、专武干部党员参观伯强毛主席路居纪念馆，开展重温入党誓词活动。5月下旬，组织全体党员落实承诺践诺活动，召开党员大会，组织每名党员公开承诺，让普通党员和广大群众监督承诺内容。通过开展各项活动，有效促进了学习教育内容的深入落实。（黄怀林）

【党管武装建设】 2017年，始终把理论武装、铸牢军魂作为政治建军第一位任务，狠抓思想引领。年初，县人武部深入贯彻落实上级会议精神，始终把学习贯彻习主席系列重要讲话精神摆在首要位置；围绕改革这一主线，把理论灌输和思想引导，作为官兵坚定理想信念、端正工作态度、打牢思想根基的主要途径来抓；按照人武部年度理论学习计划，每月集中组织一次党委中心组理论学习；通过同步参加省军区、军分区视频会议、召开党员大会、干部职工大会等形式，组织现役官兵、专武干部、职工党员重点对习主席系列重要讲话、全国“两会”、上级党委扩大会议精神、习主席在朱日和阅兵讲话等内容进行了讨论学习；同步参加了军委国防动员部组织的理论集训；8月1日，组织全体干部职工全程收看了习主席“八一”重要讲话直播盛况。专题组织召开党委会、干部党员大会传达学习了习主席讲话原文；通过组织理论学习、聆听首长辅导和专家授课，大家对习主席改革强军重大战略思想有了进一步认识，更加坚定了现役官兵投身国防后备力量建设的决心和信心。县人武部在加强党管武装方面建立了议军会议制度、现场办公制度、过“军事日”制度、党管武装述职制度，为县人武部开展武装工作提供了基本遵循。解决了提高大学生新兵的优抚待遇、营房修缮、职工移交等棘手问题。

（黄怀林）

【扶贫工作】 2017年，为贯彻落实习主席精准扶贫政策，人武部按照军分区和县委、县政府工作安排，结合武装工作实际，实施精准扶贫“四步走”方案，首先摸清贫困对象致贫原因等，分类区别建档立卡，尤其关注列入贫困户范围的退役军人、军属，确定“扶持谁”；针对致贫因素，联合县扶贫办开展技术一对一、项目一对一、资金一对一的精准帮扶，确定“谁来扶”；各乡（镇）专武干部包村包户，走在扶贫工作一线，制定脱贫帮扶详细规划，项目跟着规划走，因村因户因人分类决策，确定“怎么扶”；根据县委、县政府有关扶贫政策，确定脱贫标准、程序和核查办法，确保贫困户稳定脱贫、退出贫困序列，解决“如何退”。此外，县委常委、人武部政委王彦清每月实地走访10多户贫困户，查看扶贫工作落实实际，多次组织调研，通过座谈、走访、实地查看、问卷调查、查阅资料等方式，了解贫困村整村推进现状实际，听取广大基层干部、驻村工作队、第一书记、建档立卡户意见，访贫问苦，帮助群众与乡村积极共商脱贫项目，撰写两万多字的调研报告，参与元旦“四送一”活动，为贫困群众做了许多实事好事；县人武部还继续与贫困学生结成对子，赠送学习用品，资助完成学业，开展助学兴教活动；利用节日到军烈属、贫困户家中走访慰问开展送温暖活动；组织民兵持续参加地方经济建设，不断促进军民融合的深度和广度，提升军队在广大人民群众心目中的地位和作用。（黄怀林）

【战备训练】 2017年，结合县人武部工作实际，细化每月军事训练内容，按照计划，区分现役官兵、专武干部和民兵应急分队3个层次，分别组织训练，有效保证人员、内容、时间、质量的“四落实”。人武部机关人员，坚持落实日练百字、周标1图和每天1小时体能训练、每周一次一体化平台训练，人武部机关全体官兵整体军事素质得到较大提升。以军分区对全区专武干部考核为契机，5月8日至24日，集中组织全体专武干部进行业务集训，推荐4名专武干部到军分区参加考核，成绩优良；11月3日至22日，集中组织全体专武干部进行业务再集训，推荐5名专武干部到军分区参加考核，成绩优良。通过组织法规学习、业务辅导、军事技能和政治理论等科目的学习，有效提升各级各类人员的军政素质，激发了基层武装工作者的工作热情。（黄怀林）

【民兵整组】 2017年的整组工作展开后，本着“早准备、早计划、早入手”的原则，人武部组织专武干部召开专题会议，进行分析研究，主要对各乡（镇）民兵力量编组需求和军分区基干民兵组织规模任务，进行合理编组，并通过国防动员9个办公室对民兵组织整顿工作的人员、企业、相关行业和装备器材4类进行深入调查，采集数据，并组织各乡（镇）翔实统计辖区内的兵员潜力，切实摸清符合编兵条件人员的数量及分布、去向等情况，摸清编兵单位数量、性质、规模及生产经营状况、通用装备储备等情况，掌握在编人员的在位率、经训率和退伍军人比例等情况。充分了解掌握各基层整组工作现状，及时发现存在的各种问题和不足，重点普查基干民兵编兵数量、基本分布及训练管理情况，查看了各器材库、乡（镇）民兵应急排的具体情况，初步掌握了目前各单位的建设现状，为下一步调整民兵结构体系做好准备。（黄怀林）

【国防教育】 2017年，依据晋国教〔2015〕3号文件通知精神，县人武部党委高度重视，自觉将国防教育“双百工程”建设纳入国防教育基地重点工程建设抓紧抓实，以进一步提升繁峙县国防教育基地数量质量，增强国防教育实际效果。人武部以国防教育“双百工程”创建活动为抓手，在繁峙二中和石龙小区高标准建设了国防教育示范学校和国防教育示社区。6月份，县人武部为配合繁峙县毛主席路居馆参加山西省国防教育基地评估，为纪念馆提供了一批文史资料，并为其配备了民兵讲解员，增加了纪念馆国防教育因素的比重。结合建军90周年，持续开展全民国防教育。7月27日，组织忻州师院附中繁峙籍初一学生参加进军营社会实践活动，参观人武部生活秩序、国防教育史馆、人武部工作史馆，并邀请省军区国防教育宣讲团成员进行国防教育专题讲座，营造全民参与国防的浓厚氛围。11月，县人武部按照上级要求率先在繁峙二中开展《三打三捷》红色影片播放活动，500多名师生观看了影片，写了心得体会。针对国防教育力量薄弱的情况，2017年议军会确定由教育系统选派一名专职人员在人武部工作，开展国防教育。2017年，县人武部协助原北京军区太原房管处，解决了在辖区内7处军队有偿服务场所。此外，还在“奥跑中国”繁峙站参与执勤任务，维持秩序。（黄怀林）

2017年7月24日，繁峙人武部召开夏秋季征兵工作会议　黄怀林提供

【征兵工作】　2017年，按照“一季征兵，全年准备”的原则，县人武部对于征兵工作提前着手，协调县委宣传部，开辟国防专栏，扩大征兵宣传工作的覆盖面。督促乡（镇）专武部长，通过悬挂条幅、张贴公告、散发传单、开通微信群等方式广泛开展征兵宣传，在全县范围内营造了兵役登记、报名参军的浓厚氛围。八一前夕在政府广场组织了优待金集中发放仪式。组织全体征兵工作领导组成员和乡（镇）书记、乡（镇）长、专武部长召开了全县征兵工作部署会，逐单位签订征兵工作责任书、廉洁征兵责任书。组织县医院参加体检的医生进行体检培训，明确标准，讲清职责和利害关系；从县人才市场调回繁峙籍大学生名册，一对一进行宣传征兵政策，增加大学生报名率，叫响“六优先征兵”口号；全县聘请47名廉洁征兵监督员，对征兵各个环节全程监督，落实“五公开一集中”措施，对本县征兵工作事务进行公示通告，主动增强征兵工作的透明度和公信力，自觉接受应征青年和全社会的监督，确保兵役征集公开、公平、公正；进一步提高义务兵优待待遇，特别是2017年议军会，将大学生优抚金在原来的基础上提高了5000元，有效激发了大学生参军热情，2017年县人武部征集新兵中无一例退兵。（黄怀林）

法　治

政法委及综治

·中共繁峙县委政法委员会·

【概述】　2017年，在县委、县政府的正确领导和上级政法部门的具体指导下，县委政法委不断推进“平安繁峙”建设，扎实开展“双日双评”活动，完成了年初确定和县委交办的各项工作任务。（赵　攀）

【平安繁峙建设】　年初，县委书记孔保宝、县长崔峥岭与13个乡（镇）、58个县综治委成员单位负责人，分别签订了《2017年度综治（平安建设）工作责任书》。4月24日召开全县政法工作会议，对27个单位和乡（镇）、30名同志进行了社会治安综合治理“双先”表彰。

县综治办与公安局联合出台《群防群治队伍建设方案》；制定出台平安志愿者招聘标准和管理办法，全县六大领域平安志愿者共169人。研究制定《平安繁峙行动计划》，对建设任务分解为43个项目，实行项目化推进，切实提升基层综合治理能力。

制定《关于在全县开展综治中心标准化建设年活动的实施方案》《繁峙县乡村两级综治中心标准化建设要求》，确定繁城镇、砂河镇、大营镇、东山乡和居民办事处作为标准化建设示范单位，每个乡（镇）和居民办事处同时重点打造2个村（社区）作为示范单位，以点带面，整体推动。2017年在砂河镇区开展了公共安全视频监控系统建设。

（赵　攀）

【政法队伍建设】　2017年，根据县委统一安排，全县政法部门组织广大政法干警认真学习党章党规、深入学习习总书记系列讲话，每月定期开展“支部主题党日”活动和“党员先锋行实践日”活动，重温入党誓词，进行主题活动，切实提高广大党员干部的思想素质和政治定力。

政法各部门认真落实全面从严治党主体责任，通过组织廉政学习、进行警示教育，切实提高广大干警的思想认识，增强拒腐防变能力；健全完善权力运行内控机制，通过建立廉政档案、发放廉政监督卡、设立干警违纪违法举报箱等形式，强化对广大干警的纪律监督，进一步促进了广大干警的执法行为。

政法各部门把学习培训作为提升干警素质的重要举措，加强对广大干警的培训力度。广泛开展岗位练兵、业务竞赛，用实战锻炼队伍、检验能力。大力实施科技强警，加快提高广大政法干警对现代科技信息技术的实际应用能力，提高执法效能和办案质量。进一步完善工作机制，不断增强作战能力。（赵　攀）

·繁峙县社会治安综合治理委员会办公室·

【社会稳定风险隐患大排查大整治专项行动】 社会稳定风险隐患大排查大整治是2017年综治工作第一位任务，是中共十九大安保维稳的基础工程。全县上下认识明确，高度重视。按照省、市部署，县综治办结合县情实际，研究出台了专项行动实施方案。在省、市安排的重点任务基础上，又纳入11类重点任务，其中矛盾纠纷方面6类，公共安全方面5类。4月24日，在全县政法综治工作会议上，对专项行动进行再动员再部署。6月14日，按照省、市开展为期一月的深化社会稳定风险隐患大排查大整治活动专项部署要求，迅速向各乡（镇）、居民办事处和各排查整治任务牵头单位作了通知传达，6月16日启动行动。6月19日，县委、县政府召开进一步深化社会稳定风险隐患大排查大整治活动专项部署会。6月16日至30日半月时间，共排查出各类风险隐患133件，整治化解95件。（王太平）

【矛盾纠纷排查化解】 2017年，出台了《关于完善繁峙县矛盾纠纷多元化解机制的实施意见》，积极构建矛盾纠纷排查化解新格局。（1）拓展人民调解工作体系。县、乡、村三级共建设人民调解组织320个，并进一步在矛盾纠纷多发易发领域积极培育建立人民调解组织，健全覆盖城乡的调解组织网络；（2）健全行政调解工作体系；（3）完善司法调解工作体系；（4）劳动人事争议等仲裁制度不断完善，本年共仲裁13案，调解82起；（5）积极探索村级矛盾调解新路子。重点对杏园乡南关、东山乡联兴等村建立村民代表会议研究解决矛盾纠纷进行了调研。

县财政预算县、乡两级调解中心工作经费15.2万元；每个村级调解室从村级转移支付中切块落实工作经费0.2万元；建立“以案定补”矛盾调解激励机制，按调处案件难易程度，分别给予20元到500元不等的奖励性补贴。（王太平）

【治安防控体系建设】 2017年，推进“雪亮工程”建设，制定《繁峙县“雪亮工程”建设总体规划》，按照增点扩面，优化点位布局，拓展应用功能，提高社会治安整体防控能力的要求，在县城和出县卡口完成视频监控建设的基础上，本年在砂河镇区开展了建设。全县共安装视频监控探头7820路，其中一类探头1460路，二类探头1210路，三类探头5150路，覆盖全县党政机关、企事业单位、公共场所、主要街道、重要路口、住宅小区。加强农村“两会一队”、平安志愿者等群防群治队伍建设，与公安局联合出台《关于加强全县群防群治队伍建设工作的实施意见》；出台平安志愿者招聘标准和管理办法（试行），招聘“六大领域”平安志愿者150人开展平安志愿服务工作，并统一为其办理意外伤害保险。中共十九大期间，平安志愿者积极参与平安繁峙创建，主动维护社会治安，有力促进了全县治安秩序和谐稳定。强化命案防控工作，制定下发《关于进一步加强命案防控工作的实施方案》，推动各级各部门加大“民转刑”命案防范力度。（王太平）

【特殊人群服务管理】 2017年，落实中央、省、市关于特殊人群服务管理的政策措施，积极排查管控风险隐患，推进心理服务疏导和危机干预工作，出台了《关于充分发挥综治中心作用开展心理服务疏导和危机干预工作的实施方案》，通过摸底，掌握了全县有心理咨询师资质的人员，着手开展县、乡两级综治中心和重点村（社区）心理服务室挂牌和心理疏导服务人员的选配工作，推动心理服务疏导工作健康发展。各乡（镇）与全县在册28名严重精神障碍患者监护人全部签订"以奖代补"监护协议，县财政按要求拨付181440元"以奖代补"经费。本年，按每人每月100元、监护人奖励金1200元全部兑现。（王太平）

【县乡村三级综治中心标准化建设】 2017年，原县社会服务管理指导中心旧址无法满足建设要求，现选址在司法局办公楼，群众接待厅及矛盾纠纷调处室与县矛盾纠纷调解中心整合。按照县委书记孔保宝"立足本县实际，注重实战应用，推进'六化'建设"的指示，认真组织实施。（1）建成高标准监控研判室。室内面积100平方米，铺设防静电地板，墙体安装吸音材料；建有200英寸大屏显示器，设置操控坐席7个、参会坐席64个，配备空调3台。开通局域网一条，上联带宽20兆，下联带宽100兆。开通综治信息系统和综治视联网。接入公共安全视频监控430路，监控探头660路。（2）建有15平米的中心机房，配备公共安全视频监控共享分平台、服务器存储、不间断供电等设备。（3）配套办公室等功能室场所建设全部完成。（4）按照国家标准完善了各项制度机制。

繁城镇等4个乡（镇）作为乡级示范中心，每乡（镇）2个村（社区）作为村级示范单位，重点突破，以点带面，整体推动。乡级和村级示范单位除综治视联网未接入，大部分未接入公共安全视频监控外，其他建设任务也全部完成。

截至11月底，全县网格长共上报各类事件19786件，其中平安建设类和应急处置类事件16260件，占上报事件总数的82.18%，网格长队伍在维护社会稳定、推进平安建设方面的作用更加凸显。（王太平）

【基层平安系列创建活动】 组织开展3月份、11月份综治宣传月活动，精心编印《平安繁峙宣传手册》1万册，翻印《山西省社会治安综合治理条例》6000册，分别于3月14日和11月1日在县城府东广场召开大型综治宣传活动启动仪式。

研究制定《2017年度平安繁峙建设行动计划》，实行项目化管理。开展平安村（社区）、平安家庭等"六安联创"活动，拓宽范围、延伸触角，努力提高创建实效。出台2017年度平安乡（镇）、平安医院、平安村（社区）、平安家庭等创建方案。2月12日，向市综治办提供申报2016年度省级平安县资料52集，2017年4月，省综治委授予本县"2016年度省级平安县（市区）"荣誉称号；3月份，向市综治办申报了大营镇和下茹越乡两个市级平安乡（镇），10月11日通过验收，并获得命名；2017年5月，通过市公安局治安支队验收向省公安厅和省综治办申报大营镇杨庄村"省级平安村（社区）"。（居卫星）

【铁路护路联防工作】 2017年，签订铁路护路联防目标管理责任书43份，并与铁路沿线26所中小学、155户放牧户、82名"五残人员”签订了爱路护路责任书 263 份，层层压实了责任。

圆满完成了“春运”和全国“两会”、“一带一路”国际合作高峰论坛、中共十九大安保维稳等重大会议和重大活动其间的护路安保任务。推进铁路护路网格化管理，调整充实铁路沿线各村网格长，明确职责任务，重新划分责任区段，铁路沿线 35 个村的 42 名网格长确实将护路联防纳入日常工作范围，与护路专职队员密切配合，肩负起责任区段的巡查守护任务。三是与铁路公安、车间等部门加强联系对接。重点安保其间，路地双方协同配合，及时处置了“3·17”砂河镇下汇村村民因平改立影响生产生活而自发组织的群体性恢复平交道口事件；同时，路地双方互通情报信息 5 次，确保了境内铁路治安大局稳定。

协调东山乡联兴村、光裕堡乡华岩村、县林业局等乡村和部门，解决整治难题，下发督促通知 2 份。联兴村的历史垃圾侵限问题得到彻底整治；华岩村的行人穿越问题得到有效遏制；下汇村的涉路矛盾纠纷，县护路办已提请县政府向太原铁路局致函，协调扩建或改建平交道口；在划设铁路安全保护区工作中，与原平工务段保卫科、县国土局密切协商，完成了本县管辖区段京原线 275 千米—343 千米共计 68 千米的线路核查任务。（王太平）

【综治领导责任制】（1）层层签订综治责任书，压实责任。县委、县政府主要领导与乡（镇）、居民办事处党政主要领导，县委书记孔保宝与 58 个县综治委成员单位负责人，签订了《2017 年度综治（平安建设）工作责任书》。各乡（镇）、居民办事处和各部门也层层签订综治（平安建设）工作责任书，层层压实责任。（2）认真落实各项综治工作制度。组织人事部门提拔使用干部和评先授奖全部征求综治部门意见。（3）建立综治工作述职制度，建立乡（镇）党委书记向县委全体会议述职制度。（4）健全社会治安综合治理委员会全体会议制度。

（王太平）

【所获荣誉情况】 自 2017 年 7 月 28 日起，由县委政法委副书记、综治办主任居卫星担任驻京信访维稳工作领导组长，在信访、公安等有关部门工作人员的配合下，完成了中共十九大期间驻京信访维稳工作任务，受到市委和县委主要领导的好评。

完成了中央和省级社会治安综合治理先进集体和先进个人的推荐选拔和资料申报工作。12 月 8 日，全省社会治安综合治理表彰会议上，推荐的县维稳办主任、县公安局党委副书记张银虎被授予全省社会治安综合治理先进个人荣誉称号。（王太平）

公　安

·综　述·

【基础设施建设】 2017 年，县公安局相继完成繁城、杏园派出所新建及搬迁入住工作，完成大营主体建设工作，完成尸体解剖室建设，完成业务技术用房和东山派出所可行性研究报告、初步设计、土地预审、选址意见；与五台山林业局达成合作建设砂河消防站的初步意向；逐步实施以砂河镇为主，13 个乡（镇）主要出入口的二期视频建设重点项目，全县累计完成视频监控探头 9441 个，完成治安卡口 6 个，与县住建局、综治中心完成了县城公共安全监控系统整合共享建设，整合共享一类视频监控 450 个。全县视频监控系统基本实现对城区重点单位、要害部位、行业场所、重要路段和乡（镇）主要路口等治安复杂区域的全时空、全方位、全角度实时监控。（张新文）

【队伍教育管理】 2017年，监督考核不断深入，队伍整体素质进一步提升，县公安局以“迎接十九大、保卫十九大、贯彻十九大”为引领，坚持以目标责任考核为抓手，认真贯彻落实十八届三中、四中、五中、六中全会和十九大会议精神，深入开展“四项整治”“两学一做”“双日双评”“维护核心、见诸行动”等专项活动，打赢队伍建设攻坚战，全面提升民警的素质和队伍的战斗力，为出色完成各项公安工作提供强有力的思想保障、政治保障、组织保障和纪律保障。（1）狠抓目标责任考核。充分借鉴市局目标责任考核先进经验，进一步完善全局目标责任考核办法《繁峙县公安局民警日常监管考评制度》《繁峙县公安局意识形态工和责任制检查考核制度》等深化作风建设的具体规定制度，进一步加大对辅警、事业人员的日常监管力度。并继续实行绩效考核、晋职晋级、评先评优等捆绑、挂钩，层层传导压力、落实责任，进一步促使队伍管理走上精细化、制度化之路。（2）狠抓基层党建工作。县公安局认真贯彻落实《关于新形势下党内政治生活的若干准则》《中国共产党党内监督条例》，以开展“双日双评”活动引领党建工作深入开展，严格落实“三会一课”等制度，将“两学一做”纳入“三会一课”内容，不断强化班子的政治理论学习，努力提高班子成员的政治思想素质。在此基础上，进一步深化到全局党员，先后组织开展党员民警纪律作风整顿、“支部党课日”“党员先锋实践日”“维护核心、见诸行动”主体教育等系列活动，党员民警在思想上有明显提高，执法水平上有明显进步，作风上有明显转变，纪律上有明显增强，整体素质形象进一步提升。（3）狠抓教育培训工作。年初，县公安局党委召开繁峙县公安局“两学一做”学习教育常态化、制度化动员会后，就以学习活动与教育培训工作有机结合起来，研究、制定、印发《关于开展“双日双评”推进“两学一做”学习教育常态化制度化实施方案》《中共繁峙县公安局党委会关于开展维护核心、见诸行动主题教育实施方案》和实施计划，采取党委带头学、支部民警自行学、参观活动深刻学、专题教育帮助学、专题讲座辅导学、知识考试检验学、交流讨论相互学、严格要求督促学等措施，深入学习习近平总书记系列重要讲话和治国理政新理念新思想新战略。为进一步落实实战化训练，县公安局采取切实有力措施，鼓励广大民警立足本职工作，结合岗位特点，按照“一警多能、一警多专、一警多用”的要求，组织民警收看各类培训视频30余次，选派精干民警先后参加上级公安机关的送教上门活动、全市公安机关警务实战骨干培训、执法规范化等培训活动，大力提升民警的业务实战技术水平。（4）狠抓纪律作风整顿。按照从严治警的要求，以抓队伍、抓执法、强素质、促业务为目标，先后深入开展一系列纪律作风集中教育整顿活动，有效提升队伍的整体素质。深入开展“四项整治”等专项活动，重点整治服务群众“冷硬横”、队伍纪律作风“稀拉松”、内务管理“脏乱差”等不良风气。开展重点警种突出问题教育预防与专项整治活动，将整治重点范围延伸至刑侦、治安、经侦、监管、交警、消防、派出所等各窗口单位，结合工作岗位对存在的突出问题进行自查自纠。按照省厅“三个一律”的要求，组织纪检室、督察大队、政工室组成“联合督察检查组”开展“四项整治”活动，深入局各单位，重点对值班备勤、着装佩戴、所容所貌、警用车辆停放管理等队伍正规化建设进行现场督察检查。实施禁闭2人，停止执行职务2人。查办案件6起。（张新文）

【扶贫工作】 2017年，县公安局严格按照县委、县政府要求，开展“扶贫入户”联系走访活动，包村党员民警主动深入到涧头村、大营村，通过与村委会干部进行座谈，认真听取村委会工作情况汇报，考察帮扶群众的家庭状况、基础设施、生产生活等情况以及对公安工作的意见建议，开展“挂包帮”“转走访”活动，积极采取有力举措，出谋划策，努力帮助贫困户解决生活实际困难，全局帮扶民警全部深入涧头、大营，大力宣传精准扶贫政策，与帮扶贫困户全部签订了《干部结对帮扶贫困户责任书》。

（张新文）

·社会民生服务·

【接处警情况】 2017年，县公安局共接各类警情45220起，日均125起，有效警情6457起，日均18起。刑事类警情888起，其中两抢案件18起，盗窃案件740起，诈骗案件7起，其他刑事案件123起；治安类警情3473起，其中打架斗殴817起，偷窃类警情661，其他治安类警情共计1695起；求助类警情266起，举报类警情299起，纠纷类警情11起，交通事故类警情1538起，火灾类警情293起。（张新文）

【社会治安】 2017年是中共十九大召开之年，县公安局充分发挥公安机关打击防范职能作用，坚持“严打严治”方针，深入分析研究影响社会稳定的新情况新问题，严格落实各项稳控措施，全力以赴，多措并举，维护了全县的社会治安大局稳定。（1）不断强化涉访妥善处理。县公安局严格落实《信访条例》及《忻州市公安局信访工作办法》做到及时办理、按期答复。接待初访群众26批次47人次，重复访6人次；办理公安部、省厅及国家信访网转送初、复访信访事项32件，其中初访案件27件，复访案件5件。办结公安部信访信息综合系统转送事项19件（其中重复访的3件6次）、国家信访网转送事项65件（其中重复访的共计8件54次）。共打击非正常上访人员26人，行政拘留20人，训诫4人，刑事拘留2人。中共十九大期间没有发生一起进京上访事件。（2）全面强化重大活动安全保卫。全面强化重大活动安全保卫。2017年，县公安局紧紧围绕“一带一路”安保工作制定《繁峙县公安局“一带一路”国际合作高峰论坛安保工作方案》《“迎接十九大、全警保平安”1+8行动方案》，成立了领导组，组建了安保工作组，确保了“一带一路”研讨会期间繁峙县社会治安大局稳定。6月后，县公安局党委着眼于下半年召开的中共十九大，将扎实做好各项安全保卫工作，为中共十九大胜利召开创造安全稳定的社会环境作为贯穿县公安局全年公安工作的主线，进一步完善和制定了《“迎接十九大、全警保平安”行动总体方案》《维护政治安全专项行动方案》《反恐防暴专项行动方案》《信访维稳专项行动方案》《严打整治专项行动方案》《治爆缉枪专项行动方案》《消防安全管理专项行动方案》《交通安全管理专项行动方案》《队伍教育管理专项行动方案》9个专项行动方案以及《行动专项督察问责方案》，并针对本县形势治安特点，加大社会治安秩序整治力度，集中警力，打、防、管、控多管齐下的方式，牢牢守住“七个坚决防止”的安全底线，有效维护了全县的社会稳定。

（张新文）

【治安案件】 2017 年，共办理治安案件 1115 起，办结 894 起，处罚 843 人，其中警告 16 人，罚款 247 人，行政拘留 395 人，行政拘留并处罚款 221 人。办理涉赌行政案件 71 人，行政拘留 10 人，破获涉赌刑事案件 4 起，刑事拘留 4 人。办理涉黄行政案件 22 起，行政拘留 11 人，破获涉黄刑事案件 6 起，刑事拘留 7 人；收缴子弹 219 发，收缴各类枪支 12 支，办理涉枪刑事案件 2 起，刑事拘留 1 人，取保候审 1 人。在开展重点行业场所管理工作方面，共对 88 家旅店业开展了不登记旅客信息集中整治行动，检查繁城镇宾馆 55 家，砂河镇宾馆 33 家，其中有 88 家安装旅店业信息系统，安装率 100%；对 5 家 KTV 场所、7 家废旧金属收购业、5 家开锁业进行备案工作。针对不登记旅客信息的旅馆开展集中整治行动，组织全队民警不定时进行检查，中共十九大期间连续四个月旅客身份信息上传率 100%。

（张新文）

【巡逻防控】 2017 年，县公安局按照市局新型巡逻模式和接处警要求，科学划分巡逻区域，采取车巡、步巡相结合方式，合理安排警力，将警力最大限度地摆到街面上，强化巡逻防控机制，有效地减少巡逻区域内可防性案件的发生，确保城区社会治安稳定。2017 年，县公安局 PTU 机动队出动警力 10400 余人次，车辆 950 余辆次，接处各类警情 617 起，现场调解纠纷 122 余起，做好人好事、救助 133 余次，抓获各类违法犯罪嫌疑人 103 人，破获案件 51 起，完成政治、大型集会等安保勤务任务 44 次。在做好正常巡防工作的同时，还将校园周边秩序整治纳入巡逻防控日常工作，坚持做好“护校安园”工作，确保校园秩序稳定。（张新文）

【群防群治队伍建设】 2017 年，为进一步加强社会治安防控工作，大力提升人民群众的安全感，拓展和延伸巡逻防控的时空范围，充分发挥群防群治在维护社会治安、预防减少违法犯罪中的积极作用，弥补警力不足，消除防范盲区，有效整合民力资源，共建立村委会治保组 403 个，配备治保（副）主任 411 名，治安信息员 882 名，其中群防群治队伍 15 人以上 3 个，10 人以上的 15 个，5 人以下的 8 个；建立居委会治保组 8 个，治保重点单位 50 个，组建专职保卫机构 50 个，配备专职人员 50 人；全县共有治安防控队员 477 人，主要有居委会，村委会、企业、内保单位、物业管理、治安积极分子等成员组成，其中居委会 8 人，村委会 403 人，楼栋 16 人，厂矿 50 人。（张新文）

【危爆物品管理】 2017 年，县公安局以“广宣、重治、严处”为行动方针，以“铁腕治枪、肃清隐患”为工作目标，排查涉爆单位 120 余次，下发限期隐患整改通知书 20 份，并全部监督落实整改。检查烟花爆竹门市 20 余次，发现隐患 3 处，并全部督促其整改。与涉爆单位负责人签订《民爆物品安全管理工作责任状》32 份，对全县涉爆从业人员 342 人进行培训和信息采集。共收缴过期废旧炸药 11200 公斤、雷管 14600 发、导爆索 2650 米，迫击炮弹 1 枚，手榴弹 9 枚。大力加强宣传非法爆炸物品的危害性，利用繁峙电视台滚动播放涉爆宣传报道 1500 余次，张贴通告 160 份，发放民爆物品宣传材料 11500 余份，下发《从严管控民用爆炸物品十条规定》70 余份，在乡（镇）主要街道、矿山悬挂横幅 60 余条，在乡（镇）公共汽车上悬挂横幅 40 余条。（张新文）

【出入境管理】 2017 年共办理二代身份证 23874 个、临时身份证 2470 个、主项变更 171 项、出生登记 5117 人、死亡注销 3086 人、迁入登记 5205 人、迁出登记 5335 人、补录户口 112 人，为本部门提供查询 5000 余次，为其他部门和群众提供查询 21500 余次。受理公民因私出入境证件 2931 人次，其中普通护照 1629 人次，往来港澳通行证 1155 人次；大陆居民往来台湾通行证 147 人次。（张新文）

【户籍制度改革】 2017 年，（1）解决无户口人员登记户口问题。通过对全县 13 个乡（镇）未上户农户进行摸底排查，全县有未上户农户 1050 人（繁城镇 26 人，砂河镇 147 人，大营镇 114 人，杏园乡 39 人，光裕堡乡 71 人，下茹越乡 36 人，集义庄乡 101 人，东山乡 100 人，金山铺乡 84 人，横涧乡 145 人，柏家庄乡 77 人，神堂堡 59 人，岩头乡 51 人），其中未办理出生医学证明的 187 人，未办理收养手续的人 17 人，外地妇女因婚嫁被注销原籍户口的 306 人，户口丢失的 52 人，其他情况 50 人。县公安局按照县委、县政府的指示要求，安排 13 个派出所在全县范围内开展了解决全县无户口人员问题，年底已为 438 人无户口人员办理了户口登记。（2）推进居民身份证“三项制度”工作落实。县公安局根据本县流动人口数量及分布情况，确定繁城派出所和砂河派出所为跨省异地受理点，居住于砂河以西的流动人口办理异地证由繁城派出所所受理，砂河及砂河以东居住的由砂河派出所受理。2017 年，共办证 212 个，换领 149 个，补领 63 个，受理挂失申报 1653 个，办理异地证签发 493 个。（张新文）

·刑　事·

【各类犯罪打击工作】 2017 年，县公安局共立各类刑事案件 554 起，破获 355 起，破案率为 66.73%。命案发 7 破 6（6·9 案件正在积极侦办中），抓获网上逃犯 37 名，其中抓获外省逃犯 6 名，本省外市 4 名，本地逃犯 27 名，抓获比中 DNA 人员 57 人。打黑除恶方面：县公安局重拳打掉了涉嫌抢夺、故意伤害、寻衅滋事等犯罪的 5 个黑恶势力团伙，抓获犯罪嫌疑人 22 人，破案 77 起。打击多发性侵财犯罪方面：共破获盗抢骗案件 223 起，任务完成率为 104.76%，移送起诉四类侵财案嫌疑人 54 人，任务为 45 人，完成率为 120%，判处 5 年以上 1 人，任务为 6 人，完成率为 16.67%。打击毒品违法犯罪方面：共办理毒品刑事案件 17 起，抓获各类涉毒人员 17 人，缴获毒品 137.875 克；办理毒品行政案件 273 起，行政拘留 273 人，强制隔离戒毒 140 人，社区戒毒 44 人，社区康复 21 人。年底有登记在册的吸毒人员共 1299 人，已管控 1242 人，管控和信息采集率率均为 97%。（张新文）

·消　防·

【消防安全监督】 2017 年，消防大队全年共接各类警情 335 起，其中火警 320 起，抢险救援 15 起，出动消防车 580 辆次，出动警力 2345 人次。检查社会单位 1637 家，发现火灾隐患 2015 处，督促整改火灾隐患 1950 处，下发责令改正通知书 996 份，下发行政处罚决定书 49 份，临时查封 19 家、三停 17

家，罚款 49.45 万元，拘留 6 人。开展人员密集场所联合检查 7 次，完成繁城镇、大营镇、砂河镇消防规划，新建市政消火栓 27 个，完成建设任务数 135%，完好率 100%；发放消防宣传单 14000 余份，深入学校、医院、养老院、商场等场所进行消防安全知识讲课 9 次，排查易燃易爆单位 224 家次，约谈消防安全责任人或管理人 200 余人，督促 34 余家易燃易爆企业建立“一企一册”消防档案，推动 6 家火灾高危单位开展消防安全评估，对易燃易爆场所开展灭火救援实战演练 70 余次，通过微信、手机短信平台发送消防宣传知识 293 余条，组建成立消防志愿者服务队，开展活动 10 次。（张新文）

·交通管理·

【概述】　2017 年，辖区共发生交通事故 87 起，死亡 41 人，受伤 84 人，财产损失 46.46 万元，四项指数同比增加 67%、增加 0.0%、增加 44%、减少 22%，逃逸案件 8 起，侦破 8 起。车管业务车辆共注册 2654 辆，核发检验标志 3298 笔，补换牌证合格标志 467 笔，补换驾驶证 3428 笔，互联网注册 2048 人，大中型客货车备案 587 份，C1 类科目一考共组织 7 次，考试总人数 500 人，初次申领二、三轮摩托车驾驶证 35 人，警示教育大中型客货车驾驶员 1605 人。

（姚瑞雪）

【交通秩序整治】　2017 年，加大交通纠违和交通违法行业的处罚力度，共处罚各类交通违法行为 69530 例，其中现场处罚 32884 例，非现场处罚 36688 例，行政拘留 178 人，查处酒驾 170 例，醉驾 5 例，毒驾 18 例（其中 3 例为女性），货车不靠右行驶 14906 例，机动车不礼让斑马线 67 例，行人闯红灯 879 例，非机动车闯红灯 26 例。（张新文）

【春运交通安保】　2017 年，认真做好春运交通安保工作，春运期间共出动警力 2000 余人次，警车 500 余台次，检查客运车辆 4000 余辆次，查纠各类交通违法行为 3035 例，行政拘留 5 人。（张新文）

【农村道路交通安全管理】　强化农村道路交通安全管理工作，建立健全农村道路交通管理工作台账，在全县 401 个行政村的交通安全协管员、13 个乡（镇）交通管理服务站和 6 个乡（镇）交警中队的基础上，建起农村交通安全劝导站 359 个，配备农村交通劝导员 678 人，有效净化了农村道路交通秩序。（张新文）

【逃逸案破获】　10 月 23 日上午 9 时，家住东山乡联兴村的姚某携带分别绣有“真心为百姓，人民好交警”“感谢人民好交警，一心为民见真情”的两面锦旗交到县公安局交通警察大队长殷建伟手中，以表达繁峙大队 10 月 4 日（中秋节）破获肇事逃逸案的感激之情。

2016 年 7 月 5 日下午 8 点左右，砂河镇西花园小区附近发生一起致人重伤的交通事

2017 年，交警破获逃逸案，群众感激送锦旗
姚瑞雪提供

故，肇事司机逃逸。经调查取证，确定宫某系肇事嫌疑人，并将其列入网上在逃人员。大队先后组织警力分赴大同、朔州、太原、太谷等地实施抓捕，但因宫某有前科，反侦察力强，抓捕行动未能成功。随后，大队再次召开专案会议，决定利用国庆、中秋节日期间嫌疑人心理松懈麻痹，并准确掌握其回家的信息，经过周密部署，于10月4日（中秋节）下午5点钟左右在代县将其捉拿归案。

事后，伤者家人姚某被民警的尽职尽责、不辞劳苦所感动，于是制作锦旗专程来到交警大队表示感谢。（姚瑞雪）

【被挟持学生得以解救】 2017年8月1日，大营中队民警在夜间巡逻时，成功解救一名被歹徒挟持的中学生。忻一中一名学生刚被某大学录取，由于家境困难，利用假期在手机网络上虚拟挣钱，为家庭减轻负担。案发当日下午，在县城转盘处与一伙陌生人碰头，上车后被挟持。当走到偏凉山路段时，他看到巡逻的警车急中生智，立即大喊大叫，并乘犯罪分子不注意跳车逃生，向着驶来的警车招手求救。得知情况后的民警们迅速开展施救。解救后与学生家长取得联系，于当夜将学生交给家长。为表达感激之情，学生家长于8月14日上午专程抵达大营中队，将一面鲜红的锦旗送在民警手中，锦旗内容为：“警民一家亲，遇难见真情。”

（姚瑞雪）

【机动车不礼让斑马线专项整治行动】 2017年，随着党的十九大胜利召开，按照“三个不发生”创建活动要求，为打造全县平安畅通的道路通行环境，针对驾驶人普遍存在的礼让斑马线意识不高，违法较为突出的情况，繁峙交警开展集中查处行动。

大队要求：（1）大力宣传引导，在整

2017年，严厉打击机动车不礼让斑马线专项整治行动　姚瑞雪提供

个社会面着力营造“文明交通、礼让斑马线”的浓厚氛围；（2）优化设施建设，尽快完善斑马线的施化，同时喷涂“礼让斑马线”路面提示语或设置提示标牌，为服务、管理提供支持保障；（3）实行严管重罚，通过常抓不懈的严格管理，促进机动车驾驶人自觉养成礼让斑马线的交通习惯；（4）要从交警自身做起，率先做到礼让斑马线，并且要发动自己的亲朋好友，一起行动，传递正能量，发挥导向作用。（姚瑞雪）

【“老大难”道路安全隐患整治】 2017年，繁峙交警大队将位于城区的“老大难”道路安全隐患进行彻底整治，有效预防了交通事故。该隐患位于城区西牌楼五岔路口，此路口车流量大，路况复杂，长期以来一直没有相应、有效的交通安全设施。交通事故时有发生。为此，大队长殷建伟多次带领副大队长薛俊亮等相关队领导赴实地进行勘察，并研究制定整治方案。根据交通实际情况，施划了双组分标线，设置了3处6条总长约300米的减速带，并在双组分标线四周安装了柔性弹力柱，对交通流进行合理渠化，实现了车辆有序通行。（姚瑞雪）

检 察

【立案侦查监督】 2017年，在刑事立案监督中，重点纠正有案不立、有罪不究等问题。全年共批准逮捕107人，决定不批准逮捕25人。监督行政执法机关立案2件2人，监督公安机关立案5件6人，监督撤案3件3人，追捕3人，发出纠正违法通知书6份，提前介入命案现场6件。 （殷春雷）

【刑事审判监督】 2017年，综合运用检察建议、刑事抗诉等手段，把监督纠正个案与监督纠正普遍性问题结合起来，坚决纠正定罪不当、量刑严重失衡、审判程序违法等问题。全年共提起公诉117件，不起诉16人；向法院发出纠正违法通知书26份；向法院提出量刑建议92人，采纳82人；追诉漏犯6人，追诉漏罪12人；提起抗诉2件2人。

（殷春雷）

【民事行政监督】 2017年，准确把握民事行政诉讼监督的法律属性，构建多元化的法律监督格局。共开展审判活动监督18件，执行活动监督22件，支持起诉35件，督促履行职责4件；探索开展公益诉讼，立案3件，结案2件，为国家追缴土地出让金2753万元。

（殷春雷）

【刑事执行监督】 2017年，办理羁押必要性审查案件7件，填发纠正违法通知书76份；开展“财产刑执行”专项检察行动，对2017年34件生效裁判财产刑未执行案件发出纠正违法通知书。 （殷春雷）

【未成年人检察工作】 2017年，进一步推进未成年人检察工作专业化建设，严格落实未成年人刑事诉讼特殊程序，充分保障未成年人合法权益。全年共受理审查批捕案件12件23人，其中批准逮捕11件13人，不批准逮捕2件7人，延长羁押期限1件3人，立案监督1件1人，追捕漏犯1人；受理审查起诉案件13件16人，其中起诉11件14人，报送1件1人，相对不起诉1件1人，追诉漏犯2人。发出法律援助通知书10份，发出纠正违法通知书8份，社会调查2件。2017年5月，配合中央电视台法制频道摄制组成功拍摄未成年人法制教育《少年抢钱的背后》系列节目。 （殷春雷）

2017年，未成年人法治教育座谈会 殷春雷提供

【司法体制改革】 2017年，通过严格考试和审查，遴选出9名员额制检察官。认真落实司法人员分类管理、检察官员额制、内设机构改革、办案团队配置、司法责任制等改革任务，真正让谁办案谁负责、谁决定谁负责。健全检察权力运行机制，通过新的案件分配、办案工作、检察官工资改革、绩效考核等制度机制，充分运用信息化平台，对案件流程节点进行全程留痕、动态跟踪，把检察权力牢牢关在制度的“笼子里”，从源头上杜绝“人情案”“关系案”和“金钱案”。检察长和员额检察官全部到一线办案，3名入员额的院领导均亲自办理案件。其中，检

察长办理控申案件4件、未成年人案件16件，立案监督案件1件，副检察长任小青办理审查逮捕案件88件、立案监督案件14件，侦查活动监督8件，执检案件83件，副检察长郭永秀办理公诉案件9件、审查逮捕案件2件、延长侦查羁押期限1件，控申案件3件。（殷春雷）

【国家监察体制改革试点工作】 2017年，严格落实监察体制改革试点要求。牢牢把握改革试点的关键环节，按照改革确定的“时间表”和“路线图”，扎实做好人员、机关、装备、案件线索的登记造册工作，全力配合纪委做好工作，确保反贪、反渎、预防三部门人员职能、机构平稳转隶。此次转隶，检察院转隶至监察委员会人员6名，其中入额检察官2名。（殷春雷）

【发展环境创优】 2017年，围绕本县重点项目、重点工程、重点企业建设，服务和保障全县经济健康发展，强化招投标、政府采购和银行贷款业务行为的监督。累计受理行贿犯罪档案查询4100次，有效避免有行贿记录的不良企业和个人参与招标工程，降低了银行贷款发放风险。积极参与规范市场经济秩序，扎实开展“破坏环境资源犯罪和危害食品药品安全犯罪两个专项立案监督活动”和“关于打击侵犯知识产权和制售假冒伪劣商品专项活动”。全年共监督行政执法机关移送案件2件2人，监督公安机关立案2件2人，提起公诉2件2人。（殷春雷）

【社会稳定维护】 2017年，积极参与平安繁峙建设，依法严厉打击危害人民群众切实利益的犯罪活动。切实做好群众来访工作，以推行“阳光接待”工作为载体，深化各项便民利民措施，规范群众涉法涉诉行为，积极引导上访人员依法维权、理性表达，促进社会和谐稳定。加强与公安、法院的协调配合形成“维稳”工作合力。全年依法批准逮捕2名无理违法缠访、闹访人员，受理控告案件7件，申诉案件3件，司法救助案件2件6人，依法向被救助人发放司法救助金57.7万多元。（殷春雷）

【扶贫工作】 2017年，始终把脱贫攻坚作为当前工作的首要政治任务，充分履行各项检察职能抓实抓好。深入开展“互联网+阳光百姓工程”，利用涉农资金信息监管平台跟踪监督项目、资金的落实情况，让每一笔扶贫资金都能及时准确发放。全年，全县收到涉农项目数141项，报备涉农项目数124项，报备金额30875万元。检察院向定点联系村派驻了支部书记任队长的驻村工作队，从党员干部中选派了第一书记，定点定人，开展结对帮扶，通过召开座谈会、入户访谈、实地考察、实物慰问、扶贫捐款等方式，真心实意地慰问贫困户，为他们讲政策、解难题、送温暖。（殷春雷）

2017年，开展结对帮扶活动　殷春雷提供

法　院

【概述】 2017年，县人民法院认真贯彻落

实中共十九大精神和习近平总书记治国理政新理念、新思想、新战略，牢牢把握司法为民、公正司法工作主线，继续加强“三基”建设，扎实开展“维护核心见诸行动”主题教育和“双日双评”活动，深入推进“两学一做”学习教育常态化制度化，紧紧围绕执法办案第一要务，狠抓党建、司法体制改革和法院信息化建设三项重点工作，攻坚克难、扎实进取、创新争先，各项工作稳步推进。（曹亦轩）

【审判和执行案件】　截至 12 月 20 日，全院共审结各类案件 1152 件，审结率达到 91.57%，居全市第三，法定审限内结案率为 97.91%，继续保持全市前列；民事案件平均办理天数 74.9 天，刑事案件平均办理天数为 43.3 天；简易程序适用率达到 54.70%；案件合格率达 99.19%，一审服判息诉率达到 89.84%；人民陪审员陪审率为 79.26%。特别是针对“执行难”问题，党组审时度势，及时牵头组织召开公、检、法主要负责人参加的联席座谈会，从立案、侦查、起诉、审判等各个环节理顺了拒执犯罪刑事责任追究协作机制，进一步为重拳打击规避执行行为畅通了渠道。同时，充分发挥网络查控作用，强化拘留、罚款、查封、扣押、冻结等执行强制措施的应用，将累计超过 600 名不履行法律义务的被执行人纳入失信被执行人名单，对其在招标投标、融资信贷、市场准入、高消费等方面实行信用惩戒，使之“一处失信、处处受限”，对规避执行的被执行人形成强大威慑。下大力气推进“雷霆”行动、执行大会战和“执行攻坚跨年大行动”，司法拘留 17 人（次），移送公安机关追究拒不执行人民法院判决、裁定罪案件 1 起，执行完毕率、重点执行信访案件率、应当纳入失信被执行人名单信息率、拘留人数、拒执罪移送立案数、基层法院院长和分管院长办理执行案件数等质效指标均达到或超过标准值，最大限度地兑现了当事人胜诉权益，不断推进了社会诚信体系建设。（曹亦轩）

【司法为民】　2017 年，稳步开展诉调对接工作，专门开设诉调对接窗口，不断健全完善特邀调解组织和特邀调解员名册制度、人民调解工作室协作和委派调解工作机制、委托调解工作机制、邀请调解工作机制、驻点定期联络工作机制、与涉法涉诉信访工作的对接机制等矛盾纠纷多元化解六项工作机制建设，有效地化解了基层群众矛盾，信访积案全部得到有效化解，全院没有新增一起信访案件。

严格落实司法救助规定，确保经济困难的当事人打得起官司，及时得到司法保护，本年为 58 个案件的当事人缓减免收诉讼费用 77.36 万余元，在县委、县政府的大力支持下向生活困难的当事人发放司法救助金 107 万元，取得良好社会效果。

认真履行帮扶责任，助力脱贫攻坚。按照县委的统一工作部署，向东山乡李庄村、太平沟村、岭底村派驻了扶贫帮扶工作队，积极为 223 户建档立卡贫困户讲政策、送计策、施对策，促进了这些乡村扶贫工作的健康开展。（曹亦轩）

【司法改革】　2017 年 2 月，根据上级法院关于落实司法责任制有关文件精神，院党组研究制定出符合本院工作实际的审判团队组建方案，在全市法院率先组建了五个审判团队，即刑事审判团队 1 个，由 2 名员额法官、1 名法官助理和 2 名书记员组成；民事审判团队 3 个，分别由 3 名员额法官和 3 名书记员组成；综合团队1个，由3名员额法官、2名法官助理和5名书记员、4名执行员组成，其中立案工作配备1名员额法官、1名法官助理和1名书记员，审监工作配备1名员额法官和2名书记员，执行工作配备1名员额法官、1名法官助理和2名书记员、4名执行员；并且，员额法官与书记员一一相对应，组成相对固定的办案组合。此外，从严格管控审判质量的角度出发，针对审判实际，成立咨询委员会，制定《咨询委员会工作规则》，初步配备了3名未入额的资深庭长开展工作，除为员额法官提供咨询意见外，还承担定期开展案件评查的职责，对所有审结的案件实施监督。（曹亦轩）

【工作机制创新优化】 努力推进繁简分流改革，切实提升案件审判效率。推进“内外分流”，构建多元化纠纷解决机制，积极促进矛盾纠纷的源头预防和化解。推进“类案分流”，根据类案特点形成相对固定的办案规则，促进矛盾的快速高效处理。推进“化繁为简”，对于证据多、争议大、法律关系复杂的“繁”案，通过归纳无争议事实等方式，使法庭审理围绕当事人争议的焦点问题进行，实现“化繁为简”。推进“轻刑快办”，努力“瘦身”庭审，对被告人无异议的事实不再进行核实，使法庭调查及辩论主要围绕量刑事实进行。

深化审判委员会改革，切实推动审委会职能转变。建立讨论案件过滤机制，压缩讨论案件比例。严格限定提交审判委员会讨论案件的范围，除少数疑难复杂案件和发回重审案件应当提交审判委员会讨论决定以外，其他案件均由主审法官和合议庭成员审理、裁判，减少法官对审委会依赖心理，并将讨论事项尽量限制在法律适用层面，以期尽快适应司法体制改革要求。加强类案指导，保证裁判尺度统一。对同类案件审理方法、裁判标准等作出统一要求，实现由“个案研究”向“综合指导”转变。扩大参会人员范围，增强审委会实效性。邀请不担任审委委员的相关法官列席会议，使大家都能及时领会审委会对相关案件的指导意见，并迅速贯彻到审判实践当中。（曹亦轩）

【信息化稳步发展】 创新司法公开措施，通过室外全彩LED显示屏、室内显示屏、触摸屏和法院网站，全方位依法公开各类案件的立案信息、审理信息和裁判信息，以公开促公正，以公正提公信。深入推进审判流程公开、裁判文书公开、执行信息公开、庭审公开四大平台建设，不断推进审务、立案、庭审、裁判文书、执行等信息公开，2017年依法公开裁判文书1124件、直播庭审203件，一直保持在全市法院前列。整合推进标准化机房建设，强化办案、办公自动化和在线法院网上诉讼服务平台建设，组建了完善的局域网和广域网，按人手一台的标准配置了电脑，法院网络基础环境基本形成。率先在全市法院系统实现科技法庭全覆盖，引进新浪互联网“智慧法院”技术，5个法庭全部设置了现代化的庭审控制系统、证据展示系统、录音录像系统、庭审直播系统和庭审语音识别系统，功能更加完善，更加适应审判工作需要。完成执行指挥中心和证人作证室建设，进一步提升审判执行工作的信息化水平。以安检通道隔离方式，推进办案区、办公区和生活区“三区分离”正在建设中；加强诉讼安全，购买社会化保安服务，在接待室、安检通道等区域布设警务呼叫系统和录音录像监控系统，建设了监控视频墙，实现安保监控全覆盖、无盲区和数据的大容量储存，极大改善法院的安保条件。开辟电子图书阅览室，购置各类图书1万余册，营造了良好的学习氛围。加快诉讼服务中心改建工程建设，已完成设计、立项、建设合同签订。电子卷宗随案生成工作顺利开展，新收案件全部实现纸质档案与电子卷宗的同时收录；稳步推进库藏历史档案数字化项目，经过公开招标，与中标企业签订服务合同，项目的实施即将全面开展。（曹亦轩）

【党建工作】 把意识形态工作纳入党建工作责任制，纳入领导班子年度目标责任，与审判管理、推进司法改革发展和党的建设紧密结合，一同部署、一同落实、一同检查、一同考核。采取每日班前会、“三会一课”制度、专题辅导等方式，组织干警系统学习中共十九大精神、党章党规、习近平总书记系列重要讲话精神等，院领导讲党课9次，其中警示教育课两次，组织全院干警观看教育片5次，组织政治理论学习20余次。全院形成浓厚学习氛围，确保了每位干警牢牢把握正确的政治方向，严守政治纪律、组织纪律和政治规矩，在思想上、政治上、行动上坚决维护以习近平总书记为核心的党中央权威。

扎实开展党建各项活动。主要工作亮点有：（1）注重创新党课形式，运用多媒体设备，图文并茂，形象生动。党课内容紧跟时势，贴合法院实际，内容充实，条理清晰。新的授课形式，便于干警们理解接受。（2）注重干警平时的学习积累，党员谈心得体会认识到位、思想深刻，尤其是年轻党员结合热播剧、时事新闻等，观点新颖，思路条理。（3）注重发挥先进典型的示范作用，多次组织观看教育影片，缅怀革命先烈，牢记党的光辉历史，发扬党的优良传统，进一步引导党员增强使命感和责任感。（4）注重在实践中锤炼，党员通过辛勤劳动、比先争优，为建设美丽文明繁峙贡献一份力量，提升党员的“身份感”，增强党员的“责任感”。（曹亦轩）

【扶贫工作】 12月，县法院党组成员分组带领干警为建档立卡贫困户送去食用油、大米、年货等物资。（曹亦轩）

【纪律和作风建设】 严格落实中央“八项规定”，将执行各项规定情况纳入考评体系和干部年度考核的重要内容，做到落实规定有硬性约束、有责任制度、有惩戒措施。在深入开展“双日双评”活动和维护核心、见诸行动主题教育的同时，结合法院实际明确目标导向和问题导向，开展各类专项检查30余次，持之以恒抓好作风建设，进一步规范司法行为，审判秩序和工作环境得到进一步优化。2017年2月，县人民法院举行首批入额法官宣誓仪式。（曹亦轩）

2017年2月，县人民法院举行首批入额法官宣誓仪式 曹亦轩提供

司法行政

【法治宣传教育体系完善】 2017年，“七五”普法全面启动。县委办、县政府办联合

下发《关于在全县国家机关中实行“谁执法谁普法”责任制的通知》，坚持把全民普法与严格执法、公正司法有机结合起来，建立“谁执法谁普法”责任制，明确普法主体责任和工作机制，充分发挥国家机关在普法工作中的职能作用，努力构建“党政统一领导、人大加强监督、司法行政部门组织、部门分工负责”的法治宣传教育体系，促进法治宣传教育深入开展：（1）抓住农村过传统庙会的有利时机，组织律师、公证、法律服务等人员深入到柏家庄、岩头、横涧、光裕堡、东山等乡（镇）开展以“法律进农村”宣传活动，共举办法律宣传8场次，向群众发放《山西省法律援助条例》《农民法律知识手册读本》《农民工依法维权指南》《反邪教法律法规（条例）》《中华人民共和国土地管理法》《中华人民共和国继承法》《中华人民共和国婚姻法》《中华人民共和国人民调解法》等法律摘要宣传资料2.1万余份，法制围裙2000余个，义务解答咨询632余人次。（2）在县府东广场与妇联、综治办、工商局、残联、环保局、公安禁毒队等部门分别于“3·8”“3·14”“3·15”“3·22”“5·21”“6·26”“12·4”开展了“妇女维权日”“综治宣传月”“消费权益”“世界水日”“助残日”“国际禁毒日”“宪法宣传日”等法律宣传活动，共发放各种宣传资料2万余份，法制围裙2600余个、法制提袋4000余个，解答法律咨询580余人次。（3）深入落实《青少年法治教育大纲》，积极开展法律进“校园”活动。为加强在校学生的法律知识和提高自我保护能力和自我防范能力，繁城、东山等司法所开展法律进校园活动，上法制课6次，受教育人数达1000余人。有力推动了学校、家庭、社会“三位一体”的青少年法治教育格局，有力提高了学生辨别是非和自我保护能力，做遵纪守法的合格公民。（4）在依法治理工作上，大力开展“民主法治示范村”创建活动和规范乡村聘用法律顾问制度。把法制教育、依法治村与“民主法治村”创建活动有机结合起来，大力推广杏园乡南关村“民主法治示范村”的先进经验，有效地推进了繁峙县农村基层民主法治建设进程。（5）不断推动推进政府法律顾问制度和“一村（社区）一法律顾问”工作。县委、县政府聘请了法律顾问，县委17个部门、政府22个部门，全部聘请法律顾问。基层13个乡（镇）和居民委员会聘请了法律顾问，100%完成了法律顾问聘请制度。大力推进“一村（社区）一法律顾问”工作，打通服务群众“最后一公里”障碍。已签订聘请法律顾问协议278个村，“一村（社区）一法律顾问”覆盖率达到了百分之69%，基本建立了覆盖城乡的基层法律顾问服务体系。（6）组织全县应考单位72家，参考单位63家，应参加2762人，实参加1533人，参考率55.5%，及格人数1516人。（刘　星）

【民间矛盾纠纷化解】 2017年，全力抓好矛盾纠纷预防排查化解工作和特殊人群服务管理工作，切实防止群体性事件、个人极端事件、民转刑等重大恶性案件的发生，有效确保了G20峰会，中共十九大其间，春节、国庆等节假日期间的社会和谐稳定。本年，全县各级各类人民调解组织共受理矛盾纠纷214起，调处成功矛盾纠纷206起，调处成功率为98%；健全完善了县、乡（镇）、村、组四级调解网络。基层有调解人员1162人，其中村调委会人数1036人，乡镇调委会人数130人，举行人民调解员培训4次，共计1500余人。（刘　星）

【“两类”人员管控】　社区矫正中心，硬件设施齐全，工作人员齐备，以省司法厅规定的7人标准（公安、检察院、法院各1名，司法局4名）。2017年，接收社区矫正对象43人，解除23人，截至11月底，全县累计接收651人，累计解除485人，在册社区矫正对象166人。其中，缓刑161人，假释1人，管制2人，暂予监外执行4人。无一人脱管、漏管、虚管。按照“帮教社会化、就业市场化、管理信息化、工作职责规范化”的工作思路，健全安置帮教组织，扩充帮教队伍，增强帮教力量。截至2017年，全县已形成了县、乡、村三级帮教组织网络。上半年认真贯彻落实省、市关于开展大排查大整治行动中涉及社区矫正、刑满释放人员4项专项行动的通知要求，本局及时制定《繁峙县司法局关于开展大排查大整治行动中涉及社区矫正、刑满释放人员4项专项行动的实施方案》，下发基层各乡（镇）司法所，积极开展对邪教、涉恐、涉毒、铁路沿线风险隐患进行摸底排查，对邪教、涉恐、涉毒的刑满释放人员要一人一档、一人一策，因人施教，做到底清数明，严格落实日报告制度，及时报送信息，维护社会稳定，保障中共十九大胜利召开。本年全县共接收刑释解教人员9人，全部落实了帮教责任。同时，对全县历年来释解人员进行了彻底排查摸底，实现对刑释解教人员的横到边、纵到底的网络化管理。（刘　星）

【法律援助宣传】　加大新《山西省法律援助条例》的宣传力度，组织律师、法律工作者积极参加司法局组织的各种宣传活动，特别是“5·19”法律援助宣传日和“5·21”全国助残日宣传活动。发放《山西省法律援助条例》小册子1000余本。加强便民服务大厅建设远程视频和公共法律服务平台建设，将法律援助经费和公共法律服务平台建设经费纳入县财政预算。“552148”服务热线咨询工作，每天由一名律师、法律服务工作者或公证员轮流值班，努力为构建“城区半小时、县区一小时法律援助便民服务圈”，为农民工提供优质高效的免费法律咨询人数500余人次。同时县司法局联合县公安局发文，在县看守所设立法律援助值班律师。全年共办理法律援助案件135件，其中刑事案件9件，民事案件126件，接待来人来访1125人次，为当事人代写法律文书36份。（刘　星）

经济管理与监督

发展和改革

【概述】 2017年，全年固投完成402659万元，增长7.5%；地区生产总值总量66.68亿元，增速5.5%；服务业增加值23.34亿元，增速7.1%。 （郑春平）

【工业园区基础设施建设】 2017年，依托园区发展产业，坚持“五规合一”，会同有关部门科学编制繁峙县开发区建设方案，采取多种融资合作模式，推进工业园区“七通一平”基础设施建设，加快形成“重大项目—龙头企业—产业链—产业园区”的新兴产业发展格局。并根据《山西省主体功能区规划》和繁峙县产业布局，向市发改委呈报繁峙县需增补重点开发金山铺乡的建议。

（郑春平）

【新能源产业】 2017年，根据国务院对山西“打造能源革命排头兵”的要求，本县重点发展新能源，打造新的产业链、创新链、价值链，形成一批新的支柱产业和龙头企业。青岛奥博光伏组件生产线已经进驻本县；国电投繁峙新能源开发公司100兆瓦云雾峪三期风电项目、国电投繁峙金丰新能源开发公司200兆瓦风电清洁能源供暖项目一期99兆瓦项目、繁峙县协合风力发电有限公司100兆瓦乔家窑风电已经上级批复并开工建设；光伏发电发展势头可喜。按照上级要求经过认真踏勘，编制了《繁峙县“十三五”光伏扶贫计划》，年底完成1500个户用5千瓦光伏扶贫电站安装和33个村级电站建设项目。 （郑春平）

【新材料产业】 新材料产业要抓住市场对新型建材需求增大的机遇，争取国家废弃物利用、新型环保材料扶持等政策支持，利用环保倒逼机制，推进传统砖瓦企业转型升级，努力打造传统古建手工艺砖瓦品牌和基地。位于繁城镇的繁峙县灰陶墙体材料有限公司申报的“新型墙体材料加工建设项目”、岩头乡的繁峙县宏卓新型建筑材料有限公司申报的“利用尾砂制造新型建筑空心砖建设项目”，彻底淘汰黏土实心砖，发展符合行业政策的新型墙体材料，在新型建材产业发展上实现突破。 （郑春平）

【项目推进】 2017年，对全县确定的159个重点建设项目，采取县领导牵头，责任单位包项目责任制，实行一个项目，一套班子，一个领导，一抓到底。特别是对全县 15 个省、市重点工程项目及重大产业考核项目、全县扶贫项目，县委、县政府专门成立了项目推进领导组。每周二、四集中办公两天，政府分管领导亲自主持、亲自督办、具体研究，亲自解决项目推进中存在的问题。对所有项目进展情况列入“13710”工作平台，严格落实政府推进、部门服务、企业实施“三个主体责任”，有效破解土地、规划、环评等瓶颈制约及手续办理各个环节的具体障碍。规范应用“山西省投资项目在线审批监管平台”，全年备案 121 个项目，总投资 653312.665 万元；审批 24 个项目，总投资 90861.54 万元。（郑春平）

【争资新上项目】 2017 年，积极协同县住建局向市发改委申请《繁峙县化肥厂棚户区改造和公共租赁住房建设项目配套基础设施中央预算内投资计划资金的报告》；向市发改委呈报了《繁峙县人民医院门急诊综合楼建设项目申请》《繁峙县农产品检验检测中心建设项目建议书》及《关于国家电投繁峙县云雾峪三期 100 兆瓦风电项目核准的请示》《关于国家电投繁峙县 200 兆瓦风电清洁能源供暖项目一期 99 兆瓦项目核准的请示》《关于繁峙县协合风力发电有限公司繁峙县乔家窑 100 兆瓦风电项目核准的请示》，这些项目上级已经批复，先后开工建设；批复了忻州交通基础设施建设繁峙项目部关于《2017 年繁峙县农村公路网及贫困地区道路建设项目工程可行性研究报告》、县水利局关于《滹沱河源头综合治理工程砂河段、桥儿沟段可行性研究报告》、县教育局《繁峙县第二中学等 17 所学校改扩建项目可行性研究报告》、县电视台关于《繁峙县广播电视台 2017 年无线发射台基础设施建设项目可行性研究报告》等。

依据《繁峙县总体规划》，批复繁峙县市政工程管理所负责建设的县城纵一路、纵三路、兴城街、万里路、凌云路、光华街东延伸道路建设工程等由政府自筹资金建设项目。

根据《关于申报大众创业万众创新市级专项资金项目的通知》文件精神和专项资金使用管理暂行办法，协助并州物流、鸿深物流、星河银业、晋绣坊和瑞迪航空五家企业申请了“双创奖励资金”。（郑春平）

【招商引资】 2017 年，会同县商务局策划上报国电投云雾峪三期 100 兆瓦风电项目等一批符合产业政策的拟招商项目。按照有关要求，申报了繁峙县新建污水处理厂和繁峙县工业园区基础设施建设等第四批 PPP 项目，已经忻州日报、忻州市政府网公布，并储备到本级项目库。（郑春平）

【扶贫工作】 2017 年上级分两批下达资金 500 万元，其中第一批 430 万元，经县扶贫领导组审核同意安排了杏园乡铁家会等 4 乡 7 村农田水利项目，打井及配套 8 眼，投资 280 万元；光裕堡乡大木瓜村截潜流引水配套灌溉工程 1 处，投资 150 万元，第二批下达农村公路建养投资 70 万元，实施了繁城镇木瓜沟至东魏村乡村道路项目，已先后全部开工。

为保证繁峙县丰富的风能、光能、生物质能、水能等新能源和可再生能源的开发利用，经县政府同意，成立了组织实施全县新能源开发项目的实施主体——“繁峙县滹源新能源开发有限公司”。为充分发挥光伏脱贫的产业带动作用，经县脱贫攻坚指挥部研究，在全县各乡（镇）开展分布式户用光伏扶贫项目，起草了《繁峙县分布式户用光伏电站脱贫实施方案》，经县政府办审核签发。户用光伏电站规模统一为5千瓦，采用“全额上网”模式，每个电站投资3.6万元，采取贫困户贷款、政府奖补、企业垫资的形式筹资，电站建成后可使贫困户每年稳定增收3000元，享受20年。至年底，全县安装5千瓦户用光伏电站1500个，其中贫困户1439个，村集体72个。滹源瑞隆新能源公司发放发电收益1223户102.65万元。光裕堡乡光裕堡村100千瓦村级光伏电站，于2017年2月底完工并于5月初并网发电，运营正常，各类电站的收益分配到户。

2017年年底，国家能源局、国务院扶贫办下达本县的“十三五”第一批村级扶贫电站建设指标为25.5兆瓦，省发改委下达本县的集中式电站建设指标为30兆瓦。2018年是光伏扶贫电站建设最重要的一年，电站建成运营后，可使163个贫困村实现“村集体经济破零”及村集体经济壮大；可带动4793户贫困户实现稳定赠收，年收益不低于3000元，受益20年，强力助推全县2018年脱贫摘帽工作。（郑春平）

重点工程

【概述】 县重点工程及项目办公室（简称重点办），正科级建制，隶属于繁峙县人民政府。主要宣传和贯彻落实国家和省、市有关重点工程建设的法规、政策和方针。

县重点工程及项目办公室设两个内设机构。1.综合科，编制两名，股级领导职数1名。2.统计科编制两名，股级领导职数1名。

（花锦芳）

【在建项目无障碍施工】 2017年，全县紧紧围绕“在建项目无障碍施工”的年度工作主题，制定《在建项目无障碍施工行动方案》，建立“重大项目推进领导组”，确保全县在建重点项目顺利开展。2017年，经深入调查研究，请示县政府领导同意，确定2017年县重点项目159个，总投资198.97亿元。2017年计划完成投资79.15亿元。

（花锦芳）

【重点项目完成情况】 2017年被县人民政府授予“服务重点工程工作先进单位”。本年，重点办积极完成省、市下达的任务，其中省、市重点工程项目10项，总投资为78亿元，全年计划投资18.32亿元，完成投资18.32亿元。

2017年实施的省、市重点项目有：1.繁峙县兆丰农林基地五台娘娘山农林生态园建设项目；2.繁峙县100兆瓦风电清洁供暖项目；3.云雾峪三期100兆瓦风电项目；4.繁峙县乔家窑100兆瓦风电场项目；5.忻州华茂精密铸造有限公司节能、环保、安全设施综合技改项目；6.山西繁峙牧原农牧有限公司姚家庄、华岩村分场生猪养殖建设项目；7.繁峙县大智镜圆文化旅游产业有限公司新建砂河北山旅游区开发项目；8.国道108线神堂堡至砂河段公路工程；9.繁峙县赵庄河治理综合开发项目；10.繁峙县春秋文化旅游有限公司新建灵岩山景区开发项目。

（花锦芳）

经济与信息化

【项目建设】 2017年，华茂气烧石灰窑技改项目、山西宝山矿业技改项目、中兴实业有限公司烧结系统环保除尘技改项目和汉和中兴机械制造公司年产2万吨机床配件项目、江鑫宝石铁精粉技改项目、华德矿业铁精粉技改项目项目、元盛机械工程有限公司瑞盛分公司铁精粉技改项目都已完成；金都黄金冶炼项目和山西紫金矿业有限公司多金属技术研发中心建设项目已开工建设；酒厂招商技改入园项目已完成占地规划和初步可研；鑫坤化工气象白炭黑项目因开发区环境评价为许可，项目暂无进展。（李　勇）

【入企服务】　2017 年，按照《山西省人民政府办公厅关于建立全省服务企业常态化机制的通知》《繁峙县人民政府办公室关于做好服务企业常态化工作的通知》和繁峙县优化营商环境的要求，成立了以县长为组长的“繁峙县服务企业常态化工作领导组”，明确了服务企业联席会议成员单位名单。

（李　勇）

【安全工作】　2017 年，经信局多次召开专题会议传达贯彻全国、省、市、县安全生产会议精神，研究部署安全工作，发文对安全生产大检查工作进行落实；并认真吸取“滦兴铁选 6·4 冒顶事故”教训，分小组由分管领导带队按每月一次的频次对县内 57 户规上企业进行安全监管和检查，确保安全生产大检查工作任务能落到实处。上半年所监管企业（涉铁企业选厂不涉及矿山）、电力行业均无安全事故发生，上半年共排查出规上企业安全隐患近 200 条，均已得到整改。

（李　勇）

【企业节能】　2017 年，按照省经信委要求，经信局协同市节能监察支队对本县规模以上重点用能企业进行检查。检查组深入企业，检查企业设备台账并现场核对机电设备型号，对列入《淘汰目录》的落后机电设备要求企业限期淘汰，并对企业技术改造项目的门槛严格要求，限制产业政策内限制类和淘汰类的项目上马。2017 年，积极与市经信委对接，对规模以上重点用能企业给予申请直供电，已有忻州华茂精密铸造有限公司、繁峙县中兴实业有限公司、山西紫金矿业有限公司、山西宝山矿业有限公司、繁峙县金瑞缘矿业有限公司、繁峙县宏茂矿业有限公司实行了直供电。另有山西旭泰矿业有限公司和繁峙县文溪磁选厂正在实施直供电工程建设。（李　勇）

【扶贫工作】　2017 年，紧紧围绕扶贫攻坚工作大局，全局 18 名工作人员共帮扶下峨河、堂子沟、大保 3 个村的 90 户贫困户。帮扶过程中，本局驻村工作队既细化了扶贫工作任务，又明确了各自工作职责，坚持点对点一对一，认真梳理贫困户信息、困难、要求，共同协商研究帮扶措施。

另外，根据下峨河村自然地理条件，投资约 1 万元在下峨河村试种大榛子 0.17 公顷。榛子成活率达 85%以上，长势良好，并有零星挂果。

2017 年，经信局积极与县内三家网络公司进行协调联动，多次召开专题会议，对繁峙县网络未覆盖地区尤其是贫困村进行了多次调研协调，实现了拟退出的 55 个贫困村全部达到网络覆盖标准，并为 55 个村出具了评估认定书。同时根据县脱贫攻坚领导组安排，进行了 2018 年脱贫摘帽大排查大摸底工作，做到了底清数明。（李　勇）

【亮点工作】　2017 年，通过与省、市协调：1. 山西紫金矿业有限公司获得工信部用电需求侧“A”级评价，获得“山西省两化融合示范企业”称号，“山西省高新技术企业”已通过评审正在公示中。2. 本县上报一个省级技术中心正在评审认定中，并新核定了 3 个市级技术中心。3. 繁峙县绿源亨通食品有限公司将在山西省股权交易中心企业创新板挂牌，实现了本县企业股权交易零的突破。4.新发展5个直供电企业，直供电企业已达8户，已有6户享受直供电，2户正在建设中。5.积极招商引资，针对本县传统砖瓦行业升级改造的要求，积极招商北京顺天东昊科技有限公司入驻本县，通过采取国内先进生产工艺并利用工业固废发展新型砖瓦产业，可对本县砖瓦企业升级改造工作起带动和引领作用。该项目正在进行设备安装。

（李　勇）

收费管理

【概述】　2017年，县收费管理局在县委、县政府的正确领导和市收费管理局的具体指导下，立足对涉铁、涉金企业规费集中征收这项职能，克服企业停产等不利因素的影响，积极开展规费集中征收，为全县经济发展做出一定的成绩。（赵　攀）

【规费征收】　2017年，虽然铁精粉价格稍有回暖趋势，但涉铁企业发展形势依然低迷，规费征收工作依然面临费源少、企业生产不景气的困难。面对严峻的生产形势，全局上下达成共识，一方面，对本年正常生产的企业，严格按照相关规定足额征收规费，通过加大督促催收的频次，力争做到应收尽收；另一方面，把清缴旧欠作为一项硬性任务分配到各征稽大队，要求各队克服一切困难加大对旧欠的清缴力度。全年共征收涉铁、涉金、铸件企业规费2320.15万元，其中涉铁规费1878.49万元，涉金规费289.40万元，铸件规费152.26万元。同时，严格执行收支“两条线”规定，对企业上缴的所有规费收入，责成专人及时上缴国库，确保资金安全运转。（赵　攀）

审计管理

【概述】　2017年，县审计局在县委、县政府的正确领导下，全年共完成审计项目计划5大类39项。其中，预算执行审计13项、政府性投资审计9项、经济责任审计11项、专项资金审计3项及稳增长、促改革等政策措施落实情况的跟踪审计3项；完成上级审计机关安排审计3项；配合纪检委完成审计3项。（王　伟）

【预算执行审计】　2017年，县审计局对县财政局、地税局、教育局、县委统战部、妇幼保健院、县委党校、县委组织部、住建局、县委宣传部、统计局、中医院、政法委、综治办13家单位的2016年度县本级预算执行和其他财政收支情况进行了审计，共发现管理不规范金额1188.66万元。

（王　伟）

【政府投资建设项目审计】　2017年，对2013年、2014年、2015年本县年度小型农田水利项目建设工程竣工结算审计、繁峙县污水处理中心县城排水管网改造工程竣工结算审计、下茹越水库应急专项除险加固工程竣工结算审计、县看守所维修工程竣工结算审计、繁峙县孤山灌区农田水利引水工程竣工结算审计、峨河繁峙县段河道治理工程建设项目预算执行情况审计监督、砂河镇旧镇区供水管网工程建设项目预算执行情况审计监督9个项目进行了审计，审计投资金额为7910.65万元，审计发现管理不规范金额为784.29万元，共核减工程造价金额557.29万元。（王　伟）

【经济责任审计】　2017年，受县委、县政府委托，共完成对原科技局局长李俊新、原经信局局长贺乐天、原妇幼保健站站长秦鹏程、原住建局局长李金生、原光裕堡乡乡长刘秀德、原下茹越乡党委书记韩红英、乡长柴清亮、原中医院院长宫惠廷、原柏家庄乡党委书记王政、乡长任雨田、原县团委书记杨文斌等11位领导干部的任期经济责任审计，共发现管理不规范金额224.17万元。

（王　伟）

【专项资金审计】　2017年，县审计局对2015年和2016年住房公积金缴存、使用和管理情况，全县新型农村合作医疗机构整体移交人力资源社会保障部门审计，繁峙县2014年至2016年义务教育薄弱学校基本办学条件专项资金管理使用情况审计3项专项审计调查。通过审计，共发现管理不规范金额550万元。（王　伟）

【全面加强中央和省市重大决策部署落实情况的跟踪审计】　2017年，完成了对财政局第二季度、人民政府第三季度、扶贫办第四季度国家重大政策措施落实情况的跟踪审计，针对跟踪审计报告中提出的问题，各单位已积极组织相关单位进行了整改。（王　伟）

统计管理

【“两学一做”学习教育常态化】　2017年，县统计局深入开展“双日双评”活动，推动“两学一做”学习教育常态化制度化，并根据中央《关于深化统计管理体制改革提高统计数据真实性的意见》要求，不断深化统计改革创新，夯实统计基层基础，提高统计数据质量，为县委、县政府科学决策提供全方位的统计数据服务。（赵兴华）

【第三次全国农业普查】　2017年，繁峙县第三次全国农业普查全面展开。正式入户登记后，普查工作人员整理、汇总、分析普查数据，通过深入普查区走访调查，进一步对规模农业经营户、农业经营单位进行再甄别核实、查漏补缺。全县清查摸底确定普通农户为61008户，实际录入上报普通农户61230户；清查摸底确定规模农户759户，实际录入上报163户；清查摸底确定单位登记数为1008户，实际录入上报1123户，针对录入上报情况，县农普办及时召开农普工作推进会，强调农普数据质量控制要求，确保数据客观、准确。（赵兴华）

繁峙县第三次全国农业普查宣传月启动仪式现场　赵兴华提供

【固定资产投资统计制度方法改革】　2017年，为深入贯彻落实国家统计局《关于开展2017年固定资产投资统计制度方法改革试点工作的通知》的精神，县统计局积极谋划部署，制定了《2017年繁峙县固定资产投资统计制度方法改革试点工作方案》，成立投资统计改革试点工作领导小组。积极与发改、经信、安监、住建、交运等主管部门对接，确保项目入库顺利开展。多次召开基层单位投资改革培训会议，组织业务人员从总体目标、改革原则、主要内容到时间安排、工作要求、指标解释等方面，细致地进行学习研究，强力推进按法人单位财务支出法进行统

2017年，固定资产投资改革先行先试培训会场　赵兴华提供

计的投资改革，提高与固定资本形成分类的一致性和数据的匹配性。（赵兴华）

【全县96家线上企业进行全面摸底清查】6月，按照省统计局《关于开展一套表调查单位全面清查活动的通知》要求，统计局全面展开对全县96家线上企业进行全面摸底清查工作。“点”上保精准。各专业人员对疑点企业重点跟进和调研，对难点问题及时沟通和处理。“线”上保精确。将清查责任落实到分管领导及专业人员，对准达线企业进一步核实，做到“应统尽统，不重不漏”“面”上保精度。各专业人员入户清查调查单位信息，包括清查单位是否真实存在，单位类型界定是否正确，是否已达规模或限额标准，企业的工商、税务以及财务信息等。

（赵兴华）

【全县统计工作站摸底核实】12月，根据忻州市人民政府办公厅《关于开展县对乡镇（街道）统计人员派出制试点工作的通知》要求，对全县13个乡（镇）及居民办事处统计工作站进行摸底核实，掌握统计工作站的基础设施条件和工作人员的编制、管理、经费等情况，2018年将继续加强乡（镇）统计工作站基础建设，明确各乡（镇）首席统计员与辅助统计员，推行对首席统计员实行派出管理制度。（赵兴华）

国土资源

【概述】2002年4月，根据上级要求，成立繁峙县国土资源局，正科级建制，为县政府工作部门。具体承担保护与合理利用土地资源、矿产资源等自然资源的责任。开展国土资源经济形势分析；研究提出国土资源供需总量平衡的政策建议；落实国土资源调控政策；参与全县经济运行、区域协调、城乡统筹的研究。承担着规范国土资源管理秩序、优化配置国土资源、全县耕地保护、节约集约利用土地资源、规范国土资源市场秩序、地质灾害预防和治理、地质环境保护的责任。负责规范国土资源权属管理、矿产资源开发的管理、地质勘查行业和矿产资源储量的管理。依法征收资源收益，规范、监督资金使用，拟定并组织落实土地、矿产资源参与经济调控的政策措施。开展对外合作与交流，推进国土资源科技进步。内设办公室、机关支部、测绘办、地籍管理股、规划股、耕地保护股、利用股、档案室、建审股、纪检监察室、督查应急股、财务股、矿产资源审批与储量股、矿产开发管理股、地质勘查环境股、人事教育股、信息中心、信访办公室、地质环境监测中心地质灾害应急中心共19个股室。下设国土资源执法监察大队（副科级）、不动产登记中心（副科级）土地开发整理中心、土地收购储备中心、国土资源交易事务所、地质环境监测中心、黄金管理站、岩头国土资源所、繁城国土资源所、杏园国土资源所、砂河国土资源所、东山国土资源所、大营国土资源所、横涧国土资源所、神堂堡国土资源所、柏家庄国土资源所、金山铺国土资源所、光裕堡国土资源所、下茹越国土资源所共19个事业单位。（梁 栋）

【土地规划】 2017年，繁峙县土地利用总体（2006-2020年）调整方案编制完成，于2017年11月15日通过省厅评审，并已上报省政府。“十三五”期间，全县共安排新增建设用地指标943.46公顷（占耕地641.77公顷）。其中增量指标415.30公顷，流量指标558.16公顷，这些指标优先保障重点项目以及产业园区发展建设。（梁 栋）

【土地复垦】 2017年，通过摸排全县可易地整村搬迁的村庄确定有30个，复垦面积41.2公顷，目前已完成了9个村庄，复垦面积12.43公顷，另有未列入整村搬迁的4个村庄，预计可复垦土地25.54公顷。同时积极配合、指导各乡（镇）开展了新一轮城乡建设用地增减挂钩工作，当前正在抓紧完成设计预算编制，力争年底前上报66.67公顷的增减挂钩实施方案。（梁 栋）

【耕地保护】 2017年，为切实贯彻落实耕地保护制度，明确各乡（镇）耕地保护目标任务，根据“十三五”期间调整土地利用规划期内，全县耕地保有量考核指标不低于50654.74公顷以及基本农田保护面积考核指标不低于42638.32公顷，建设用地总规模控制在10286.14公顷以内。上半年已编制并分解下达各乡（镇）耕地保护计划任务，签订了《繁峙县县2017年耕地保护目标责任状》，为有效保护耕地，实现全县耕地占补平衡奠定基础。（梁 栋）

【土地出让】 2017年，本县严格把好建设项目用地的出让和划拨供地审核关，严格控制用地规模，严格执行供地计划。优先盘活存量土地，做到节约集约用地，提高土地利用效率。已出让国有建设用地13宗，供地面积合计4.4488公顷，土地出让金合计3665.5万元。同时加大追收以前欠缴出让金力度，全年共追缴出让金3033.6万元，保障了出让金足额入库。（梁 栋）

【矿产管理】 2017年，全县83家矿山企业中，收缴采矿权价款1489.257万元，做到应征尽征，足额入库。对采矿证到期的企业及时上报延续手续。同时加强矿山地质环境保护的执法力度，采取有效措施，监督矿山企业履行矿山地质环境保护和复垦义务，对不履行恢复矿山地质环境的违法行为进行了严厉查处。建立了完善的矿山地质环境保护补偿机制；落实了矿山地质环境恢复治理保证金缴存工作，76家企业缴纳土地复垦保证金额890.6202万元；强化了矿山企业的地质环境治理责任。（梁 栋）

【地质防治】 2017年，在对全县各类突发性地质灾害隐患点进行充分摸底排查及调研论证基础上，编制印发《地质灾害防治预案》和《突发地质灾害应急预案》；完成“防灾工作明白卡”和“避险明白卡”发放工作，建立隐患点台账和群防责任表；装订“六位一体”一点一档案；举办全县地质灾害防治知识宣传培训会和地质灾害应急演练活动。（梁 栋）

食品药品监督管理

【省级“食品安全示范县”创建任务圆满完成】 2017年3月20日至23日，山西省食安委考核评价组对繁峙县创建省级食品安全示范县工作进行了验收评价。4 月 10 日，繁峙县接到《山西省食品安全委员会办公室关于省级食品安全示范县验收评价情况的通报》后，对存在的 4 个方面问题进行了认真细致的分析研究。同时对照通报要求，全面排查了考核评价中暴露出的问题和不足，按时提出整改意见，及时上报整改情况，在限期内整改到位。同时县食监局将整改工作与进一步加强食品安全管理、健全完善监管长效机制相结合，着力建立创建成果巩固机制。2017 年 11 月，省食品安全委员会办公室发布公告，繁峙县被命名为首批“山西省食品安全示范县”之一。（樊爱清）

【区域综合检验检测中心建设项目的推进】 2016 年 3 月，省发改委确定繁峙县为国家第二批县级食品安全检验检测资源整合推进试点县，建设项目为繁峙县综合检验检测中心。工程拟改造实验室 1544 平方米，设备购置 117 台，总投资 1400 万元，其中中央投资 900 万元，县政府配套 500 万元。2017 年 4 月，完成第一批设备招标采购。（樊爱清）

【食品药品监管工作的强化】 2017 年，县食监局在加强日常监管的同时，按照县委、县政府安排，在“双随机、一公开”工作机制的基础上确定了食品药品随机抽查重点事项清单。食品生产领域开展安全生产风险隐患大排查及食品生产环节突出问题集中整治专项检查，食品流通领域重点对区域内农贸市场内活禽经营户进行了检查，在物美购物广场、客都超市启动“放心肉菜示范超市”创建活动，各项硬性指标正在落实当中。餐饮消费环节继续加大示范创建力度，已有 21 家餐饮单位实施“明厨亮灶”改造。在药品医疗器械化及妆品监管方面，积极响应省、市局要求部署，实施各类专项行动和宣传活动。落实监督抽检责任方面，2017 年省局下达的 20 批次药品抽检任务已全部完成，食用农产品抽验 200 批次的任务也已经全部完成。（樊爱清）

【监管站所标准化建设】 县食监局把乡（镇）站标准化建设作为能力建设工作的重中之重，2017 年在经费紧张的困难局面下对杏园乡监管站实施了标准化、规范化建设，实现了站所挂牌、场地规划、标志标识、上墙制度、软件资料“五统一”。（樊爱清）

【人才队伍配备】 2017 年，通过面向全省公开招录基层监管人员 6 名，接收大学生村官安置人员 3 名，全部充实到了乡（镇）监管站。（樊爱清）

【政治思想教育】 2017 年，县食监局以“两学一做”常态化学习教育活动为抓手，在抓好监管工作的同时，抓好党风廉政建设；在抓好队伍专业能力建设的同时，抓好队伍思想作风建设。制定了《局党组关于推进“两学一做”学习教育常态化制度化的实施方案》，领导班子成员带头深入学习党章党规、两个条例、学习习近平总书记系列重要讲话精神，引导党员按照党章党规要求管好自己。（樊爱清）

安全生产监督

【概述】 2017 年，全县安全生产形势整体平稳，并被省安监局推荐到国家安监总局拟表彰为 2017 年度安全生产监管监察工作“先进单位”。（郎瑞峰）

【安全生产“七进”活动】 2017年，为加强全社会安全生产宣传教育工作，国家安全监管总局确定了全国10个安全生产宣传教育进企业、进学校、进机关、进社区、进农村、进家庭、进公共场所活动（简称“七进”活动）试点城市，忻州市是其中之一，也是山西省唯一的试点城市。安监局高度重视，积极开展“七进”活动，在山西紫金矿业建立了安全生产宣传教育基地，在滨河公园和东石龙社区建立了安全文化主题广场，在汽车站、彩璟小学、繁峙二中进公共场所和进校园典型，公路段、交警队都建立安全教育宣教室。（郎瑞峰）

【非煤矿山采空区治理】 本县是非煤矿山大县，随着非煤矿开采逐渐深入，地下开采矿山不同程度地形成大量采空区，2017年开始在全县范围内开展金属非金属地下矿山采空区专项治理行动。安监局组织专家组对地下开采企业的实测图、现状图进行审核并实地调查，全县共发现采空区体积342.88万立方米，已完成采空区治理137.1万立方米，完成率达40%。采空区引发的事故总量明显下降，有效遏制了采空区引发的重特大事故，高于全市计定完成率的30%。该项工作的开展，促使全县非煤矿山安全生产形势发生根本好转。（郎瑞峰）

【在线监测四级联网工作】 2017年，根据山西省人民政府《关于做好2017年安全生产工作的通知》《山西省安全生产监督管理局关于印发非煤矿山安装使用在线监测系统及四级联网工作方案的通知》和《忻州安全生产监督管理局关于印发非煤矿山安装使用在线监测系统及四级联网工作方案的通知》文件精神，安监局邀请相关专业技术人员和企业进行专题研究，制定了《关于在非煤矿山企业安装使用在线监测系统及四级联网工作实施方案》，并成立了非煤矿山在线联网工作领导组，主要负责对全县非煤矿山在线联网工作的指导。全县企业内部安装视频监控的有14家，已接入安监局调度中心的有3家，签订联网协议15家，联网工程正在紧张施工中，建成后将大大提高企业的安全管理水平。（郎瑞峰）

【县乡村三级安全生产监管体系】 2017年，为全县13个乡（镇）配备了13名专职“安监员”，387个行政村设立387名安全信息员，健全完善无缝对接式的安全监管体系。构建起科学合理、横向到边、纵向到底的安全生产监管网络，真正落实各方面的安全生产责任，营造出全社会抓安全生产的良好氛围，确保全县安全生产形势持续稳定好转。（郎瑞峰）

【风险分级管控和隐患排查治理双重预防体系建设】 2017年，安监局组织专家开展专项检查，按照风险分级，确定全县A级矿山9座，B级矿山15座，C级矿山19座，D级矿山50座。根据风险级别实施分类监管，加大对较大级以上安全风险点的监督管理频率和力度，督促风险点的责任主体，落实相应的管控责任和措施，建立完善的风险管控目标责任考核制度，切实降低安全风险。生产与基建的22家非煤矿山企业全部制定了安全风险分级管控方案，绘制了安全风险“红橙黄蓝”四色分布图。（郎瑞峰）

工商行政管理

【概述】 县工商行政管理局位于县城永丰大街与向阳南路交叉东南角，内设办公室、财务股、人教股、法制股、监察室、企业股、经检股、市场股、消保股、商广股10个股室；下设城关、砂河、大营、岩头4个工商所；下设个体劳动者协会、消费者协会、私营企业协会3个协会。实有工作人员68人，其中55名公务员。（姜晓鹏）

【市场主体登记】 2017年，县工商局积极深入推进“多证合一、一照一码”改革，在巩固“五证合一”成效基础上，以“简证”促进“简政”，同时实行了全程电子化、网上核名、简易注销及住所信息、承诺制等一系列便民利民措施，促进落实国家降低制度性成本，提高审批效率实行的一系列改革举措。2017年9月1日起，实行“多证合一、一照一码”改革。工商局严格按照山西省“多证合一、一照一码”改革。严格按照山西省“多证合一”改革事项清单中所列的涉及7个部门、12项涉企事项执行。

2016年度工商局企业应报1948户，实报1792户，年报率达92%；合作社应报953户，实报741户，年报率达78%；个体工商户应报8868户，实报4696户，年报率达53%。年报工作结束后，及时组织人员对未按时公示年度报告的企业列入经营异常名录。2017年7月，工商局在规定时间内对按照年报有156户企业，212户合作社列入异常名录，对4172户个体工商户列入异常名录。大力支持农民组建各类经济专业合作社，在办照过程中，简化程序，减少提供资料。企业股全年注册登记142户专业合作社，2017年登记注册了391户企业，同比增长16%。商事制度改革以来，2017年度因政务大厅窗口工作突出，被山西省工商局评为“先进窗口单位”。被市工商局评为“2017年度目标责任考核良好单位”。同时被县委、县政府评为“目标责任考核优秀单位”“2017年度安全生产工作先进单位”“2017年优秀帮扶单位”。（姜晓鹏）

【商标合同广告管理】 2017年，工商局采取多种形式，大力宣传商标法和商标知识，增强企业和全社会商标意识，支持企业实施商标战略，充分发挥商标促进经济发展中的重要作用。本年共接待申报申请注册咨询16人次，并帮助申报注册商标4件，申报省级著名商标1件，注册商标25件，新申请注册商标142件，发放注册商标建议书200多份。开展保护驰名商标、著名商标、食品商标、药品商标为重点的专项执法行动。

建立广告监测巡查台账，共巡查广告主、广告经营者、广告发布41户次，处理省局督办广告投诉1起，收缴违法广告牌2块，收缴违法印刷品广告1000余份。共受理动产抵押登记18件，抵押物价值总额134755万元，担保主债权金额41330万元。（姜晓鹏）

【市场监督管理】 2017年，针对繁峙县成品油市场存在的突出问题，和政府要求的大气污染综合治理（国四换国五，国五换国六汽柴油标号），对辖区内36家加油站进行了全面检查，同时对18家个人加油站和5家国企油站进行抽样检测，共抽取样品30个，对抽样不合格油站进行了立案查处收缴罚没款48200元，出动车辆60车次，执法人员180人次，制定专项整治工作方案。整治时间为2017年1月4日至2017年11月15日。整治内容加强旅游市场主体监管依法查处虚假违法旅游服务广告。发放宣传单300份，起到保护消费者，净化旅游市场环境的作用。（姜晓鹏）

【打击传销及反不正当竞争】 2017年，工商局紧紧围绕治理商业贿赂行为，对企业等相关单位进行检查，时刻保持教育和处罚相结合，及时向局领导和分管领导取得联系，尽力做到每一起案件合法合理。在巩固“打击商业贿赂”的同时重点转向“打击传销活动”，根据本县的实际情况制定《打击传销整治方案》，坚持防范结合、重在防范、标本兼治、重在治本的方针，对全县“中国一川、幸福一百”传销进行了多层次的检查，会同公安部门、新闻媒体进行多次曝光警示，对9家挂牌门店进行关停。在“反垄断和反不正当竞争专项执法行动中”，对电业部门、自来水公司、供热公司、保险行业、通讯行业、超市、书店、学校及个体商贩进行排查，对群众举报国有企业的垄断行为进行及时处理，当事人态度认真，使该行为发生在萌芽中就得到了遏制。（姜晓鹏）

【消费者权益保护】 2017年，县工商局围绕“网络诚信、消费无忧”，以倡导网络经济下诚信经营，强化网络经营者责任意识，切实落实法定义务，自觉保护网络消费者合法权益，建立完善网络消费者知情权、求偿权、交易权及安全权等方面消费者权益保护制度，发挥消协组织社会监督和桥梁组带作用，利用“12315”网络体系，全年共受理投诉33起，结案率100%，为消费者挽回经济损失3000元。（姜晓鹏）

【非公党建】 中共十九大召开后，县局积极召开动员会议，营造浓厚的十九大精神学习教育氛围，对非公企业支部书记进行了集中培训。召开了非公经济党组“两学一做”学习教育动员会议，传达了市、县“两学一做”学习教育会议精神并作了具体部署。

截至2017年11月30日，全县共有在册非公企业2066户，共组建党组织159个，其中单独组建61个，联合组建98个，党组织覆盖率70%。共选派党建工作指导员161名。（姜晓鹏）

工业经济

电力工业

【概述】 繁峙县供电公司隶属于国网山西省电力公司忻州供电公司。公司根据“三集五大”体系机构设置规范，下设综合管理部、财务资产部等7个部门，调控运行班、市场班等10个班组，杏园、下茹越等8个供电所，岩头、光裕堡等4个电工组。现有职工259人，其中全民工102人，集体工6人，业务委托农电用工151人。承担着繁峙经济社会发展和3镇10乡401个行政村27万人的供电服务任务。

截至2017年底，境内拥有220千伏变电站1座，容量48万千伏安，在建220千伏滹源变电站1座；110千伏变电站5座，总容量42.3万千伏安；35千伏变电站4座，总容量5.66万千伏安，10千伏开闭所1座。公司负责运行维护110千伏变电站2座、35千伏变电站4座、10千伏开闭所1座。110千伏线路2条共计43.961千米、164基杆塔；35千伏线路8条共计129.465千米、602基杆塔；10千伏配电线路85条，其中公用线路43条1297.08千米、专线42条。公用配电变压器726台总容量12.18万千伏安，专变1651台总容量44.35万千伏安。2017年售电量完成8.44亿千瓦时，同比增加47.83%。公司直接服务10.34万客户，其中大工业186户，一般工商业7492户，农业1549户，居民9.42万户。第一、二、三产业用电量分别占比9.19%、59.86%、30.95%。

2017年，在县委、县政府和忻州供电公司的领导下，贯彻省、市公司“两会”精神，落实（6631）工作思路，坚持以电网发展质量和基础管理水平“双提升”为基点，进一步解放思想更新观念，坚持稳中求进工作总基调，以实施（2261）工程为引领，以强化“一个引领”、主攻“五项提升”为着力点，以安全稳定为基础，以效率效益为主线，务实攻坚，创新争先，优质高效完成全年目标任务，全力推动公司和电网发展实现新跨越。 （王竹韵）

【电网建设】 2017年，县供电公司加大属地协调力度，推进重点工程落地，多方与县委、县政府、繁城镇、砂河镇、相关村委、村民进行高频次协调沟通，促成县政府发文成立电力建设协调保障工作组，分管副县长亲自去施工现场协调杆塔占地事宜。在市、县公司通力合作下，完成110千伏五台山牵引站和枣林牵引站外部供电线路工程属地协调工作，12月23日投运送电。针对220千伏滹源变电站线路路径与繁峙县省级开发区规划存在交织的问题，积极与县政府县长、分管县长以及开发区、商务局等领导沟通，获得县委、县政府主要领导的大力支持，推进工程开工前各项工作，目前华北空管局正评估220千伏线路对飞机场的影响，力争2018年上半年开工建设。

统筹推进大修和网改工程，完成10千伏金柏线等2条线路综合大修等6项大修任务；完成2016年11个农网项目的竣工、验收和审计结算工作；完成2016年第三批中心村改造工程6项12个中心村；全力推进2017年机井通电改造工程9项94个村，285台变台安装全部完成，扫尾工程正快速推进。历史遗留的10千伏829线改造等工程也顺利完成。

将推进光伏扶贫工作作为重要政治任务，公司重点督办，光裕堡100千瓦光伏电站已并网投运。根据西沿口村贫困户光伏报装容量需求，对西沿口村3个台区变压器进行调整，为全村所有需要安装户用光伏扶贫的89户贫困户提供了接入容量。举全局之力加速推进户用光伏报装并网，组织业务受理、计量、采集、调试送电等4个工作小组，将原来一个台区完工后统一报装改为一个台区5户具备条件即刻报装，提高工作效率和服务质量，已并网933户。

（王竹韵）

【电力安全生产】 2017年，公司贯彻省、市公司和县委、县政府安全生产工作部署，落实各级安全责任，增强安全责任意识，健全覆盖各专业、各层级、全过程的安全生产责任体系，提高安全管理水平。分析电网薄弱环节，扎实开展安全大检查和“安全生产5000天专题周”专项行动，组织召开配网运行分析会2次，梳理各类安全风险，对第一批紧急需要处理的52处安全隐患，已结合迎峰度冬，利用运维、大修、技改及网改资金开始整治，安全生产保持良好局面。强化配网抢修、农网改造作业现场的安全管控力度，认真履行“两票三制”，专职安全监督员每日生产碰头会通报当天现场管控情况，确保了现场作业安全有序。积极开展“排隐患、降掉闸、保安全”专项活动，对所辖的43条10千伏公用线路，按班组、人员全面实行线路设备分段运维责任制，集中对519木格线、534大营线等高跳闸线路进行特巡，切实降低线路掉闸次数。参与2017年县政府组织的第十六个安全月以及“七进”安全宣传活动，圆满完成中高考、中共十九大等重大保电任务，各领域保持安全稳定。截至2017年年底，安全生产记录实现5040天，创历史新高。

（王竹韵）

【经营管理】 2017年，公司全面完成售电量、电费回收、综合线损率等经营指标，积极适应经济发展新常态，持续增供扩销，巩固拓展售电市场，着力提升营销业务管理水平。深入开展同期、台区线损“双达标”活动，制定了《国网繁峙县供电公司合格台区活动实施方案》及《国网繁峙县供电公司线损考核办法》，通报表扬与约谈双管齐下，所有班所每天看系统、查问题、日检查、夜巡查已成常态，每日对高损台区、异常台区常态化全面分析，在冬季窃电严重、管理困难的情况下，月台区合格率保持在90%以上。在全面拓宽多渠道交费方式的基础上，整合人员和流程，全市首家对全县9.4万低

压居民客户全部纳入智能交费业务范围，保证了电费回收率实现100%。（王竹韵）

【电力优质服务】 2017年，公司结合县域经济发展实际，发挥责任央企表率作用，多措并举，优质服务水平大幅提升。主动前置服务，协调推进全县16个重点产业项目，建立“一对一”客户经理快速服务机制，专人电话跟踪，定期走访调查，2个月之内先后完成滨河移民小区、棚户区、化肥厂小区电力配套工程的施工、送电、户表安装等一系列工作，砂河民生供暖公司换热站、城市综合体线路改迁等一批民生基础电力工程建设快速完成。全面优化流程，以“防超期、提质效”专项行动为起点，为重点项目、扶贫产业开通绿色通道，将业扩流程与勘察初设合并进行，将各个环节节点的部门、岗位、人员、时限明确，开展常态化监督，促进业扩报装流程提速增效。助力县政府脱贫攻坚任务，扶贫帮扶工作务实有效。公司具体帮扶西沿口、义兴寨两个村，组织101名干部与385户贫困户结对帮扶。利用周休日，每月一次组织全体职工对帮扶村开展3次集中入户帮扶，带去米面、日用品等关心贫困户生活，向定点帮扶的2个村小学捐赠书包等学习用品。（王竹韵）

【基层党建】 2017年，县供电公司深入推进党建、思想政治和企业文化建设工作，把学习贯彻中共十九大精神作为重大政治任务，对照原文与工作实际，深刻领会精神实质，推动各项工作有效开展。每月定期开展“双日双评”活动，常态化推进“三会一课”制度。结合工作需要，大力实施“亮旗工程”，提炼配网线路智能开关网络建设、线损“大数据”分析平台等多个亮旗工程创新项目，将党建工作与生产经营各项工作融为一体，互促互进。（王竹韵）

中小企业

【概述】 2017年，全县民营企业（法人单位）1654个，比上年同期增加168个；从业人数21150人，比上年同期增加52人；完成营业收入775183万元，同比增加10.16%；应缴税金51334万元，同比增加14.86%，占全市税收收入14.07%，比上年下降0.83个百分点。

从全年发展趋势看，1至12月，全县民营企业营业收入增加10.16%，增幅与上年同期相比增加10.97个百分点，与前11个月相比，环比增加27.53百分点。从季度趋势来看，1季度增长4.64%，2季度增长6.51%，3季度增长16.58%，4季度增长10.16%。全年呈现前低后高，波动上升趋势。（杨美萍）

【服务体系建设】 2017年，县中小企业服务中心以民营企业为主的中小企业社会化服务体系建设进一步加强。1.融资服务务实有效，为民营企业创造宽松发展环境，全力解决企业融资困难，同繁峙县建设银行、邮政储蓄银行合作开展“助保贷”“农保贷”“助牛贷”业务，及时缓解了中小微企业融资难的问题。2017年，为29个企业发放“助保贷”6848.56万元，其中，邮储银行发放贷款22户4200万元，建设银行发放贷款7户2648.56万元。2.创新创业服务中心。2017年成立繁峙县创新创业服务中心，主要负责提出双创产业发展规划，大学生创业基地建设，管理入驻电商团队，管理双创产业扶持资金，为入驻企业和大学生做好服务工作，加强双创发展力度。为创业者提供工作空间、网络空间、资源共享空间，开展创业政策咨询、创业培训、小额贷款、项目推荐、市场论证、市场拓展等创业服务，帮助有梦想的各界人士及大学生成功创业。3. 打造小微企业服务平台和农副产品营销平台。中小微企业公共服务平台的体系基本建设完成，并有效运行对各类创业、创新园区进行指导。建成并州物流创业基地，鸿深物流中小企业创业基地小微企业服务站 2 个。也为并州物流创业基地争取项目资金 147 万元。依托“乡村汇”等电子商务公司，积极搭建农副土特产品营销平台，实现“线上+线下”双向交易。赵庄白水大杏线上销售 11.8 万多斤。（杨美萍）

【科技企业孵化器建设】 推动山西五台山瑞迪航空科技有限公司无人机的研发应用，瑞迪航空飞行营地占地 2.67 公顷，飞行跑道已建设完工正在进行绿化工程建设，已投资 665 万元，为发展旅游事业、经济腾飞助力，同时进行组织赛事、航展、旅游、观光、飞行体验、爱好者培训、应急救援、航拍航测等。（杨美萍）

【安全管理】 2017 年，全面开展安全生产“知责履责、失职追责”活动和汛期安全生产大检查工作，推进安全风险预控隐患、排查治理工作，开展安全生产隐患大排查大整治专项行动，不断夯实安全基层基础，坚决杜绝重特大事故，遏制较大事故，减少一般事故，为全县经济的持续稳定发展提供坚强的安全保障。全县各规下企业，按照大排查大整治方案扎实开展属地单位安全检查，全面排查企业存在的各种安全隐患，并做好排查记录，对排查出的安全隐患、问题都建立台账和风险点清单。全县发现规下企业一般安全隐患 78 条，整改 73 条。（杨美萍）

【企业成长工程】 加强“小升规”培育建设。加大培育小升规企业力度，重点培育小升规企业 5 个，海兴矿业有限公司、同和磁选厂、昇通磁选厂、滹源祥磁选厂、镕泽矿业有限公司，完成小升规企业市局年度任务、确保规上工业企业净增数圆满完成。

推动全县民营经济转型升级，培育专精特新企业 4 个：繁峙县绿源亨通食品有限公司、繁峙县星河银业有限公司、繁峙县晋绣坊文化产业发展中心、山西五台山金石雕刻有限公司。（杨美萍）

【技术创新】 2017 年，全县发明专利申请量 10 项，拥有量 11 项，申报实用新型 1 项，外观专利 20 项。（杨美萍）

【扶贫工作】 2017 年，按照县委、县政府关于精准扶贫工作的安排部署，中心成立了由侯志敏主任任组长，甄小英任第一书记，全中心职工为组员的强有力的工作组，驻村帮扶岩头乡土岭村。土岭村位于茶铺沟中段，土地总面积 257.67 公顷，其中耕地面积 19 公顷，总户数 77 户，现全村户籍人口 213 人，共有建档立卡贫困户 29 户、76 人，2016 年前已脱贫 25 户、66 人，2017 年脱贫 4 户、10 人。又新识别 1 户。下设村支部 1 个，党员 7 人。按照精准扶贫、精准脱贫的要求，3 月 20 日，全中心职工利用一个星期的时间到土岭村进行摸底调查，做到底清、数明。并制定扶贫计划及帮扶措施，力求尽快帮扶土岭村 4 户 10 人贫困户脱贫。元旦前，驻村工作队还亲自为各贫困户送去米、面、油等慰问物资。（杨美萍）

农林水利

农　业

【水稻种植】 水稻在繁峙县种植历史悠久，种植面积曾达到800公顷，后由于水位下降，水稻面积逐年减少，濒临绝迹。2017年，为进一步推动全县种植业结构调整，加快推进繁峙县农业转型升级，县委、县政府下大力气，加大投资力度，恢复水稻种植，主要分布在繁城镇作头村、下茹越乡大沟村、光裕堡乡富家庄村，种植面积达78.9公顷。繁城镇作头村作为全县水稻示范基地，示范面积达50公顷。该基地在引进吉林水稻研究所“稻花香2号”“龙稻16号”等水稻优种的同时，采用棚室+秧盘育秧、施用有机肥、人工除草、机插机收等先进实用的配套技术，创出一条绿色无公害、机械化生产的新路。且基地采取“公司+基地+农户”的发展模式，逐步形成“责任与利益联结”的共同体，全方位提高水稻生产效益，带动本村及周边乡村贫困人口实现脱贫增收。本着“基地做品质，加工做精品，销售做品牌”的发展理念，紧紧围绕无公害水稻基地建设，坚持走专业化、产业化、现代化、集约化的发展道路，使水稻产业发展成为本县的一项主导产业。　（杨　芳）

2017年，光裕堡乡富家庄村水稻灌浆期照
杨芳提供

【黄花产业】 黄花属多年生宿根草本植物，其春季发芽，夏末秋初开花，秋后枯萎，冬季休眠，四季往复，适应性强，食用药用价值高。在近年引进黄花试种成功的基础上，为充分发挥本县资源区位优势，调整和优化产业结构，深入推进特色农业产业发展，2017年，县委、县政府加大资金扶持力度，继续在全县范围内推广黄花种植，主要种植区域分布在繁城镇、砂河镇、大营镇、杏园乡、光裕堡乡、东山乡、金山铺乡等，种植面积达66.97公顷。东山乡作为全县黄花示

2017 年，县农委组织相关技术人员对砂河镇义兴寨村黄花种植情况进行验收工作　杨芳提供

范基地，采取“公司+农户”的运营模式，吸纳基地周边大量贫困户，且园区采用精细化管理方式，坚持走规模化、产业化、集约化发展道路，而且近几年黄花菜市场需求不断增长，价格稳步上升，黄花产业效益也得到显著提高，带动了当地及周边地区贫困人口脱贫致富，进而推进脱贫攻坚工作的健康有序发展。（杨　芳）

【富硒藜麦产业】　2017 年，根据县委、县政府相关文件精神，繁峙县在繁城、砂河等 10 个乡（镇）（除岩头、光裕堡、神堂堡乡）实施该项工程，涉及全县 92 个行政村 1297 户 4140 人，种植面积 1351.34 公顷。其中建档立卡贫困户种植 611.2 公顷，涉及贫困户 859 户 2267 人。该项目采取由万象公司提供技术服务，政府集中采购硒肥补助农户的方式进行，共计投资 396 万元用于硒肥购置。项目的实施，对于调整本县农业产业结构，提高本县农产品品质，起到重要的推动作用。（赵志强）

【农产品加工】　2017 年，规模以上农产品加工企业 19 家，销售收入4.3456 亿元，较上年增加 14.36%，其中 500 万元（销售收入）以上农产品加工龙头企业销售收入 3.2956 亿元。农业产业化省级重点龙头企业 2 家，分别为繁峙县宏钜大磨坊和山西省繁峙县绿源亨通食品有限公司。（谭建慧）

【“繁峙大杏”获国家农业部农产品地理标志登记证书】　2017 年 7 月，县农业技术推广中心申请对“繁峙大杏”实施国家农产品地理标志登记保护。经过初审、专家评审和公示，符合农产品地理标志登记程序和条件，准予登记，获得中华人民共和国农业部农产品地理标志登记证书。划定的地域保护范围是：繁峙县所辖集义庄乡、光裕堡乡、下茹越乡、繁城镇、杏园乡共计 5 个乡（镇）106 个村。地理坐标为北纬 39°08′—39°18′，东经 113°11′—113°31′。（郑竹胜）

【县农业委员会迁址】　2017 年 11 月 30 日，繁峙县农业委员会由县政府楼搬迁到繁峙县农业技术推广中心大楼，办公条件明显改善。（郑竹胜）

农业综合开发

【概述】　2017 年，农业综合开发办重点根据年初经济工作会议及《2017 年经济社会工作目标责任分解》安排，结合本县 2017 年农业综合开发任务创新工作，深入贯彻落实农村工作会议精神，着力加强农业供给侧结构性调整，提高农业综合生产能力；积极扶持新型农业经营主体，发展多种形式适度规模经营，打造本县农业优势特色产业带，促进农民增收。

2017 年，繁峙县作为山西省六个贫困县之一列入农业综合开发与扶贫开发有机整合

的试点县，实施繁峙县2017年高标准农田建设模式创新试点项目（高标准农田建设项目1个，产业化发展项目5个），项目总投资3690.7万元，其中财政资金3000万元（中央2000万元，省级940万元，市级60万元），自筹资金690.7万元（农民投工投劳5.4万元，企业自筹685.3万元）。在做好农发本职工作的同时，根据县委安排按时召开“支部主题党日”活动会。（冀建华）

【高标准农田建设项目】 2017年，繁城镇1313.33公顷高标准农田建设项目，总投资2156.4万元，其中财政资金2151万元（中央财政资金1434万元，省财政资金673.98万元，市财政资金43.02万元，自筹资金5.4万元）。项目区位于繁城镇，涉及作头、赵家庄、笔锋、雁头、东峪、东魏、西庄、西魏8个村。主要建设内容：新打井15眼，修复配套井6眼，输变电线路7.95千米，衬砌渠道4.26千米，埋设管道35.78千米，开挖疏浚渠道0.98千米，渠系建筑物112座，溪流护岸1处；土壤改良38公顷；修筑田间道路21.80千米；栽植农田防护林7700株，栽植经济林43公顷；对项目区农户进行技术培训1000人次；示范推广1.33公顷，购置仪器设备25台（件）。

项目实施后，项目区新增和改善灌溉面积1313.33公顷，新增节水灌溉面积520公顷，年节约水量32.46万立方米。平均每年新增种植业总产值1351.13万元，其中，年可增产粮食164.36万公斤，年增收388.73万元；年增产白水杏320.80万公斤，年增收962.40万元，每年农民纯收入增加608.01万元。年直接受益农户3006户，年直接受益农业人口数7733人，其中包括精准贫困户947户2540人。（冀建华）

【扶持产业化发展项目】 2017年，产业化发展项目5个（种植项目2个，农产品改扩建加工项目3个），总投资1534.3万元，其中财政资金投资849万元（中央566万元，省级266.02万元，市级16.98万元，自筹资金683.3万元）。实施后，正常年新增水果0.56万公斤、白水杏果脯0.6万公斤、年加工粮食4764万公斤、处理秸秆240万公斤。新增总产值8916.53万元，年新增增加值7133.22万元，年新增利税1090.64万元，其中净利润448.12万元。项目形成固定资产总额1355.55万元，年直接受益农户数5854户，年直接收益农民增加总额3037.21万元，年新增就业105人，在扩大企业规模的同时预计可带动精准贫困户98户269人增收13.1515万元。

1. 繁峙县33.33公顷白水杏种植基地配套设施扩建项目，投资51万元，其中财政资金34万元，自筹资金17万元。项目建设内容为：新建采摘大棚360平方米，田间管理房30平方米，工作房84平方米，烤房98平方米，运土垫地平整施肥500平方米，配套架低压150米及监控1套；购置烘烤设备1套、冷库聚氨酯保温材料1套、冷库保温门1套、制冷设备1套；购置白水杏树100株。

2. 繁峙县4.67公顷果树新品种、新技术示范园区建设项目，投资165万元，其中财政资金110万元，自筹资金55万元。项目建设内容为：场地平整320台班，场区硬化3000平方米、园区围栏1000米、库房展厅180平方米、井房9平方米；农机具购置旋耕机1台、锄草机1台，喷雾机1台；棉帘11579平方米、塑料膜11套、监控设备及伸缩电动大门；各类果苗合计8350株。

3. 繁峙县新增3000吨小杂粮加工设施技

术改造项目，投资602.92万元，其中财政资金300万元，自筹资金302.92万元。项目建设内容为：装修生产车间1032平方米，彩钢结构；新建钢板立筒仓基础6个，容量为1000吨；配套电路工程1套；配套生产线2条、地磅2套。其中生产线分别为豆类加工生产线和杂粮小包装生产线。

4. 繁峙县年产3.5万吨玉米压片加工生产线建设项目，投资412.3万元，其中财政资金204万元，自筹资金208.3万元。项目建设内容为：新建土建面积3200平方米，砖混、钢结构主体和天然气安装工程；筒仓及原料清理系统1套，天然气蒸汽锅炉系统1套；蒸汽玉米压片（隧道烘干加工）生产线1条。

5. 繁峙县2400吨秸秆综合利用示范基地建设项目，投资301万元，其中财政资金201万元，自筹资金100万元。项目建设内容为：购置生物质制料机2套、制粒机2套、1504拖拉机1台、自走式玉米联合收割机1台、秸秆打捆机1台；新建车间1782.2平方米。（冀建华）

【扶贫工作】 2017年，帮扶村为岩头乡油房村和鹿骨崖村。通过走访农户、召开村委会等形式，了解贫困村的现状，结合两村的实际情况，农业综合开发办强化组织领导，制定具体工作计划、实施方案和目标责任，层层分解落实目标任务，落实责任，结队帮扶，“精准扶贫”。农业综合开发办9名工作人员分别对岩头乡油房村19户（未脱贫8户）和鹿骨崖村17户（未脱贫9户）实施“一对一”结对帮扶到户，并签订责任书制定个户帮扶计划，完善工作手册和手机APP信息，从2017年2月9日帮扶开始，共计入户52人次。通过实地考察和征求相关技术人员，农业综合开发办先期为油房村购置500株大山榛树苗、500连翘苗和500株红树莓树苗，为鹿骨崖村购置500株红树莓苗，让贫困村示范种植，为贫困户寻找脱贫之路。与企业家黄卫东、岩头乡油坊村（第一书记扶贫资金）共同筹资建设的30千瓦太阳能光伏发电项目正在实施中，倡导农业综合开发办扶持的5个产业化项目对油房、鹿骨崖两村25户贫困户进行帮扶增收。（冀建华）

农业机械

【农机资产收益扶贫】 2017年，农机资产收益扶贫资金共计15万元，由真诚农机合作社实施。合作社利用15万元财政资金，自筹2万元购置1504拖拉机1台，合作社原有机具2台，吸纳建档立卡贫困户10户。并合理划分资产将总资金的40%即6万元折股留给合作社，60%即9万元拆股量化分配给10个贫困户，每户持股9000元，每户收益分配2000元，贫困户收益正在兑付中。具体做法：（1）公开公平公正地确定合作社，根据农机资产收益扶贫相关规定，制定《繁峙县农机资产收益扶贫实施方案》并在农机信息网上进行公示，按照县政府统筹群众自愿的原则，经过与真诚、玄睿、永益、丰收、丰悦华、霸王朝6个示范合作社协商讨论，确立由东山乡真诚农机合作社实施2017年的农机资产收益扶贫项目。（2）政府公开询价采购农机具，根据真诚农机合作社生产作业需求和贫困户机具购置需求，通过财政农机资产收益扶贫资金15万元和合作社自筹2万元，经过政府采购中心公开询价，购置山东产双力1504拖拉机1台，连同合作社原有保定双鹰535翻转犁1台和铺膜机1台为主要作业机具。（3）科学合理确定创收生产模式，根据真诚农机合作社实际情况，结合10户贫困户作业需求，确定真诚农机合作社以玉米全程机械化生产作业为主要创收生产作业模式。实施玉米耕整地、精量播种、中耕植保、机械化收获、秸秆粉碎还田、深松整地等主要环节开展机械化作业，创收生产为贫困户增加收益。（4）优质高效实施农机作业。真诚农机合作社承担着农业部666.67公顷玉米全程机械化作业示范项目，农机资产收益扶贫作业也同时进行，全年实施各项作业共计169.53公顷，收益共计58175元，作业支出33480元，纯利润实现24695元。（5）适时足额兑付贫困户收益，根据年初贫困户股权确定和收益分配会议议定，2017年是实施农机资产收益扶贫的第一年，贫困户收益分配为每户2000元，12月30日前完成资金兑付。（周明亮）

【农机推广、农机培训及深松整地项目扶贫】 2017年，繁峙县实施的3项农机扶贫项目，资金统筹整合后仍然由原渠道实施共计138万元。

1.现代农机推广；项目推广资金共计23万元，实施项目为胡麻全程机械化作业。该项目在金山铺乡建设胡麻全程机械化示范区1个，示范面积为200公顷。项目购置旋耕机、播种机、深松整地机、胡麻收获机各一台。该项目共吸纳贫困户15户30人。通过该项目的实施每个贫困户可获得收益分配1000元。

2.2017年，省局下达繁峙县培训资金15万元，培训新型职业农民150人。资金经整合后将培训对象确定为建档立卡贫困户，旨在更好的配合政策助力扶贫攻坚任务完成。本县10个乡（镇）利用扶贫资金购置农机具136台套，县农机中心就此针对购置农机具的10个乡（镇）开展培训，培训驾驶人员、操作人员、管理人员共计150名，经培训已经上岗开展作业。驾驶证、行车证正在着手办理中。

3.农机深松整地作业补贴；省局下达农机深松整地作业补贴资金50万元，已全部下达扶贫资金购置农机具的乡（镇）农机合作社，按购置资金比例进行分配，每100万分配156.67公顷作业任务。各乡（镇）扶贫农机合作社组织安装了GPS定位系统，结合秸秆禁烧开展秸秆还田和深松整地作业。中央财政50万元深松整地作业补贴项目带动贫困户40户，每户已兑付贫困户收益500元。（周明亮）

【乡镇扶贫资金购置农机具及收益分配】 2017年，繁峙县统筹整合财政资金893万元，分10个乡（镇）购置农机具136台套，成立了13个扶贫农机专业合作社，实施农机资产收益扶贫。11月8日分管领导召开脱贫攻坚领导组会议，就进一步加快扶贫项目验收及资金拨付进行了专题研究。会议决定农机类项目的验收，无论是资产收益扶贫项目，还是农机大院及其他类型项目，均由农机中心牵头财政、扶贫及专业技术人员参与组成项目验收组进行验收。截至11月17日，中心组织财政、扶贫两部门对全县10个乡（镇）13个扶贫农机合作社进行了验收，并给财政分乡（镇）提供了《2017年度财政扶贫项目验收没资金拨付表》。根据验收情况汇总繁峙县2017年财政农机扶贫资金893万元，受益贫困户821户，贫困户收益约105万元，为贫困户优惠作业近600公顷，优惠作业费用30万元。（周明亮）

【生物制料项目扶贫】 2016年10月，省、

2017年，生物制料机技术对接座谈会　周明亮提供

市农机部门、县委、县政府主要领导与中联重机集团开展了多次考察、交流座谈，确定本县实施农作物秸秆资源化高效利用项目，生产优质生物有机肥，并带动贫困户增收实施扶贫。项目科研经多次修改已经定稿，报县开发办，由县发改委组织聘请专家进行评审。项目使用县统筹整合扶贫资金201万元，合作社自筹资金102万元，共计投入303万元。购置中联集团生产的生物制料机2台，中联产制粒机2台，以及配套作业农业机械，建设生物制料生产车间7200平方米及附属设施设备。由繁峙县玄睿农机合作社牵头分金山铺、大沟两个作业点实施。预计年产2400吨生物有机肥，带动40户建档立卡贫困户，每户年分配收益1500元（收益分配折合有机肥2吨），另外示范基地生产可收集使用800多户贫困户的玉米秸秆，按照每户3吨，市场价每吨200元计算，户均增收600元。（周明亮）

【政策引导与宣传】 2017年，中心在落实强农惠农政策上，做到工作思路明确，工作措施到位，认真组织人员深入全县各村，采取多种形式宣传农机购置补贴政策，做到国家补贴政策家喻户晓，确保农民群众熟知农机购置补贴政策及申请审批程序。农机补贴工作按照实施方案的要求，明确和落实责任，办理过程中，遵守程序规定，规范操作。坚持按章办理、公平公开、阳光操作，积极争取纪检监察部门的支持配合，强化对购机补贴工作的监督，确保农机购置补贴政策不折不扣地落到实处。2017年，本县农机购机补贴资金使用463万余元，农民购置各类农机具176台，受益农户136户。（周明亮）

【农机化作业水平】 2017年农机总动力达到17.2万千瓦，比上年增加3753千瓦，增幅2%；拖拉机拥有量达到3900台，比上年增加85台，增幅1.8%；农作物机械化综合水平86.33%，比上年增加1%。机耕面积36333.33公顷，机播34866.67公顷，机收25466.67公顷。比上年提高1.7%。2017年玉米机收面积13333.33公顷，机收水平达到79%，比上年提高3%，玉米综合机械化水平达到93%。（周明亮）

【重点项目管理】 2017年，繁峙县农业机械化综合示范县建设项目，提升农机化作业水平，优化农机装备结构，创新农机化经营机制，融合农机和农艺技术，开展农机化新技术推广、质量监督（投诉）、安全监理、农机化培训、农机化信息服务等公共服务体系建设，大力推进农机社会化服务体系建设，建设服务规范和功能完善的农机专业合作社和农机维修网点。主要建设内容：修缮示范区机耕道；建立县、乡、村三级信息网络系统；通过数据采集建立农业机械电子台账；为作业拖拉机安装农机卫星定位系统，便于农机户作业；规范化建设机库棚及维修网点等。（周明亮）

【农机推广工作】 玉米、马铃薯机械化收获，小杂粮机械化播种是本县农机化发展的“瓶颈”。2017 年，先后引进各类型号的玉米收获机、马铃薯收获机、小籽粒播种机、胡萝卜收获机，秸秆青贮收获机、打捆机、压捆机等，通过开现场演示会、培训会、技术指导等多种方式，扎实推进各项农机化新技术、新机具的普及应用。中心全年举办技术培训会 2 次、现场演示会 2 次、培训农机操作人员，印发技术宣传资料，取得较好效果。

（周明亮）

【农机安全监理】 2017 年，中心坚持“安全第一，预防为主，综合治理”的方针，围绕农机安全生产目标任务，以预防和遏制重特大农机事故发生，强化农机安全监理规范化建设为重点，加大对农机牌证管理和安全检查，农机安全形势继续保持平稳向好的态势。采取以下有力措施：（1）广泛开展农机安全生产宣传教育，营造良好的安全氛围。充分利用各种宣传形式广泛开展农机安全宣传教育活动。通过印资料，喷写宣传警示标语、悬挂宣传横幅，签订农机安全生产责任书、与农机驾驶员签订安全生产承诺书等形式开展农机宣传教育活动，充分营造良好的安全氛围。（2）组织开展事故隐患排查、整治活动，严厉查处违法违章行为。（3）组织农机监理人员深入田间地头抓好农机安全生产教育，并加大路检路查力度，力保农机零事故。

（周明亮）

【农机化技术培训】 2017 年，农机中心高度重视农机化技术培训工作，以推广站、拖拉机驾驶培训学校、农机专业服务组织、农机生产和经销企业为依托，贯彻落实省局有关文件精神，加大农机人员培训力度，全年共完成农机操作手、农机技术人员、农机作业人员培训 560 人，其中新购机户 330 人。

（周明亮）

2017 年，农机操作手、农机工作人员培训会
周明亮提供

【智慧农机建设】 2017 年，组织安装 70 多套深松机卫星定位系统，深松机卫星定位系统保有量达到 117 套，覆盖全县 13 个乡（镇）。安装该系统后实现了使用电脑及手机对区域内农业机械进行实时监控，随时了解农机作业地点、作业面积等相关信息，有效推进装备智能化、服务信息化、作业精准化、管理高效化，促进现代农业发展。

建起一个农机化信息平台，实现了“互联网+农机化”，使县、乡、村三级农机信息资源共享。平台建设完成后能够实现智能调度、全程监管、智能测亩、深松管理、快速抢修、应急处置、信息收集和发布、对接供需等。能及时为农户提供生产资料、生产作业信息，解决农民生产作业，农机具有故障及时排除及农产品加工、销售等难题，达到便民、富民的宗旨。

（周明亮）

畜牧业

【概述】 2017 年，全县牛、驴、羊、兔、猪、鸡饲养量分别达到 3.1 万头、1.02 万头、53.6 万只、1.4 万只、36.5 万头、112 万只，肉、蛋、奶产量分别达到2.2万吨、0.7万吨、1.4万吨。畜牧业总产值达到5.6155亿元。占农业总产值的58.8%。本县2017年被列入北方农牧交错带重点区域县，被国务院扶贫办列为全国金驴产业扶贫示范县。

2017年，县畜牧兽医中心被山西省人力资源和社会保障厅、山西省农业厅授予“山西省农业农村工作先进集体奖”。（高月平）

【畜牧养殖龙头企业】 田源毛驴科技有限公司2016年10月份成立。注册资本1000万元，2017年5月开始兴建集良种繁育、人工采精、鲜精配种、肉驴育肥、养驴培训、饲草料加工为一体年饲养肉驴3000头的肉驴养殖基地。2017年10月初具规模开始进驴，是全省最大的毛驴养殖基地。（高月平）

林业

·县属林业管理·

【概述】 2017年，全县继续以生态建设、绿色转型为突破口，紧紧围绕生态文明体系建设，以“两学一做”学习教育为根本，扎实开展双日双评活动，以脱贫攻坚统揽林业工作，锐意创新，务实求为，积极推进县林业健康有序发展。圆满完成各项工作任务，全县森林覆盖率25.44%。森林火灾率控制在1%以下，林业有害生物成灾率控制在4.5‰以内，无公害防治率达到93%，测报准确率达90%以上，种苗产地检疫率达到100%。2017年5月，人力资源社会保障部、全国绿化委员会、国家林业局授予繁峙县林业局“全国防沙治沙先进集体荣誉称号”；2017年6月，山西省人力资源和社会保障厅、山西省林业厅授予本县林业局“山西省林业工作先进集体”。2017年7月6日，全市造林绿化现场会在繁峙召开，繁峙县生态扶贫工作在全省勇夺第一。（郭　枫）

【生态建设】 2017年，繁峙县生态建设任务4133.33公顷（2333.33公顷退耕还林，1800公顷营造林），工程全部通过议标落实到扶贫攻坚造林专业合作社实施。造林任务圆满完成。1.2333.33公顷退耕还林。涉及繁城、岩头、下茹越、集义庄、光裕堡、砂河、东山、金山铺、柏家庄、神堂堡10个乡（镇）111个村6068户17840人，其中，建档立卡贫困户2486户7181人，退耕106.15公顷。营造经济林544.44公顷、生态林1789公顷。2.1513.33公顷营造林。①赵庄河流域综合开发项目2017年实施造林1133.33公顷（京津风沙源治理工程800公顷；环京津生态屏障区建设333.33公顷）。2017年本县实施的赵庄河流域综合开发项目是把生态治理和脱贫攻坚紧紧结合的一个扶贫工程，由林业、水利、交通、住建、开发、旅游等多部门合作，治理面积6666.67公顷，项目总投资3.4亿元，分五年实施，工程主要由合作社吸纳贫困人口参与实施。项目实施后，不仅能改善赵庄河流域生态环境，而且能使繁城镇15个村、2664户、7193人（其中：贫困户764户，贫困人口2044人）受益。②省级重点项目区2017年实施造林666.67公顷（通道两侧荒山造林466.67公顷；重要水源地造林200公顷）安排在东山乡实施。（郭　枫）

【资源管护】 依法执法能力与水平进一步提升，森林防火责任体系进一步健全，森林病虫害防控基础进一步夯实，群众野生动植物保护意识进一步加强，公益林补偿机制进一步完善，完成省级公益林划界工作。护林员队伍实现全覆盖，森林防火工作中：县委、县政府高度重视，先后多次召开护林防火会议，认真落实省、市森林防火工作会议精神，深入贯彻“预防为主、积极消灭”的森林防火方针，早谋划、早安排、早准备、早部署，加强领导、强化措施、严格管理。具体工作中，（1）继续按照县政府出台的《关于实行县乡干部包村开展防火巡查的通知》文件，全县副科以上干部下乡包村巡查；（2）针对清明、农历十月初一等重点祭祖时期容易发生火灾的情况，要求各乡（镇）对全县重点林区坟头进行摸底登记，明确责任人和祭祖人员，有效预防森林火灾的发生；（3）对违反野外用火的人员，执法部门现场进行查处打击，并制作森林防火警示片在县电视台黄金时段播出，在全县范围内起到很好的警示教育宣传效果；（4）广播和电视无法覆盖的地区，通过车载广播、散发防火手册等措施加大森林防火宣传。通过采取多项防火措施，增强全民森林防火意识，形成齐抓共防的社会氛围。2017年，全年实现森林火灾“零发生”。

（郭　枫）

【国有林场改革】　繁峙县县属一个林场：繁峙县国有辛庄林场，位于横涧乡辛庄村，共有职工9人（其中，编制数9个，在职职工6人，离退休职工3人），经营总面积840公顷，林业用地面积693.33公顷，单位性质为财政补助事业单位。为做好国有林场改革工作，本县成立由县长任组长、分管副县长任副组长的全县国有林场改革工作领导组。同时，出台《繁峙县国有林场改革方案》。按照方案要求有序地推进国有林场改革，林场单位性质确定为公益一类事业单位，在职职工定为财政定补人员，社会保险全部保额，做到财政预算保障到位，实现职工“五险一金”全覆盖。

（郭　枫）

【生态扶贫】　2017年，按照“统筹生态民生、协调增绿增收”的林业脱贫思路，本县继续通过林业“五个一批”措施（退耕还林助推一批、生态治理带动一批、生态保护稳定一批、干果经济林提质增效扶持一批、发展林业产业促进一批）带动贫困户脱贫，把生态治理过程变成农民增收脱贫的过程。通过生态扶贫五个一批项目的实施，2017年贫困户直接收入1540万元，涉及贫困户3912户，贫困人口10306人，贫困户户均收入3936.6元、人均收入1494.3元。

（郭　枫）

·京津风沙源治理·

【概述】　2001年，繁峙县被国家列入山西省13个县、2个省直林业局京津风沙源治理工程建设项目区之一，并于当年实施京津风沙源治理工程。工程实施后，按照上级有关京津风沙源治理工程的政策和要求，按照上级下达的各年度计划任务，全面实施林业生态工程、水利水保工程、草地治理工程、生态移民工程。通过各级领导及各业务部门的通力合作，圆满完成各项任务，并取得较好的生态效益、经济效益和社会效益。

2017年是繁峙县京津风沙源治理二期工程启动的第四年，本年度项目重点安排在北部浅山区造林绿化区域内，各实施局严格按照批复的年度作业设计认真组织，精心施工。

（贾　洁）

【高标准建设项目】　2017年度下达繁峙县治沙任务3666.67公顷，总投资2343万元，其中，中央投资1763万元，地方配套580万元。年度任务下达后，林业局、畜牧局、水利局依据项目有关要求，组织力量，认真落实为工程建设做好准备。1.林业建设工程。人工造林（乔木）666.67公顷，工程地点已落实，正在编制作业设计，报批后进行工程招投标，2018年春季全面开工建设。2.水利建设工程。小流域治理3000公顷，水源工程60处、节水工程35处，工程地点任务已全部落实，作业设计已批复，并已进行了工程项目招投标，2018年春季全面开工建设。

（贾　洁）

【扶贫工作】　2017年，按照县委、县政府部署，县治沙办作为帮扶单位，帮扶集义庄乡北大沟村，通过走访农户、召开村委会等形式，了解贫困村的现状，结合该村的实际情况，强化组织领导，制定具体的工作计划、实施方案和目标责任，层层分解落实目标任务，落实责任，结队帮扶，“精准扶贫”。治沙办4名工作人员分别对集义庄乡北大沟村实施了“一对一”结对帮扶到户，并签订责任书，制定个户帮扶计划，完善了工作手册和手机APP信息，从2017年2月9日开始。通过实地考察和征求相关技术人员，帮助北大沟村新盖25间抗震房，并为每套抗震房完善了院落的硬化和围墙的新建，对村内的管道进行了全新的更换，解决了村民的吃水问题。33.33公顷的荒山被治理为农田，为村民修建了田间路，并架设了一座可以通行的桥梁。（贾　洁）

·五台山国有林管理·

【概述】　五台山国有林管理局辖区位于山西省东北部，北纬38°9′—39°23′之间，东经112°45′—113°56′，行政区划以繁峙县为中心，涉及3市12县。即忻州市的忻府区、定襄县、五台县、繁峙县、代县、原平市，朔州市的朔城区、山阴县、应县，大同市的浑源县、灵丘县、广灵县。整个地域，处于由暖温带到温带和由半湿润半干旱草原地带到干旱草原地带的交会点上，为典型的黄土高原土石山区。

（郭少峰）

【资源状况】　全局林地总面积148333公顷，其中非林用地480公顷、林业用地147853公顷。全局活立木总蓄积456.98万立方米。主要树种有华北落叶松、云杉、油松和白（红）桦、山杨等。其中，华北落叶松和云杉林集中分布于五台山北坡东段繁峙县南山一带，林相整齐，生长迅速，材质优良。此外，臭冷杉、椴树、柞树、千金榆、鹅耳栎等树种亦有分布。臭冷杉为国家分布最南端的珍稀物种。（郭少峰）

【机构设置】　全局下设11个国有林场（包括伯强、庄旺、宽滩、金岗库、门限石、豆村、茹村、紫荆山、枣林、雁门关、平型关中心林场）、两个副处级代管单位（山西省五台山树木园、山西臭冷杉省级自然保护区管理局）以及山西省林业有害生物防治检疫局五台山分局、设计队、消防队、资产管理中心；所属森林公安分局1个；局机关内设13个科室（包括办公室、党委办公室、人事科、计划财务科、森林资源管理科、营造林科、科技科、保护利用科、基础设施建设科、内部审计室、天保公益林管理科、纪检监察室、社会保障和离退休人员工作科）。

（郭少峰）

【营林生产】　2017年完成营造林任务9233.33公顷。完成人工造林7866.67公顷（京津风沙源治理二期工程人工造林计划1333.33公顷、太行山重点防护林人工造林666.67公顷、“双百”造林工程3666.67公顷、特殊及珍稀树种培育项目133.33公顷、环京津冀生态屏障区建设工程1133.33公顷、通道及两侧荒山绿化工程400公顷、重要水源地治理工程266.67公顷、农业综合开发防沙治沙项目266.67公顷），完成封山育林1333.33公顷。

营造林工程主要围绕局域内“双环”（环五台山生态圈、环京津冀生态屏障区）、“双河”（滹沱河、清水河）、“双关”（雁门关、平型关）、“双线”（高速沿线、旅游线）、“双景”（紫荆山林场辖区的五峰山和枣林林场辖区的赵杲观景区附近）宜林荒山规划布局，把林区内空地逐渐补起来。全面推行营造林工程监理制。按照《五台林局营造林工程监理招聘方案》，选用三家监理公司13名监理分区进行过程监管，并严格执行《五台林局营造林工程监理执行方案》。加强科技创新。在全局范围内推广简易索道运苗上山。营造以油松、云杉、樟子松、白桦、榆树、山桃、山杏等多树种的混交林。针阔混交比例达5:3:2或5:5，造林树种结构更加合理，造林模式更具多样性。采取综合措施，强化新造及未成林管护力度。在全局范围内开展新造未成林重管年活动。出台《开展新造未成林重管年活动实施方案》。（郭少峰）

【资源管理】 中幼林抚育。2017年共完成中幼林抚育3000公顷，其中，宽滩林场完成200公顷，豆村林场完成333.33公顷，庄旺林场完成266.67公顷，门限石林场完成333.33公顷，金岗库林场完成200公顷，紫荆山林场完成666.67公顷，雁门关林场完成266.67公顷，茹村林场完成200公顷，平型关中心林场完成533.33公顷，枣林林场完成400公顷，伯强林场完成200公顷。

资源管护。落实森林防火责任，坚持网格化巡护和定点责任看护两项制度，充分利用GPS巡检仪，落实管护人员“十八清”，全年未发生森林火灾，实现连续13年无森林火灾的好成绩。全年共查处各类森林案件219起，罚款35.8万元。开展永久性公益林落界134267公顷。森林保险参保面积124.61万元，森保理赔55.05万元，增值服务获赠2架无人机。对落叶松鞘蛾、油松毛虫、中华鼢鼠进行了防治，防治面积8000公顷，林业有害生物成灾率控制在了4‰以下。

（郭少峰）

【林业产业】 种苗建设。以补短板为导向，以自给自足为目标，举全局之力，采取“全额投资、目标考核、单科记账、独立建档”的管理办法，构建“12+3”育苗格局，11个林场和1个保护区共12个单位建设了国有保障性苗圃，突出建设了庄旺、茹村、平型关三个大型综合性中心苗圃。配置针阔树种各5个，全局年度新育苗面积突破133.33公顷。

林下经济。雁门关林场与山西林职院开展羊肚菌近自然栽培试验1.33公顷，平型关中心林场试种黑果花楸4.33公顷，庄旺林场种植黄花6.67公顷。

森林旅游。林局太平沟、南梁沟列为全省10个首批启动对外招商引资的森林康养基地。（郭少峰）

【人事工作】 2017年，按照省林业厅批复的《五台林局国有林场改革方案》和省人社厅批复的《岗位设置变更方案》，林局编制从560名缩减到446名，林场由15个减少为11个，业务保障单位由8个减少为4个，机关科室由14个减少为13个。（郭少峰）

【财务管理】 加强预算编制与执行，做到“六防止、六保障”。即：保障工程质量、资源安全、民生事业、产业振兴、科技文化、扶贫攻坚，防止“三公”经费过高、预算空转、虚列开支、铺张浪费、预算支出过松、大额资金用途转变。规范资产管理，修订出台《五台林局财产物资管理办法》，进一步完善资产管理工作，推进国有资产规范化管理，从资产申报、购置、验收、入库、领用、报废等环节明确具体操作流程，形成较为完整的资产管理体系。建立内控管理制度，在原有财务管理10项制度的基础上，补充建立收支业务、政府采购业务、营造林工程管理、合同管理等制度，同时对应各项制度制作业务流程图，确保各项制度具有可操作性。 （郭少峰）

【党建工作】 2017年，深入开展维护核心、见诸行动主题教育和推进“两学一做”学习教育常态化制度化，把学习宣传贯彻中共十九大精神作为首要政治任务常抓不懈。将局属各支部由原来的24个调整到现在的21个，11个林场党支部全部实行书记场长“一肩挑”，标准化支部建设全面推进，进一步完善《党建工作手册》，制定《“三基建设”制度汇编》《管理手册》《便民服务手册》《应知应会手册》。严格执行党内政治生活各项规定，按时召开民主生活会、组织生活会，扎实开展民主评议党员工作，林局党委年内召开党委会13次。 （郭少峰）

【纪律检查】 举办全局干部岗位廉政培训，3月，邀请驻林业厅纪检组赵炜解读《中国共产党廉洁自律准则》《中国共产党纪律处分条例》两部党内新规。开展了元旦、春节、中秋节、国庆等重要假日期间违反中央八项规定精神的监督检查。在新造未成林方面，局纪委对管护效果、造林效果进行了监督检查，对林局三个林场的苗木使用情况进行了抽查，坚决杜绝苗木外调现象。派出两个明察暗访组对人员在岗、绩效考核执行情况进行了督查。 （郭少峰）

【文化建设】 2017年4月，林局被山西省农林水气委员会授予“工人先锋号”荣誉称号，12月被山西省农林水工会委员会授予“先进基层工会”荣誉称号。《山西科技报山西林业周刊》发表了题为《五台林局的五份答卷》一文，大力宣传林局文明单位创建的工作成果。由局工会牵头，成立好人协会、羽毛球协会、乒乓球协会、篮球协会、书画协会和摄影协会。举办全局职工第五届“健身月文化季”活动及“不忘初心、筑梦绿色，喜迎十九大、永远跟党走”十八大成就展。组织职工开展“对党说说心里话”、“喜迎十九大职工寄语签名”活动，表达知党、爱党、颂党的真情实感。开展“喜迎十九大职工书画摄影展”活动，共展出职工优秀书法作品50幅、美术作品10幅、摄影作品45幅。 （郭少峰）

【民生工程】 棚户区改造。减免林馨苑小区住户一年的采暖费及前期物业管理费，并解决了地下室防盗门、屋顶漏雨和窗户变形等质量问题。

基础设施建设。维修机关、设计队及资产管理中心三个楼顶；臭冷杉省级自然保护区管理局配齐办公设施，开始独立办公；门限石林场新建办公楼，建筑面积800平方米；分别维修豆村林场、枣林林场场部170平方米、290平方米。

健康体检。为全局离退休人员、在职职工、消防队员共计750人进行了免费健康体检。

扶贫帮困。对繁峙县集义庄乡下永兴、下双井两个贫困村进行帮扶，并为两个贫困村捐款捐物送去米、面等慰问品；在“金秋助学”活动中，筹资1.7万元资助二本以上困难职工子女13人；在春节、七一、中秋等节日前夕，对本局困难党员、困难职工等进行慰问。（郭少峰）

水　利

·县属水利管理·

【概述】　2017年，县水利局坚持以脱贫攻坚统揽农村工作为导向，立足水利部门实际，严格遵循省、市、县各项脱贫攻坚策略，把农业增效、农民增收放在全县扶贫开发工作的重要位置，圆满完成各项水利及扶贫工作任务。（金雁华）

【人畜饮水安全工程】　2017年3月至4月，县水利局组织并派出大量工程技术人员实地勘测核实全县农村饮水安全存在问题的村庄，特别是2016年与2017年整村脱贫的村庄，结合2016年12月份建档立卡贫困户饮水安全和水利技术帮扶资料，编写《繁峙县2017年农村饮水安全巩固提升工程项目实施方案》。该工程实施方案建设工期两年，总投资1604.49万元，计划解决75个村，20619户，5.6126万人，其中，贫困户5478户，贫困人口1.5309人。2017年利用上级下达省债券资金400万元、市配套25万元、县扶贫整合配套80万元，合计505万元，解决了29个村6795户18802人，其中贫困户2125户6510人的饮水安全。（金雁华）

【水土保持工程】　2017年，完成水土保持治理面积8459.6公顷，超计划完成1126公顷，其中乔木林6267公顷，基本农田580公顷，经济林947公顷，保土耕作667公顷。总投工581万个，总工程量1542.48万立方米，总投资8309.6万元。京津风沙源治理工程总投资926万元，工程任务：小流域治理任务1190公顷，水源工程11处，节水工程10处，现全部完成。485.7公顷坡耕地栽植经济林后，亩均增收900元，受益贫困人口1120人。工程建设过程中吸纳150贫困人口参与工程建设，人均增加劳务收入3000元。（金雁华）

【水资源管理】　2017年，县水利局按照“总量控制和定额管理”的要求，将已经分配好的用水量下达到各用水企业，从源头上严格控制取水量。新增审批水井43眼，全部为农业灌溉井，批准水量22万立方米。换发取水许可证8家。万元GDP用水量97.83立方米，万元工业增加值用水量16.86立方米。完成地下水压采量51万立方米。做到了采补平衡、合理利用，实现了经济效益、社会效益与环境效益的三统一。

（金雁华）

【防汛】　本年3月，县水利局组织河道站、局防办所有工作人员，开展河道挖砂专项治理及汛前检查，对发现的隐患作通报。在入汛前对全县28处山洪灾害自动监测站点进行检查维修，确保汛期能及时、准确报送雨量数据，确保安全度汛。6月13日，召开全县防汛抗旱工作会议，传达了中央、省、市防汛指挥部对防汛工作的要求，安排部署了全县的防汛抗旱工作。对全县防汛抗旱工作提出明确要求。同时按照上级要求对2017年防汛预案进行了全面的修订和完善。防汛工作有序进行。（金雁华）

【坡耕地改造】 总投资1351万元，位于孙庄村、西沿口村、后河村、上双井村，工程规划面积490.27平方千米，2017年全部工程量完成81%，完成年度计划160%。受益贫困户715户，2187人。项目实施后，平均每年可拦蓄泥沙1.19万吨，集蓄雨水6.78万立方米。每公顷增收3330元。 （金雁华）

【滹沱河综合治理】 总投资6501.69万元，其中砂河段治理投资4777.47万元，范围起于代堡村过水路面，终于大石线砂河桥，治理长度3.362千米。桥儿沟段治理段投资1724.22万元，范围起于滹沱河发源地泰戏山下，终于桥儿沟村北，治理长度2.5千米。设计已于2017年6月8日经县发改委批复，投资计划已下达。项目法人已组建，施工前期准备工作基本就绪。工程于2017年6月12日开始招标。在7月上旬开标确定施工单位，中旬施工单位进场开始施工，桥儿沟完成投资1050万元，工程包括停车场、园路、绿化等。砂河段因资金未到位未实施。

（金雁华）

【河长制全面推行】 2017年6月初，根据中共中央办公厅、国务院办公厅印发的《关于全面推行河长制的意见》，省、市《全面推行河长制实施方案》要求，结合本县实际，及时部署，全面动员，制定《繁峙县全面推行河长制实施方案》，明确本县50平方千米以上的19条河流，以及流域面积50平方千米以下、群众关注度高、人类活动频繁的56条河道沟岔的县、乡、村三级河长，各自职责，河长名单于8月14日在政务大厅公示。9月18日制定并印发了河长制县级会议制度、信息报送制度、信息共享制度、工作督察制度、考核问责和激励制度、验收制度六项制度。10月23日印发“一河一档”和“一河一策”编制指南，要求各乡（镇）及县直有关单位深入实地调查，认真分析研究每条河流存在的问题，加快编制乡（镇）级河流“一河一档”和“一河一策”方案，保质保量按时间节点完成好此项工作。10月22日对全县河长制公示牌的设置进行了安排部署，并于10月23日下发《繁峙县河长制办公室关于全面开展全县河长公示牌设置工作的通知》。河长制工作有序进行。

（金雁华）

·下茹越水库管理·

【概述】 下茹越水库属海河流域子牙河水系滹沱河干流上游的一座中型水库，也是忻州市最大的水库。水库位于山西省繁峙县县城以东9千米下茹越村南的滹沱河宽敞谷地，南临京原铁路，北靠108国道，是一座平原河谷型水库。

下茹越水库始建于1973年，流域长度54.7千米、平均宽度23.6米，平均纵坡5.3‰，控制流域面积1356平方千米。其中：石山区占57.3%，变质岩土石山区占14.5%，丘陵及冲积平原区占28.2%，年平均径流量5070立方米。年平均输沙量128.5万吨。总库容2869万立方米。水库设计灌溉面积1万公顷，其中繁峙县3000公顷，代县7000公顷。水库还担负着下游繁峙县城、22个村庄近29万群众及13.8万公顷耕地的防洪任务，是一座以灌溉、防洪为主，兼有养鱼、旅游等效益的综合利用年调节水库。

（廉　宇）

【机构编制】 忻州市下茹越水库管理局是隶属于忻州市水利局的副处级全额事业单位，负责下茹越水库及北干渠繁峙段的运行管理和维修养护，水利工程建设及灌溉管理，防汛抗旱等工作。全局内设办公室、计划财务科、工程科、灌溉水利科、防汛科、水政科、河道管理科七个科室。编制 28 名，现有职工 17 名。设局长 1 名（副处级）、副局长 2 名（正科级）、总工程师 1 名（正科级）；副科职数 7 名。编制结构为管理人员编制 14 名，专业技术人员编制 10 名，其他人员编制 4 名。

负责下茹越水库的维修养护和洪水调节，保障其运行安全；负责繁峙、代县两县 5333.33 公顷农田的灌溉任务；负责繁峙境内 16 千米干渠的维修养护任务；负责滹沱河繁代管理段全面管理工作，编制河道的整治规划，建设维护河道工程，保护开发河道的水土资源，并在市政府领导下组织沿河部门单位和群众搞好河道的清淤防洪和堤防加固等工作；承办市水利局交办的其他事项。（廉　宇）

【项目建设】 2017 年，大坝两端布置广场灯 2 盏，坝顶抢险道路共设照明灯 40 盏，新落成的水库安全观测用房 150 平方米。

2017 年，新落成的水库安全观测用房　廉宇提供

（廉　宇）

【党建工作】 2017 年，以支部为单位，开展“双日双评”活动，促进“两学一做”学习教育常态化制度化。4 月后，机关支部如期开展“支部主题当日”活动，全体党员干部在思想上进一步提升。（廉　宇）

住房和城乡建设

住建局

【概述】　繁峙县住建局成立于1979年，是县政府主管住房保障和城乡建设的职能部门，担负着全县城乡规划、城市建设、村镇建设、工程建设、建筑业、房地产业、市政公用事业的管理职能。内设办公室、财务室、城市规划股、村镇规划股、建管股、法制办、安全综合监管办、纪检监察室、建筑节能股、信息股十个股室，下设滨河公园、房地产管理局、环卫中心、污水处理中心和城建监察大队5个副科建制单位；下设市政管理所、建筑工程安全管理站、建筑质量监督站、供气供热服务中心、园林处、节水办6个股级单位和两个企业（建筑工程公司、自来水公司）。其中，2017年5月新增设供气供热服务中心，原照明所与市政管理所合并。

（刘建设）

【城市供水】　2017年完成供水160万吨，营业收费282万元。新增和改造供水管网5.454千米，新增TM卡智能水表用户980户，县城总用水户数达到14679户，用水普及率达到98.9%，水质合格率达到100%，管网压力合格率达95%，管网维修率达到95%以上，实现了安全优质供水。

（刘建设）

【城市园林绿化】　2017年，圆满完成省级园林县城创建工作，全年完成投资1600万元，完成了和谐公园、和谐广场、祥龙广场、旧电影院小游园、汽车站林荫停车场等重点绿化工程，新增绿地面积29909平方米，新植行道树2204株，创建省级园林县城6大项、46小项、82分项指标，一次性通过了省、市专家组的考核验收，等待省政府常委会批准通知。（刘建设）

【市政基础设施建设】　2017年，完成兴城街、万里路、凌云路、纵一路、纵三路5条1348米道路建设工程；完成新建和改造城市供水管网5.454千米，新建供气管网6.8千米，新建供热管网10千米，新建城市污水管网5.454千米的建设工程，新增城市集中供热面积8万平方米的建设工程，全年完成市政基础设施投资2.08亿元。（刘建设）

【农村危房改造】　2017年，全县完成农村危房改造967户，完成投资1353.8万元；完成农村危险土窑洞改造3494户，完成投资4891.6万元。（刘建设）

【城市清洁卫生】 2017年，全县13个乡（镇）394个村庄，完成了209个省级卫生标准村的创建工作，全县累计卫生标准村达到了394个。农村清扫保洁面积590.4万平方米，清理4堆11906处，粉刷墙体119530平方米，累计清运垃圾11.1395万吨，累计完成投资991.5万元。县城区10个城中村政府投资580万元，率先实行政府购买服务，减轻城中村农民负担，做好城中村环卫保洁的试点工作。 （刘建设）

【政策性住房建设】 2017年，新开工棚户区改造144户。完成投资2227万元，全部实行货币化安置，基本建成419套，完成投资1.33亿元。受理各种申请任务3480户，完成配购配租住房1547套。 （刘建设）

住房公积金

【住房公积金管理】 2017年，繁峙管理部住房公积金总体运行呈平稳健康态势。全县归集住房公积金6454.71万元；向52户干部职工发放个人住房贷款1654万元，个贷率54.67%；缴存余额10474.21万元，贷款余额为572658万元，个贷风险总体可控。

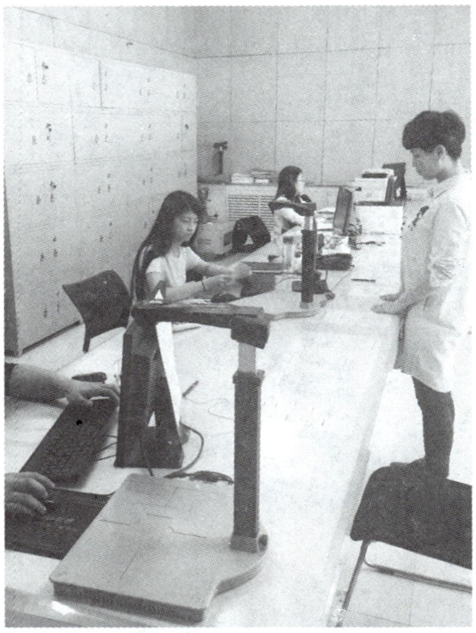

工作人员正在办理公积金提取业务 高建军提供

2017年，根据中心相关文件要求加大个贷力度，调整首付款比例、提高贷款额度、延长贷款期限、鼓励提取并加大对冲还贷业务宣传；增强对中低收入家庭购买中低价位、中小套型自住房的政策支持力度。完善贷款管理制度，建立借款人个人信用报告制度，对个贷分类实行动态责任管理，有效地防止假按揭，降低个贷逾期率，提高了个贷质量。针对前来贷款的缴存人员，改善服务质量，简化办事程序，缩短贷款业务办理时间，竭力为贷款人提供便捷服务。 （高建军）

环境保护

【概述】　县环境保护局现位于安家地和兴小区。2017 年 10 月新增主任科员 1 名，领导职数由原 1 正 1 副增加为 1 正 1 副 1 主任科员，全局共有在册人数 93 人。（闫旭光）

【大气治理】　2017 年，市政府下达繁峙县的优良天数比例为 72.4%。截至年底，优良天数实际为 332 天，优良天数占应监测天数 365 天的比例为 91.0%。本年，市政府下达本县的目标浓度为 37.44 微克/立方米，实际为 38 微克/立方米，同比下降 2.6%。2017 年，市下达本县减排任务二氧化硫 148 吨，同比 2015 年下降 2.35%；实际减排二氧化硫 335.92 吨，同比 2015 年下降 5.32%；氮氧化物 32 吨，同比 2015 年下降 2.13%，氮氧化物实际完成 63.84 吨，同比 2015 年下降 3.57%。本年，市下达本县减排任务烟粉尘 170 吨，同比 2015 年下降 3.57%，实际完成 299.44 吨，同比 2015 年下降 6.28%。（闫旭光）

【环境影响评价】　2017 年，新建项目 13 个全部通过环境影响评价批复，执行率 100%。（闫旭光）

【环境监测】　2017 年 12 月，根据省、市统一安排，环境空气质量自动监测站移交第三方运维管理，保证了空气日报数据的精准度。（闫旭光）

【环保专项行动】　2017 年，保障和配合中央、省环境保护督察，完成中央环境保护督察组反馈的 5 个整改问题、省环境保护督察组反馈的 5 个整改问题和省强化督察组反馈的 3 个问题，13 个问题共约谈 14 人，诫勉谈话 2 人，党内严重警告 1 人，党内警告 1 人，行政警告 1 人，刑事拘留 1 人，行政拘留 1 人，行政处罚 57 万元。全县共拆除黏土砖瓦窑 27 家；10 蒸吨及以下燃煤锅炉“清零”情况在秋冬季大气污染综合整治攻坚行动中，集中力量共拆除 61 台，建成区实现全部“清零”；4000 户清洁能源替代任务以集中供暖替代 3500 户、煤改气替代 520 户，共完成 4020 户，超额完成 20 户。（闫旭光）

【生态治理】　2017 年，主要实施滹沱河乔儿沟源头生态绿化工程，平型关景区、矿区生态治理项目，赵庄河小流域水土保持综合治理工程，北部浅山区生态建设项目，共修复治理面积 13323.27 公顷。其中林地 7644.7 公顷，草地 4266.6 公顷，耕地 186.6 公顷，其他用地 1225.37 公顷，划定了生态保护红线。（闫旭光）

交通运输

县乡村道路管理

【平型关景区至国道108线公路工程】 繁峙县平型关景区至国道108线公路工程起点位于灵丘县与繁峙县的交界处，终点止于国道108线K377+000处。路线全长15.256千米，采用三级公路技术标准，路基宽度7.5米，沥青混凝土路面，新建隧道160米，大桥249米，总投资2985万元。2016年，路基工程完成100%，路面工程完成96.5%，完成投资2457万元；2017年，完成投资528万元，已全部完工。 （魏小斌）

【代牛线公路改造工程】 繁峙县乡道代牛线公路改造工程，采用三级公路技术标准，沥青混凝土路面，路基宽度12米，路线全长9.738千米，总投资2116万元。2016年，路基工程完成100%，路面工程完成97%，完成投资1660万元；2017年，完成投资685.8万元，已全部完工。 （魏小斌）

【龙砂线公路改造】 龙砂线公路改造工程，全长17.8千米，采用三级公路技术标准，计划投资2971万元，其中中央投资2848万元，地方自筹123万元，2017年，完成总工程量的100%，完成投资2971万元。 （魏小斌）

【杨林至石河乡道改建项目】 杨林至石河乡道改建项目，全长11千米，计划投资6274万元，其中：建安费3742万元，其他投资2532万元（含征地拆迁费），2017年，完成1500万元。 （魏小斌）

【窄路基路面拓宽改造工程和建制村通硬化路】 窄路基路面拓宽改造工程和建制村通硬化路，44条，106千米，投资4154.9904万元。2017年，已全部完工。 （魏小斌）

【县乡村道安保工程】 县、乡、村道安保工程投资645.5万元，2017年，已全部完工，完成投资100%。 （魏小斌）

【公路养护】 1.县公路：2017年全县列养共5条，35.68千米，由6个养路队负责养护。年初，县局分别与6个养路队签订养护责任书。6个养路队按照农村公路日常养护作业要求，认真履行养护职责，尤其在全县开展“八道四治四建”活动中，加大巡查频次，增加养护队员，集中治脏、治污、治险，特别是过村路段，路容路貌显著改观。全年修复加固路基水毁 8 处 46 立方米，清理公路滑坡落石 244 立方米，修补治理路面 312 平方米，填铺砂砾路面 4.6 千米，用料 1500 立方米，清淤排水渠 5.3 千米，粉刷行道树 12.1 千米，割除路肩高草 22.8 千米。

2. 乡公路：乡公路养护工作在乡（镇）人民政府的领导下，由各乡（镇）乡村公路养护管理站组织实施。2017 年，各乡（镇）借“八道四治四建”，动员沿线村民等力量，下大力气整治乡村公路沿线的脏、乱、差环境。全县清理填埋公路沿线垃圾 16.4 万立方米，修整路面 6.8 千米，处置公路水毁 143 处，13 个乡（镇）及村委会投资约 289 万多元。

3. 养护大中修工程完成情况：县公路修补沥青路面 10920 平方米，18 厘米垫层 4100 平方米，补修水泥砼路面 5072 平方米，新筑路沿 8 千米，隔墙及挡墙 1300 平方米，管涵一道 10 米，排水工程 365 立方米，处置砂砾道 4.2 千米，共投资 378 万元。

（魏小斌）

【公共交通建设】 2017 年，在县城拥有 150 辆合法营运出租汽车的基础上，新增环保公交车 60 辆，方便广大人民群众出行，解决了城市公共交通短板问题，推进了城市公共交通安全、便捷、高效、绿色经济一体化发展。（魏小斌）

【客运联网售票系统建设运行】 2017 年，道路客运联网售票网站开通，为旅客提供在线购票、班次查询、汽车客运站信息查询等服务。旅客通过联网售票网站（http：//www.sxlwsp.com）、手机 APP 应用和汽车客运站自助售取票机，利用银行卡、支付宝和微信方式支付，在线查询或购买汽车客票。根据《山西省道路运输管理局关于道路客运联网售票系统试运行的通知》（晋运管办发〔2016〕276 号）文件精神，组织汽车站工作人员召开会议，安排部署汽车客运站指定联网售票负责人，严格按照联网售票系统建设的要求，完全开放客票源数据，将该站所有始发线路及班次等信息上传网站，方便旅客查询；制定提前运营调度计划，客票预售期至少为 3 天及以上（特殊情况不能预售的，由汽车客运站自行确定）；保持联网售票服务器 24 小时运行、保持网络畅通，确保旅客能够及时查询班次信息或购买汽车客票；做好自助售取票、窗口取票等相关工作，为旅客提供优质的服务。（魏小斌）

【稽查管理】 2017 年，深入推进客运市场打非治违专项整治工作，维护道路客运市场秩序。根据县政府办公室《关于印发繁峙县客运市场打非治违专项整治工作实施方案的通知》文件的安排，进一步规范全县客运市场秩序，遏制违法经营行为，杜绝“黑客车、黑出租”等非法违法运营现象，保障从业人员和广大乘客的合法权益，于 2017 年 2 月 18 日至 2017 年 5 月 28 日在全县范围开展“打非治违”百日专项整治工作行动。

专项行动期间，共出动稽查人员 435 人次，出动执法车辆 94 次，分别在繁峙西高速路口，繁峙汽车站、繁峙火车站周边、砂河汽车站、五台山火车站周边、五台山北高速口、砂河东牌楼进行了执法检查，检查车辆道路旅客车 462 辆，查扣违法车辆 25 辆，纠正违章 46 起。

通过专项整治，加大对非法违法从事道路旅客运输经营行为的查处力度，严厉打击“黑客车”非法营运乱象，进一步改善本县客运市场经营环境，维护合法经营者、从业

人员和广大乘客的合法权益，营造良好的道路旅客运输市场秩序，确保全县道路旅客运输行业安全稳定。（魏小斌）

【源头治理超限超载】 2017年，为确保货运源头企业治超人员得到及时有效的岗位培训，避免无证上岗及治超人员不熟悉相关法律法规现象，对全体一线治超工作人员及本县26家生产企业负责人和过磅员进行业务学习培训。学习了交通部62号令及《整治公路货车违法超限超载行为专项行动方案的通知》等相关法律法规，学习培训后组织治超工作人员、企业负责人及过磅员进行治超知识考试，对所学知识进行检查巩固。

开展集中打击非法超限超载运输专项行动。为不断巩固和深化本县治超成果，切实从根本上遏制和防范车辆短途非法超限超载运输，全县开展了集中严惩超限超载运输源头企业的打击非法超限超载运输专项行动。巡查队在此次专项行动期间，共查获非法超限超载源头企业5家，并进行了处理。在专项行动期间针对县治超办移交的关于马庄村3个石料厂超载问题进行集中整治，4个巡查队一天24小时轮流值守，把超载车辆堵在源头，坚决不让一辆超载车辆驶出厂区。

开展铁腕治超百日专项行动。11月19日，本县召开铁腕治超百日专项行动会议。针对岩头辖区内货运源头企业检查发现存在的问题，及时召开全面落实本县铁腕治超百日专项行动会议。会上提出三项要求：（1）要求全体治超人员要认识会议的重要性，会后要扎扎实实开展工作，要一家家走到，查到，认真查问题，找问题，督促企业改问题；（2）全体治超人员要大胆工作，发现问题及时上报，并按要求做好巡查记录，并做好资料的保存工作；（3）要加大处罚力度，发现超限超载车辆单车次按上限处罚上追两月，治超人员要认真学习法律法规，弄通、弄懂、学透，要执法到位，程序规范，守牢守住源头治超的主战场。（魏小斌）

【重点行业领域安全整治】 2017年，在重点行业进行了安全整治。1.道路运输领域。继续联合开展“道路运输平安年”活动；开展“两客一危”重点营运车辆的专项整治，严格执行“三不进站、六不出站”规定，继续实施“安全带—生命带”工程。2.公路运营领域。突出事故多发路段、易发地质灾害路段、桥梁、隧道及养护施工作业等重点环节，开展安全隐患整治专项行动；启动全县县乡公路、通村公路和旅游路危险路段的排查治理工作；积极推进农村公路安全生命防护工程。3.工程建设领域。继续深化“平安文明工地”建设，以《公路工程施工安全检查评价规程》为标准开展风险辨控和隐患排查整治专项行动；推行施工安全标准化建设，规范安全管理行为，落实安全生产责任；开展坍塌、打非治违专项整治，强化施工工序和现场管理，确保各项防控措施落到实处。（魏小斌）

【基层党建】 2017年，开展“双日双评”活动推进“两学一做”学习教育常态化制度化。按照县“双日双学”领导组办公室统一安排部署，每月第三周星期三局机关党支部在党员活动室，开展“支部主题党日”活动，做到规定动作做到位，自选动作有特色。使每一位党员明白，在新的历史时期，必须认真维护党规党纪，切实搞好党风，加强和改善党的领导，在全党和全国范围内造成一个既有民主又有集中，既有自由又有纪

律，既有个人心情舒畅、生动活泼又有统一意志、安定团结的政治局面。（魏小斌）

【扶贫工作】 2017 年，全县调整包村工作队，本单位帮扶村为横涧乡西连仲村，该村 301 户，841 人，建档立卡 83 户，贫困人口 263 人，耕地面积 180 公顷。村里无集体经济，无成熟的产业项目，人均耕地较少，以旱地为主，基本靠天吃饭，贫困程度深，脱贫任务重。2017 年，帮扶贫困户实施五位一体扶贫贷 27 户，其中，6 户用于光伏扶贫；20 户用于购置农机设备、种植、养殖；1 户入股到繁峙县丰月华农林牧发展有限公司。本年，帮助 48 户贫困户种植富硒谷 8.13 公顷。（魏小斌）

省道国道公路管理

【概述】 山西省繁峙公路段始建于 1958 年，隶属山西省公路局忻州公路分局，担负着繁峙境内 108 线（K350.869—K435）、大砂线（K104.603—K121.013）、G239 线（K142.151—K157.491）、G239 线（K218.865—K243.943）路共 141 千米国省干线公路的管养任务。段设 2 股 1 室、1 队、1 个养护中心和 11 个道班：即工程技术股、财务资产股、综合办公室、路政管理大队、金山铺路面养护中心、城关道班、下茹越道班、集义庄道班、砂河道班、金山铺道班、云务峪道班、大寨口道班、神堂堡道班、龙池河道班、岩头道班、南么道班。2017 年在职职工 106 人。

2017 年，繁峙公路段被省精神文明建设委员会命名为“文明单位”；被忻州公路分局评为“优秀公路段”“安全生产先进单位”；被繁峙县委、县政府授予“精准扶贫优秀工作队”；段党支部被分局党委授予“先进基层党组织”。（曲秀平）

【公路养护管理】 2017 年，加大养护投入，对边沟、边坡、路基、绿化平台及花池全部进行精细化整修，新开挖土边沟 2.6 千米，新建砼边沟 493 米。春运期间，及时组织人员进行打冰扫雪、撒铺防滑料，有效保障了春运道路安全。共清除积雪 1430 平方千米，撒铺防滑料 680 立方米，打冰 45 平方千米，撒盐 40 吨。及时组织人员对路面病害进行调查处治，共处理翻浆 188 平方米，修补坑槽 5600 平方米，路面灌缝 68.3 千米，大颗粒罩面 52.7 平方千米。优良路率为 98.4%。在适宜路段延长绿化平台，修建花池，种花植树，有效增绿添美。同时，加强绿化树木剪修、浇水、管护，年内新砌花池 820 米，新垫绿化平台 640 米，种花 42000 多株，植树 2910 株。修复和补栽标志 10 块，安装百米桩、轮廓桩、警示桩及道口桩 1724 根，整修安装波形护栏 1024 米，对 6 座三类桥用环氧树脂材料进行了处理，较好地恢复了沿线设施安保功能。过村路段治理中实施轻型隔离 1630 米；用水马警示墩治理高速公路平交道口 2 处，对公路沿线路设施进行了粉刷，重新划设标线 4 次，路容路貌焕然一新、亮丽美观。围绕“八道四治四建”活动，全力推进“法治公路”建设。对路边牌、架、乱占乱放等进行了全面整治，共拆除非公路标志 85 块，清理路障 499 平方米/29 处，清理摆摊设点 30 处，路域环境明显改善。年内共发现和查处路政案件 22 起，依法收缴路产赔（补）偿费 14.6 万元，路政案件的发现率和查处率达到了 98%以上，保证了路产设施的完好和公路安全畅通。（曲秀平）

【公路建设】 2017 年，结合“八道四治四建”，以拓展服务内涵、完善服务功能、提高服务水平为目标，按照“因地因路制宜，科学合理规划、以点带面、整体推进”和“节约高效”的原则，着力加强基础设施建设，突出路域环境治理，注重公路绿化、美化，彰显公路文化特色，创优公路服务品质，将所属干线公路打造成“美丽公路”。注重因地制宜，崇尚自然，打造与大自然融为一体且具有特色的公路文化。在“美丽公路”建设中，本着花小钱办大事原则，利用废旧轮胎在公路边坡、平台镶嵌不同特色的公路文化宣传标语 17 处，制作安装宣传牌 15 块，用轮胎装饰平交道口 18 处，通过丰富和弘扬公路文化，提升“美丽公路”建设品位。在“美丽公路”建设中，注重公路服务点建设，积极寻求路地共建途径，同峨岭寺协商，由本段设计，寺庙出资，在凤凰岭修建了公路便民服务点。在路域环境治理过程中，同样由繁峙公路段设计，加油站出资实施路站隔离 1 处；浇刹车摊点隔离 4 处，得到了当地政府和社会各界的广泛认可和支持。（曲秀平）

【干线公路建设】 国道 108 线是京、津、冀通往佛教圣地五台山的重要通道，也是晋煤外运的重要通道。随着近年来大吨位车辆的增长，该路段神堂堡至砂河（K353+950—K405+791）段路面严重破损，该路段为山区二级路，车辆拥堵，成为国道 108 线的瓶颈路段。由于资金问题，于 2013 年仅对该线路路况最差的神堂堡至钟耳寺（K355+700—K362+500）段实施了一级路改造工程。经过省、市、县政府和公路部门三年多的共同努力，其余路段一级路改建工程已于 2017 年 7 月 25 日开工建设，预计 2019 年 10 月 1 日全部竣工通车。（曲秀平）

【扶贫工作】 2017 年，根据县委、县政府统一安排部署，繁峙公路段负责东山乡杨林村、沟南村两个贫困村的脱贫帮扶工作任务。同时，根据县委组织部安排，公路段委派本单位党员陈奇峰为东山乡沟南村、宫黄沟村驻农村第一书记开展精准扶贫工作。在精准扶贫工作中，公路段成立了以段主要领导为组长的精准扶贫工作领导小组，安排帮扶责任人深入贫困户家中进行调查研究，掌握贫困住户贫困信息和致贫原因，积极制定脱贫计划和措施，在节日期间购置物资深入贫困户家中走访慰问，圆满完成了脱贫帮扶工作任务。（曲秀平）

治理超限超载车辆管理

【概述】 繁峙县治理超限超载车辆办公室下设四支治超流动稽查队。分别是岩头治超流动稽查队、砂河治超流动稽查队、大营治超流动稽查队和神堂堡治超流动稽查队。分别驻守在岩头乡水峪村、砂河镇江洋铁厂、大营运管站和神堂堡乡神堂堡村。

（杨连国）

【超限超载车辆治理】 2017 年，全县共出动执法人员 31320 人次，累计检测货运车辆

路警联合割除违规“高马槽” 杨连国提供

83.8万辆；开展常态执法检查、督查15次；取缔非法砖厂3个、非法采矿场1个；检查储售煤（货）场15户，检查汽修点120户，规范办证7户；查处加高马槽车38辆、罚款1.9万元，全部拆解恢复原状；查处无牌无证货运车辆11辆，罚款2.2万元，行政拘留驾驶员8人；查获非法超限超载源头企业9家，罚款13.8万元。重新排查并公示货运源头企业168家，对生产的36家货运源头企业全部实施驻厂监管，对其余企业实施巡查监管，9家维修企业完成了质量信誉考核工作。共培训治超执法人员3期360人次，培训货运业主2期220人，培训驾驶员3期920人。好路率达到90%，客车正点率达到99%，堵车现象大幅减少，治超总体形势良好。（杨连国）

道路运输管理

【概述】 繁峙县道路运输管理所始建于1976年，原名群运站，为自收自支的事业单位，单位现内设办公室、法制办公室、计划财务办公室、、票证统计办公室、客运管理办公室、货运管理办公室、维修管理办公室、驾校管理办公室、政务大厅、稽查大队、治超办、安全办。

2009年1月燃油税实施后，运管所作为道路运输行业管理的行政执法主体，经费转为财政预算，职能转入公共行政和公共服务，实现真正意义上的行业管理。2010年6月29日，县机构编制委员会下发《关于繁峙县道路运输管理所调整机构规格的通知》，确定繁峙县道路运输管理所机构规格调整为副科级，核定副科级领导职数1名，其他均不变。（张永平）

【党建工作】 2017年，根据中共繁峙县委《关于开展“双日双评”活动推进“两学一做”学习教育常态化制度化的意见》精神，5月23日，开展“创建园林县城，我是党员我先行”主题实践活动。此次活动，运管所共出动党员干部43人，重点在卫生责任区繁城同里巷开展了以整治清除乱张贴、乱涂写及其他不文明小广告行为为内容的专项清理保洁行动。（张永平）

【客车年度审验，客运公司、汽车站考核】按照市局要求，对全县1辆省际线路班车，19辆市际线路班车，14辆县际线路班车，29辆乡（镇）线路班车于6月底全部审验完毕。并对并运繁峙公司、繁峙汽车站进行了质量信誉考核，分别达到了AAA级和AA级。（张永平）

【多式联运、无车承运人示范工程建设】繁峙县快易通汽贸有限公司是本县唯一一家以液化气为清洁能源的货运公司。公司现拥有货车辆267部，营运车辆216部，其中天然气运输车辆209部，柴油车7台，拥有货运线路357条，形成以代县为中心，辐射京、津、冀、陕、内蒙等6个省市，10多个地市的货运网络。

通过对繁峙县快易通汽贸有限公司发展多式联运和无车承运的培育，引导企业建立全程“一次委托”、运单“一单到底”结算“一次收取”的服务方式，支持企业运用电子运单网上结算等互联网服务新模式，促进交通运输行业结构性节能减排。摆脱单纯依靠车轮盈利的思维，发展信息技术，主动拥抱互联网，经济进行布局，注重专业化规模化创新发展，为行业的转型升级做出新的贡献。（张永平）

【县、乡、村三级物流网络建设】 山西并

州物流有限责任公司物流服务水平，公司历经10多年的发展，已成为覆盖全国210个县、市，服务区域经济的现代物流企业、忻州市物流试点单位，公司成立于2006年10月，办公场所1500平方米，仓储能力800平方米，拥有货车18辆，监控系统8套，业务辐射晋冀陕蒙京豫等6省210个县市。2015年10月，公司审时度势，顺势而为，瞄准市场前沿，敏锐捕捉商机，布局农村物流网点，与全国知名电商、中国第一家村镇“O2O”电商平台“乐村淘”集团牵手合作，成立了子公司“乐村淘”繁峙首家电子商务有限公司，在实现“物流”向“物联网”转变的进程中迈出了坚实的步伐。2017年年底，繁峙农芯乐覆盖全县的13个乡（镇）级物流中心已经全部设立完成，正在进行下一步的升级改造工作，已经建立的151个村级综合服务站也已经覆盖全县的13个乡（镇），4条新的物流配送线路正在规划中，一个崭新的城乡物流联通网络已基本成型。（张永平）

【维修市场秩序规范】 随着社会经济的快速发展，汽车保有量持续增加，作为汽车售后市场的汽车维修业呈现迅猛发展态势，对促进道路运输行业发展，满足民众汽车维修需求起到了积极的保障作用，但维修企业变更不申报，停业不注销等现象普遍存在，造成了大量“僵尸”数据。按照《山西省道路运输管理局关于核查清理无效机动车维修企业信息的通知》的安排，运管所维修办通过对《山西运政管理系统》核查和实地排查，系统中繁峙县共有维修企业89户、实际经营企业37户，清理无效企业52户，为行业管理和决策提供真实有效的数据支撑。

（张永平）

【道路运输行业扬尘污染治理攻坚行动】 2017年，为贯彻落实省委十一届四次全会和市委四届二次全会精神，有效解决秋冬季大气污染问题，确保持续改善本县道路运输行业环境空气质量。运管所稽查人员严防死守重型货车进入城区，重拳打击不按规定执行调控措施的运输车辆，而且在各个路口、施工现场、货运源头企业，不分时段，不分时间检查，车辆上张贴检查宣传标语。同时运管所还派出3个稽查队与交警配合分赴采石、采砂、沥青搅拌站、选厂、城市货运源头点和城市路口及收费站，对以柴油为燃料的重型货车进行检查，重点检查抛洒、不苫盖篷布、超限超载和重型柴油货车进入城区的行为。（张永平）

【安全生产】 2017年，根据省厅、市局的相关要求，结合实际，制定了繁峙县道路运输行业“平安运输”建设行动方案，成立“平安运输”建设行动领导组。主要是以落实道路运输企业安全生产主体责任和动态监控主体责任为重点，推进“平安企业”建设；以强化危险品异地营运车辆监管和“两客一危”车辆联网联控为重点，推进“平安车辆”建设；以落实长途客运站“三不进站、六不出站”为重点，推进行“平安站场”建设；以开展“维修诚信质量服务”为主线，推进“平安维修”建设；以“遵章守纪、知责、履责、尽责”为切入点，推进“平安驾驶员”建设。

6月16日，在人流密集的汽车客运站开展“安全生产咨询日活动”。共出动宣传车辆5辆，宣传人员40多人，发放宣传资料、安全生产手册、乘客须知各5000余份。6月10日至7月10日，在全县道路运输领域开展安全生产大检查。11月23日，组织开展安全生产“进公共场所”宣传教育活动。宣传人员向群众散发《道路交通安全宣传资料》《安全生产知识宣传单》、安全警示用语手册等宣传资料2600余份。（张永平）

【依法治运】 根据忻州市人民政府办公厅《关于印发忻州市客运市场打非治违专项整治工作实施方案的通知》和县人民政府、县交运局“打非治违”文件安排部署，运管所于2017年2月16日至5月28日在全县范围开展“打非治违”百日专项整治工作行动。（张永平）

【治超工作】 2017年，为确保货运源头企业治超人员得到及时有效的岗位培训，避免无证上岗及治超人员不熟悉相关法律法规现象，县所全体一线治超工作人员及繁峙县26家生产企业负责人和过磅员参加业务学习培训。为不断巩固和深化治超成果，切实从根本上遏制和防范车辆短途非法超限超载运输，集中严惩超限超载运输源头企业的打击非法超限超载运输专项行动。

运管所巡查队在此次专项行动期间，共查获非法超限超载源头企业5家，并进行了处理。在专项行动期间针对县治超办移交的关于马庄村3个石料厂超载问题进行集中整治，4个巡查队一天24小时轮流值守，把超载车辆堵在源头，坚决不让一辆超载车辆驶出厂区。（张永平）

【扶贫工作】 2017年，运管所工作队按照县委、县政府和乡政府的安排部署，与村两委、第一书记齐心协力共同推进三圣地村精准脱贫巩固工作。三圣地村位于集义庄乡西北约1千米，行政区域总面积0.05平方千米，全村耕地面积20.67公顷，人均耕地面积0.153公顷，全村户籍人口49户135人，常住25户70人，全村建档立卡贫困户共有19户61人，2014年脱贫2户4人，2015年脱贫4户14人，2016年脱贫11户35人，剩余2户8人。

2017年初，为三圣地村打深井1眼，配套井房，建变台1座，架高低压线路500米，铺设塑料管5000米，使全村20.67公顷耕地变成了水浇地，确保了产业增收措施的落实。并且，还对6户脱贫户申请了光伏发电，确保每户户增收入3000元。同时，工作队积极为村民介绍就业渠道，就业培训，帮助争取养殖业贷款，稳定增加农户收入。

对9户贫困户进行了危房改造，对自身发展动力不足的7户贫困户申请了低保，对2户疾病的贫困户进行了医疗救助，对1户贫困户申请了光伏发电金融贷款扶贫，对5户贫困户享受移民补贴，对9户贫困户12名学生享受教育扶贫。

为了提高三圣地村村委的公益服务效益，本所对新建的卫生室进行了资金帮扶，并为村委购置了办公用品。（张永平）

邮政　通信

邮　政

【幸福生活在三晋广场舞大赛】　“幸福生活在三晋广场舞大赛”从繁峙发起，走向全省；2017 年 6 月 29 日，邮政与福益德联合举办的“幸福生活在三晋广场舞”大赛启动仪式在繁峙县宣传文化中心举行，7 月 16 日，一共 18 支队伍在祥龙广场参加了海选，县委常委、宣传部部长郭美凤，副县长高清平等领导出席了活动。（郑艳娇）

幸福生活在三晋广场舞繁峙海选现场　郑艳娇提供

【邮快合作模式从繁峙向全省推广】　2017 年，邮快合作模式从繁峙向全省推广，民营快递公司到乡（镇）的包裹由于成本太高无法派送，各家快递公司举步维艰，运营困难，邮政将民营快递无法投递的邮件全部接收，由邮政代为投递，解决了民营快递难以维持的现况，为地处乡镇的群众提供了便利。省公司对这种邮快合作模式给予肯定，并在全省推广。（郑艳娇）

【繁峙至北京白沟邮路开通】　在认真贯彻 2017 年全县经济工作会议精神的基础上，按照“一区多园”的总体思路，紧紧抓住京津冀产业疏解转移和东部加工贸易转移的重大机遇，通过与县政府多次协调及争取，最终达成开通繁峙至北京白沟邮路一条。

（郑艳娇）

繁峙至白沟专线顺利开通　郑艳娇提供

【多项省级会议在本县召开】　2017 年 8 月 12 日，全省金融业务交流会议在本县召开；11 月 28 日全省寄递推进会议在本县召开；12 月 8 日全省邮政管理系统观摩会议在繁峙县召开。

【全市首条省会邮路在繁峙开通】　2017 年，全市首条省会邮路在繁峙开通。　（郑艳娇）

通　信

·繁峙电信分公司·

【业务完成情况】　2017 年，绩效得分104.51 分，全市排名第 3。2017 年主营收入全年目标 1475 万元，累计完成 1542 万元，完成率 104.54%，全市排名第 6。移动用户 A 口径净增全年目标 2800 户，累计净增 3546 户，完成 126.64%，全市排名第 4；宽带用户净增全年目标 1800 户，累计净增 1902 户，完成 105.67%，全市排名第 6。天翼高清净增全年目标 3050 户，累计净增 3621 户，完成率 118.27%，排名第 8。　（杨瑞梓）

【专项治理及小金库整改】　2017 年，（4+2）专项治理及小金库整改完成。根据省公司文件要求，电信分公司不断加强党风廉政建设、企业文化建设、深入开展思想政治工作，促进公司的生产经营。

在专项治理方面，电信分公司严格落实“三重一大”决策程序，成员为经理、劳务员工党员、纪检监察员、四级单元负责人、员工代表。凡是涉及重大决策、重要人事任免、重大项目安排和大额度资金运作的事项，严格落实公司决策程序。在车辆加油规范执行工作方面，忻州分公司根据《关于开展“4+2”专项治理深化和巡视整改“回头看”工作的通知》文件精神，由办公室牵头进行车辆加油规范执行工作方面的自查，繁峙分公司也进行自查及相关举措，对单位车辆加油规范执行情况进行检查，逐一核查存在问题。现有车辆在 2017 年 8 月份后加油记录完整，有台账；车辆加油卡由专人保管，车辆与油卡严格分离；车辆定点维修保养；每月月初按时上报上月里程数。　（杨瑞梓）

·中国联通繁峙分公司·

【业务完成情况】　2017 年，完成收入 3398 万元，完成年计划冲刺目标 3650 万元的 93.1%，高于全市完成比例 5.1 个百分点，全市排名第四，同比增幅排名第五。2017 年，收入市场份额到达 24.96%，全市第 11，较上年末变化-2.1%，全市第 3；新增市场份额-34.8%，全市第 2。全年综合 KPI 基本保持在全市前三名，省公司 30 个 B 类县市排第 8 名。　（柴永青）

【渠道经营业绩】　2017 年，在本地小区流量卡和私网小区宽带回归上取得较好效果，确保了量收指标全市排名前列，较好地控制了收入的下滑。创新业务两年完成收入 60 万元，发展了政务外网、两个责任平台等一批集客项目，为公司下一步的增收打下良好的基础。社会渠道能力提升效果明显，有产能的渠道有 32 家，发展量占公司近 40%。打造了 7 个自控商圈、拓展了 8 家实体渠道、20 家小微渠道，全市排名第 3。

（柴永青）

【基层责任单元改革优化】　2017 年，基层责任单元改革优化顺利完成在市公司统一安排下，成立一部三中心，撤并两个单元。同时对各单元经理进行了重新选聘。调换 6 名单元经理，减员8人，2017年顺利完成了基层单元的薪酬改革和城市驻地网的转型优化工作。有效推动了各项业务的良性发展。2017年度优秀CEO中本公司11个单元有5个被评为优秀CEO，其中两名省级优秀。

（柴永青）

【经营转型】 在省、市公司的推动下，2017年深入推进线上线下一体化营销工作，以新零售的新思维创造发展的新动能。网厅、微厅等线上渠道，掌握行销设备、二微码系列等线下触点，MISPOS、微信支付等新的支付手段得到了广泛应用，掌握行销受理量和线上支付均排全市前列，收到良好效果。 （柴永青）

【节能降耗】 2017年，在强化传统节能手段基础上，实行能耗承包工作，做到每个维护人员都关注网络能耗的使用。实现了总的网络能耗控制在下达目标范围内，固网能耗下降30%，移网能耗控制在了合理的增长范围内。 （柴永青）

【机房整治】 2017年，完成了程控机房、112机房的整合工作，割接、搬迁、腾退了10个AG点机房。持续开展动力隐患整治工作，主要完成了县局变压器的搬迁增容，集义庄等七个固网机房的电源柜、电池的更换。 （柴永青）

【网络建设】 2017年，对32台AG设备和230台PON+AD设备进行了光纤化改造，光改用户约5800户。共建设移动网2、3、4G基站161个，解决了103年村方面及城区深度覆盖问题。传送网方面通过建设县乡光缆和IPRAN设备，组成IPRAN环网络，提升了移动网络的承载能力和安全性。（柴永青）

【综合治理】 2017年，实行社会治安综合治理工作月报告制度。公司综治办每月主动听取各责任单元汇报社会治安综合治理工作的开展情况，定期召开综治工作分析会，帮助各单元查找存在的问题和不足，研究制定相应的整改措施。结合不同时期的工作重心，经常召开专题会，研究分析本系统社会治安综合治理形势，具体问题具体对待，并抓住各项综治活动的开展，主动打好阶段性的战役，促进全年工作的开展。 （柴永青）

【党建工作】 2017年，公司在县委统一安排下，以开展“双日双评”活动推进“两学一做”学习教育向常态化、制度化扎实迈进。每月一次集中学习日，以重温入党誓词、交党费、讲党课、专题学习、自选动作等五个规定动作展开学习。通过学习，提高了党员同志的党性修养和纪律意识，使全体党员进一步坚定信仰、不忘初心，牢固树立正确的世界观、人生观、价值观，促进了业务技能的进一步提升，党组织的创造力、凝聚力、战斗力得到提高。 （柴永青）

【扶贫工作】 2017年，帮扶大草坪村的基础上公司又承担增加宽滩村的扶贫任务。公司领导班子成员率先垂范，每人主动承包贫困户至少五户，并组织公司党员干部共11人组成帮扶工作队，下乡入户，调查走访与贫困户近距离沟通，了解村情户情，并根据实际制定切实可行的脱贫方案。帮助村委会建档立卡，编写归集整理贫困户资料，逐户将慰问品发放在贫困户手中。上半年，通过与市联通公司协调，完成了柏家庄村、北辛庄村、於地村、车厂村、黑山沟村5个贫困村的宽带网络覆盖工程，车厂村基站建设完工开通后，将实现车厂、新坊等村庄的手机

信号覆盖，为以上地区的网络信息化提供有力支撑。（柴永青）

·中国移动繁峙分公司·

【概述】 繁峙县移动公司位于繁峙县向阳北路，现有员工75人，平均年龄34岁，大专以上文化程度员工占95%。公司设府新街、向阳路、砂河镇三个营业厅，以及市场部、综合部、网络部、集客部、渠道中心等若干职能部门。（续修远）

【业务经营】 繁峙移动2017年通信服务收入完成约8600万元，全年本县4G客户渗透率完成93.37%，宽带年新增6000户左右。（续修远）

【基站建设】 全年共完成15个室分小区建设，12个微站小区建设，25个城域网光交建设，3个扶贫村直放站建设，26个宏站建设，5个机房选址。（续修远）

【宽带建设】 2017年，繁峙宽带建设共计立项及代维自改施工100个小区，其中城市小区28个，农村76个，参与“百日插旗”劳动竞赛活动23个，总计建设端口14728个，本县网络中心严格按照省公司3H体系要求，在宽带小区建设前期设计中根据实际需求，与设计人员及代维安装人员积极沟通、确保后期施工的可行性，避免工程纠纷；施工过程中定时随工监督；工程验收上保证营销人员、网络代维共同参与，对不合格小区严令限期整改，全流程严格把控，切实保障工程质量。（续修远）

【工会建设】 2017年，工会组织所有女工在业余时间参加瑜伽、古筝、舞蹈等兴趣班，丰富了女工的业余生活；组织全体员工开展红五月雁门行活动、八月天涯山登山活动、红十月观影活动、中秋节做月饼活动等等，丰富了员工的文化生活，激发了员工工作热情，提高员工凝聚力；围绕生产经营组织实施员工劳动竞赛，极大地调动和激发员工主动性，为促进经营指标的完成发挥了积极作用；按照市公司工会的统一部署，切实落实员工关爱、健康体检等关怀活动。（续修远）

【扶贫工作】 2017年，县公司派出由17位员工组成的工作队前往南洪水村参加精准扶贫工作。工作队进行了扶贫户的精准识别、动态调整工作，各项资料均按照镇党委、镇政府的要求做细做好，做到了真扶贫、扶真贫；帮助村委重新粉刷了村委墙壁，修整复栽了进村主路旁的树木，使村容村貌焕然一新。（续修远）

财政　税务

财　　政

【财政收入】　2017年1至12月份，全县一般公共预算收入累计完成23929万元，占全年计划32600万元的73.4%，欠进度26.6个百分点，欠收8671万元，比2016年增长11.92%。财政总收入累计完成50914万元，比2016年增长24.88%。

1至12月份，全县公共财政预算收入增幅为11.92%，国税局、地税局和财政局比去年增长幅度分别为91.49%、-9.24%和-4.32%。　　（杨向文）

【财政支出】　2017年1至12月份，全县财政总支出185610万元，比去年同期的172929万元多支12681万元，增长7.33%。其中，专款支出79146万元，比去年同期的67466万元多支11680万元，增长17.31%；地方财力支出106464万元，比去年同期的105463万元多支1001万元，增长0.95%。

（杨向文）

【涉农资金整合】　2016年，县财政局印发《繁峙县统筹整合使用财政扶贫资金管理办法（试行）》的通知。2017年3月，县财政局出台整合资金实施方案，并分别于9月和12月对年初、年中方案进行了调整，根据省统筹整合领导组重新确定的统筹整合资金范围6大类56项，最终形成《繁峙县2017年统筹整合财政资金推进精准扶贫年终方案》，且在政府门户网站进行了公示。

2017年统筹整合用于精准扶贫的财政涉农资金投入总规模30483.367万元。其中，扶贫专项切块资金9818.956万元，县级配套3990.93万元（扶贫产业配套资金1500万元、水利项目资金275万元、其余资金1570.93万元），其余各部门项目资金13930.861万元。　　（杨向文）

【财务监管】　2017年，坚持“把主体责任挺在前面、把问责挺在前面、把纪律挺在前面”，不断健全主体责任体系，从严教育、从严管理、从严监督、从严执纪问责，真正做到依法生财、依法聚财、依法管财、依法理财。把处理人和处理事、教育与惩戒、内部通报和公开曝光相结合，对有令不行、有禁不止的，一律严肃处理；对整改落实不力的，一律严格追责。　　（杨向文）

【思想教育】　2017年，按照县委、县政府统一要求，在全县范围内开展“双日双评”活动，推进“两学一做”学习教育常态化制度化，继续采取多种方式学习，切实做到真学、真懂、真用；围绕实现中国梦的总目标，增强创新意识，贯彻落实好已出台的关于支持科技创新的各项财政政策，着力保障和改善民生；财政资金更多地用于教育、医疗卫生和提高低收入群体收入等重点民生事业；大力支持绿色发展、循环发展、低碳发展的企业项目，取得良好效果。　（杨向文）

【扶贫工作】　县财政局所包贫困村大营镇小庄村、西三泉村，派出工作队长一名，村第一书记2名。全局包村干部分别与所包贫困户签订了干部结对帮扶贫困户责任书、帮扶责任承诺书、贫困户承诺书，填写了干部帮扶结对手册、驻村工作台账、第一书记工作台账、帮扶责任人入户工作台账等账册。

2017年，帮助小庄村协调解决资金12.4万元，修缮了村委办公室、党员活动室，极大地改变了服务场所的办公条件；通过协调解决资金50余万元高标准新修村南北主街450米；硬化文化广场2400平方米；投资20万元新建凉亭一座，仿木花架15米，蘑菇亭2个，安装健身器材6件。　（杨向文）

县财政局局长王国平慰问西三泉贫困户贾三白，并为其带去慰问金600元　杨向文提供

税　　务

·国家税务·

【税收收入】　2017年，完成各项税收约32800万元，完成市国税局计划的127%，绝对额超收约6900万元；较去年增长65%，绝对额超收约13000万元。2017年完成县级收入约7620万元，圆满完成县政府年初下达计划，绝对额超收约20万元；较去年增长89%，绝对额超收约3600万元。　（张小军）

【税务行政许可】　2017年，按照《国家税务总局关于推行税收执法权力清单制度的指导意见》和《国家税务总局关于印发〈推行税务行政处罚权力清单制度工作方案〉的通知》要求以及省局具体安排，国税局共确认的行政权力九大类37项，其中行政许可3项，行政征收4项，行政处罚24项，行政强制1项，其他事项5项。按照《税务行政审批事项及审批机关公开目录》，明确了涉及国税局的3项行政许可审批事项，并向社会以公告形式公布。将税务行政审批对象、通过在办税服务厅公告栏、电子显示屏等渠道公开，纳税人了解《公告》的精神。

（张小军）

【税收数据信息】　2017年，严格按照总局纳税信用等级评价指标和方式，国地税联合开展2017年度纳税信用等级评价工作，最终评定A级纳税人4户、B级纳税人250户、C级纳税人85户、D级纳税人26户。注重纳税信用结果的应用，联合为A级纳税人开通绿色通道，在资料报送、发票领用等方面提供更多便利，同时安排专门人员帮助其办理涉税事宜，有效发挥信

用评价对纳税人的导向作用，促进了社会信用体系建设。（张小军）

【办税渠道】 2017年，县国税局将公开内容分为职能类、许可类、服务类、决策类、法规文件类，工作动态六大类六十多项，把影响税收工作的“难点”，普遍关注的“热点”和影响执法公正的“关键点”作为政务公开的重点。及时根据国家税收政策，把“税前扣除”等一直为纳税人关注的热点问题，以“12366”纳税服务热线、申报大厅电子显示屏、触摸屏、公共查阅点、资料索取点、信息公告栏等形式公开。（张小军）

【国地税征管体制改革】 2017年，依托国地税联合办税的便利性，对国地税管户进行梳理、比对，及时发现漏管户，保证税款的应收尽收。每月申报结束后向纳税人了解政策掌握、核算申报、税负变化等情况及存在问题；定期开展政策宣传和纳税辅导，多途径制作税收政策和征管措施宣传解读资料；建立健全税负分析工作运行机制，为税种管理和领导决策提出建设性意见；加大风险应对力度，依托税负分析结果、其他途径获取信息及上级部门推送任务，积极开展营改增行业（重点是建筑业、交通运输业、房地产业）风险应对。（张小军）

【税收优惠政策】 2017年，有正常管户3106户，全部实行网上自主申报，自2013年小微企业实施优惠政策后，严格按照文件执行，政策落实到位，优惠面达到100%，2017年享所得税小微企业1501户，盈利企业34户，享受小微企业所得税优惠34户，优惠税额6.09万元；享受增值税小微优惠纳税人2017户次，优惠税额272.2万元；营改增以来共有324户纳税人减税1191万元。

（张小军）

【民生工程】 2017年，按照安排，国税局主要帮扶繁城镇水峪村、西庄村、作头村。通过进村入户调查发现导致农户贫困的因素有其普遍性，但更多的是特殊性，“因村制宜，精准扶贫”的理念始终贯穿于工作之中。

邀请县农委、药材中心多位专家对水峪村土地进行实地考察论证。因该村全部为旱地，比较适合种植麻黄、远志两类中药材，经村委会与村民代表多次商议及镇政府大力支持，决定进行试验种植。联系内蒙古喀喇沁旗世杰花卉种子繁育基地进行了种子洽购，并与村民进行多次试验，现已进入育苗阶段。

经多方联系沟通为西庄村新打机井3口，保证农业生产的旱涝保收，增加了农作物产量，提高农民种地积极性，增加农民收入。预计工程结束后，全村水浇地面积可达到80%以上。（张小军）

【公益事业】 组织全体党员于5月23日下午参加“创建园林县城，我是党员我先行”主题实践活动，在责任区内开展以整治清除乱张贴、乱涂写及其他不文明小广告行为为

国税局领导到黑山沟村看望孤残儿童 张小军提供

内容的专项清理保洁行动，全体党员以发挥党员先锋模范作用为引导，主动积极参与其中，使党员先于群众的精神得到更好的发挥。

2017年8月1日，到黑山沟村看望7名孤残儿童；8月13日参加“寻找美丽中国、重温抗战辉煌”平型关站志愿活动；10月15日参加奥跑繁峙站志愿服务活动。

（张小军）

·地方税务·

【概述】　2017年，全局干部职工并积极投身于税制改革、深化国地税合作、开展“营改增”后续管理，克服多种不利因素，圆满完成各项工作任务。　（张　璐）

【税收收入】　2017年，全局累计组织税收收入12025万元，比上年同期10003万元（剔除营业税后）增长20.21%，其中，省公共预算税收完成9280万元，比上年同期6977万元（剔除营业税后）同比增长33.01%；市公共预算税收完成7771万元，比上年同期5913万元（剔除营业税后）同比增长31.42%；县公共预算税收完成7016万元，比上年同期5381万元（剔除营业税后）同比增长30.38%。规费收入完成1711万元，比上年同期1238万元，同比增长138.21%。　（张　璐）

【纳税服务】　2017年1月，县国税局进驻地税局办税服务厅开展税款征收工作，国地税联合在同一办税服务厅工作，充分实现本县纳税人“进一家门，办两家事”，极大方便了纳税人办税。利用互联网+税务，促进国地税网络互通，破除信息壁垒，实现税款申报联办，纳税人只需进行增值税申报，系统即可自动填列国税、地税报表，在征收主税种的同时带出附加税并进行扣缴，实现“多走网路，少走马路”的办税新模式。针对个人代开发票具有机动性、灵活性特殊需求，利用邮储银行营业网点多、节假日不休的有利条件，从6月开始国税局、地税局联合邮储银行委托代征个人代开票税款，既缓解国税大厅压力，又避免地税税款流失，同时增加了邮储银行业务，为纳税人提供了方便的缴税途径，达到多方共赢目的。下半年由邮储代征税款111.56万元。　（张　璐）

【税收稽查】　稽查局年初制定出台《繁峙县地方税务局关于印发〈全面推行税务稽查“双随机、一公开”工作实施方案〉》，全面推进国地税联合稽查工作，完成税务稽查平台的数据录入、迁移工作。按照税务稽查“双随机一公开”制度，加大税收专项稽查。在全年稽查工作中进行筛选管户28户，查补税款41.4万元。　（张　璐）

【税收优惠】　2017年，依据《山西省税务系统优化税收营商环境服务经济转型发展实施意见》，联合国税局开展进企入户宣传省局提出的28项优化税收营商环境服务经济转型发展措施，让纳税人更好地了解落实政策、管理、服务、执法四个方面的措施，进一步助力企业发展壮大：落实“年应纳税所得额低于50万元（含50万元）的小型微利企业，其所得减按50%计入应纳税所得额，按20%的税率缴纳企业所得税”，已减免83户企业，年预计减免企业所得税50余万元；落实“对月销售额不超过3万元的个体工商户个人所得税征收率可核定为0”的政策措施，对612户征收率核定为零，按月减免税款51099.43元，年预计减免61万元；房产税将房产余值的扣除标准由现行的20%、30%统一为30%，从2017年下半年开展落实，对46户纳税人的房产计税余值的扣除标准统一更改为30%，2016年减免房产税30万元，2017年年底减免房产税14.7万元；针对保障性住房享受税收优惠减免土地增值税、土地使用税、契税共计230余万元，移民搬迁安置房减免土地增值税、土地使用税、契税、印花税等共减免290余万元。

（张　璐）

【税制改革】 从2017年12月1日新开征水资源税、2018年1月1日新开征环境保护税，“两税”税制改革，地税局与水利局、环保局相互配合，组建成立了县委常委牵头的组织领导小组，通过前期大调查，确保了信息的完整准确性，通过调查心中有底数，开展税收辅导工作更有针对性，确保新税种的开征工作能顺利进行。开展水资源税“零点行动”，与水利局顺利进行对接，通过水利局的水源动态检测管理系统取得大数据用水管理，与环境保护局进行排污费用管理移交清单，做好交接工作，推动税费体制改革，确保“两税”的顺利开征，增加地方财政收入。

（张　璐）

2017年，在县委县政府组织下，地税局联系水利局环保局召开税收改革工作会议　张璐提供

金融保险

金融监管

·中国人民银行繁峙县支行·

【概述】 中国人民银行繁峙县支行现内设综合办公室、金融管理部、综合业务部、纪检监察室 4 个部室，职工共计 21 人，其中，支行领导职数为行长 1 名，纪检组长 1 名，副主任科员 2 名。支行主要负责履行货币信贷政策的执行、支付清算、国库经理、货币发行、人民币反假等方面职责，还肩负着确保辖区金融稳定、防范和化解县域金融风险、金融监管的重任，同时在提供金融服务和支持地方经济发展等方面也发挥着重要作用。 （杨觐屹）

【金融运行简况】 2017 年，全县各项存款余额 1285747 万元，比年初增加 178307 万元，同比少增 15022 万元。各项贷款余额 525292 万元，比年初增加 121279 万元，同比增加 29328 万元，其中扶贫贷款增量占全部贷款增量 121279 万元的 20.69%。 （杨觐屹）

【货币政策传导】 2017 年 2 月 17 日，繁峙支行组织召开全县金融机构联席会议，传达贯彻落实上级人民银行货币信贷工作会议精神，重点强调金融扶贫工作是当前工作的重中之重，要求辖内各机构做好信贷规划、人员安排，健全工作机制，自觉担当脱贫攻坚责任，主动开展工作。经支行的协调推进，全县金融扶贫形成了政策性银行、商业性银行、股份制银行、地方法人金融机构一齐上的良好局面。全年，人民银行与金融办、扶贫办一块深入乡镇召开现场对接会 5 次，观摩项目建设点 8 次。2017 年，县金融助推脱贫攻坚工作在国家《扶贫开发》杂志、全省小额信贷推进会、全市金融助推金融扶贫繁峙现场推进会上进行了经验交流，并且获得省委扶贫督查二组、市委书记李俊明的肯定，本县金融扶贫举措也多次在省、市级报刊上进行了报道，其他县市对繁峙县金融扶贫工作进行了取经交流，省、市级领导也多次到本县调研指导工作，提出针对性意见，使得货币政策得以全面贯彻落实。（杨觐屹）

【“五位一体”推进】 2017 年，支行联合县财政局、县扶贫办、县银监办、人保财险繁峙支公司制定并下发《关于“五位一体”推进全县扶贫小额信贷工作的实施方案》，作为推动辖内金融机构积极发放扶贫小额贷款，支持脱贫攻坚工作的指导性文件。全年，本县新增个人精准扶贫贷款27149万元；其中5万元以下扶贫小额贷款累放25381万元（含新田村镇银行），完成全年扶贫小额贷款任务的212.39%，对精准扶贫户共发放5866户，带动17084人。采取“四位一体”模式发放11932.9万元，2481户，7767人，采取“五位一体”发放370万元，176户，352人。2017年，繁峙农商银行共与49家企业及合作社签订了“四位一体”扶贫协议，已发放“四位一体”小额扶贫贷款2200笔（户）、金额11013万元，预计每户平均年增收3300元。

3月15日至16日，中国人民银行太原市中心支行副行长杜斌、货币信贷处处长高旭升、忻州市中心支行行长郭光灵、副行长郭萍在本县调研扶贫小额信贷暨“五位一体”金融扶贫工作，召开了全县“五位一体”座谈会，县委书记、分管扶贫工作副县长、扶贫办、金融办、银监办、驻村干部、贫困户、龙头企业、市、县各金融机构负责人一同出席座谈会，研究探讨提升金融助推脱贫攻坚成效的政策措施。

2017年产业扶贫贷款余额28510万元，带动贫困人口11973人；支持带动贫困户数量2914户。全年，繁峙农商银行对光伏扶贫涉及的9个乡镇共发放贷款904户、1898.4万元，预计每户平均年增收3000元。

（杨觐屹）

2017年繁峙县支行推进“五位一体”座谈会
杨觐屹提供

【脱贫攻坚现场会】 7月27日，忻州市金融助推脱贫攻坚现场推进会在繁峙召开，会议贯彻落实了全省人民银行金融助推脱贫攻坚电视电话会议精神，学习交流金融助推脱贫攻坚经验和做法，回顾总结上半年全市金融扶贫工作，分析研究脱贫攻坚工作进展情况和存在问题，提出下一步工作重点和保障措施。

（杨觐屹）

2017年，人民银行繁峙支行脱贫攻坚现场会
杨觐屹提供

【国库管理】 2017年，共完成各级各类预算收入业务32642笔，金额总计63582.49万元，较去年同期增长12.56%，其中中央级22070.04万元，省级6760.13万元，市级3634.86万元，县级31117.46万元；办理预算支出业务18644笔，金额248473.90万元，较去年同期增长7.41%，办理预算收入退付业务244笔，更正业务120笔，办理预算调拨收入196611.66万元。

（杨觐屹）

【支付结算】 2017年，支行密切配合上级反洗钱部门的工作安排，抽调业务骨干，参加了上级行统一组织的全省反洗钱检查工作，成效显著。11 月 13 日，支行按照人民银行忻州市中心支行统一安排和授权，利用五个工作日对繁峙县新田村镇银行反洗钱工作进行了检查。规范人民币银行结算账户行政许可。督促商业银行对个人银行结算账户实行三级分类管理并及时备案，辖区账户管理工作取得明显成效。截至 12 月末，全县共新开立核准和备案各类银行结算账户 856 户，其中基本存款账户 705 户，一般存款账户 156 户，专用存款账户 66 户，临时存款账户 28 户。撤销账户共 266 户，变更账户 508 户。全县单位银行结算账户存量共有 4626 户。维护各项应用系统顺利运行。支行对各金融机构的大、小额支付系统运行情况进行业务指导和检查，制定《繁峙县账户管理系统岗位职责》《繁峙县身份信息联网核查业务规范实施细则》，规范相关业务操作。

（杨觐屹）

【征信管理】 2017 年，支行进一步加强金融信用信息基础数据库接入机构的监督力度，9 月份对农商行异常查询进行了核查，同时对本单位的征信系统用户信息管理进行了自查，加强对个人信用报告查询、企业信用报告查询、机构信用代码证发放的管理。截至 12 月底，办理企业信用报告查询 85 户；个人信用报告查询 6857 人次，其中收费 259 笔；新发放、换发机构信用代码证 1196 户。 （杨觐屹）

【金融稳定维护】 2017 年 5 月 5 日，支行召集各乡（镇）及金融机构负责人和系统录入员就系统数据收集、系统应用进行了统一培训，同时布置安排了数据录入工作。进一步推动县域信用体系建设工作，打造良好的社会信用环境，推动中小微企业与农村信息采集平台的顺利运行。 （杨觐屹）

【金融宣传】 为进一步提高广大群众信用意识，提升征信宣传活动的社会影响力，全面推动社会信用系统建设，2 月 11 日至 12 日，由人行繁峙县支行牵头，组织全县 9 家金融机构共计 50 余人组成金融系统宣传彩旗队和文艺表演队，分别开展征信知识、反假币知识宣传活动和元宵节文艺舞蹈表演活动，为全县元宵活动添彩助兴。

（杨觐屹）

2017 年金融宣传　杨觐屹提供

·忻州银监分局繁峙监管办事处·

【概述】 忻州银监分局繁峙监管办事处成立于 2004 年，按照《中华人民共和国银行业监督管理法》定位于对基层金融机构“站岗放哨”作用’，属于忻州银监分局的派出机构，行文权、检查权、人员派遣、办公经费均由忻州银监分局管理。 （张尚忠）

【机构队伍】 忻州银监分局繁峙监管办事处正式在编人员 2 人，其中，主任 1 人，副主任科员 1 人。辖内银行业机构有 8 类：工商银行繁峙支行、农业银行繁峙支行、建设银行繁峙支行、邮储银行繁峙支行、繁峙农

村商业银行、繁峙新田村镇银行、晋商银行繁峙支行、农业发展银行繁峙支行，共有营业网点47个，从业人员553人。（张尚忠）

【扶贫工作】 2017年，全县各金融机构共发放小额扶贫贷款24666.89万元，5727户，带动19878人。其中，直接发放到贫困户的贷款12524.89万元，3147户，9336人；采取“四位一体”模式发放11772万元，2404户，7190人；采取“五位一体”发放3700万元，176户，352人。产业扶贫贷款发放24315万元，带动7958人。2017年，繁峙监管办事处作为繁城镇三祝村帮扶单位，参加各级、各类扶贫会议30余次，先后进村入户50余次，走访贫困户10余户，其间，积极宣传国家精准扶贫政策和金融法律法规知识，使贫困户更加熟悉相关扶贫政策。与发改、水利、电力等部门积极协调，提出解决三祝村村民饮水困难的可行性方案，同时，积极推进“光伏产业扶贫”项目在三祝村内实施。

（张尚忠）

【内控案防】 2017年，结合开展“银行业内控制度和案防制度落实情况”现场检查，深入进行案件治理工作督查，透项落实风险排查中发现的违规问题的整改情况；配合公安、消防部门做好银行业机构节假日安全检查工作，针对检查发现的问题及时提出安全防范建议；按规定约见银行业机构负责人，听取日常经营、内部管理情况，针对性提出稳健经营的相关意见。（张尚忠）

【风险排查】 2017年，强银行业风险防范，完善信息共享和风险协调处置机制，开展地方性法人金融机构资金业务风险排查，包括排查资金业务、贷款业务，摸清机构的风险底数，提出监管建议，并逐项落实风险排查中发现的违规问题的整改情况，严查带有高杠杆属性的金融衍生品，坚决守住不发生系统性风险底线。（张尚忠）

【金融服务】 组织金融机构积极开展“打击非法集资”“金融知识宣服务月”“金融知识进万家”宣传活动。助推“村村通”工程，加大县域金融覆盖面，积极开展支持小微企业金融服务活动。截至2017年年末，繁峙县基础金融服务行政村数已全部覆盖。

（张尚忠）

【经济实体发展】 2017年，以解决企业融资难、融资贵、金融支农、金融支小支微为切入点，优化金融服务，保持信贷投放的科学性，支持实体经济的发展。积极思考，多措并举，助力小微企业发展，制定帮扶方案，及时提供有效参考，达到防风险、遏风险、化风险的目的增强了银行业机构支持小微企业发展的信心。（张尚忠）

银　　行

·中国农业发展银行繁峙县支行·

【概述】 繁峙县支行紧紧抓住“快发展、降不良、严管理、强队伍”四项重点工作，转变经营理念，强化风险防控，着力从严治行，提升管理质效，充分发挥政策性金融在支农领域和脱贫攻坚中的骨干作用，促成县实验小学滨河校区建设项目、兴城街人防工程建设项目、三馆一院建设项目、砂河城中村改造项目、2017繁峙县城区棚户区改造项目五个中长期项目贷款顺利投放。截至11月底，全行各项贷款余额60572.29万元，较年初增加26130万元；各项存款余额29341.35万元，较年初增加8566.06万元；

日均存款余额 27410.48 万元，较去年增加 24158.92 万元；中间业务收入 3.62 万元，同比增长 2.45 万元；实现经营利润 1027.56 万元，同比增长 1000.4 万元。（曹慧娟）

【贷款业务】 2017 年，县实验小学滨河校区建设项目投放 700 万元中长期贷款、兴城街人防工程建设项目投放 2800 万元中长期贷款、三馆一院建设项目投放 4500 万元中长期贷款、砂河城中村改造项目投放 PSL 资金 19200 万元中长期贷款、2017 年繁峙县城棚户区改造项目投放 2200 万元中长期贷款，其中实验小学滨河校区建设项目、兴城街人防工程建设项目和三馆一院建设项目均以政府采购的模式，由山西省繁峙县城建投资有限责任公司承贷。砂河城中村改造项目和城区棚户区改造项目采用政府购买服务的模式，由山西省城镇建设投资有限责任公司统贷统还。

另外，2016 年易地扶贫搬迁项目贷款 1710.82 万元，于 2017 年 5 月底进入本行扶贫共管账户，截至 11 月底已支付了 1183.02 万元。2017 年易地扶贫搬迁项目贷款于 11 月 20 日入账 6357.82 万元。（曹慧娟）

【存款业务】 2017 年，按照市分行统一部署，本行进一步增强存款组织的紧迫感和使命感，以存款“稳存增存竞赛”活动和扶贫账户资金整合为契机，全力做好存款组织工作。（1）实行存货一体化管理。在项目贷款营销的同时，积极争取资本金和工程款及时入行。同时，通过紧盯贷款发放、使用等环节，提高项目资金到位率和留存率。截至 11 月 20 日，各项目派生存款 15740.45 万元，较年初减少了 3530.75 万元。（2）做好存款日常监测。积极配合推进财政涉农资金整合；及时对财政局及重点企业的存款涨跌情况进行监测反馈。截至 11 月 20 日，财政性存款 275.37 万元，较年初增加了 1879.34 万元。（3）做好扶贫共管账户管理。建立扶贫共管账户台账，对资金流动进行有效管理。截至 11 月 20 日，扶贫共管账户余额 8944.5 万元，较年初增加了 8691.14 万元。（曹慧娟）

【党建工作】 2017 年，支行党支部坚持党建工作统领全局，全面履行领导、教育、管理、检查、示范五个方面的主体责任，在“两学一做”学习教育的基础上，开展双日双评活动，并将此作为支部经常性活动，定于每个月第三个星期三下午三点，活动形式为 6+1，即党员签到、重温入党誓词。交党费，学党章、讲党课、谈心得体会以及自选活动。通过双日双评活动，重点组织全体党员干部深入学习中共十九大报告以及新《党章》，深入贯彻落实中共十九大精神，牢固树立“四个意识”，在思想上、政治上、行动上始终与上级行党委保持一致。同时，为检验学习成果，开展“两学一做”专题组织生活会，通过深入查找问题，开展批评与自我批评，对每个党员进行民主评议，进一步强化党的观念，提高了全员的党性修养。（曹慧娟）

【驻村帮扶】 2017 年，在全县精准扶贫工作中，县支行驻村帮扶的贫困村为砂河镇长胜号村。为切实完成这一工作，全体员工组成驻村工作队，签订帮扶责任状，结对帮扶贫困村民。每个工作日抽调 2 至 4 名员工专门驻村扶贫，走访每一个贫困户，了解其致贫原因，制订针对性的脱贫措施。同时，对已脱贫的 34 户贫困户和未脱贫的 2 户贫困户，详细记录了每个贫困户的基本状况，将

纸质资料及电子资料整理成档，以便今后帮扶工作的巩固。（曹慧娟）

·中国农业银行繁峙县支行·

【概述】 2017年，中国农业银行繁峙县支行大力支持全县脱贫攻坚，全力服务三农，实现有效发展。截至2017年，全行人民币各项存款余额达到25.39亿元，当年净增2.82亿元，同比多增0.63亿元；其中，储蓄存款余额21.39亿元，较年初净增1.98亿元，对公存款余额4亿元，较年初净增0.82亿元，同比多增1.06亿元；各项贷款余额7192万元，其中，个人贷款余额2195元，实现中间业务收入290万元，各项收入达到3815万元，营业利润达到119万元。主要业务指标完成经营计划，发展势头向好。

（冯　阳）

【资金组织工作】 2017年，立足于争速度、争份额、争总量，通过实施宣传、营销、服务、激励“四轮并驱”的资金组织方略，促进了各项存款的迅猛增长。坚持抢先抓早，首季与全年并重，突出首季“开门红”竞赛，考核激励并举，同时抓住网点转型契机，以发展中高端客户和优势行业代发工资为抓手，争取存款总量最大化，为各网点创造了一个争先创优的竞争机制和比学赶超的竞赛氛围。通过设立全勤奖、营销状元奖、单项激励奖、网点旗舰奖、特殊贡献奖“五项”奖励，在全行扎实开展比学赶超活动。掀起了“先进学先进，后进赶先进”的热潮。各网点、各部门按照“考核到旬，算账到人”的做法，按日统计，按旬小计，按月评比兑现，使全行形成旬旬争先进，月月夺状元，兄弟姐妹一条心，你追我赶向前冲的良好氛围，各项存款达到月月增，季季升。2017年点均增加存款达到7000万元，全辖储蓄存款当年净增近2亿元，完成市行下达个人存款增量计划1.1亿元的182%，净增绝对额全市各支行排名第2，资金组织真正实现了超历史、超同期、超任务。（冯　阳）

【扶贫工作】 2017年，按照县委、县政府脱贫攻坚策略，把全行的精准扶贫工作放到重要位置。（1）加强组织领导，落实工作责任。成立了金融扶贫工作领导小组，由行长任组长，负责全行扶贫金融服务的全面工作，分管行长为主责任人。责成支行营业部、砂河、石龙、向阳四个网点落实主抓，客户部负责蹲点督导，行长负责全面督导。（2）保障资源配置，建立激励机制。为能及时了解企业发展方向和金融需求，便于各方沟通，每月召开一次扶贫金融服务领导组工作会议，并及时与县扶贫办联系沟通，以得到县里的帮助支持。同时做好人力物力保障。专门切出一辆公车用于全行扶贫金融服务工作，并选调两名政治可靠、业务过硬的工作人员到贫困村担任第一书记，抽调28名工作人员进行包户扶贫。（3）突出重点，加大金融扶贫力度。优选1个农业产业化龙头企业，两个国家级专业合作社作为支持对象，进行大力扶持。（冯　阳）

2017年9月30日，繁峙县支行组织扶贫攻坚小分队到所包贫困村横涧乡前所村开展“金融知识进万家”宣传活动　冯阳提供

【金融服务】 2017年，不断强化三农金融服务，突出对“大新特”三农等重点领域的支持，不断加大服务“三农”力度。从调整优化惠农服务点着手。不断提高惠农通使用率。全年惠农通完成交易10万余笔。代理新农合，代理新农保，代理惠农资金项目有所增加，累计归集资金1.9亿元。同时不断加大“惠农e通”平台的营销，全行共营销注册“惠农e管家”108户。 （冯 阳）

2017年9月4日，繁峙县支行参加县人民银行组织的“金融知识普及月”宣传活动 冯阳提供

·中国建设银行股份有限公司繁峙县支行·

【存贷款余额】 支行核心存款时点余额10.42亿元，日均余额10.29亿元，日均新增1.02亿元。各项贷款余额创历史新高达到3.43亿元，当年新增1.2亿元。个人客户5.57万户，较年初新增0.82万户。

（王永兴）

【业务发展亮点】 2017年业务发展呈现四个主要亮点：（1）对公账户新增创历史新高，2017年度帐户数量达613户，较年初新增135户，同业占比第1。（2）个贷业务一枝独秀，独占县域房贷市场。2017年，繁峙支行个人贷款余额3.19亿元，比年初新增1.28亿元。完成计划任务的146%。其中个人住房贷款发放358笔，金额9626万元，同业占比达到100%。快贷842笔，金额837.44万元；小微企业快贷12笔，金额725.3万元；个人支农贷款152笔，499万元；公积金委托贷款53笔，1684万元。（3）信用卡业务快速发展。2017年，繁峙支行新增发卡1720张，净增发卡1216张，分行排名第3，完成计划任务的198%。完成分期1650.3万元，分行排名第1，完成计划任务的137.53%。（4）个贷业务的快速发展以及信用卡业务，尤其是分期业务的大力拓展，2017年度中间业务收入实现了548.8万元，增收创效的能力明显提升。 （王永兴）

【金融服务】 全县4个四证齐全的房地产开发项目的按揭业务全部由本行独家承办，全年累计投放个人住房贷款约1亿元。当年个人类贷款余额净新增1.28亿元。配套推出信用卡家装分期、车位分期等业务，实现分期资金1650万元。支持小微企业经济发展，破解小微企业“融资难、融资贵”的难题，实现小微企业快贷投放12笔，金额725.3万元；质押贷2笔，金额600万元。为配合繁峙县县委、县政府打好脱贫攻坚战，支行积极响应，以山西省繁峙县万象农林牧生态发展有限公司和山西省繁峙县铭洋农牧专业合作社作为本行小额扶贫贷款的合作主体，发放个人支农贷款152笔，499万元。 （王永兴）

【网点建设】 2017年，为更好地服务县域经济发展，充分满足企业和居民金融消费需求，（1）繁峙县砂河支行已纳入总行普惠金融网点建设，正在筹建中。（2）支持智慧城市建设，以手机银行、龙支付、慧兜圈等为载体，在交通、医疗、购物、教育、生活服务等方面积极为社会大众提供便利和优惠。(3) 打造智慧银行，加大了电子化、自助化渠道建设力度，增配智慧柜员机等设施，推进“移动优先”战略实施。（王永兴）

【内控合规】 2017 年，支行将安全生产和风控案防工作作为支行经营的基本生命线，全年坚持防风险和促发展“两手抓、两手硬”。继续强化责任意识，开展各种学习教育活动，突出强调各层级、各岗位的岗位责任和使命意识，严格落实各项政治纪律和业务规章，坚决杜绝“虚位”“缺位”现象。全行上下凝心聚气，各司其职，一手抓业务发展，一手抓风控案防，各项业务稳步推进的同时确保了全年的运营安全，未发生案件和重大风险事件及责任事故。（王永兴）

·中国工商银行股份有限公司繁峙支行·

【概述】 中国工商银行股份有限公司繁峙支行经中国银行业监督管理委员会忻州监管分局批准（忻银监复〔2011〕6 号），于 2011 年 3 月 23 日成立。繁峙支行位于繁峙县繁城镇向阳北路，面积 1020 平方米，其中一层营业室面积 454 平方米，二层办公区 566 平方米。有从业人员 12 人，党员 6 人，团员 6 人，大专以上学历占 100%。

2017 年年底，人民币各项存款 51377 万元，实现利润 506 万元，中间业务收入 287 万元。（侯达君）

【内控管理】 2017 年，支行高度重视案件防控工作，积极引导和鼓励广大干部员工发挥智慧和力量，集思广益，结合实际工作查找问题，对内控制度、业务流程等进行了分析梳理，查缺补漏、剔旧补新，为保障经营成果构筑了更加坚固的案防工作防线。未发生被抢、被盗、被诈骗等案件，发案率为零。

1. 坚持案防工作“一把手”负责制，成立了由行长侯达君任组长，副行长王永军任副组长的“案防工作领导小组”。负责检查、督促、指导行内开展案件防控工作。

2. 强化制度建设，构筑防控体系。完善防控预警机制，全面增强制度执行效力。案防工作，制度先行。在强化制度建设方面，逐级签订责任书，使案件防控责任到人，不留死角。建立健全《重大突发事件报告制度》《重要岗位工作、人员定期轮岗和强制休假方案》等规章制度。制定完善《重大突发事件报告制度实施细则》方案，及时进行突发事件预警。

3. 强化责任落实，及时召开案防工作会。“业务发展，案防先行”，年初案防会作为各项工作的先锋率先召开，安排部署全年案防工作，为各项经营业务的稳健运行做好铺垫。建立了案件防控会议定期分析制度。两月召开一次案防会议，总结前阶段案防工作，对本部门本专业案防工作进行评价，提出整改措施和下一步案防工作的努力方向，形成统一领导，党政齐抓共管，部门各负其责的领导机制和工作机制。

4. 建立和完善职工执行基本规章自我评价，按季上报员工思想动态情况。完善激励约束机制，切实增强全员自律意识。建立了严格的奖惩制度。出台《繁峙支行内控合规管理考核办法》，进一步建立健全内控激励机制，将内控管理纳入绩效考核办法之中，奖惩并重。一方面对各种违规违纪行为严格查处，使“程序至上、违规必究”的意识深入人心，坚决维护规章制度的权威性和严肃性。另一方面，要通过奖罚机制的并用，进一步增强员工遵章守纪的自觉性，强化“内

控人人有责”、“内控创造价值”的理念，在全行形成管理靠制度、办事讲规矩、决策依程序的观念和机制。（侯达君）

·山西繁峙农村商业银行股份有限公司·

【概述】 2017年末，山西繁峙农村商业银行股份有限公司（简称繁峙农商银行）资产总额达71.41亿元；各项存款余额56.20亿元，较年初增加9.98亿元，增幅21.59%；各项贷款余额42.63亿元，较年初增加9.81亿元，增幅29.89%；涉农贷款余额41.30亿元，涉农贷款占比96.88%；实现各项收入4.97亿元，实现经营利润1.23亿元；全行资本充足率16.78%，贷款准备充足率486.57%，拨备覆盖率479.50%，拨贷比6.62%。各项业务指标、监管指标均创历史最好成绩。

2017年，繁峙农商银行被中央金融团工委评为2016—2017年度“银团合作”优秀派出机构；被省直文明委评为“省直文明单位”；被山西省农村信用社联合社评为“2017年二、三季度产业扶贫先进单位”；被繁峙县公安局评为“2017年度内保工作先进单位”。（宋俊拴）

【业务经营】 2017年，支行全员行动、内外联动、精准营销，先后开展了“金融知识进校园、进社区”等宣传活动，“二维码支付”进商铺活动、“开业一周年”专题营销活动等，开办了多项代收代付、二维码支付等新业务，业务量再创新规模。贷款投放。坚持“支农支小”的市场定位不动摇，把有限的信贷资金向农业产业倾斜，加大了对本县地域型特色化种植业、生态型规模化养殖业、龙头型品牌化加工业的支持力度，同时开辟了涉农贷款“绿色通道”，强化阳光办贷服务，实施贷款政策、流程和时限公开，对涉农贷款做到优先调查、优先审批，优先保证信贷规模，充分发挥“短、平、快”的优势，努力为涉农客户资金融通建立“快车道”。另外，进一步下放权限、简化涉农贷款手续和审查审批流程，特别是在发放扶贫贷款过程中，将10万元以下扶贫贷款审批权限下放至各乡（镇）网点，并进一步简化小额扶贫贷款手续，取消“借款人行贿档案查询”及“共有人承诺函”的书面文本资料，减轻了贷户办贷负担，提升了办贷效率。不良清降。全面梳理辖内不良贷款成因分类，风险状况，清收处置面临的困难和问题，对四类不良贷款情况再次调查核实，摸清底数，锁定目标，由风险资产部门逐笔分类建立台账，并且加强对借款人的监控力度，择机对其采取措施，加紧清收。县集中清收处置农商行不良贷款动员会议召开后，起草了“繁峙县人民政府集中清收农商行不良贷款公告”，明确了清收任务、时限、措施，并在县电视台播放公告近一个月。同时，由各支行特别是乡（镇）网点将公告张贴至营业场所显眼处及各乡政府，进一步加强清收宣传力度，营造浓厚的清收氛围。另外外聘律师开展不良贷款清收风暴行动，采取多种清收手段严厉打击“赖债户”“难缠户”逃废债务行为，确保不良贷款双下降目标的实现。截至12月末，全行不良贷款余额5889.08万元，较年初净压10.48万元，较年初下降0.41个百分点。（宋俊拴）

【金融扶贫】 2017年，出台《山西繁峙农村商业银行2017年金融扶贫工作行动计划实施方案》，召开“金融扶贫工作推进会”“精准扶贫工作促进会”等各类会议，开展“万名客户经理进村入户”摸底调查行动，为全县213个贫困村、17800余户建档立卡贫困户进行了入户摸底和评级授信，在各乡村进行扶贫工作宣传，共发放扶贫宣传资料2万余份。全行将信贷资金向扶贫贷款倾斜，全年共发放扶贫小额贷款5200户、金额2.3亿元；发放产业扶贫贷款17家、金额3.09亿元；与50家企业合作发放“五位一体”扶贫贷款1.09亿元；发放光伏扶贫贷款900笔、金额0.19亿元。同时，该行员工进行包村包户、设立扶贫产业等，为全县脱贫攻坚做出积极的贡献。（宋俊拴）

繁峙农商银行董事长宋俊拴向结对帮扶贫困户贾付真询问帮扶措施到位情况　宋俊拴提供

【风险防控】　繁峙农商银行成立以来，从建章立制入手，先后建立健全董事会、监事会、经营层，制定各自的职责权限和议事规则，搭建起运行规范、制衡有效的“三会一层”组织架构。同时，重新梳理制定16大类220项内控制度，涵盖内部管理各个环节和全部经营业务，保障全行规范、高效、稳健地运行。与此同时，持续完善内控评价、绩效考核、薪酬分配、选人用人等管理机制，实现更为科学化、精细化的管理，全行管理水平迈上新的台阶。年内，安全保卫部门成立12防3保、案件防控、综合治理等领导小组，逐级签订安全保卫目标管理责任书，明确安保工作职责。组织应急预案演练、更新安防设施、组织安全保卫档案标准化管理考评、培训全行安保人员及员工结构优化人员；运营管理部强化柜面检查、严防柜面操作风险；远程授权中心严把授权关口、规范授权管理；风险控制中心严格凭证监督，降低业务差错，共同筑牢案防基础。认真开展条线合规检查、稽核监督检查，运用突击、序时、专项、非现、集中等多种方式做好分层稽核监督检查，综合开展业务条线、重要岗位、安全设施等多方面的监督检查，加大检查频率，严格制度执行，强化违规处罚，确保各项业务合法合规。（宋俊拴）

【党建工作】　2017年，繁峙农商银行把党建工作摆在重要位置，正确把握党建工作与业务经营、改革发展的关系，坚持“两手抓、两手都要硬”，不断加强党风提升，推动全行作风转变。注重责任落实。明确“一把手”为党建工作“第一责任人”，逐级签订《党建工作责任书》《党风廉政建设责任书》，确保党委主体责任和纪委监督责任落实到位。强化思想教育。通过发放《党章》《党内监督条例》等教材，制定年度学习计划，召开党委扩大会、各支部学习会、集中培训、专题党课等形式，进一步加强党员干部对“两学一做”“三基建设”“维护核心、见诸行动”、习近平总书记系列重要讲话精神的深刻理解和贯彻落实，确保全体党员干部的思想高度统一。定期组织党员干部到毛主席路居纪念馆、平型关纪念馆、廉政警示教育基地等地参观学习，增强干部职工的宗旨意识、廉洁意识和纪律意识。丰富党内生活。为彰显全行党建工作的活力，增强党组织的凝聚力，繁峙农商银行于年初召开“两学一做”

民主生活会和党建工作评议会，组织全行5个党支部按月召开支部委员会、按季召开党员大会、组织党员开展党课学习。此外，组织员工参与省联社喜迎十九大书画比赛，积极排演群舞《中国范儿》，为纪念建党96周年、迎接中共十九大胜利召开营造了良好氛围。亮化党员形象。在面向客户的所有一线工作岗位，包括综合柜员、客户经理等所有直接面对和服务客户的岗位，全面推行“党员示范岗”和“党员挂牌”服务。统一制定“党员示范岗”标牌，明确设置标准、服务标准；统一订购党徽，所有面对客户的从业人员，必须佩戴党徽上岗，自觉接受群众和客户监督，不断提升工作能力和标准，为普通职工当样板、做表率。（宋俊拴）

·中国邮政储蓄银行股份有限公司忻州繁峙县支行·

【概述】 中国邮政储蓄银行股份有限公司忻州繁峙县支行本部及营业网点占地面积达2300平方米。繁峙支行现有营业网点3个，代理网点6个，ATM机4台，存取款一体机3台，网银终端3台，存折补登机3台，提供电话银行、网上银行、手机银行、电视银行等电子服务渠道，服务触角遍及城乡，储蓄存款余额超过9亿元。

支行内设综合管理部、公司业务部、三农金融部3个部门，下设3个营业网点（府东街支行、城内支行、支行营业部），职工人数54人，平均年龄30岁。其中本科学历20人，大专学历33人。共产党员11人，是一支年轻化、知识化、专业化的队伍。2017年，繁峙支行营业部荣获山西省银行业协会文明规范服务单位。（庄俊芳）

【业务发展】 2017年，完成业务收入2115万元，其中个人业务1266万元，公司业务收入348万元，零售信贷业务收入501万元，净利润完成805万元。储蓄余额净增2178万元，活期占比47%。

公司业务到达余额20384万元，本年净增7411万元，本年日均余额17330万元，本年累计发展票据业务290万元。贷款总结余11940万元，其中小额贷款结余4130万元，个人商务贷款结余5914万元；个人消费贷款结余1896万元。信用卡累计进件2139张，激活率83%；保险综合销量1720万元，人民币理财销量1753万元；网上银行累计注册1688户，累计交易金额19672万元。（庄俊芳）

【亮点工作】 2017年，成功营销繁峙县路桥集团公司108改线项目，带动公司业务大发展，余额新增1.5亿元，创历史新高，积极与上级沟通，成功发放全省首个带资入企项目贷款，为繁峙县中兴实业有限公司发放贷款300万元；成功发放全省首个光伏扶贫贷款项目，全年放款342笔，共计718万元。（庄俊芳）

【合规内控】 2017年，认真落实支行各部门《基础管理与风险控制建设方案》，提高会计基础工作管理水平，严格执行《会计监管及会计基础工作管理考核办法》，全年处罚14人次，罚款2300元，奖励18人次，金额3400元。充分运用好在线监控系统、会计档案管理系统及现金管理平台等新系统，严格执行大额取款“双热线”。明确专职对账员，制定了《繁峙支行对账管理考核办法》，网点对账率达到98%以上。

加大信贷基础管理工作，从信贷调查、审查到审批，从调查形成调查报告到进行贷后管理形成贷后管理报告，把每一个环节工作做细、做到位，全面提高风险管控水平。规范信贷业务调查、审查行为，信贷管理水平逐年提高。

加强信贷风险防控，确保新增贷款无逾期、无欠息，保障资产质量得到。全年累计清收不良贷款 865.96 万元，完成全年计划的 558%。

认真落实“员工行为排查制度”要求，全年进行人员日常行为排查 165 人次，对 43 人次实行了岗位轮换。行长、分管行长认真落实“走进基层、分包网点”活动方案，按时到所包网点坐班，及时解决网点在经营管理中存在的问题。（庄俊芳）

【三农工作】 2017 年，组织全行 20 名干部职工结对帮扶砂河镇下汇村 100 户贫困户，并制定帮扶计划及措施。开展金融知识进万家活动，在繁峙县银监办的领导下，在全县 7 个乡（镇），20 余个行政村开展送知识下乡及金融授信工作。（庄俊芳）

【企业建设】 2017 年，总行副行长姚虹、省行行长孙江涛一行到繁峙调研指导工作，对支行总体工作给予高度评价。加大员工培训力度，按照年初制定培训规划，先后举办手机银行、信用卡、保险、安全保卫、等培训 11 班次，全行员工的业务技能和操作水平有了较大提高。完善职工之家，图书阅览室增书 300 册，新建职工活动室。组织全行 40 岁以上员工在县中医院进行体检，确保了员工的身体健康，营造了良好的工作环境，完善员工福利保障。（庄俊芳）

·繁峙新田村镇银行·

【概述】 2017 年，全行资产总额达 3.58 亿元，各项存款余额 2.73 亿元，各项贷款余额 1.63 亿元，全年实现利润 545 万元。

（张　驰）

【业务发展】 2017 年，第一届董事会第七次会议通过新一届的领导班子。坚持“立足县域、支农支小”的市场定位不动摇，并制定出与之相适应的发展战略，构建科学的组织框架和管理制度。繁峙新田村镇银行的第一个支行——砂河支行正式开业。年末，繁峙新田村镇银行又将总行迁址，并在原址上设立向阳支行。推出“薪易通”“卡卡通”“Q 码”支付等更加科学化、人性化的新产品，切实践行普惠金融理念，在县域银行业中起到了一定的“鲶鱼效应”。（张　驰）

2017.1.12，繁峙新田村镇银行的第一个支行——砂河支行开业　张驰提供

·晋商银行繁峙支行·

【概述】 晋商银行是山西省政府控股的国有银行。晋商银行繁峙支行是晋商银行忻州分行在县市设立的第 2 家传统支行。繁峙支行现有员工 16 人，平均年龄 25 岁，学历全部为本科以上。支行下设运营和营销两个团队，实现了资源、队伍、产品和客户的整合，强化了业务宣传力度，进一步提高了业务服务质量，增强了业务发展的可持续性和稳定性，进一步实现增量创收。（刘　岩）

【储蓄存款】 2017 年，存款余额达到 15000

万元，支行推出一系列优质存款业务：“先得利”储蓄存款可在当时获得存款利息，利息再存再得利，提前享受更高的存款利息。“一本万利”储蓄存款提前锁定存期和收益，提前支取，靠档计息，国家调整，就高计息；国家调低，利率不变。（刘　岩）

【信贷业务】　2017年，支行累计发放卡易贷个人贷款3847万元，未发生不良贷款，收息率达到100%。在“卡易贷”个人消费贷款产品获得良好的成绩以后，本年重点发展信用卡业务，该业务受众广泛、模式新颖、使用灵活，最高授信100万元，共进件1895张。（刘　岩）

【创新业务】　2017年，在发展传统业务的同时，银行卡、代理保险、代销基金、个人理财、公司理财、信托、国债、贵金属等中间业务也得到有效发展。截至2017年年底，理财余额达到10400万元，财富管理、微信银行、直销银行等新的服务模式受到广大客户的青睐。（刘　岩）

【支持地方经济】　2017年，晋商银行繁峙支行为大力支持地方经济发展，坚持服务中小企业、服务城乡居民的大型零售商业银行定位，发挥晋商银行本土优势，强化内部控制，合规稳健经营，为广大城乡居民及企业提供优质金融服务，支持县域经济发展和社会进步。（刘　岩）

【服务升级】　建立一套科学的服务管理机制。全面实施厅堂一体化管理，落实“一把手”总负责的金融服务工作，建立月度金融服务联席会议制度；推出“二把手”站大堂，现场高效调配厅堂资源；践行“三把手”营业经理委派制，开展柜面客户转介绍，绩效分成，实现安全高效的柜面服务。一把手总揽全局，二、三把手通力配合，以财富管理为核心，以方案营销为手段，形成全员营销、专业化维护机制；建立客户维护中心，依托“视频微讲堂平台”线上发布产品信息、理财预约、到期还款提醒，着力提升客户体验，构建“厅堂一体化、财富管理、方案营销、线上维护”三位一体的客户服务机制，凝聚合力，形成强大的客户服务网络，打造“专属客户”和“终身客户”，提高网点核心竞争力，加快转型发展。

（刘　岩）

【廉政建设】　认真落实党风廉政建设工作党委主体责任，严格遵守中央八项规定和《企业领导干部廉洁从业若干规定》的各项要求，严格落实党风廉政建设责任制。在全行工作会议上专题安排反腐倡廉工作，在全行统一悬挂廉政警示牌，加强廉政文化宣传。按照干部交流轮岗规定，对重要岗位人员工作岗位进行调整，开展预防职务犯罪专题讲座，全行有关人员到太原女子监狱接受了警示教育，增强全行党员干部廉洁自律意识和合法守规意识。（刘　岩）

【精神文明建设】　晋商银行繁峙支行持续深入开展精神文明建设工作。组织集中学习《员工职业道德标准》，并开展了职业道德警示教育活动，切实提高员工合规经营意识；开展学雷锋活动、“慈心一日捐”活动、“送温暖”等活动，落实自身社会职责，提高员工的社会责任感；组织开展员工健康查体活动，切实保障员工的身体健康；认真落实行务公开、政务公开；开展“五小建设”，切实为员工营造良好的工作和生活氛围。

（刘　岩）

保　险

·中国人寿保险股份有限公司繁峙县支公司·

【概述】　中国人寿繁峙县支公司是中国人寿旗下一员，是繁峙市场最大的人寿保险公司，市场份额占70%，主要经营人寿保险、意外伤害保险和健康保险三大类保险业务，开办各类人身保险险种206个。公司网络机构遍布全县城乡，拥有30名专业管理人员，700余名个人代理人和营销人员，4个农村营销服务部，共为全县27余万客户提供了各类人身保险保障，

2017年，公司业务从1996年分业后的180万元发展到近9000万元。在繁峙县委、县政府的关怀下大力发展学平险、建工险、工伤补充保险、大病医疗保险、被征地农民保险、计划生育保险、外出务工人员保险、高危人群保险等政策性业务。还不断拓展和巩固小额信贷保险和农村小额保险，以及全县5万多建档立卡贫困户的扶贫保险。服务于“三农”，公司在注重加快自身业务发展的同时，充分发挥保险保障作用，三年累计给付案件大约1940多件，累计给付金额达1670多万元，为健康扶贫起到一定的作用，同时公司提供就业岗位500多个，有效缓解政府就业压力。（高　丹）

【业务发展】　2017年，全年总保费收入8843.95万元，较上年增长35.68%，新单保费3575.90万元，较上年增长34.94%，首年期缴2358.75万元，较上年增长37.91%，10年及以上1202.52万元，短期险247.67万元，居全县寿险业之首。（高　丹）

【企业改革】　2017年，在党委领导下，条线管理持续加强纵向管控和单元核算，分险种对标保费，分科目管控费用，逐步走向专业化经营和精细化管理的发展轨道。个险十年期交、银保期交、团险短险等核心业务均实现较大幅度的正增长，经营效益明显提升，员工收入逐年增长。改革的红利在释放，员工敬业精神、履职能力得到有效提升。

（高　丹）

【客户服务】　客服条线主要从运营模式上下功夫，改变以往柜面单一服务渠道，借助信息技术手段，大力发展电子化服务，快速提高客户“离柜率”，以推行国寿e家、e宝账等电子化服务手段为推广力度，积极拓宽业务员、客户自助处理两个受理渠道。

为更好方便客户，客服中心实施本级柜面中午值班制和周六、周日、节假日值班制，农网服务实现365天无节假日的承诺；继续推行“特殊”客户上门服务，全年共计提供上门服务50余次；开展客户增值服务，为VIP客户提供免费体检；“6·16”第九届国寿客户节期间，开展“牵手国寿　孝善为先”第七届少儿绘画活动，并邀请忻州市人民医院眼科主任付海荣教授为客户讲授《健康养生讲座》，有力提升公司的品牌形象。

（高　丹）

【党风廉政建设】　2017年，县支公司党支部制定了《2017党建工作重点项目实施方案》，并开展了一系列特色学习教育活动，以“两学一做”为基本内容，将学习教育融入日常工作，进一步提升党建水平，推动公司各项业务持续发展。

开展“两个加强、两个遏制”专项自查工作，对销售误导和可能存在的虚假承保、虚假退保、虚挂保费、虚列费用、虚假理赔等“五假”问题进行专项自查；组织开展非

法集资专项排查，增强公众“理性投资、风险自担”的意识和保险从业人员依法合规意识；开展《反洗钱工作自查工作》，使反洗钱法律法规和监管要求在公司系统得到严格贯彻落实。

在辖区深入开展针对关键岗位人员的风险防控教育活动，落实关键岗位人员岗位轮换及强制休假制度；分公司组织财务、业务、单证人员专项检查组，联合对支公司的关键岗位人员进行现场检查，进一步促进对制度的执行力度，提高了关键岗位管理水平。（高　丹）

【扶贫工作】　2017 年公司扶贫对象是集义庄乡净林村，净林村耕地面积 22 公顷，人均耕地 0.27 公顷，林地面积 12.3 公顷，全村户籍人口 329 户 819 人，常住 156 户 472 人。设村党支部一个，党员 16 人，在村党员 10 人。通过动态调整和 2014 年、2015 年度脱贫，2017 年全村还有建档立卡贫困户 79 户 220 人。根据村情，着力发展畜牧业、提供劳务输出信息等方面增加其家庭收入，实现致富。（高　丹）

·中国人民财产保险繁峙支公司·

【经营情况】　截至 2017 年 12 月 20 日，繁峙人保保费收入 1394 万元，较上年同期下降了 3.9 个百分点。累计赔款 1428 万元。截至 2017 年 10 月 31 日，繁峙人保实现利润 156.95 万元。综合成本率为 85.86%，低于全市平均水平 11.54 个百分点；综合费用率为 21.37%，较上年同期下降了 0.54 个百分点；市场份额占比为 20.06%，较上年同期下降 2.27 个百分点。（赵保国）

【“一站式窗口”服务的设立】　2017 年 7 月，繁峙县新农合与繁峙人保建立全面合作，为繁峙县大病医疗保险、大病补充保险提供全方位保障，并在繁峙县医院、中医院建设完成“一站式窗口”服务。（赵保国）

【光伏扶贫小额贷款保证保险设立】　2017 年 10 月，繁峙人保与繁峙县邮储支行签订合作的“五位一体”光扶扶贫小额贷款保证保险，保额累计 700 多万元，保费累计 46.43 万元。12 月，由县政府主持，对前期已经放过各种扶贫贷款的银行全部与繁峙人保重新签定贷款保证保险协议，保额累计达 1.2 亿元，保费累计 790 万元。

同月，繁峙人保对帮扶贫困村小木瓜村 41 户贫困户全部进行了新年慰问，并赠送慰问物品。（赵保国）

商业贸易

商　　务

【概述】　2017年，按照工作要求，强力推进招商引资，统筹服务业发展，挖掘进出口潜力，加大商务执法力度，强化安全监管，做好精准扶贫，为实现繁峙县的振兴发展作出应有贡献。（赵　鑫）

【招商引资】　2017年，商务局以项目包装、精准对接为抓手，坚持系统招商、定向招商、责任招商、小分队招商，积极参加省、市组织的“长三角区域产业协同发展恳谈会暨忻州（镇江）招商会”“忻商忻才回乡创业创新暨珠三角区域产业协同发展恳谈会”“第十届中部投资贸易博览会”等活动，并主动进行小分队招商，赴北京、天津、河南、青岛、雄安新区等地进行产业对接，取得可喜成绩。2017年招商引资全年目标考核任务为50亿元，完成签约任务60.38亿元。（赵　鑫）

【对内贸易】　虽受宏观经济下行压力加大的影响，但繁峙县消费市场仍然稳中向好。2017年，社会消费品零售总额完成14.9亿元，同比增长7.6%。会同统计部门，采取多种措施，加大摸排力度，将田园饭庄、重庆秦妈火锅、云泽汽贸三家符合条件的商贸流通企业纳入了统计范围。还会同统计部门积极开展统计入库调查工作，对符合入库条件的企业进行调查摸底，并召开座谈会，督查指导企业上报资料并入库。（赵　鑫）

【外贸出口】　2017年8月23日，繁峙县肉牛供澳仪式在繁峙县万锦肉牛育肥场举行。首批30头肉牛出口澳门，不仅填充了山西肉牛出口澳门的空白，而且叫响了“繁峙肉牛”的品牌。繁峙县在晋北实现首家活牛供澳，推动了当地肉牛养殖业的健康发展。

2017年，外贸出口任务为20万美元。1至10月份中兴华德联铸有限公司累计出口

2017年，繁峙肉牛直供澳门仪式　赵鑫提供

87.83 万美元，已超额完成全年目标任务。万锦肉牛育肥场共出口肉牛 600 余头，价值 1200 多万元人民币。2017 年，繁峙县实现累计出口金额共计 270.92 万美元。　（赵　鑫）

【安全生产】　建立安全生产工作例会制度，确保每月、每季度季末定期召开一次安全生产工作会议，把安全生产和安全隐患排查列入重要内容。2017 年共组织召开安全生产工作例会 14 次，通过会议及时传达上级安全生产工作会议和文件精神，部署各项安全工作任务，对各项安全生产工作能够及时把握，保证各项安全措施及时到位。积极推进安全生产宣传教育“七进”活动。制定《繁峙县商务局安全生产宣传教育“七进”活动工作方案》，11 月份在龙泉大酒店召开“七进”活动推进会，全县限上商贸企业，大型宾馆、超市的法人、安全负责人、安全员一共 80 余人参加了本次会议。在试点的鑫懋大酒店悬挂了宣传标语并发放宣传资料。动员全社会力量维护安全生产和公共安全。

（赵　鑫）

【扶贫工作】　2017 年，繁峙县将电子商务作为实施精准扶贫、促进群众增收致富的创新举措，立足特色优势资源禀赋，积极搭建网络营销平台，不断强化政策扶持推动，全力打造经济发展新引擎，实现农民增收、企业增效、就业增加的阶段性目标。全县共培育规模以上电商企业 3 户，发展电子商务平台 8 个。共有 151 家“乐村淘”农村体验店，覆盖 82 个贫困村。2017 年，繁峙县电商销售额达 4195 万元，通过电子商务共带动 952 户增收，其中带动贫困户 508 户 1232 人，实现贫困户人均增收 944 元。繁峙县电商扶贫产业主要有：加工类、干鲜果销售类、电子信息类、小杂粮种植加工销售类。

2017 年，商务局帮扶工作队深入帮扶的岩头乡塔坪村走访调研　赵鑫提供

商务局坚持把精准扶贫工作作为全年工作的重中之重，统一思想认识，强化组织领导，按照精准扶贫、精准脱贫的要求，全面动员，迅速行动，深入帮扶的岩头乡塔坪村走访调研，制定帮扶措施，狠抓工作落实，确保各项工作顺利开展、有序推进。

（赵　鑫）

【市场监管】　2017 年，县商务综合执法稽查队共出动执法人员 1654 人次，车辆 438 台次，对全县酒类市场和成品油市场进行检查。开展《汽车销售管理办法》贯宣对标活动，对全县汽车销售市场和二手车交易市场进行了摸底，有 28 家汽车销售企业在全国汽车流通信息管理网上进行备案。“3·15”期间和全县食品安全周期间，共发放酒类宣传资料 2000 余份。6 月在龙河宾馆召开全县成品油经销企业安全生产培训及大气污染防治专项整治工作会，对全县成品油经销企业进行安全培训，并就下一步大气污染防治工作进行了安排。11 月在龙泉大酒店召开全县限上商贸企业隐患排查暨安全生产培训会，全县限上商贸企业、大型宾馆酒店、超市的法人和安全负责人共计 80 余人参加了会议。

（赵　鑫）

【电子商务】　2017 年，积极搭建电子商务

“三级网络”体系，电商交易额稳步提升，企业的销售额逐月递增，为电商发展提供了新的动力。截至12月，累计对外销售各种农产品77吨，其中线上线下销售赵庄白水杏40吨，销售各类小杂粮10吨、藜麦27吨，交易额达133万元。（赵　鑫）

粮食流通

【概述】　2017年，繁峙县粮食局认真贯彻落实国务院和省委、省政府关于粮食工作的决策部署，积极践行新发展理念，以深化粮食供给侧结构性改革为主线，牢固树立粮食部门兜底职责，坚持守住“粮食收购、储粮安全、保供稳价、质量安全”四条底线，不断完善粮食宏观调控体系，提升粮食仓储水平，加快行业转型升级，增强粮食安全保障能力，各项工作取得新进展、新成效。（王利忠）

【粮食供应】　元旦、春节、国庆、中秋等节日期间，安排部署粮食市场供应，鼓励引导多种粮食经营主体，合理组织调度粮源，确保不出现脱销断档；合理布设应急供应和配送网点13个、储运网点13个，应急加工企业1个，并签订承诺书，初步建立起应急调运和供应保障体系；制定《放心粮油工程推进实施意见》，落实“放心粮油”质量管理专项资金2万元，2017年高标准完成1个“放心粮油”经销店建设任务。（王利忠）

【粮食购销】　积极协调落实粮食收购资金，进一步优化粮食收购网点布局，有序引导多元收购主体入市收购，严守了“种粮卖得出”的底线，有效保证了全县不出现农民“卖粮难”问题。2017年全县共收购粮食4550万千克，超额完成市局下达3800万千克任务20%；销售粮食6295万千克，超额完成市局下达4250万千克任务48%。（王利忠）

节粮减损储粮器具　王利忠提供

【产销衔接】　强化产销协作机制，保证本县所需小麦、稻谷正常调入和所产玉米有序调出，促进全县粮食总量和品种结构基本平衡。2017年，全县共从省外调入粮食1740万千克，全面完成市局下达1600万千克任务。积极组织县内大型粮食用粮企业繁峙县宏钜大磨坊、繁峙县恒盛鑫粮食收购有限公司参加太原、忻州等地粮食产销与展销会议，成功签约战略产销合作协议，交易杂粮1400万千克，金额5176万元；推行县级储备粮在人民政府网联网公开竞价交易，引导推动繁峙县玥晨贸易有限公司、繁峙县懿康土特产公司通过阿里巴巴淘宝网平台开展粮食电子商务，年交易藜麦、富硒谷等杂粮275万千克。（王利忠）

【粮食仓储】　2017年，新增中央储备粮代收代储业务1250万千克；新建和改造提升玉米烘干设施5套，有效减少了粮食产后损失；11月底，保质保量按时完成150万千克县级

储备粮轮换更新，确保了储备粮常储常新。 （王利忠）

【粮食市场监管】 2017年，制定《繁峙县粮食局“双随机一公开”实施细则》，明确执法人员名录库、市场主体名录库和抽查事项清单，实现监管全覆盖；建立粮食企业信用信息档案，实现动态管理；组织开展年度粮食库存检查，依法依规完成规定工作任务，共涉及存粮货位3个，粮食总计1500吨；认真开展春秋两季储粮安全、安全生产及粮食流通统计制度执行情况等专项检查，按照年度不低于4次的监管频次，履行网格化监督责任，开展粮食质量安全监督检查，严肃查处违法违规行为，全年未发生粮食质量安全事件。编写完成繁峙县2017年粮油购销存、粮油基础设施建设、粮油从业人员和粮食产业分析报告，全面反映本县粮食产业结构和粮食流通情况。 （王利忠）

烟草专卖

【概况】 繁峙县烟草专卖局（营销部）组建于1984年1月19日，属于国有企业，主要经营烟草制品批发。现有员工34人，在册在岗人员31人，其中正式员工18人，聘用员工13人，劳务派遣3人。内设综合办公室、客户服务股、砂河农村管理服务大厅、内管股、专卖股。 （李小宁）

【卷烟销售】 2017年1至11月，繁峙县局（营销部）卷烟销售8206.4776箱，较去年同期销售的7992.962箱同比增加213.52箱，增长2.67%，完成年度计划9050箱的90.68%。 （李小宁）

【专卖打假打私】 针对卖烟大户开展了“清理整治大户专项行动”，对重点区域、对“二次批发、左右价格、扰乱市场、屡教不改”的违法重点户进行重点管控。2017年3月6日，联合原代繁联片检查组人员协同繁峙县公安局食品药品犯罪侦查大队联合办案，出动37名执法人员，根据掌握的情况对涉案人员李某某的仓库进行检查，共查获58个品牌，卷烟合计32.1万支，涉案金额14.3万元。对一般违法户进行定期检查，同时加大突击检查力度，确保违法问题及时发现及时处理。加大宣传烟草专卖法律法规力度，共组织开展了120余次异地邮寄卷烟的市场检查，共查处寄递案件32起，全部为假烟案件，涉案数量为5.62万支，案值7.56万元。后期专卖稽查人员对市场上出现的异常现象以及对互联网、QQ、微信等信息渠道发现的线索进行深入细致的分析调查，及时发现违法违规经营现象，堵住违法经营的源头。截至11月底，共查获涉烟违法案件49起（真烟案20起，假烟案29起），查获违法卷烟57.064（真烟48.244件，假烟8.82件）件，涉案金额28.366万元（真烟价值20.669万元，假烟标值7.697万元）。年底前，还有6起案件正在调查审理过程中，经估价统计，全年任务超额完成。 （李小宁）

【许可证办理及后续监管】 2017年，加强许可证办理及后续监管。开展了“清理整顿无证户专项行动”，日常采取明察与暗访相结合的方式，定期对已取缔的无证经营户实施跟踪检查。截至11月底，共有持证户860户，有效826户，停业34户。新办证75户，延续177户，申请停业3户，恢复营业1户，注销120户。 （李小宁）

【专卖队伍建设】 2017年，每月按照全年的培训计划，对全体专卖人员进行2次培训，内容包括“三统一信息系统”操作流程、真假烟鉴别、专卖应知应会知识、国家烟草专卖局2017年新版文书制作、稽查员询问技巧、初级技能鉴定等内容。全年4个季度，繁峙县局专卖人员按照《忻州市烟草专卖局2017年专卖人员提升卷烟真伪鉴别技能推进方案》的安排和要求，分别派出2名有潜力的员工参加培训，并在4次比赛中取得优异成绩。

案件审理人员参加了省局组织的“三统一”大专卖新系统案件录入，严格按照新系统流程以及案件审理文书进行案件审理工作。

证件管理人员参加了省局组织的证件管理岗认证培训考试，顺利通过认证。

（李小宁）

【内部专卖监督管理】 2017年，内管系统中8大商业监管主环节涉及繁峙县烟草专卖局的预警共计1319条。其中“销售”环节1101起（订单总量异常预警1032起。单品销量月预警65起，销售日限量预警4起），“零售户”环节有218起（零售户违规活动预警182起，零售户违规订货预警36起）。直接结束流程的有216起，按照监管流程启动调查核实处理流程的有1103起，其中开展实地调查核实的有37起。经内管人员和市场监管岗人员调查，未发现内部人员有任何违规行为。（李小宁）

【基础管理工作】 2017年，加强党建工作建设，坚决克服重业务轻党建的思想，提升党建工作基础水平。3月份召开了党建工作会议，安排布置全年党建工作。共召开支委会议11次，党员大会3次，对各个阶段的党建工作进行研究安排。把开展“双日双评”活动推进“两学一做”学习教育常态化制度化，作为2017年党建工作的一项重要内容，4月启动了“双日双评”活动，传达《开展“双日双评”活动推进“两学一做”学习教育常态化制度化实施方案》制定了《繁峙县烟草专卖局党支部“双日双评”实施方案》和《学习计划表》，成立“双日双评”学习教育领导小组，明确工作职责和责任分工。从4月开始，每月第三周的周三下午开展“双日双评”主题党日活动（“双日双评”活动，即以“学”为基础的“支部主题党日”和以“做”为关键的“党员先锋行实践日”及以“促”为手段的支部评先、党员评优活动）。并根据时间节点和具体学习内容要求，每月确定一个学习主题，每次活动都必须严格做到集中学习习近平系列重要讲话、集中诵读党章党规、集中重温入党誓词、党员统一缴纳党费、支部书记、委员和班子成员轮流讲党课，谈学习体会。同时加大党建工作经费投入，制作悬挂开展“双日双评”学习教育图板4块、“维护核心，见诸行动”图板1块、党旗1面。党支部为11名党员统一配发了《党章》，统一印制配发学习资料和《开展“双日双评”促进“两学一做”学习教育常态化制度化学习笔记》，为学习提供利了保证。（李小宁）

供销合作

【概述】 2017年，新建杏园农产品合作社惠农服务站1个，创办农民专业合作社2个，年培训农村农民科技人员10期600余人。

2017年，商品销售总额完成12123万元，占计划105.5%，其中，农资销售1480万元，占计划100%；农副产品收购完成1430万元，占计划100%；实现利税总额225万元，占计划100%；其中利润完成17万元，占计划106%。

按照改革要求，以“互联网+”的新理念、新思路，打造“网上供销社”，依托总社“供销 e 家和省联”“农芯乐”平台、“云图”平台，成立了县级农村电子商务综合服务中心，拓宽农产品的网上销路。（韩青恩）

石油供销

【概述】 繁峙县域内现有加油站 38 座，其中在营站 35 座（社会站 22 座，中石油 3 座，中石化系统 10 座；其中 9 座站坐落于 108 沿线、1 座坐落于省道）。（张　宇）

【市场消费构成】 全县用油车辆结构为：县域内选矿厂机械用油；矿厂运输车辆用油；108 国道过境运煤车辆；农业生产用油；行政机关公务用车及居民私家车用油。

（张　宇）

【经营状况】 2017 年，受山东、河北地炼油的冲击，尤其在油品升级后与系统外油品差价一度时期每升达到 1.5 元—2 元，吸引了大部分对油品质量不重视和经营成本压力大的柴油运输客户。公司面对外来压力，通过强化内部加油站管理，提升整体服务氛围，稳定客户源；细化薪酬二次分配方案，调动员工积极性；加大日常巡查力度，积极调研周边加油站情况及时掌握周边动向，积极宣传调整营销手段来稳定客户，从而提升加油站销量。

2017 年，汽柴油机出销量 13729 吨，完成目标任务 15980 吨的 86%，同比减少 1430 吨，减幅 9.4%；其中汽油销售 10637 吨，同比增加 247 吨，增幅 2.4%（高标号汽油销售 2946 吨，同比增加 102 吨增幅 3.6%）；柴油 3092 吨，同比减少 1677 吨，减幅 35.2%。

（张　宇）

科学技术

科　技

【概述】　繁峙县科学技术局是繁峙县人民政府主管科技工作的职能部门，正科级建制，行政编制 4 人，设局长 1 名、副局长 1 名、科级非领导职数 1 名，核定机关工勤人员全额事业编制 1 名。设办公室和综合股 2 个内设机构。2017 年实有行政人员 3 人，其中：局长 1 人、副局长 1 人、科员职数 1 人，全额事业工勤人员 1 人。

2017 年，按照繁编发〔2017〕12 号文件，对科技局下属事业单位进行调整，撤销繁峙县科技情报研究所，繁峙县新技术研究所更名为"繁峙县新技术和科技情报研究所"，原繁峙县科技情报研究所工作职能划归到繁峙县新技术和科技情报研究所。调整后，繁峙县科学技术局下属事业单位 2 个。繁峙县新技术和科技情报研究所，属全额事业单位，编制 7 人，现有工作人员 10 人；繁峙县科技交流中心，属自收自支事业单位，现有工作人员 9 人；事业单位与局机关合并办公。

（贺乐天）

【科技改革与创新】　为提高科技创新的活力，科技局扎实开展基层组织、基础工作、基本能力为抓手的"三基建设"，深入推进"减证便民"工作，按要求完成"放管服效"工作任务。大力培育"高新技术企业""众创空间""星创天地"发展和规范化运行。开展规模以上企业技术需求调查工作，支持企业开展科技成果转化，提升企业的科技水平和研发能力，开展科技型中小企业评价工作。

（贺乐天）

【知识产权保护】　2017 年，全县共计申请专利 32 项，其中，发明专利 10 项，实用新型 1 项，外观设计 21 项；获得专利授权 24 项目，其中发明专利 3 项，外观设计 21 项。2017 年，全县有效发明专利拥有量达到 11 项。

（贺乐天）

【科技项目与经费】　2017 年，县级研发资金 1155 万元，达到本级财政预算支出的 0.6%。围绕脱贫攻坚和科技型企业发展，重点支持县级科技项目 9 项。全县围绕"大众创业万众创新"，支持大学生创业就业，积极谋划电商平台建设项目；围绕县域重点项目——瑞迪航空飞行营地建设，积极谋划科技项目，为科技型企业发展提供科技支撑；围绕恢复繁峙特色水稻种植、干鲜果经济林种植、规模化养殖等县域重点项目，寻找切

入点，提供科技服务；围绕脱贫攻坚，开发扶贫攻坚服务平台。（贺乐天）

【科技成果推广】 2017年，省、市高等院校、科研单位共选派15名“三区”人才服务本县，“三区”人才依托“PG专利日光节能温室生产技术”“白水大杏产业化优质高产技术”“玉露香梨规范化种植管理技术”3个“三区”项目在繁峙开展科技培训和科技服务。开展基本情况调查、技术培训、新品种推广、病虫害发生情况调查、制定主要病虫害综合治理技术方案等，取得很好的实际效果。“三区”科技人员共在乡、村开展技术培训12场次，受训人数达600人次，现场解答技术问题40多个，接受技术咨询200余次。“三区”科技人员还编写了《白水大杏栽培管理技术》等培训资料共10种，合计印刷1500余本。

繁峙县科普惠农中心服务站致力于推广新品种、新技术、新成果。主要推广的品种有玉米新品种隆平207、屯玉80，这两个品种抗逆性强，对水肥条件要求不高，活秆成熟，每亩地可增产10%左右，特别是隆平207籽粒饱满，很受农产品经纪人认可。另一个主要推广新品种是2015年国审谷子新品种“晋谷59号”。晋谷59号生长需要无霜期130—140天左右，适合本县大面积推广。2016年在砂河镇以西布了4个点，同时推广谷子覆膜种植技术，农科院专家初步估算产量在每亩600公斤以上，推广非常成功。2017年继续扩大推广面积和覆盖面，大营镇以西布了5个点，产量普遍在500公斤以上，代堡和南河会两个点产量都在600公斤左右，“晋谷59号”新品种很受群众喜欢，谷子覆膜栽培技术也得到了群众认可。

2017年，省农科院专家对晋谷59号进行测产
贺乐天提供

（贺乐天）

【科技宣传与普及】 2017年，以“知识产权宣传周”“科技活动周”“全国科普日”“三下乡、四进社区”等为活动为载体，开展科技法律法规宣传和科学知识宣传普及。宣传重点内容包括：地方病和多发病、健康知识、生活理念、安全生产、食品安全、防震减灾、环境保护等基本常识。通过系统化、常态化、不间断的宣传教育，提高全社会的科学素质。全年累计组织科学普及活动20余次，发放科普宣传挂图、图书、宣传资料等5000余份。

（贺乐天）

【大型科技培训】 2017年，按照上级科技部门的安排，县科技局精选科技致富带头人40人，参加山西农业大学组织的“三区”脱产集中培训。对参训对象精挑细选，确保去得了、守纪律、能听懂、有效果。县科技局统一租赁大巴车，参训人员统一行动，并对交通费用进行了补贴。（贺乐天）

【重要科技事项与活动】 培育“星创天地”“众创空间”和高新技术企业。

繁峙县绿源亨通食品有限公司是本县农产品加工龙头企业，对合作社和农户带动能力较强，经过培育，“绿源亨通星创天地”被认定为辐射全县农业产业现代化发展的市级“星创天地”。“绿源亨通星创天地”2017年3月份通过省科技厅专家实地考察。绿源亨通企业研发中心经过省级验收，成为本县第一家“企业技术中心”。

山西鸿深物流集团有限公司在繁峙县促进创新、创业和就业方面工作突出，组建了“山西鸿深众创空间”，11月经过市局实地考察，“山西鸿深众创空间”被认定为市级“众创空间”。创建“星创天地”和“众创空间”，开展孵化、培训、示范三大基地建设和公共服务、品牌培育、人才支撑三大平台搭建，不断激发大众创造活力，助推产业升级和转型。

山西紫金有限公司是繁峙县规模以上企业，坚持创新驱动发展，加大科技研发投入，积极开发新工艺，企业竞争实力不断增强，2017年申报省级高新技术企业，并通过省级评审，被认定为省级高新技术企业，这也是本县第一家“高新技术企业”。（贺乐天）

【科技扶贫】 2017年，县委将县科技局扶贫工作队调整到岩头乡东沟、龙宿沟两个村，在岩头乡开展帮扶工作，围绕乡党委、乡政府确定的扶贫攻坚目标任务和工作计划，结合各村实际情况，扎实开展工作。局长贺乐天亲自抓扶贫，选派副局长郭岐担任驻村工作队队长，选派韩少锋担任东沟、龙宿沟第一书记，共派出9名机关干部与36贫困户开展结对帮扶。摸清各村实际情况和贫困户、贫困人口基数，并开展建档立卡贫困人口动态调整，积极谋划产业脱贫项目。东沟村与繁峙县天河牧业有限公司对接，通过土地流转，实施打坝造地6.67公顷，在施工过程中，有6户贫困户及部分非贫困户实现就近务工。东沟村引进并试验种植白水大杏，发展经济林种植。另帮助东沟村13人在其他地方实施了劳务输出，提高了经济收入。为龙宿沟村3名70周岁以上的老年贫困户申请低保，实施政策兜底；协助龙宿沟村申请退耕还林地26.67公顷；共帮助龙宿沟村13人实施了劳务输出，提高了经济收入。东沟、龙宿沟列入整村易地搬迁计划，整村易地搬迁工作按进度要求完成了相关工作。

（贺乐天）

2017年，三区科技工作者进行现场技术指导　贺乐天提供

【经济转型升级】 对照2017年度经济转型升级目标责任考核指标，县科技局共承担4项考核指标工作任务，总分值3.9分，分别是：1. 高新技术企业数1个，分值1.5分；2. R&D投入强度达到0.06%，分值1.2分；3. 发明专利申请量10项，分值0.6分；4. 每万人有效发明专利拥有量0.36件，分值0.6分。

具体完成情况：1. 高新技术企业1个，截至年底，山西紫金矿业有限公司组织申报高新技术企业已通过省科技厅组织的评审，被认定为省级高新技术企业。2. 发明专利申请量10项，截至年底已完成完成申请10项，指标全部完成。3. 每万人发明专利拥有量0.36件，即全县有效发明专利拥有量达到

10项。截至年底，全县有效发明专利拥有量11项，达到并超过目标数。4.“R&D投入强度”这项指标，按照2016年度本县工业总产值53.36亿元，R&D投入强度要达到0.06%，2017年规模以上企业科技投入需达到321万元以上。截至年底，“R&D投入”经市统计局审核，最终确定为572万元，已达到并超过目标数。（贺乐天）

气　　象

【概述】　繁峙县气象局始建于1957年1月，为国家一般气象站，也是国家级农气站，国家五类艰苦台站。初建站址在繁峙县砂河镇，1977年1月迁于繁峙县杏园乡杏园村（39°10′N，113°16′E），海拔高度933.9米。

（刘培娥）

【气象业务与现代化建设】　2017年，全县建成多要素区域自动站8个。其中6要素自动站和4要素自动站各4个、单雨量自动站4个、农田小气候站1个、土壤水分自动监测站1个，各区域站运行稳定。实现区域自动站乡（镇）全覆盖。建成气象预警信息发布平台，全县气象信息员（协理员）及地质灾害重点防范区域的巡查员能够及时接收到预警信息。建成高清视频会议系统，通过高清会商系统实现从国家到县的高清会商。同时配备便携式GPS定位仪、应急气象服务移动气象站及土壤水分移动监测仪等现代化设备，为开展应急气象服务工作奠定了基础。

作为基层台站，气象资料按时按规定上传省气象信息中心。气象业务信息网络系统从x.35分组交换网，发展到40M SDH网络通讯系统，卫星数字广播系统DVB-S用于气象信息数据传输；2017年11月，国家成功发射了风云3号气象卫星接收系统用于云图接收，使气象预警预报能及时准确服务于经济建设中，从而也增强了防灾减灾能力。

（刘培娥）

【公共气象服务】　2017年，繁峙县气象局通过不断努力，健全气象应急管理组织体系，完善应急工作流程和响应处置程序，根据《繁峙县气象灾害应急预案》健全了上下应急协作联防和联动机制。县政府制定出台《繁峙县气象灾害防御规划》，各乡（镇）完成气象灾害应急预案编制。气象局完善气象应急预案，与水利局、国土局、林业局、交通部门、住建局、安监局、环保局等部门建立部门联动机制。

建成覆盖所有行政村、社区的乡村气象信息员队伍，共有注册气象信息员402人、气象协理员13个，全部纳入气象服务短信发送行列。县气象局积极服务设施农业，深入农业科技示范园送气象科技进“大棚”，气象信息已成为种植户指导管理生产必不可少的好帮手。

在公共气象服务和决策气象服务中，健全决策服务运行机制，突出重点，制定科学合理的决策气象服务工作流程，科学有效开展决策气象服务工作。除常规的年、季、月、旬等天气预报外，有针对性的发送旬气候分析、生产建议、土壤墒情及雨（温）情资料。向地方政府领导呈送重要气象报告、关键农时天气预报，通过手机短（微）信发送重要天气预警信号等，为各级领导指挥工农业生产提供了决策依据。

2017年实施的气象为农服务项目中，建设10要素农田气候自动站1套、购置移动气象站1套、移动测墒仪器1套。建成繁城镇、砂河镇和大营镇气象为农服务3个标准化乡镇，其余乡全部成立气象服务工作站。建成气象灾害预警信息发布平台，制作气象灾害

及农业种植区划图，建成气象科普宣传基地。（刘培娥）

【人工影响天气】 人工影响天气是指为避免或者减轻气象灾害，合理利用气候资源，在适当条件下通过人工干预方式对局部大气的云物理过程进行影响，实现增雨（雪）、防雹、消雾、消云等目的的活动。现阶段主要以人工增雨、防雹为主。

县气象局健全人影作业安全方面的各类规章制度和作业业务流程，多次对人影作业人员进行培训。全县现有 WR 系列火箭两套，JFJ-3 火箭 3 套，增雨专用车 1 辆。每年根据农业生产的关键时段和有利于开展人工影响天气作业的天气过程，积极开展人工增雨（雪）作业。2017 年，累计开展人工影响天气作业 60 余次，共发射增雨火箭弹 1000 余枚。累计增雨量 16.5 亿立方米。有效地保证了全县农业生产各阶段的用水需求，为全县粮食丰产增收做出贡献。（刘培娥）

地　震

【地震监测】 扎实做好震情监视跟踪方案，落实宏观异常和微观异常报告制度。出台 2017 年《繁峙县震情跟踪工作方案》，按照省局部署，繁峙县圆满完成“一县一台”的建设任务，建成繁峙县西砂河（钻孔应变）地震观测站，运行良好，12 月 26 日通过省局专家评审，已纳入国家地震台观测数据网。（张　廷）

【地震应急】 2017 年，坚持预防为主、防御与救助相结合的方针，做好防震减灾工作宣传与教育活动。以防震减灾领导组名义印制了《防震减灾应急手册》，加强应急避难场所建设和运行管理。逐步完善了现有应急避难场所（滨河公园）的各项应急功能。组织开展地震应急准备工作，完善震情跟踪工作方案和工作机制情况。全年开展了两次地震安全隐患排查工作，重点是几个加油站和中旺天然气公司的输气管道。9 月份对交通道路、电力设施、通信基础设施的隐患进行了县域排查，对县域的两座水库、两座油库、一座天然气储存库的设施做了次生地震灾害的风险评估。国土、交通等部门还进行了对居民点、道路等有潜在威胁的滑坡、崩塌、泥石流等情况逐一排查。（张　廷）

【震害防御】 2017 年 4 月 18 日下午，县政府专门召开防震减灾领导组会议，会议传达了省政府防震减灾专题会议和市防震减灾领导组会议精神，对繁峙县 2017 年的工作思路、工作目标作了研究和探讨并达成共识，同交通、电力、通信、发改局，住建局，民政、国土局、商务局、气象局等多家单位共同就《山西省抗震设防管理条例》的贯彻落实，积极贯彻实施新一代《中国地震动参数区划图》的实施方案进行了讨论，并就抗震设防要求事中事后的监管进行了讨论和研究，制定了方案。2017 年，开展县城老旧房的摸底和部分改造项目。开展中小学学校抗震加固工作，加强农村危房改造、异地扶贫搬迁等工作。（张　廷）

【宣传教育】 利用街道、社区、学校积极开展防震减灾知识“六进”活动。2017 年“5·12”和“7·28”防震减灾宣传活动期间，坚持以“科学减灾、依法应对”为主题，联合国土、气象、应急等部门通过城区主要街道的图版展览、广场电影、社区、农村、厂矿企业发放宣传资料、进校园播放电影，发放书报等形式把防震、防灾减灾知识宣传到每一个角落。（张　廷）

旅游业

【概述】 2017年是繁峙县旅游大发展之年，在县委、县政府高度重视和上级旅游部门的指导下，充分利用当地优势资源和社会资金，紧紧围绕“文化旅游，安全生产”主题，把文化旅游产业作为全县战略性产业全力推进，充分利用本县丰富的文化旅游资源和优越的地理区位优势，全力提升文化旅游产业的重要地位，加速文化旅游产业的发展。

（宫成瑞）

【经济运行指标】 2017年度完成旅游总收入23.58亿元，增幅为24%，完成了2017年承担的旅游总收入增长23.5%的任务指标。

（宫成瑞）

【重点项目】 2017年，承担重点项目年计划投资共计4.8亿元，2017年度共完成5.36亿元，完成年度任务的116.67%。（宫成瑞）

【项目建设】 1.《山西繁峙县灵岩山文化旅游区旅游总体规划》于6月23日由市旅游发展委员会组织专家组评审并通过。10月11日市旅游发展委员会批复该规划，认为此规划达到了规划评审会评审意见的要求。目前灵岩山景区步道正在建设中。2. 6月3日《繁峙县长城文化展示中心建设项目涉及平型关长城保护方案》专家评审，8月24日山西省文物局对《繁峙县长城文化展示中心建设项目涉及平型关长城保护方案》审批通过。项目开始建设。3. 大智镜圆景区文殊塔、北坛、文殊广场正在建设中。4. 2017年5月，繁峙县滹源景区在有关专家的指导下，开始了紧张有序的创建国家AAAA级旅游景区工作，经过5个月的精心创建，景区面貌焕然一新。11月12日，省旅发委组织专家进行了初验。根据《滹源景区创建国家4A级景区整改工作实施方案》进行整改。争取成功创建。5. 2017年，繁峙县新建旅游厕所11座，其中滹源景区新建旅游厕所8座，全部完成，超额完成任务3座，未开工建设的8座旅游厕所，因灵岩山景区、平型关景区、大智镜圆景区总体规划尚未完善，故暂未开工建设。

（宫成瑞）

【体制机制改革】 1. 繁峙县文化旅游产业开发工作小组已于2016年12月21日，由县委办、县政府办联合发文成立。2. 由繁峙县滹源文化旅游投资开发有限公司（国有公司）投资3000万元、繁峙县大智镜圆文化旅游开发有限公司（民营企业）投资2000万元，联合组建成立繁峙县憨山文化旅游开发有限公司，公司注册资金为5000万元，为国有控股公司，公司法人由县政府委派。3. 2016年12月28日由市机构编制委员会发文批复成立繁峙县平型关景区管理委员会。管委会主要职责为：负责景区内综合管理工作；负责景区景点基础设施和公共设施建设、维护和管理工作；负责景区宣传推介、招商引资工作。繁峙县圣景旅游开发有限公司负责景区开发建设，实现了“两权分离”的工作要求。4. 通过招商引资，引进繁峙县圣景旅游开发有限公司、繁峙县春秋文化旅游开发有限公司、繁峙县大智镜圆文化旅游开发有限公司作为经营主体，分别对平型关景区、灵岩山景区、大智镜圆景区进行开发建设。

（宫成瑞）

【乡村旅游】 2017年，开展旅游促销活动，组织全县旅游企业参加平遥会展。全县共有农家乐15家、旅游商品加工企业14家。全县涉及长城、太行两大旅游板块，向上级部门申请修建旅游公路4条。（宫成瑞）

【旅游宣传】 2017年5月19日，组织旅游企业，在府东广场举办“中国旅游日暨助力忻州申旅活动”，6月16日中心组织旅游企业，在府东广场举办“安全生产宣传咨询日”活动。组织旅游志愿者在农行广场、汽车站、火车站、公园等人员密集场所开展旅游咨询、文明旅游、安全旅游宣传活动，确保旅游市场秩序平稳有序，活动现场向群众发放《旅游法》、文明旅游、安全出行等宣传资料。

（宫成瑞）

【旅游安全和旅游市场监管】 2017年，每星期对涉旅企业进行一次安全隐患排查，两次安全生产大检查，对发现的问题要求企业限期整改，及时消除安全隐患。

制定《繁峙县旅游开发服务中心关于印发〈旅游安全生产专项整治行动方案〉的通知》《繁峙县旅游开发服务中心关于在全县开展安全生产“职责履责，失职追责”活动的通知》《繁峙县旅游开发服务中心安全监管的通知》等文件下发各涉旅企业，并组织实施。

（宫成瑞）

【扶贫工作】 2017年年初，成功为后掌村新打机井一眼。同时，积极和有关部门联系，在村西南又勘定一眼水量更大的机井，11月底开钻。

10月30日，中心发文对旅游新型经营主体、旅游企业带动建档立卡贫困户稳定增收脱贫情况进行摸底调查，与县扶贫中心、县财政局共同对各乡（镇）、各涉旅企业带动建档立卡贫困户稳定增收的精准扶贫户进行了核实，通过入户走访和电话回访方式，确认全县共有涉旅企业14家带动贫困户101户贫困人口116人，奖补资金已发放到各企业。（宫成瑞）

教　育

【概述】　繁峙县教育局把2017年确立为“教育管理年”。全系统紧紧围绕“打造繁峙教育品牌，建设晋北教育强县”宏伟目标，在薄弱学校改造、“义务教育基本均衡县”验收、“繁峙县教育质量提升三年行动计划”实施、教师队伍建设、教育教学质量、深化基础教育课程改革等各方面做了大量工作，取得阶段性成果，实现了全县教育事业持续、稳定、健康、规范发展。（胡永平）

【国家级“义务教育基本均衡县”验收】2017年，为实现义务教育基本均衡发展目标任务，教育局多次召开会议，分解工作任务，明确目标要求，强化档案资料和校园文化建设。从1月9日教育局组织中小学校长、资料人员业务培训起，强化管理、加强督察，做了大量工作。4月14日至16日，忻州市人民政府教育督导委员会办公室组织复核组一行23人，到繁峙县复核评估；5月14日至18日，省人民政府教育督导委员会办公室组织复核组一行25人，到繁峙县复核评估；9月7日，省级又进行了复检，各级、各次检查都对繁峙县给予了充分肯定。11月9日至11日，繁峙县正式接受并通过了国家级检查验收。（胡永平）

2017年11月17日，国家“义务教育基本均衡县”验收通过后，砂河第四中学课改展示活动升国旗仪式场景　胡永平提供

【薄弱学校改造】　按照进度完成2017年薄弱学校改造工程项目。其中，基建类项目总投资7503万元，涉及项目学校17个，包括，运动场地建设53280平方米，投资1320.4万元；综合楼建设25621平方米，投资5145万元；宿舍楼建设2050平方米，投资410万元；厕所改造1195平方米，投资259万元；浴室建设380平方米，投资66万元；其他改造投资302.6万元。设施设备购置项目总投入4836万元，惠及全县120所中小学校，包括教师和学生电脑，音体美器材，实验器材等近20个项目。（崔贵峰）

【基础教育课程改革】 2017年，全县基础教育课程改革工作深入推进，取得新成果。4月14日至16日，彩璟小学《让中华传统文化滋养孩子成长》的传统文化创新成果被中国教育创新研究院认定为优秀创新成果，在全国教育创新区域联盟2017年（广东云浮）年会暨现场交流研讨会上作经验介绍。8月20至22日，砂河二中校长梁杰和彩璟小学校长郎正伟被评为全国“课改优秀校长”，彩璟小学教师孙建丽被评为全国“课改优秀教师”。8月上旬，“繁峙县区域推进课堂教学改革实践探究”等七项基础教育教学成果申报参加“山西省基础教育教学成果”奖评选活动。9月8日，忻州市教育振兴暨第33个教师节庆祝大会上，副县长王海龙作了“课改让繁峙教育活起来”的经验汇报。（胡永平）

教育局在教学工作会上对“全国课改优秀校长”“全国课改优秀教师”给予奖励 胡永平提供

【教育教学质量】 2017年，全县普通高考二本B类以上达线和职业高中对口升学第一批录取共计618人。其中普通高考达线367人，达线率18.76%；职业高考对口升学达线251人，达线率39.65%。比2016年（528人）增加90人，首次突破600人大关。普通高考应届生达线238人，再创应届生达线数历史新高。2017年，全县中考总均分、及格率、优生率与2016年相比，稳中有升，全县义务教育教学质量保持稳定发展态势。

（胡永平）

2017年11月25—27日“繁峙县教育质量提升三年行动计划”教师培训活动在滨河小学进行 胡永平提供

【教师招聘】 2017年，繁峙县在不断为义务教育阶段农村山区学校补充特岗教师的同时，为砂河中学招聘28名研究生学历教师。为改善砂河中学教师队伍结构与素质，提升本县高中教育教学质量起到重要的作用。

（胡永平）

【教师培训】 2017年，县教育局按照“繁峙县教育质量提升三年行动计划”，进行了11次教师培训。培训对象从特岗教师到班主任再到骨干教师、教学管理人员；培训内容涵盖师德师风、各科目课程标准、中考复习教学、学习小组建设、名师讲座、教材教学法等等。11次培训聘请专家35名，专家作课6次，本县名师作课15节，专家作讲座74场，参训总人次达6581人次。（胡永平）

【教育扶贫资助】 2017年教育扶贫工作取得阶段性成果，全县共资助20514人次，发放资助金2093.655万元。其中，学前教育幼儿资助1971人，发放资金98.55万元。中小学贫困寄宿生生活补助4130人次（小学

1537人次、初中2593人次），发放补助资金236.975万元。特困学生资助280名，发放资金48.7万元。普通高中学生免学费4730人（其中建档立卡贫困户学生911人）减免学费378.4万元。普通高中国家助学金1210人，发放资金165.89万元。中等职业学校免学费2474人，395.99万元。中等职业教育国家助学金3539人次（其中建档立卡贫困户学生802人次），发放资金353.9万元。职业高中免书费、住宿费601人，减免书费和住宿费57.15万元。“雨露计划”资助899人，资助金179.8万元。2016年普通高考达二本B类以上院校的建档立卡贫困户大学生资助126人，发放资助金25.2万元。2016至2017年对口升学考入二本B类以上院校的建档立卡贫困户大学生112人，发放资助金22.4万元。2017年普通高考达二本B类以上院校的建档立卡贫困户大学新生147人，发放资助金73.5万元。2013至2015年高考达二本B类以上院校建档立卡贫困户大学生286人，发放资助金57.2万元。（杨春瑞）

【县综合职业学校】 繁峙县综合职业学校，是一所由市教育局，县人民政府批准成立的综合性职业高中。2017年，有教师150人，学生2200人；教学班40个。2017年，参加对口升学考试526人，升入本科院校376人，达线率71.48。5月，忻州实验中学校长杨宝钧、副校长彭占明携实验中学全体中层干部到该校调研，与该校正式签订帮扶合作协议并举行了成立合作学校的挂牌仪式。8月，该校初中部正式成立，本年招收6个班。

师资培育 2月，学校组织教师赴忻州实验中学参观学习。11月，中国文联文艺支教项目繁峙支教点活动在本校隆重举行。

上级对学校的调研 4月，县委副书记

8月份县综合职业学校初中部新生入学报到
赵治斌提供

姚力山、县教育局局长张占羽一行到该校民族音乐班调研。县政协主席钟文秀带领县政协委员到该校调研。5月，县人大常委会主任赵琦带领县人大委员到该校调研。山西歌舞剧院领导到本校校民族音乐班调研。6月，县委书记孔保宝到本校调研。7月，中国文联在县委宣传部郭部长的陪同下到该校调研。

文体活动 3月，县综合职业学校邀请太原市外国语学校教师武文虎、程凤玲、王培鉴到该校为学生做心理健康教育。4月，该校首届“爱我中华韵律操”比赛隆重举行。6月，该校举行“育工匠精神，展职业风采”大型文艺汇演活动。7月，本校首届“民族音乐班”学生外出下乡汇报演出。9月，庆祝“第33个教师节暨对口高考表彰大会”。10月，该校学生参加“首创奥莱，奥跑中国”奥林匹克体育中心大众路跑全国系列赛。11月，该校举行“庆十九大颂歌献祖国”主题演讲活动。12月，该校初一学生参加全县中小学生诗词大赛进入决赛并代表繁峙县初中组参加全市首届中学生诗词大赛。

校共青团教育 5月，团县委领导到该校开展主题共青团活动。11月，团县委、县公安局共同组织的“繁峙县青少年法制”大讲堂在本校召开。（赵治斌）

文化　体育

文　化

·文物保护·

【平型关关城、长城墙体保护修缮工程】 平型关关城保护修缮工程、平型关长城墙体保护修缮工程（续建）于2017年4月底开工建设。截至年底，已拨出修缮经费2592万元，完成了平型关关城东段城墙105米，南段城墙65米，西端城墙65米（西南端城墙40米、西北段城墙修缮25米），北段城墙130米，条石砌筑工程及外侧城砖砌筑工程。

2017年，平型关城墙修缮工程　何宇飞提供

平型关长城墙体下部毛石墙墙体砌筑、上部垛口墙青砖砌筑东南段完成160米，西北段完成360米。（何宇飞）

【省保单位天齐庙维修工程】 省保单位天齐庙维修工程总投资750万元，2017年拨出经费62万元，完成了三进院东西配殿的壁画揭取和山门、钟鼓楼及二进院西配殿的维修。

（何宇飞）

2017年，省保单位天齐庙维修工程　何宇飞提供

·文化馆·

【概述】 繁峙县文化馆始建于1950年，当时馆址设立在砂河镇，后于50年代中末搬迁至县城一道街。于70年代初新建文化馆于西门外，占地面积0.2公顷，后与县招待

所对换到现在的永丰街，于1994年新建成现在文化馆，总建筑1670平方米，一楼门面全部出租，二、三楼文化局与文化馆共用办公。文化馆现有编制10个，实有正式员工8人，其中中级职称1人，初级职称3人。工人职称2人。（张玉清）

【业务建设】 2017年，文化馆按照文件要求已实现无障碍、零门槛进入，公共空间设施场地全部免费开放，所提供的基本服务项目全部免费。坚持注重实效、逐步完善、坚持公益、树立形象的原则，重新制定了完善的规章制度，责任到人，任务清晰，服务内容明确，为扎实推进文化馆的规范化建设提供了重要保障。1. 从2010年连续七年参加全市“梨花奖”，获得二等奖、三等奖、优秀奖、组织奖等众多奖项。2. 从2011年开始连续六年组织了“三民”舞台艺术大赛，参赛人数累计达6000余人，提升群众文化的艺术品位，同时也活跃了城乡群众文化。3. 连续六年组织免费“送戏下乡”演出活动，每次活动演出30场，为期半月。4. 每年负责组织县城元宵节及各大节日的群众文化活动和大型演出活动。5. 从2011年开始连续不定期地举办了11届各类艺术培训。受训人员达到400余人次。6. 负责辅导全县各类群众文化娱乐活动。（张玉清）

·图书馆·

【概述】 繁峙县图书馆建于1978年，起初位于县城古楼上，1988年搬迁至县城现永丰街，馆舍面积为1379平方米，阅览室2个，书库2个，藏书量3.6万册，根据繁编发〔2011〕31号文件精神，为股级建制，核定全额预算事业编制6名，领导职数1名。其中具有专科以上学历5人，初级职称5人。1997年被省文化厅评为先进图书馆。2013年被文化部评为三级图书馆。图书馆下设有流通部、采编部、期刊部、资源信息部、少儿阅览室、电子阅览室、培训辅导部、办公室、古籍部等科室。（侯 军）

【读者服务工作】 图书馆本着“以人为本，读者至上”的服务宗旨，不断加强工作人员岗位作风建设和管理水平，提高人员业务素质，改善服务质量，为广大读者提供优质服务，借阅室少儿、电子、报刊、等全部免费开放。为保障基本职能，对借书证办理已全部实行免费，并对每年一次的查验证也实行免费，为广大读者的借阅提供更加周到的服务，从而保障他们的基本文化权益。为便于对免费开放公共场所的管理需要安装配置了相关电子装置，如电子眼监控设施。配置相关服务设施。主要包括相关桌椅，饮水设施，老年人、青少年等特殊群体使用的一些设施设备。（侯 军）

2017年，繁峙县“红色的魅力”全民阅读系列活动启动仪式 侯军提供

【管理工作】 2017年，繁峙县图书馆完成了全员岗位聘任，同时建立工作量化考核体系，每月进行工作进度通报，每半年和全年

进行总体工作考核，严格遵守开馆时间，坚守工作岗位，认真执行各项规章制度。制定安全防范应急预案。各科室责任人加强责任意识，树立全馆观念，各负其责，严格按照规章制度办事。（侯　军）

【业务建设】　2017年，图书馆按文件要求已实现无障碍、零门槛进入，公共空间设施场地全部免费开放，所提供的基本服务项目全部免费。坚持注重实效、逐步完善、坚持公益、树立形象的原则，重新制定完备的规章制度，责任到人，任务清晰，服务内容明确，为扎实推进图书馆的规范化建设提供重要保障。让广大读者能够认知图书馆、了解图书馆、走近图书馆。3月，按照文化部关于全国公共图书馆第六次评估定级的安排，认真负责、实事求是的进行了评估定级。5月，参加了由文化部公共文化司举办的全国县级图书馆馆长培训。7月，和山西省图书馆实现一卡通，加入山西省图书馆总分馆。8月，县图书馆送书下乡活动启动。8月，全国第六次公共图书馆评估忻州市专家组到本县图书馆进行实地评估指导工作。11月，繁峙县人大常委会副主任亢仁义一行到图书馆调研。（侯　军）

图书发行

【繁峙县第六届全民读书月活动】　2017年4月25日上午9点，繁峙县第六届“全民读书月”活动暨创建省级文明县城志愿服务宣传月活动启动仪式拉开帷幕，这次全民读书月活动的主题是：“读书，点亮城市文明之光”。在本次启动仪式上，繁峙县新华书店共赠送图书300余册，价值4800余元。

活动现场，繁峙分公司进行百店百场“七进”图书展销活动。结合2017年全民阅读活动和新华书店建店80周年及山西新华书店集团成立15周年庆祝活动，开展“手拉手、传爱心”为主题的捐赠公益活动。

（李振华）

【社会效益考核】　5月24日，市文化局科长许全文、市公司党综合办主任赵海军及县文化局领导一行，对繁峙分公司社会效益进行考核。考核组根据《新华书店社会效益考核评价指标》，查阅了公司社会效益加强党的领导、守法诚信、完善公共服务和履行社会职责等各项工作资料、影视照片等。考察组对公司社会效益创建工作表示充分肯定，并给予了优秀评分，同时也提出了农村流动售书覆盖面不足，信息标准化建设需进一步加强等建议和意见。（李振华）

【社会实践活动】　8月16日，繁峙分公司图书超市迎来一批特殊的小读者，他们是县实验小学3年级的学生，在老师和学生家长的带领下，到新华书店开展“暑期社会实践活动，我为县城做贡献——走进新华书店”。

活动中，小志愿者们和新华书店员工一起整理少儿区域的图书。本次图书整理活动不仅提高了同学们的实践能力，增强了他们

我为县城做贡献实验小学学生走进新华书店　张玉清提供

的责任感，而且大大增强了同学们为他人、为学校、为社会作贡献的积极性。（李振华）

【党风廉政警示教育】 根据县纪委要求安排，9月1日，繁峙分公司组织全体职工到县“党风廉政警示教育基地”参观学习，接受廉政再教育。当天下午，参观学习的干部职工有序地参观了党风廉政警示教育3个展厅。在展厅，职工们认真听取纪委工作人员的相关党风廉政警示情况介绍，观看相关警示教育纪录片，并要求每位职工撰写学习教育心得体会。（李振华）

【扶贫工作】 为深入贯彻精准扶贫工作要求，10月，分公司党员干部8人分别到岩头乡兵马会村、高儿坡村贫困户家中开展一对一的走访和慰问，给困难群众送去关怀和帮助。

公司出资1700元购买水泵、水管等设施。并于10月13日上午，带着水泵、水管及工具到兵马会村，更换新的自吸水泵，解决了村民的吃水问题。

2017年，结对帮扶的两村39家贫困户全部脱贫。（李振华）

档 案

【概述】 2017年，繁峙县档案工作在县委、县政府的正确领导下，各项工作都取得较好成绩，以开展“两学一做”学习教育活动为契机，按照县委“三基”建设的意见，全面落实县委、县政府的重大决策部署，依法履职，开拓创新，以“三个体系建设”为重点，以档案工作规范化管理、专业化能力提升和信息化建设为突破口，实现了本县档案工作的大发展、大跨越。（张国文）

【国家重点档案保护和开发】 2017年，对国家重点档案（建国前档案）进行了抢救性整理，共1092卷7970件档案进行了信息采集，并上报省、国家档案局。（张国文）

【抗日战争档案汇编】 2017年，县档案局和忻州市档案局共同申报了平型关战役的重点档案开发项目，开展了抗日战争档案汇编工作。（张国文）

【《山西省重点活动档案管理法》落实】 认真贯彻落实《山西省重点活动档案管理法》全县各有关单位结合各自的行业特点、工作实际，按照《办法》规定，制定或重新修订了本部门重大活动档案管理的实施细则或方案。（张国文）

2017年，县档案局全体工作人员学习《山西省重大活动档案管理办法》 张国文提供

体 育

【概述】 2017年，县体育发展中心在县委、县政府的正确领导和上级体育部门的关心支持下，以习近平重要系列讲话精神为指导，认真贯彻中共十八大以来的文件精神和《中华人民共和国体育法》及《全民健

身计划纲要》，不断完善工作机制，以实实在在的行动推进全县体育工作全面发展，圆满完成年初制定的各项工作目标和上级交办的各项任务，工作取得明显成效。2017年，县体育发展中心共组织开展全民健身活动及赛事13项，活动累计参加人数达4500余人。（张俊伟）

【体育产业】 2017年，按照国家体育总局、山西省体育局及忻州市体育局的统一部署，完善2016年全国体育产业专项调查工作，补录繁峙县体育产业新增基本单位名录库，进一步完善繁峙县体育产业基础数据库。

（张俊伟）

【全民健身活动及赛事】 2017年，举办正月十五全民健身大拜年系列活动。3月份，全市羽毛球邀请赛在繁峙县成功举办。4月份，组队参加忻州市"八马杯"第四届职工拔河比赛，获得优秀组织奖。5月，主办了全县职工乒乓球大赛。7月，组织北京体育大学全民健身系列培训活动，培训三级体育指导员100名。7月30日，在国家体育总局扶贫组的帮扶下举办了2017年小铁三夏令营活动，请来了国家级队员全程指导。8月，组织全民健身日系列活动，组织承办了"寻找美丽中华"全国旅游城市定向系列赛繁峙平型关站竞赛。8月17日，组织了第一届繁峙县篮球比赛。8月18日，组织了第三届环五台山健步户外登山活动。8月26日，在国家体育总局扶贫组的帮扶下组织了2017中国体育彩票全国象棋业余棋王赛山西赛区繁峙预选赛暨"丰泽杯"繁峙县象棋公开赛。9月23日，在国家体育总局扶贫组的帮扶下组织2017年"中兴铸业杯"中国繁峙毽球公开赛，共有来自全国各地的108支队伍400余人参加。9月9日，组织全县第五届中老年人全民健身大赛。10月14日，在国家体育总局的支持下，举办2017"首创奥莱奥跑中国"奥林匹克体育中心大众路跑全国系列赛山西繁峙站比赛，来自全国各地的近千名路跑爱好者在滨河公园展开了角逐。

（张俊伟）

2017"奥莱奥跑中国"奥林匹克体育中心大众路跑全国系列赛山西繁峙站比赛　张俊伟提供

卫 生

【健康扶贫】 2017年，按照县委开展“贫困人口动态调整彻底回头看”和省、市动态调整的要求，卫计局多次组织人员对因病致贫、因病返贫的贫困人口患病情况进行进一步摸底调查和提供随访管理服务，并根据病因、病情分类建卡、建档，建立贫困人口健康查体档案数据库，做到“底数清、情况明”。特别是在4至5月，重点对全县建档立卡及农村低保对象，特困人员，贫困残疾病人，计生两户家庭成员（独生子女户，二女绝育户夫妇及其未满18周岁的子女）和计生特殊困难家庭患有大病和长期慢性病的贫困人口再次开展拉网式的摸底排查。组建13个精准识别组，以乡（镇）卫生院为审核主体，县级公立医院专科医生参与，与乡医、村医、村计生员、两委干部组成识别队伍，进行为期2个月的确认识别工作，不断扩大识别范围，每户填写《贫困人口健康情况调查表》，实行工作组7人签字确认，共识别健康扶贫对象2386户、6649人。

（冯永光）

【健康管理“双签约”服务】 2017年7月10日，全市脱贫攻坚专题会议后，繁峙县立即召开“双签约”服务工作推进会，专门下发操作强的实施方案，并出台《健康扶贫双签约考核管理办法》。全县组建26支371人的医疗团队和135支2314人的干部团队进村入户开展“一对一”“双签约”工作，累计走访315个村。签约过程中，医疗团队对“双签约”贫困户进行健康状况评估、健康咨询指导、告知定期随访项目，有康复期的患者进行康复指导和管理，更新健康档案，印制《繁峙县健康扶贫政策一本通》；乡村干部团队进行扶贫政策宣传，建立工作台账，详细登记签约人的服药情况、就医情况、服务内容落实情况记载。8月，又组织6支队伍对全县13个乡（镇）的“双签约”工作进行回头看，查找、整改签约过程中发现的问题和不足，特别是对“错签、漏签”进行第二轮补签。同时，对动态出现的因病致贫、因病返贫人口及时纳入“双签约”范围，努力做到不漏一户，不落一人。“双签约”服务2386户、6649名贫困人口，相约率100%，实现服务人群全覆盖，服务内容全覆盖。

（冯永光）

【医疗保障】 2017年，为让贫困人口看得起病、看得好病，全县各医疗卫生单位实行双向转诊、大病分类救治，对需要治疗的大病和慢性病患者进行分类救治，能一次性治愈的，组织专家集中力量实施治疗；需要长期治疗和康复的，由各基层医疗卫生机构在上级医疗机构的指导下实施治疗和康复管理。

1. 做好慢性病的确认和管理。利用县医疗集团资源优势，建立专家团队，在乡（镇）卫生院的配合下，进村入户，将确实患有慢病没有纳入管理的贫困人口纳入管理。对具有二级医院住院病历首页、医嘱或三级医院诊断证明的贫困患者，由乡（镇）卫生院备案，报县农合中心审批后按医保比例报销，健康扶贫对象慢病患者签约服务率100%。对35种特殊慢性病的农村贫困人口，门诊医保目录内的费用按病种支付限额100%报销。对骨髓增生异常综合征等10种疾病，限额内费用按60%支付。已补偿1.2万人次，补偿金额142.86万元。

2. 做好大病集中救治。根据《山西省农村贫困人口大病专项救治工作方案（试行）的通知》和《忻州市农村贫困人口大病专项救治工作方案（试行）的通知》要求，繁峙县制定《繁峙县农村贫困人口大病专项救治工作方案》，明确各部门的责任，卫计部门负责制定救治计划，组织患者到定点医疗机构进行大病救治；人社部门负责落实新农合报销政策；保险公司负责大病保险、大病补充保险的报销；民政部门负责贫困人口除相关政策报销外的救助工作。同时专门下发《繁峙县贫困人口实施大病集中救治的通知》，从9月25日开始，县人民医院、县第二人民医院、县中医院、县精神病院根据方案要求，按乡（镇）、分批次进行集中救治。2017年，全县范围内对健康扶贫对象84名大病患者进行大病集中救治，救治率100%。

3. 做好重病兜底保障。加大医疗救助力度，将符合条件的贫困人口全部纳入救助范围，进一步提高救助水平。完善大病保险政策，对符合条件的农村贫困人口在起付线、报销比例等方面给予重点倾斜，统筹基本医保、大病保险、医疗救助、商业健康保险等保障措施，建立完善“三保险三救助”工作机制，实行联动报销，加强综合保障，着力解决因病致贫、因病返贫和支出性贫困问题，切实提高农村贫困人口受益水平。共对8名贫困重病患者进行兜底保障，兜底保障率100%。（冯永光）

【“先诊疗，后付费”和“一站式”结算制度】 2017年，根据《山西省农村贫困住院患者县域内“先诊疗，后付费”工作方案》的要求，繁峙县多次组织卫计、人社、保险、民政部门召开协调会，就实施“先诊疗、后付费”遇到的困难进行集中研究，制定《繁峙县农村贫困住院患者县域内“先诊疗，后付费”工作方案》，明确各相关单位的职责。全县贫困人口在县级公立医院住院全部实行“先诊疗、后付费”制度。

县人民医院、县中医院、县精神病院、县第二人民医院4家县级公立医院全部开展基本医保+大病保险+补充医疗保险的“一站式”即时结算服务。对住院医保目录内费用，县、市、省级住院，个人年度自付封顶额分别为1000元、3000元、6000元。

（冯永光）

【县乡医疗机构一体化改革】 2017年年初，繁峙县被列入全省首批18家县乡医疗机构一体化改革试点县之一。历时9个月，按照省、市医改任务目标的要求，积极推进，规范运行，在规定的时效节点内完成上级下达的各项医改任务。省一体化医改会议启动之后，按照高平模式，繁峙县先后出台《繁峙县县乡医疗卫生机构一体化改革试点的实施意见》《关于组建繁峙县人民医院医疗集团的实施方案》和《繁峙县医疗集团理事会章程》，以及《六个“一体化”管理方案》。搭建医疗集团组织架构，设立党政办公室、医务部、护理部、人力资源部、会计结算中心、基层公共卫生科、药品采购配送中心等7个部、室、中心；同时，整合医疗资源，成立影像诊断、临床检验、心电诊断、远程会诊、消毒供应、健康管理、应急急救7个中心，相关部、室、中心骨干人员基本调配到位。医疗集团于4月25日挂牌成立后，边建章立制边有序运行。7月23日，全市各县，市（区）一体化医改正式启动，繁峙做经验交流并在全市全面铺开。

1. 落实医保总额打包付费工作。2017年11月16日，完成县医疗集团法人登记。2017年12月15日，医疗集团在县晋商银行开设账户。2017年12月18日，县医保中心为县医疗集团第四季度初步预算的416万元医保资金拨付到位。

2. 改革人事制度和薪酬制度改革工作。医疗集团对各医疗机构人员实行统一管理、统一使用、统一调配，并按照卫计局对集团的人事薪酬管理制度进行具体实施。

3. 对降低药品和耗材费用占比，优化公立医院收支结构，实现良性运行的督办。充分发挥医疗集团的统筹管理优势，优化医疗机构收支结构，严格控制目录外药品的使用比例，限制高质医用耗材、高价营养药品的购进，并于2017年11月将医疗机构药品耗材占比降低到标准要求。

4. 推行药品采购“两票制”，医疗集团统一药品采购全部实行“两票制”，各分院每月报送药品采购计划，由医疗集团统一采购、统一派送，村卫生室药品继续由乡（镇）卫生院代购，已从8月1日起开始执行，近期医疗集团对配送企业重新进行筛选，逐步统一网络平台。

5. 牵头组织基本公共卫生服务管理，在县卫计局的指导下，医疗集团精心组织，对全年各乡（镇）卫生院基本公共服务的14个项目进行全面考核，并打分排队，采取罚后三名奖励前三名的激励机制。对存在问题不间断的进行整改，卫计局组织，医疗集团牵头于7至8月对全县健康扶贫对象进行双签约服务。依托医疗集团资源优势，组织专家团队，对确实患有慢病没有享受政策保障的贫困人口进行重新认定，纳入集中管理。

6. 医疗集团组织业务培训提升基层服务能力，邀请山西职工医学院7名教授对全县的公卫人员和323名村医，重点就提供基层基本公共卫生服务能力进行为期5天的培训，村医的业务素质明显提升。

7. 对县二院进行帮扶，邀请省二院专家设计，对县二院手术室和急救室重新改建，对全院医护人员进行业务技术培训，同时给县二院配备B超、床旁X机、洗衣机、甩干机、洗片机、120救护车等设备，发挥资源共享的优势，提高二院的业务水平和业务收入。

8. 对撤销的八个分院进行改制重组，原伯强分院改建为伯强村卫生室；原茶铺分院、宽滩分院改建为巡回医疗服务点；其余五家原分院改建为所属乡（镇）卫生院的医疗服务站，原分院财务、人事也进行重组整合。

（冯永光）

【基础设施建设】 1. 2016年至2017年度整村脱贫村调整后对77个村卫生室进行标准化建设，并为95个卫生室内部配备基本医疗设备，共投入经费203.605万元。工程已全部完工并已投入使用，改善农村居民就近就医的环境，提高基本公共卫生服务能力。

2. 县人民医院门急诊综合楼建设项目建设规模为10160平方米，总投资3470万元，2017年12月开工建设，预计2019年完工。

3. 妇幼保健计划生育服务中心综合楼建设项目总建筑面积为5135平方米，总投资1847.04万元，2017年4月开工建设，新建综合大楼主体已完工，预计在2018年全部完工并投入使用。（冯永光）

【基本公共卫生服务】 2017年3月底，接受忻州市对繁峙县基本公共卫生服务项目的考核，考核组对本县的工作给予肯定并提出问题和建议。7月3日至15日，对医疗集团13家分院2017年上半年基本公共卫生服务项目实施情况进行考核。

截至第三季度，接受中医药健康管理服务65岁及以上居民数21862人，0至36个月儿童数5538人；孕产妇活产数1606人，孕13周之前建册并第一次产前检查的产妇人数1324人，产妇出院后28天内接受过产后服务的产妇人数1414人；已建立预防接种证人数3086人，建证率达到100%，各项疫苗实际接种率达到95%以上；按照规范要求进行管理的严重精神障碍患者人数为1278人；卫生计生监督协管信息报告次数为14次，协助开展的食源性疾病、饮用水卫生安全、学校卫生、非法行医和非法采供血、计划生育实地巡查次数为758次；老年人接受健康管理人数为21482人，建立健康档案的65岁以上老年人数为23068人；发放健康教育资料83992本；家庭医生签约：0至6岁儿童签约人数10399人，65岁及以上常住居民签约人数20772人，孕产妇签约人数1655人，在管高血压患者签约人数18100人，糖尿病患者签约人数5347人，肺结核患者签约人数92人，严重精神障碍患者签约人数1143人，残疾人签约人数1862人；计划生育特殊家庭自愿签约数32，农村建档立卡贫困人口签约数56271人，城乡五保人口签约数7342人；城乡居民健康档案建档率88.2%；按照规范要求接受1次及以上访视的新生儿人数1416人，接受1次及以上随访的0至6岁儿童数13384人。（冯永光）

【民生实事】 2017年，全县四家县级医疗机构都建立绿色转诊通道，预约居民就诊免挂号费，优先预约专家门诊、优先安排辅助检查、优先安排住院。对病情较稳定、依从性较好的35种慢性病签约居民，在治疗用药上由卫生院直接补偿，补偿比例提高10%。精神病患者由县精神病院直接补偿。

对全县7655名50至59岁建档立卡农村贫困人口按照65岁以上老年人体检项目进行一次免费体检，截至11月底已全部完成任务。（冯永光）

【“两癌”检查】 2017年，“两癌”检查工作，由妇幼保健计划生育服务中心负总责，对项目中出现的问题给予及时指导，并及时上报任务完成情况。6月5日，三个定点医疗机构同时开展“两癌”检查工作。截至11月底，繁峙县超额完成项目任务，共检查贫困妇女人数为12694人（2017年任务数为12372人），任务完成率102.6%。检查中发现宫颈癌疑似病例48人，已确诊9人，生殖道感染505人，感染率为4.0%。乳腺癌疑似病例11人，已确诊2人。（冯永光）

【城乡怀孕妇女免费产前筛查和诊断服务】通过大力宣传，五个定点机构有序的开展工作。2017年本县完成筛查1906人，筛查出高风险64人，转诊64人，已做产前诊断的32人，其中引产3人，其余29人最后诊断低风险。2017年筛查任务为1880人，任务完成率为101.4%。（冯永光）

【人才队伍建设】 2017年，招考录用76名医疗技术专业人才，已全部上岗，缓解了医技人才缺乏的现状。为保证县乡医疗机构一体化改革真正取得实效，凸显医疗集团资源优势，3月后，县委在卫计系统提拔22名领导干部，强化县级公立医院领导班子，为一体化改革提供坚强的干部组织保障。医疗集团内共有编制677人，县级医院编制425人，执业（助理）医师217人，护士130人；13家乡（镇）卫生院编制252人，执业（助理）医师95人；护士30人，村卫生室323个，现有村医323人。高级职称人员25名，中级职称人员103名。高级职称和中级职称人员占比分别为0.5%和20.9%。 （冯永光）

【医务培训】 2017年8月1日，根据山西省计生委办公室下发的《实施百千万人才培养工程基层适宜人才紧缺专业培训项目的通知》（晋卫办科教发〔2017〕10号）文件要求，繁峙县卫计局和医疗集团领导及时制定具体实施方案，并积极组织实施。于2017年8月5日至10日对疾控中心、妇幼保健院、卫生监督所、精神病院等各专业医疗卫生机构及各乡（镇）卫生院、村卫生室的医务人员共计420余人展开培训，此次培训旨在使基层人员能更精准，更有效的做好具体工作，为基层贫困群众带来更多的医疗便利。

（冯永光）

【国家和省“4+2”计生家庭奖励扶助政策】 2017年，按照“新人新办法、老人老办法”的原则继续落实好国家和省“4+2”计生家庭奖励扶助政策。对新增农村计划生育家庭373人进行奖励扶助申报；做好计划生育特殊困难家庭的经济扶助、养老保障、医疗保障、社会关怀等工作，对19户计生特殊困难家庭投入2.7万元给予特别救助，免费参农合，养老保险每人每年提高60元；投入生育关怀行动资金7.8万余元用于对困难计生工作者和计生家庭的大病救助和慰问帮扶；由县计生协会投入20余万元为全县基层计生工作者和计生家庭免费办理意外伤害保险。 （冯永光）

人力资源

【城镇居民人均可支配收入完成情况】 城镇居民人均可支配收入完成情况：市统计局反馈2017年1月至9月繁峙县城镇居民人均可支配收入总量为19823元，全市排名第6名；增幅5.1%，全市排名第14名。

（梁伟宏）

【2016年度考核的审核备案工作】 全县政府系统机关（单位）25个（含2014年整建制移交县政府管理的质监局和工商局），共有应参加考核公务员473人，其中正科级60人，副科级147人，科员161人，试用期人员14人。实际参加考核473人。考核为优秀等次95人，占应考核人数的20.08%；考核为称职等次364人，占应考核人数的76.96%；未定等次14人，占应考核人数的2.96%。

全县政府系统参公事业单位19个，共有应参加考核参公人员94人，其中正科级23人，副科级12人，科员59人。实际参加考核人数94人。考核为优秀等次17人，占应参加考核人数的18.09%；考核为称职等次77人，占应参加考核人数的81.91%。

全县301个事业单位应参加考核人数6230人，实际参加考核人数6230人，其中，考核为优秀等次1062人，占应参加考核人数17.05%；考核为合格等次5168人，占应参加考核人数82.95%。 （梁伟宏）

【机关事业单位工人技术等级考试】 2017年，机关事业单位工人技术等级（职务）考试共有79人报名，其中，21人报技师等级考试，27人报高级工等级考试，17人报中级工等级考试，14人报初级工等级考试。

（梁伟宏）

【人事档案整理】 2017年共完成433份人事档案整理、编排、装订成册；为2980人次查阅、复印、出具有关档案证明材料；完成2016年度工资变动审核登记表、公务员登记表、职称评审表、年度考核表等相关档案材料收集入档7136份；审核各类退休人员档案共100册；共收集、审核、鉴定各类档案材料1700余份。

另外，县委组织部、县公安局、县人社局于4月7日转发省委组织部、省公安厅、省人社厅《关于转发〈中共中央组织部、公安部、人力资源社会保障部关于在干部人事档案审核工作中做好干部出生日期更正有关工作的通知〉的通知》，按照该文件精神和市委组织部要求，人社局于5月初完成摸底排查工作，并统一由县委组织部牵头将繁峙县《干部人事档案审核认定出生日期与户籍登记摸底排查情况统计表》上报市委组织部，具体上报的摸底排查人员情况为：县委组织部上报261人、县人社局上报360人（含聘干127人）、县教育局上报493人，共计1114人。（梁伟宏）

【企业军转干部解困维稳】 继续做好企业军转干部解困维稳工作。全县现有14名企业军转干部，已全部退休。2017年已按时足额发放三季度生活困难补助16.5万元、“两节”（春节、“八一”建军节）慰问金14000元，还组织了健康体验，累计体检费33060元。上述举措有效维护了本县企业军转干部的思想稳定，未发生上访等现象。（梁伟宏）

【开发区体制机制创新改革】 为贯彻落实全省开发区改革创新发展大会精神，深化繁峙经济技术园区管理委员会和繁峙县招商服务中心（以下简称“园区管委会”和“县招商服务中心”）人事和薪酬制度改革，推进实行园区管委会和县招商服务中心领导班子任期制、全员岗位聘任制和绩效工资制，加快建设专业化、市场化、国际化的管理团队，根据省政府办公厅《关于改革和创新招商引资工作的若干意见》、省委组织部、省人社厅、省财政厅《关于深化开发区人事和薪酬制度改革实行“三化三制”的指导意见》和市人社局《关于印发开发区（产业园区）全员岗位聘用制和绩效工资制实施办法的意见（试行）的通知》等文件精神，对本县园区管委会和县招商服务中心人事和薪酬制度改革提出实施办法讨论稿，后经县委、县政府多次开会研究讨论，形成《繁峙经济技术园区管理委员会和繁峙县招商服务中心人事和薪酬制度改革实行“三化三制”的实施办法》，并由县委组织部、县人社局、县财政局于2017年7月26日联合印发。

（梁伟宏）

【人才计划管理模式改革】 2017年，为达到“取消机关事业单位进人计划卡，打通政企、事企人才双向流动通道，顺向流动全部取消审批、横向流动单位自主办理、逆向流动实行科学调控，构建全新人才流动机制”，根据市委组织部、市编办、市人社局、市财政局、市公安局《关于印发忻州市机关事业单位人员流动试行办法的通知》，并结合本县实际，起草了《繁峙县机关事业单位人员流动试行办法》讨论稿，经县政府常务会议研究通过，现以联合组织、编制、财政、公安等部门正式印发全县各单位。（梁伟宏）

【人才评价制度改革】 2017年8月，县委组织部、县人社局转发省市《关于进一步改进职称评审工作的通知》，贯彻落实职称评聘（4个一律取消），同时多措并举完善专业技术人员管理工作。(1) 强化制度创新，服务经济社会发展。结合事业单位岗位管理和专业技术人员队伍发展变化情况，会同有关单位调整专业技术职务结构比例控制标准，畅通优秀人才职称评价通道。(2) 改进评价办法，提高职称工作质量。坚持重能力、重业绩、重贡献的评价导向，突出岗位和职业特点，改进人才评价方式方法，努力实现职称评审的规范化、科学化、专业化，不断提高职称评审质量。(3) 完善工作机制，保证职称工作公平、公正。加大政务公开力度，以公开促公平，通过多种形式公开有关单位年度申报职数及申报人员情况，保障专业技术人员的知情权、参与权。(4) 做好综合协调，规范职业资格管理。加强各类专业技术职称考试管理，确保考试安全。坚持规范、便民、高效原则，认真做好专业技术人员职称考试的资格审查和证书办理工作。

（梁伟宏）

【“三基”建设】 根据繁编办字〔2017〕4号要求，人社局精心组织，按时完成了《繁峙县人力资源和社会保障局基础工作目录》《繁峙县人力资源和社会保障局便民服务手册》《繁峙县人力资源和社会保障局管理手册》《繁峙县人力资源和社会保障局应知应会手册》共计407页的编撰任务。（梁伟宏）

【“放管服”工作】 2017年，人社局认真贯彻落实国家、省、市、县“放管服”改革的部署要求，积极推进行政审批制度改革，规范行政审批行为，强化审批权力监督，整体服务效能显著提升。(1) 强化组织领导，落实工作责任。成立以局长为组长、分管领导为副组长，各有关股室和局属单位负责人为成员的领导小组，召开工作推进会，制订实施方案，对“放管服”工作进行安排部署。(2) 协同推进“放管服”改革。对本单位增加、取消、下放、修订事项要素的权力事项及时调整，行政权力事项由最初的52项减为3项，共计减少49项，精简比例为94.2%，做到“管的合理、放的彻底、服的到位”。(3) 推进依法行政，优化政务服务。推进“阳光人社”建设，对人社局大厅窗口办理事项，进行逐项梳理，确保群众办事一目了然。全面推行服务承诺制、首问负责制、限时办结制、责任追究制，着力规范工作行为，促进整体服务质量和水平进一步提升。

（梁伟宏）

【“六最”营商环境】 全力打造人社部门“六最”营商环境。为认真落实省、市优化营商环境会议精神，进一步深化“放管服效”改革，全力营造“审批最少、流程最优、体制最顺、机制最活、效率最高、服务最好”的营商环境，根据县政府办《关于印发繁峙县营造“六最”营商环境实施方案的通知》精神，结合部门实际《繁峙县人社局营造“六最”营商环境 实施方案》，针对涉及本局的三项任务制定工作措施。

（梁伟宏）

【“双日双评”活动】 开展“双日双评”推进“两学一做”学习教育常态化制度化。根据县委安排，从2017年4月以来，人社局以支部为单位开展了以“支部主题党日”“党员先锋行实践日”“党支部评先”“党员评优”为抓手的“双日双评”活动，通过“双日双评”活动载体带动全县各级党组织和广大共产党员带头学起来、做起来、改起来，切实将学的成果、做的实践体现到日常工作中，有效推进“两学一做”学习教育常态化制度化。（梁伟宏）

【机关事业单位工作人员调资】 2017年职务（岗位技术等级）、级别变动工资调整500人；新增人员工资确定231人（2016年事业单位新进人员122人、进入事业单位大学生村官55人、砂河中学新招聘28人、教育系统调入1人、安置转业士官10人、安置城镇退役士兵15人）；事业单位工作人员正常晋升薪级工资5818人，调整人民警察警衔津贴38人（其中公安局晋升二级警司13人、晋升一级警司18人、晋升三级警督1人，其他政法系统单位有6人晋升警衔）。

（梁伟宏）

【退休与福利的审批】 做好退休与福利的审批工作。(1) 严格执行国家退休政策，为到龄人员及时办理退休手续，实现到龄即退。为达到法定退休年龄的109名机关企业事业单位工作人员办理退休手续，其中公务员2人、事业人员103人（含教育系统78人）、工勤人员1人、企业干部3人；(2)全年离休遗属补助共办理2户2人，退休遗属补助共办理12户17人；(3)为本年度死亡的39名机关事业单位工作人员（离休6人、退休32人、在职1人）落实了一次性抚恤金、丧葬费等待遇，共计500余万元。

（梁伟宏）

【机关公务员职务职级并行】 认真落实县以下机关公务员职务职级并行制度。2017年，全县共有62人晋升职级，其中晋升正处级1人、晋升副处级14人、晋升正科级10人、晋升副科级37人。（梁伟宏）

【乡镇工作人员岗位补贴】 新增乡镇工作人员岗位补贴按时发放到人。省人社厅、省财政厅《关于完善乡镇机关事业单位工作人员乡镇工作补贴的通知》下发后，人社局与县财政局立即联合转发，通知有关单位填报《繁峙县完善乡镇机关事业单位工作人员乡镇工作补贴审批花名表》，根据县委、县政府要求，9月5日以后开始按职务（职级、岗位技术等级）增发除教育及繁城镇外的乡镇及派驻机构共计918人的乡镇补贴124万余元。（梁伟宏）

【司法体制改革试点工资政策】 全面推行司法体制改革试点工资政策。2017年，根据省人社厅 省财政厅《法官、检察官和司法辅助人员工资制度改革试点实施意见》《关于法官、检察官和司法辅助人员执行艰苦边远地区津贴有关问题的通知》及省委组织部、省人社厅、省财政厅《关于做好司法体制改革试点法院、检察院员额制法官、检察官工资套改等相关工作的通知》等文件精神，人社局全面推开法、检两院工资制度改革工作。(1)高度重视，强化组织实施，准确把握法院、检察院法官、检察官和司法辅助人员工资制度改革的主要内容和精神实质，做好政策解释和思想工作。(2)部门协调配合，及时汇报，及时衔接，细致套改，认真核算，按要求排好进度表，确保法、检两院工资制度改革工作按时完成。此次统筹调整司法辅助人员和司法行政人员的工资水平，涉及法院法官17人、司法辅助人员36人和检察院检察官7人、司法辅助人员37人，共计97人。（梁伟宏）

【公务员管理】 第一，加强公务员队伍思想政治建设和能力建设。(1)组织完成新录用公务员初任培训。2017年1月4日至15日，按照市局安排，组织本县行政机关13名2016年新考录的公务员和1名新安置到公务员岗位上（林业局）的军队转业干部到市委党校进行初任培训。(2)为提高本县机关单位干部专业能力，发挥县直部门专业优势，根据《干部教育培训工作条例》规定，制定了2017年县直行政机关公务员在职培训计划。通过“山西干部在线学院”这一网络学习平台，组织县直行政机关和参照公务员管理单位的480名公务员和94名参公人员，共574人参加了线上培训。

第二，完成4个参公单位8名参公人员的考录工作。

第三，完成专业技术类、行政执法类公务员职位范围摸底统计工作。为贯彻落实《专业技术类公务员管理规定（试行）》和《行政执法类公务员管理规定（试行）》，根据省人社厅《关于开展专业技术类、行政执法类公务员职位范围摸底统计工作的通知》要求，2017 年 6 月，对全县专业技术类公务员和行政执法类公务员的职位范围以及参照公务员法管理事业单位聘用制公务员情况进行了认真细致摸底，共统计上报专业技术类公务员 13 人（公安局 7 人、审计局 6 人）、行政执法类公务员 334 人（公安局 207 人、交警大队 33 人、安监局 6 人、国土局 11 人、食药监局 13 人、质监局 8 人、工商局 56 人）、参照公务员法管理事业单位聘用制公务员 35 人（其中女性 13 人；按职级分，正科职级 5 人、副科职级 22 人、科员及以下 8 人；按学历分，本科及以上 6 人、大专及以下 29 人）。

第四，完成 19 名公务员（参公人员）惩戒备案工作，其中受政纪处分 4 人、解除政纪处分 15 人。（梁伟宏）

【事业单位人事人才工作】 2017 年，不断完善人才引进方式，通过公开招聘考试与考核相结合的办法，招聘引进大量实用人才，进一步充实事业单位人才队伍，规范事业单位进人行为，拓宽事业单位进人渠道。(1) 本县 2016 年部分事业单位公开招聘的 122 名工作人员（71 名全额事业人员、51 名差额事业人员，后有卫生院 1 人辞职）办理了聘用手续。(2) 按照市委组织部、市人社局、市编办审批通过的《繁峙县从大学生村官中考核招聘事业单位工作人员实施方案》规定，有 15 名大学生村官落实事业编。(3) 与县委组织部联合制定《繁峙县 2017 年从大学生村官中公开招聘事业单位工作人员实施方案》，经市委组织部、市人社局审核备案后组织实施，共有 40 名大学生村官符合条件、考核合格并落实事业编。(4) 切实履行人社部门监管职责，为本县砂河中学公开招聘具有研究生学历的教师 28 名并办理相关手续。(5) 根据省人社厅 省编办 省军区《关于下达 2016 年度民兵武器装备仓库超龄职工移交安置计划的通知》和县委议军会议精神，2017 年安置本县 3 名 2016 年度民兵武器装备仓库超龄职工到 3 个事业单位（疾控中心、碧秀公园、草原监督管理站各 1 名）。(6) 根据县退役士兵安置工作领导小组《繁峙县 2016 年度退役士兵安置工作实施方案》精神，经过组织报名、资格审查、档案考核、笔试、总分排名、岗位选择等一系列程序操作，为 10 名转业士官和 15 名城镇退役士兵办理有关手续。（梁伟宏）

【职称评审】 2017 年，人社局审核推荐正高级专业技术资格（主任医师）3 人；审核推荐副高级专业技术资格共 84 人（其中，高级农艺师 2 人、高级畜牧师 1 人、副主任医师 18 人、党校高级讲师 1 人、小学高级教师 18 人、中学高级教师 44 人）；审核推荐中级职称专业技术资格 58 人（其中，畜牧师 6 人、农艺师 1 人、工程师 1 人、中学一级教师 50 人）。（梁伟宏）

【专业技术人才知识更新工程】 实施专业技术人才知识更新工程。为全面加强繁峙县专业技术人员继续教育培训工作，促进专业技术人才职业道德和能力素质的提升，依据《专业技术人员继续教育规定》和《繁峙县专业技术人才队伍建设中长期规（2011—2020 年）》的要求，制定了繁峙县专业技术人员继续教育实施方案及计划。2017 年，人社局联合卫计局、教育局制定并实施了卫生系统和教育系统专业技术人员知识更新工程计划及有关继续教育培训。2017 年，本县卫生系统有 390 人参加了“山西省百千万卫生人才培养工程基层适宜人才公共卫生专业培训项目”，教育系统参加“中国教师研修网”在线学习的高中教师有500人左右，参加“全国中小学教师继续教育网”在线学习的初中、小学、幼儿教师有2500人左右。

（梁伟宏）

【“三支一扶”计划】 人社局历来高度重视“三支一扶”工作，将“三支一扶”计划作为强化基层人才队伍，促进经济发展的一项重要工作来抓，坚持管理与服务相结合、培养与选拔并重的原则，2017年有2015年招募的“三支一扶”高校毕业生9人服务期满，其中4人实现就业；2016年招募的“三支一扶”高校毕业生5人中有1人被宁武县招募为“三支一扶”高校毕业生（两年服务期满后落实事业编）。年底前，仍有4人在基层服务（支教1人、支医3人）。

（梁伟宏）

【人才资源市场化配置】 人才资源市场化配置功能进一步增强。2017年人才市场全年办理高校毕业生实名制登记1128人（研究生36人、本科427人、专科665人）；办理《就业失业登记证》254本；鼓励和引导高校毕业生自主创业139人，先后组织112名高校毕业生到企业参加就业见习；为山西繁峙牧原农牧有限公司推荐各类人才33名。

（梁伟宏）

【高端科技创新人才引进】 为认真落实好忻州籍（山西籍）专家、人才与本县单位、项目、企业的对接准备工作，人社局汇总上报了26人的人才需求目录，到2017年年底已对接涉及旅游、金融、农业等方面的11名忻州籍专家，将会参与繁峙县旅游、商务、农业等部门的7个项目建设。（梁伟宏）

【扶贫工作】 2017年，全局共派20名干部职工分别与大营镇左所村、河南村共104户贫困户294人（左所村99户280、河南村5户贫困户14人）开展了结对帮扶工作，竭尽全力为群众办实事、办好事，为贫困群众发展产业、加快脱贫致富步伐、打赢脱贫攻坚战、实现小康生活目标打下良好的基础。

左所村方面：第一，发挥职能单位优势搞好村集体硬件建设。为强化左所村委会的硬件建设，和村委会成员讨论研究，经过“一事一议”和县财政局申请经费10万元，主要用于修善村委会院墙和文化活动广场一座。并配置申请协调村委会硬件设施，增加集体会议桌一张，椅子若干把，电视机。为丰富村民日常文化生活，局领导和文化局协调为左所村配置了乒乓球台，电动麻将桌和村妇女文化队用的音响一套。该村现修通往老泉头水磨村砂石路3千米，并通过本局和交通局联系拟修左所村到小店村的油路6千米，方便村民的出行。第二，调整农业结构。根据“一村一品一主体”的脱贫指导思想，依托老泉头蔬菜加工厂的优势，宣传并鼓励村民大力发展蔬菜种植，形成自己的脱贫产业。该村现已成立丰瑞祥农林牧专业合作社，带动57户贫困户种植黄芪13.53公顷和养殖118头牛、550只羊。年底还成立一个养牛合作社和种植胡萝卜合作社，对集中连片土地进行承包，扩大种植面积减少种植成本。第三，利用左所村日照时间长的优势，大力发展光伏发电产业。大力宣传政府加公司加农户加银行的光伏发电政策，该村变压容量允许太阳能光伏发电项目在10到15户之间，已办理太阳能光伏发电贷款12户，在大力发展可持续清洁能源的同时让贫困户足不出户享受稳定收益。第四，针对村里年老、残疾，有病无劳动能力的贫困户通过帮助申请低保、申请医疗保险和大病救助等政府兜底方式脱贫，2017年新增低保户17户，全部是70岁以上的精准贫困户；因病致贫的4户在本局帮扶责任人和第一书记的联系帮助下都进行了新农合的医疗救助，并争取下一步的民政和保险公司救助。第五，针对因学致贫的贫困户，人社局帮助协调县教育、扶贫、民政等部门，通过实施“雨露”计划、贫困资助等措施减轻贫困家庭的负担，对贫困家庭的未就业大学生提供公益性岗位和见习岗位等措施积极拓宽未就业大学生就业渠道，2017年该村3名考入二本B类以上院校的贫困学生享受扶贫办每人5000元扶贫资助，2名贫困户毕业大学生享受1年的高校毕业生就业见习补贴。第六，抓好就业技能培训，造就专业技能新型农民，通过与劳动就业局联合举办各种免费技能培训以提高农民素质，同时积极主动联系用工单位，大力推荐农村闲散劳动力，着力做好劳动力输出以增加村民收入。技能培训5人，劳务输出85户，帮助就业201人。

2017年帮扶人员在现场办公　梁伟宏提供

河南村方面：第一，基础设施不断完善。2017年，河南村投资3万元维修水塔、配电房，受益1000余人；投资20万元新建老年日照中心，占地150平方米，受益人员30余人；投资12万元改善“两委”办公室150平方米、两间库房160平方米，硬化院子200平方米；联系水利部门维修自来水管道1980米、饮水井5座；投资1.4万元新建村卫生室70平方米。为改善村容村貌，对村街道墙壁喷涂5400余平方米，维修残垣断壁1200米，在王大线河南村段两侧种植1000余株绿化树苗。第二，有力确保保障帮扶。该村建档立卡贫困户33–64周岁妇女完成健康筛查61人，有1名患宫颈癌贫困户妇女获得1万元补贴，新婚和一孩夫妇免费体检7对，3名新生婴儿并获得生育补贴；8户困难户危房，已有2户开工改造。第三，落实产业扶贫项目。驻村工作组根据贫困原因和帮扶需求逐户制定扶贫规划和脱贫计划，使建档立卡工作与各项扶贫政策相衔接，扶贫措施与贫困现状相对应，做到村有规划、户有计划，并发展壮大村级产业，以期实现河南村如期脱贫。(1) 工作组与村“两委”班子精心谋划，带动33户贫困户大力发展8.07公顷黄花种植业，带动4户贫困户发展105只羊、60只鸵鸟养殖业。(2) 充分发挥单位优势，通过向贫困户提供务工信息、推荐工作岗位，开展技能培训和具体形式，积极拓宽河南村劳动力就业渠道，多途径地促进帮扶户增收，已协助河南村完成技能培训13人，依托“晋秀纺”文化产业培训“繁峙绣娘”4人，劳务输出71户，帮助就业180人，实现贫困户增收。(3) 培育农村专业合作社，带动部分有劳动力人员及在家人员的务工。2017年已建立众和农林牧专业合作社，带动33户贫困户实施黄花种植，解决部分有劳动力人员及在家人员的务工问题，实现贫困户增收。第四，科学选定项目，积极引导贫困户参加光伏发电扶贫项目。2017年有12户建档立卡贫困户安装光伏发电设备，每户5千瓦的光伏发电项目并网以后，每户每年可收益3000元。　（梁伟宏）

社会保障

【概述】　根据繁发〔2009〕29号文件精神，原县人事局、县劳动和社会保障局合并为繁峙县人力资源和社会保障局，正科级建制，办公场所占地面积为2667.7平方米，为县人民政府工作部门。现内设职能科室6个，下辖副科级事业单位5个，股级事业单位20个，其中信息中心、综合服务中心、城乡居民养老保险中心、新型农村合作医疗管理中心在政务大厅办公，医疗保险中心、机关事业养老保险中心、社会劳动保险事业所、失业保险中心、工伤保险中心分别在政务大厅设立了服务窗口。有在职职工123人。

（王月利）

【再就业人员增加】　2017年，全县下岗失业人员再就业1239人，城镇新增就业3172人，就业困难群体就业357人，创业带动就业479人，转移农村劳动力6526人，城镇登记失业率控制在4.0%以内。（王月利）

【春季用工招聘会】　2017年4月，举办“春风行动”暨春季用工招聘会。活动期间共发布招聘信息70多条，提供岗位780多个。共有66家县内外企业参加，进场求职者1600余人，达成就业意向的有202人。发放宣传资料5000余份，进行政策咨询服务200多人次。（王月利）

【众创产业园成绩显著】　众创产业园是繁峙县积极响应“大众创业、万众创新”发展规划的第一个创业园区，于2016年12月9日被认定为省级创业示范基地，占地面积1.7万平方米。园区主要由文化产业园、大学生创业园、下岗职工创业孵化基地等组成。2017年园区已入驻119户，直接带动就业496人。（王月利）

【创新创业服务中心成立】　2017年成立创新创业服务中心，主要负责提出双创产业发展规划，大学生创业基地建设，管理入驻电商团队，是忻州市唯一一家成立的双创服务中心。（王月利）

【技能培训成效显著】　2017年，全县共开展技能培训60期4186人（含建档立卡贫困户2527人），圆满完成各项培训目标任务。在全县开展的特色劳务品牌培训“巧姑家庭工厂”“繁峙绣娘”紧贴当地实际取得了很好的效果，成为培训—就业—脱贫的范例。

2017年巧姑家庭工厂培训　王月利提供

为促进贫困劳动力技能培训和转移工作，实现劳务输出脱贫，根据繁扶组〔2017〕78号文件精神，经过各乡（镇）、县扶贫办、县人社局审核，全县各乡（镇）符合交通补贴申领条件人数为7997人，金额4593395元。（王月利）

【医疗保险】　2017年，全县共有412家参保单位，城镇职工参保人数达到25905人，完成任务数25900人的100%。征缴医疗保险基金 5418 万元，完成任务数 4766 万元的 114%，支付医疗保险基金 4601.26 万元；城镇居民参保人员达到 9675 人，完成任务数 8900 人的 108%，征缴医疗保险基金 145 万元，完成任务数 133.5 万元的 108%，支付医保基金 339.11 万元；生育保险参保人数为 12009 人，完成任务数 1.2 万人的 100%，征缴生育保险基金 276.9 万元，完成任务数 251 万元的 110%。生育保险基金支付 66.74 万元，享受生育保险待遇 268 人次。

全年为 211 名患者进行了门诊大额疾病补助资格认定，累计报销人数 625 人，报销金额 222.52 万元；个人门诊刷卡 226316 人次，支付金额 2150 万元；城镇职工跨省异地就医结算 62 人次，共支付 65.55 万元。

（王月利）

【机关事业养老保险】 2017 年，全县参保单位 202 个，参保职工 9329 人，完成全年任务数 8200 人的 114%。征缴养老保险基金 2.89 亿元，完成基金征缴任务数 2.86 亿元的 101%。累计为 804 名退休职工发放养老金 3732 万元。为 5 名死亡退休人员支付丧葬费及一次性抚恤金 59 万元。（王月利）

【社会保险事业】 2017 年，全县共有参保职工 18876 人，完成全年任务数 1.88 万人的 100.4%。其中，在职职工 8900 人，实际缴费职工 8500 人（非公经济灵活参保职工人数 3931 人；灵活就业和个体工商户参保 823 人）；离退休人员 9976 人。征缴养老保险金 5013 万元，完成任务数 5000 万元的 100.3%。

共为 9976 名企业退休人员发放养老金 28113 万元。为 30 名职工省外转移养老金 86 万元，为 90 名离退休死亡职工支付丧葬费 188 万元。

7 月，根据晋人社厅〔2017〕69 号文件精神，及时为 9673 名离退休职工调整了养老金。通过调整，年人均增加 1836 元。根据晋人社厅〔2017〕9 号文件精神，为 9673 名离退休职工补发 2016 年度取暖费 928.6 万元。

全县共有 9571 人进行了指纹认证。

（王月利）

【工伤保险】 2017 年，全县共有 15497 人参加工伤保险，完成全年任务数 15460 人的 100%；征缴工伤保险费 510 万元，完成全年任务数 321 万元的 159%。享受工伤亡待遇 94 人（含老工伤人员 12 人），支出工伤保险基金 1127 万元：其中工伤医疗待遇 58.97 万元，伤残待遇 613.33 万元（含老工伤人员待遇 32.21 万元），工亡待遇 454.7 万元。

（王月利）

【失业保险】 2017 年，全年参加失业保险 9637 人，完成任务数 9600 人的 100%。征缴失业保险费 320.6 万元，完成全年任务数 250 万元的 128%。支出失业保险金 478 万元，其中发放失业保险金 315 万元，为失业人员缴纳基本医疗保险金 71 万元，为失业人员发放取暖补贴 56.5 万元，发放企业稳岗补贴 35.5 万元。全年共有 404 人领取失业保险金。

（王月利）

【新型农村合作医疗】 2017 年，全县新农合参合 200594 人，参合率 98%。人均筹资标准由 540 元提高到 600 元：其中个人缴费由 120 元提高到 150 元；各级财政补助由 420 元提高到 450 元（中央、省、市、县分别补助 324 元、63 元、17 元、46 元）。

征缴医疗保险费 3008.91 万元（个人缴费），基金支出 6582.02 万元，受益 22.92 万人次。其中，门诊补偿支出 852.81 万元，受益 21.5 万人次。住院补偿支出 5729.21 万元，受益 1.42 万人次。

为农村建档立卡贫困人口就医报销提供高效便捷的服务，根据省、市文件精神，全面开展农村建档立卡贫困户医疗补偿政策，对农村建档立卡贫困人口实施“三保险、三救助”（即：基本医疗保险、大病保险、补充医疗保险和参保缴费救助、辅助器具免费配适救助、特殊困难帮扶救助）等 6 项措施，同时在县人民医院和中医院开展了基本医保+大病保险+补充医疗保险的“一站式”即时就医结算服务，基本解决农村建档立卡贫困人口因病致贫问题。“一站式”即时就医结算服务现已办理 1531 人次。

年内城镇居民基本医疗保险与新型农村合作医疗保险整合为城乡居民医疗保险，基本实现了“六统一”，即：统一覆盖范围、统一筹资政策、统一保障待遇、统一医保目录、统一定点管理、统一基金管理。

（王月利）

【城乡居民养老保险】 2017 年，共有 147855 人参加城乡居民养老保险，完成全年任务数 14.69 万人的 100.7%。收缴养老金 1435.09 万元，完成全年任务数 1423.66 万元的 100.8%。累计发放养老金 3233.76 万元，33603 人享受养老保险待遇。养老保险关系转出 86 人，转出基金 53880.94 元；转入 36 人，转入基金 68658.95 元。重复领取养老保险待遇 25 人，追回重复领取基金 58515 元。全年老农保合并 548 人，退保 732 人。被征地农民进账预收款 86 万元。60 周岁以上建档立卡贫困人口参保率达 100%。（王月利）

【劳动保障监察】 全年抽查各类用人单位 46 家，重点针对用人单位遵守劳动用工和社会保险法律法规情况进行检查，涉及劳动者 2300 多人。共接待日常咨询 40 余人次，直接受理投诉登记案件 9 起，电话投诉 20 余次，法定期限内结案率 96%以上。为 120 余名劳动者追要拖欠工资 338 万元。处理上级信访转办案件 2 件，对 17 家用人单位下达了整改指令书。督促 12 家用人单位开设了农民工工资专用账户，已预存农民工工资 107 万元。

共受理劳动争议案件 94 件，其中，立案裁决 14 件，结案率达 100%；案外成功调解 80 件，不予受理 58 件。（王月利）

老龄工作

【概述】 繁峙县老龄委员会办公室成立于 1992 年 7 月，为正科级全额事业单位，内设综合科和权益科。全额事业编制 6 名，领导职数 2 名，主任 1 名，副主任 1 名，工作人员 4 名。主要负责组织贯彻落实党中央、国务院和省、市老龄工作委员会及其办公室，县委、县政府有关老龄工作的方针和政策；联络建立老龄工作齐抓共管机制，协调和推动有关部门做好维护老年人合法权益和保障工作；负责宣传贯彻《山西省实施〈中华人民共和国老年人权益保障法〉办法》的贯彻落实，制定老年优待政策及其落实工作，从政策层面上为老年人办实事；组织广大老年人开展有益于老年人身心健康的各种活动，丰富老年人精神文化生活；倡导和组织社会各界为老年人办实事、送温暖、助老解困，努力实现“老有所养、老有所医、老有所教、老有所学、老有所为、老有所乐”。

（柴成强）

【走访慰问工作】 2017 年，利用两节、敬老月等重大节日，全年共走访慰问百岁、高龄、特困老人 80 余人，送去慰问金、慰问

品、特困救助金共计 3 万余元。（柴成强）

【先进典型评选活动】 2017 年，根据市老龄委关于开展“孝亲敬老”先进典型和“杰出老人”评选表彰活动的通知和要求，确定比较优秀的 7 名孝亲敬老个人，3 名杰出老人和 2 个先进集体经过市老龄委最后评审，其中获十佳“孝亲敬老”先进集体、十佳“孝亲敬老”模范个人各 1 个，其余都获得优秀奖。（柴成强）

【老年维权优待工作】 1. 坚持“以人为本、热情周到”的服务理念，及时为老年人办理优待证，共办理老年优待证 157 本。2. 关爱老人，加强为老服务工作，认真、耐心仔细听取、阅读老年群众来信、来访反映的问题，做好解释工作。全年共接待处理老年人来电、来信、来访 19 人次（件），并做到事事有落实，件件有回音。3. 加强老年法律服务、司法援助工作，协调有关部门着力解决老年人的实际问题，与司法局、法制办、人大等有关涉老单位积极协调，不断完善老年维权网络和法律援助体系。全年获法律援助老人 56 人次，减免律师费 2850 元，涉老立案数 68 件，审结 68 件，减免诉讼费 45.87 万元，较好地维护了老年人的合法权益。4. 配合县卫计局对 60 周岁以上 27560 名老年人进行了免费体检。（柴成强）

【老年人权益保障法】 《实施办法》施行后，老龄办高度重视，采取多形式、多渠道宣传活动，通过各种网络、电视等媒体平台加大宣传力度并配合市老龄办下发《实施办法》手册，翻印了 500 余本，共同下发到各乡（镇）及有关单位，充分利用乡镇及单位这个平台进行宣讲、培训，使《实施办法》最大化地做到家喻户晓，在基层得到更好的宣传和贯彻落实，促进全社会爱老、敬老意识的提高，收到良好的社会效果。（柴成强）

【为老服务活动】 2017 年，按照市举办“首届老年文化艺术节”要求，老干局老年大学合唱团、繁峙县老年体协旗袍健身队、英姿水兵舞健身队代表繁峙县于 9 月 15 日参加了“忻州市首届老年文化艺术节”比赛，老年大学合唱团和水兵舞健身队取得了三等奖的好成绩。

9 月 27 日，老龄办会同有关单位在县城祥龙广场举行了“繁峙县第五届‘庆国庆、迎重阳’老年体育健身展示表演”，全县 38 个健身站，2500 余名参赛人员进行了健身操和健身舞蹈等内容的表演。（柴成强）

民　政

【概述】 繁峙县民政局是主管社会行政事务的县政府工作部门。主要职责是研究制定全县民政事业的发展规划和年度计划，负责管理全县社会救助、优待抚恤、退伍军人安置、救灾救济、基层政权建设、行政区划、婚姻登记等工作。内设办公室、优抚股、退伍安置股、救灾救助股、双拥办等 5 个股室，下设城市低保办、光荣院、烈士陵园、社会救助管理站、荣军接待站 5 个二级机构。干部职工 42 人。（刘爱中）

【最低生活保障与社会救济救助】 2017 年，繁峙县城乡低保总人数为 20644 户 22650 人，全年发放低保金 6366.9284 万元；农村五保户 2022 人，其中集中供养 69 人，全年发放生活补助金 797.26 万元，全部按照集中供养 5510 元·人/年，分散供养 3940 元·人/年的标准按时按标准发放到个人账户。为非贫困户的低保户、五保户、孤儿8219人办理了资助参保参合，使用资金147.94万元。

（刘爱中）

【大病医疗救助】 民政局将建档立卡贫困户患病住院的自付住院医疗费用救助比例由普通人员的10%—15%提高到70%；同时，继续实施资助参合工作。全年共发放农村医疗金952人540.57万元。（刘爱中）

【优抚安置及双拥工作】 （1）按时发放优抚对象抚恤补助金，为1349名定恤、定补优抚对象发放抚恤资金778.6846万元，发放"解三难"和大病医疗救助资金39.2837万元。（2）新一届领导班子会议部署研究决定，2017年12月底，安置转业士官3人。（3）"双拥"工作扎实开展，按时足额发放优抚补助，加大对困难优抚对象救助。为15户现役军人家庭发放优待金48.67万元；为67名自主择业退伍军人发放一次性经济补助74.92万元；同时，为全县105名参试退役人员发放体检费6.3万元。"八一"期间对6个涉军群体对象进行慰问。（刘爱中）

【防灾减灾】 2017年，民政局储备救灾帐篷196顶、被褥3160套、棉大衣2488件、单衣2316套、棉衣2187套、多功能服1766件、越冬毛毯3140床、行军床500个，可用于受灾群众应急转移安置。特别是2017年全县遭受严重洪涝灾害之际，紧急调拨救灾款物对受灾严重的神堂堡乡和东山乡进行了救援。在"防灾减灾日"组织学习了救灾应急知识，加强了全局职工对防震减灾应急工作的认识。（刘爱中）

【养老服务】 （1）全县农村低保户中共有高龄老人2043人（百岁老人11人），失能老人1119人，全部按照高龄30元·人/月（百岁老人300元·人/月）、失能60元·人/月的标准发放生活补贴，全年发放146.88万元；全县农村低保户中残疾人现有1899人补贴标准为50元·人/月，全年发放100.86万元。（2）新建农村日间照料中心8个（建设地点为繁城镇东城街，砂河镇西沿口村、下汇村，大营镇河南村，杏园乡大砂村，光裕堡乡大木瓜村，下茹越乡福连坊村，金山铺乡下浪涧村），2017年年底已经全部建设完成，预计2018年投入使用，能为800余名老人提供服务，使老年人老有所养，老有所依。

（刘爱中）

【扶贫移民易地搬迁】 为加快实施易地扶贫搬迁工程，从根本上解决居住在"一方水土养不起一方人"地区贫困人口的脱贫发展问题。本县在2016年启动了扶贫移民易地搬迁工作，制定2016—2018年三年内撤销村119个，其中行政村销号51个，2017年已完成村庄撤销任务50个。（刘爱中）

【第十一届村民委员会换届选举】 县委、县政府高度重视，成立了领导小组，制订了具体实施方案。2017年，县委书记孔保宝多次召开专题会议对村"两委"换届作专门安排，提严格要求。本局积极作为，实行分类指导，及时处理各类问题矛盾，在处理好扶贫移民异地搬迁造成的行政村销号问题基础上，营造了风气好、程序到位、选民热情高的换届氛围。全县394个参与换届选举的行政村（9个行政村因扶贫移民搬迁不参加换届选举）已全部完成换届选举，提前完成换届任务。（刘爱中）

【送温暖献爱心】 2017年春节前，县民政局根据县委、县政府安排对176个非贫困村中的8500户建档立卡贫困户进行了慰问，每户送去了一袋白面（50斤）一袋大米（20斤），共计132.6万元。（刘爱中）

【社会事务管理】 （1）开展了2017年社会团体年检工作，对全县43个社会团体和34民办非企业进行了监督检查。（2）全年共登记结婚3255对，离婚598对。（刘爱中）

民族宗教

【省宗教局局长刘国庆到狮子窝大护国文殊寺调研】 2017年2月12日，省委统战部副部长、省宗教局局长刘国庆到五台山风景区调研，在调研狮子窝大护国文殊寺时指出，大护国文殊寺为汉传佛教寺院，要按照汉传佛教仪轨进行宗教活动、建设寺院，不得非法建设藏传佛教建筑，已经建设的要依法限期拆除。五台山风景区党工委副书记赵永强、省委统战部副处长黄杰、省宗教局宗教一处副处长宁金平一同调研。（范君鹏）

【西台附近5座寺院的管辖权限确定】 2017年5月5日，市委副书记王珍在市委常委会议室召开协调会，就西台附近5座寺院的管辖权限进行了讨论，会议初步议定，吉祥寺、法雷寺由五台山风景区管理，狮子窝大护国文殊寺、八功德水西来寺、澡浴池寺由繁峙县管理。报市委书记李俊民后，行文确定。市委常委、宣传部部长、统战部长陈义青，繁峙县委书记孔保宝，市委统战部副部长、市宗教局局长赵雁宾，以及五台山风景区管委会负责人参加会议。（范君鹏）

【八功德水西来寺清理违规佛像】 2017年6月中旬，经县宗教局的政策宣传、说服教育，八功德水西来寺清理了违规建设的大型露天佛像。（范君鹏）

【僧人证登记、发放工作完成】 2017年7月，繁峙县常住僧人证登记、发放工作基本完成，全县涵盖28个寺院、130余位僧人。（范君鹏）

【市委部分领导来狮子窝大护国文殊寺调研】 2017年8月10日，省委统战部副部长王云龙，市委常委、市委统战部部长刘婷芳到狮子窝大护国文殊寺调研。要求该寺院严格按照《宗教事务条例》和《山西省宗教事务条例》建设寺院，已经建成的“显密金刚院”违反了相关法律规定，要限期拆除。该寺院住持释仁法承诺，于2017年12月底完成整改。8月11日，在嘉盛伦二楼会议室召开会议，县委书记孔保宝主持会议，县委常委、组织部长、统战部部长乔震宇汇报全县统战、宗教工作，省委统战部副部长王云龙，市委常委、统战部部长刘婷芳作重要讲话。（范君鹏）

【全县佛教界代表大会召开】 2017年12月22日，县宗教局组织召开全县佛教界代表大会。传达了12月20日至21日，市宗教局在五台山风景区举办的忻州市佛教界代表人士培训班的主要内容、《关于进一步治理佛教道教商业化问题的若干意见》（国宗发〔2017〕88号）文件精神，县宗教局负责人范君鹏传达中共十九大精神，并对下一步的工作进行安排部署。（范君鹏）

乡镇和居民办概览

繁城镇

【简述】　美丽乡村建设　抢抓省级财政“一面一设”奖补美丽乡村建设的政策机遇，因地制宜，依托全国“一村一品”示范村镇赵家庄及生态经济林后起规模村楼岗、后掌村绿色生态背景，围绕实施“生态环境、生态经济、生态人居、生态文化”四大工程，总投入2600万元，完成了新一轮美丽乡村建设任务。

民盛、沙沟、周庄实施整村搬迁　民盛、沙沟（自然村）、周庄3村是典型的“一方水土养不了一方人”的深度贫困村，2017年实施精准扶贫侧罗，全部整村移民搬迁，共搬迁拆除64户302间房屋（窑洞），复垦土地4.58公顷，村民享受房屋拆除补偿资金共676867.2元，户均资产性收入10576.05元。

“稻花香2号”优质水稻成功种植　以挖掘打造农业产业化品牌抓起，依托繁峙水稻受滹沱河水和富含多种微量元素土壤滋养的优势，在曾经的水稻种植大村作头村，采取创新经营模式的办法，引进山西勇和农业发展有限公司，向300户农户流转出50公顷土地，成功种植“稻花香2号”优质水稻，为恢复重整繁峙大米雄风再开先河。

北部浅山区生态绿化　坚持绿色富强、绿色惠民、绿色发展，以实施北部浅山区生态环境绿化为主导，加快推进美丽繁峙建设，因地制宜规划，精准生态扶贫，在北部浅山区绿化白水杏村经济林246.67公顷，绿化荒山生态林1000公顷。

麻地沟乡村旅游度假区　依托麻地沟庄边规划建设666.67公顷黄芪等中药材种植基地基础，实施繁峙县北芪康养生生态园暨麻地沟乡村旅游度假区项目全面启动实施，黄芪等中药材种植达到200公顷，月亮湾门户服务区、静心步道游览区、康养精品民宿去、娱乐园区、中药材观光采摘区、高山草原（滑雪场）六大功能区项目建设设计总投资5700万元，部分功能区项目开始实施。

农村“两委”换届　以第十一届村民委员会换届选举为契机，深入贯彻落实习近平总书记系列重要讲话精神和治国理政新理念、新思想、新战略，及时成立繁城镇农村“两委”换届领导组，制定村党组织和村委会换届工作实施方案，落实领导干部包片、一般干部包村责任，对照“实施方案”要求，于2017年12月依法依规全面完成35个农村“两委”换届选举，村“两委”班子全部配齐配强，并得到进一步优化。

扶贫工作　2017年，全镇建档立卡动态调整后贫困人口2203户5602人，贫困人口涉及35个行政村，其中贫困村22个，非贫困村13个，贫困发生率19.3%。2016年至2017年，主要通过实施“九个一批”工程，两年完成1111户3108人的脱贫任务，其中高升寨、东峪、雁头、西庄、南湾、魏家窑、后掌、刁儿泉、罗家山9个贫困村2016年脱贫，实现整村退出；楼岗、乔家会、安家山、上西庄4个贫困村2017年脱贫，实现整村退出；民盛、沙沟（自然村）、周庄3个村2017年实施了整村搬迁。

贫困人口技能培训　2017年，从克服贫困人口文化素质低下，思想观念陈旧，“等、靠、要”思想比较严重，自身发展动力不足的问题抓起，狠抓劳动技能培训。一方面聘请农委、科技、水利、农机等部门技术人员进行“引进来”集中培训，另一方面分批次安排劳动力到劳动部门进行技能培训。2017年，全镇共培训技能人才1506人，其中驾驶员32人、箱包加工310人、厨师51人、焊工21人、电工32人、护工50人、种植业320人、球团生产技术700人，共输出技能人才1380人。

东峪箱包加工厂　2017年，着眼推进扶贫产业向多元化拓展，以发展壮大繁峙手工加工业，加快带动和促进贫困人口实现增收脱贫为突破口，投资90多万元，建设箱包加工（培训）车间10间、面积365平方米，购置箱包加工缝纫机100台，加工、培训双管齐下，吸纳贫困人口劳动力100人。

（张巨国）

砂河镇

【简述】　砂河镇位于繁峙县中部，五台山北麓，恒山脚下，地理位置优越，交通便利，是繁峙县乃至晋北地区十分重要的旅游交通枢纽。全镇辖43个行政村，行政区划面积222.22平方千米，耕地面积5066.67公顷，全镇户籍人口48171人，其中非农业人口5899人；镇区面积10平方千米，镇区常住人口达6万人。2017年乡镇企业总产值达到19.37亿元，同比增长7.5%；乡镇企业缴税总额达1.1亿元；其中规模以上工业4个，总产值达17.55亿元，企业纳税额达0.76亿元。

项目建设　2017年共实施重点项目9个，其中新建项目5个，续建项目4个，项目总投资36.31亿元，完成投资4.27亿元。

新建项目进展情况为：繁峙滹源文化旅游公司实施的特色小镇建设项目，总投资146386万元，已完成投资3502万元；繁峙县中兴实业有限公司烧结系统环保除尘升级改造项目，总投资5200万元，已完成投资2200万元；繁峙县汉和中兴机制造有限公司年产2万吨机床零部件项目，总投资4000万元，已完成投资3780万元；松涧金矿有限公司金矿开采项目，总投资2513万元，本年完成投资2218万元；祥泽泰农林牧专业合作社实施的中药材种植项目，总投资2513万元，本年完成投资162万元；续建项目进展情况为：繁峙县大智镜圆文化旅游产业有限公司实施的砂河北山旅游开发项目，总投资10.9亿元，已完成投资3.3亿元；繁峙县飞腾农林专业合作社中药材现代化生产基地建设项目，总投资6.43亿元，已完成投资1.17亿元；繁峙县滹源苗木有限公司绿化苗木种植基地项目，总投资9410万元，已投产；繁峙县义联金矿年产5万吨金精粉技改项目总投资2.86亿元，已投产。

三农工作　种植业以玉米、谷子、豆类、薯类等为主，粮食播种面积4266.67公顷，产量1.45万吨；蔬菜种植133.9公顷，农作物病疫情监测及防治面达到100%；大力发展标准化畜牧养殖，生猪存栏1.9万头，牛存栏0.4万头，羊存栏2.6万只，鸡存栏3.5万只，动物防疫率100%；多种类发展种植业，黄芪、黄芩、柴胡、桔梗等中药材种植面积664.23公顷，玉露香梨、苹果等干果经济林种植面积233.33公顷。

城乡人居环境　2017年，完成了砂河城中村改造项目全部目标任务，共涉及砂河镇区三个村，改造范围内土地总面积38.73公顷，拆迁1701户居民、征收房屋总面积12多万平方米；落实了“八道四治四建”工作，巩固了“创卫”成果，加强了城镇的绿化、亮化、美化工作。这些基础设施的建设，有效地推进了砂河城镇建设，提升了城镇化水平。

基层组织建设　2017年，稳妥有序完成村“两委”换届工作。配齐配强了全部43个支部班子，将政治信念坚定、对群众有感情、能带头创业致富的优秀党员选拔进支部班子，依法、依规、稳妥、有序完成了村委会换届选举工作，大力鼓励本土人才回归，鼓励干部“一肩挑”参与村级事务；其中本土人才回归41人，当选两委主干4人；“一肩挑”干部27人，占比62.8%；新选拔妇女干部16人，比上届增加16.67%；35周岁以下担任支部书记5人，年龄结构进一步优化。按计划完成“三基建设”任务要求。对照《繁峙县“三基建设”2017年度重点工作任务清单》，按期完成五小建设和周转房建设，极大地改善了干部生活工作条件；积极发展壮大村级集体经济，其中贫困村集体经济全部破零，集体经济达到5万元的村11个，占村总数25%以上；建立流动党员活动点3处，方便牛家川、地卜沟等偏远村落、在外党员较多村临时开展党组织活动；加强村级活动场所建设，推行党建示范点带动管理模式，打造了小砂河、义兴寨等10个重点村的活动场所，全部达到八有标准，带动了农村党组织的整体发展。

纪律检查　严肃执纪问责，对发现问题决不姑息手软；2017年，砂河镇纪委共接收问题线索8件。其中查实2件，处分2人（开除党籍1人，党内严重警告1人）；查否3件，3件正在初核中；通过案件查办，震慑了腐败，警示了后人。

扶贫工作　培育特色产业、实施易地搬迁、整合项目资金、落实民生政策、完善基础设施等多项举措，大力发展传统种植、养殖业、光伏产业、手工业等产业，砂河镇2017年脱贫794户2572人。　（韩春芳）

大营镇

【简述】　大营镇位于繁峙县东部，距县城50千米，辖地170平方千米，是古代屯兵重地，交通要道。大营镇辖29个行政村，2017年年末辖人口8195户，21414人。耕地4227.78公顷，园地49.6公顷，林地3150.2公顷，草地231公顷，其他土地720.73公顷。2017年大营镇粮食作物播种面积为4266.67公顷，其中种植玉米1933.33公顷，黍子1600公顷，马铃薯84.53公顷，粮食产量与去年基本持平。种植茴子白、胡萝卜等蔬菜200公顷，同比增长4倍多。养殖羊1.5万只，同比略有增长。养殖猪5900头，同比数量扩大4倍。养殖牛900头，同比扩大9倍。大营镇的主要企业中，马庄村的三家石料厂、龙兴长石矿业、恒山磁选厂已恢复生产并运行良好，其余各类中小企业和合作社也得到进一步发展，全镇整体经济稳中有进。

惠民政策　2017年发放低保及残疾人生活补贴400万元，发放特困供养人员补助金55万元，军人优抚金50万元，孤儿基本保障金9万元，重度残疾人护理补贴7.6万元，老党员生活补贴4.9万元，大病救助60人，临时救助23人，发放食盐15万袋，发放煤补156万元，改造危房74户，改造土窑186户。组织125对适龄青年进行了孕前健康检查，为1235名贫困户妇女进行“两癌”筛查。全镇29个行政村已全部完成了土地确权与宅基地确权工作，大营、齐城两所小学新建了教学大楼。

项目建设　2017年，大营镇几个重点项目取得显著进展。其中亨隆绿蔬蔬菜加工厂、丰悦华农业综合整治建设项目、县道龙砂线改建工程已完成建设，108国道改扩建工程、马庄黑枸杞种植项目、神邦矿业技改项目建设进展顺利。牧源集团生猪养殖项目、国电投风力发电站、大营镇40万平方米供热站、集中光伏项目正在积极筹备建设中。全年6亿元的固投任务已顺利完成。

环境保护　2017年，大营镇积极开展宣传活动，发放宣传材料3000余份，悬挂、张贴宣传标语40余幅。开展专项行动，就秸秆焚烧、粉尘污染、河道土壤污染等环境保护问题进行了重点整治。深入开展“八道四治四建”，将辖区内的4条河道、108国道、京原铁路、省道大王线、县道龙砂线、6条乡道、22条村道的环境整治任务全部细分到村、到人。除108国道外，大营镇其余各条河流、道路沿线的垃圾已全部完成清理并实现美化，长效清运机制也同时建立。大营镇还联合相关站所、单位对马庄村三家石料厂的扬尘污染和运输车辆超载问题进行了两次重点整治。

三基建设　2017年，大营镇定期开展“双日双评”和中共十九大精神学习活动，镇、村两级建立了活动阵地，实现图版上墙资料存档。根据县委巡察反馈意见，对4大类14个问题进行及时整改。严把党员准入关与干部提拔关，及时清理清退不合格党员，约谈违法违纪人员。全镇29个行政村有26个村实现了经济破零，其中有5个村达到5万元以上。农村支部2017年共发展党员11名，其中35岁以下6名。镇里完成职工周转房和“五小场所”建设，全镇办公用房和住宿用房布局合理统一装修，改善了大营镇干部的工作生活环境。

村级“两委”换届　2017年，在镇党委及村“两委”换届选举工作领导小组的统一领导下，各村成立了换届工作领导组，组建选委会，制定村“两委”换届选举工作方案，并积极宣传换届选举工作相关法规。对140名支部竞选人和201名村委竞选人的竞选资格进行了多部门联审。按照先易后难的工作原则，集中力量到各村组织党支部和村委会选举工作。29个行政村已全部完成换届选举工作。其中有22位村支部书记、16名村委会主任成功连任，有12个村的主干为“一肩挑”。各村“两委”干部经过集体约谈和培训，已投入到紧张的工作中。

扶贫工作　2017年经过三次动态调整，共有建档立卡贫困户2445户6434人，识别、退出基本达到了精准。大营镇从镇村干部、党员骨干、致富能手中抽调400多人开展结对帮扶，调查核实贫困户信息，宣传扶贫政策，制定落实帮扶措施，努力提高群众满意度。扶贫项目建设方面，改造乡村道路20余千米，新建东三泉、杨庄两村的人畜饮水工程，新打农田灌溉机井7眼，建成农机大院一个，安装户用型光伏电站142户，亨隆绿蔬蔬菜加工厂顺利建成投产。全镇100%的贫困户吃上了安全水，卫星电视入户率和宽带通村率均超过80%。为贫困户新办理低保501人，推广种植渗水地膜谷子316.27公顷，发放杂粮及薯类补贴36万元，培训“繁峙绣娘”18人，B2驾驶29人，工程技术20人，厨师300多人。发放外出务工交通补贴29.5万元，帮助589户贫困户申请小额贷款3337万元。2017年，共脱贫555户1600人，其中河南、老泉头、小庄、杨庄、西三泉五个贫困村整体脱贫。（杨　波）

神堂堡乡

【简述】　项目建设　2017年，108国道神堂堡段改扩建工程项目神堂堡段开工建设顺利进行，完成土方作业60万立方米，石方作业96万立方米，防护排水34249立方米；完成25道涵洞，桥梁工程完成桩基207根，墩柱59根；完成投资8261.16万元，征地拆迁赔偿金额2629.453万元，总合计完成10890.613万元。投资额为2.5亿元的江鑫宝石30万吨铁精粉技改项目2017年完成投资3410万元。投资3560万元干鲜果园区建设项目，2017年完成投资1617万元。投资3200万元的华德矿业30万吨铁精矿技改项目，2017年完成投资821万元。投资额1000万元的万只山羊养殖项目2017年已完成投资1000万元，工程已完工。投资额为5.5亿元的神堂堡乡村生态文化旅游项目，2017年完成投资6571万元，工程已完工。2017年，全乡完成项目投资2.43亿元，完成固定资产投资1.34亿元。农业产业结构调整逐步优化，农民收入不断增加。养殖业迅速发展，立体化养殖初见成效；农村富余劳动力得到就地转化，农民增收能力不断提高。新增就业人数550人，其中涉及贫困户150户180人。

人民生活　1. 农村环境整治。红崖村对村内110米的危旧墙体进行拆除重建并粉刷，牌楼、凉亭和进村大桥已粉刷，粉刷面积达350余平方米。还在广场规划了停车场并对大桥两侧和停车场四周进行了绿化；青羊口村填补路面、修复路肩2千米、村内公园已亮化粉刷；神堂堡村对村广场和文化大院重新作了亮化粉刷处理，粉刷面积达1300余平方米；杨树湾村对路边墙壁进行了粉刷，其面积达3000平方米；全乡共清理村内生活垃圾1400多吨，河道垃圾780多吨。修建垃圾池15个，同时对全乡乡村公路两旁的墙体美化9000平方米，绘制墙体画600平方米，改善本乡的投资环境。乡村卫生清洁人员优先选用贫困人口，共带动贫困户53户162人增收（含巩固）。

2. 民政救济和医疗养老保险工作。重新审核低保，做到公平、公正、公开。全乡104名建档立卡贫困人口纳入了农村低保范围。12户贫困户得到大病临时救助。

3. 卫生、计划生育。韩庄村新建村级卫生室1个。全乡21名妇女进行孕前免费体检，组织县医院3人、卫生院医生4人、村医25人组成3支医疗队，对全乡41个村211户484人签订健康扶贫双签责任书，为贫困户171人办理了慢性病申报。

4. 惠民政策。全面抓好教育、健康等24项惠民政策的落实。对农村危房改造户进行重新摸底分类，完成建档立卡贫困户等四类重点对象危房改造工程177户。乡人武部为部队输送了2名高素质兵员。乡妇联2017年组织贫困户妇女免费进行两癌筛查256人，另帮助2人申请两癌妇女补助。帮助未上户贫困户4人上了户。

5. 水毁工程。对全乡各村被水灾毁坏的35千米道路、13处桥涵进行了恢复修建。

党建工作 2017年，投资59万元对“五小场所”修建。投资33万元对干部周转房的修建。投资16万元树立了10个“三基建设”党建示范村，对10个村级活动室进行了整修，并配套了办公设备。

对4个软弱涣散党支部，乡党委组织党员干部开展调查摸底，通过加强活动场所建设、加强党员培训、制度执行、着力化解信访矛盾和配备党建指导员等方式进行综合治理，逐一建立台账，已整改完毕。

对一些党员较少、村级场所建设破旧的党支部数量缩减调整，由原来的35个农村党支部调整为23个，通过整合各村资源，建立联合党支部实现了强村带弱村、富村带穷村，把农村基层组织建设得更加坚强有力。

“两学一做”学习教育常态化制度化，扎实开展“讲政治、重规矩、作表率”专题教育和“敢担当、有作为”集中教育，严格落实党内组织生活制度，每月第三个星期三定期开展“双日双评”活动，全面提升了党员干部的责任意识、担当意识。

落实联系服务群众各项制度，完善双向代理代办制度，激发党员干部的主动性、积极性，变“群众跑”为“干部跑”，帮助老党员10人，困难党员10人，帮助群众代理代办各类事项463件。

综治信访 在综治、信息平台方面，共有网格长15人，2017年共处理各类事件1400多件。建立了例会制度、矛盾纠纷定期排查调处制度、社会治安形势分析报告制度及综治责任制。

在政法、司法方面，对全乡重点人员进行了摸排，有效抑制了治安案件的产生，对社区矫正人员进行有效管理，对到期的人员进行了安置帮扶。

全年共受理群众服务事项59多件，办结率为100%，政务、村务“三公开”工作不断规范，切实保障了群众的知情权、表达权、参与权和监督权。规范信访秩序，畅通信访渠道，全力化解信访积案，落实领导包案机制，及时解决群众诉求，加强对社会热点难点问题的引导，解决好涉及群众切身利益的问题，稳定群众心理预期。全乡无一例群访上访案件发生。

禁毒防火 作为山西省禁毒工作重点管控区域，神堂堡乡党委、乡政府将禁毒工作作为全乡的重中之重来抓。早发动、早部署、早宣传，乡领导包片，干部包村，层层签订责任状，户户签订“四不”保证书。派宣传车去每个村子宣传、教育、动员村民不种毒，不沾毒。提高了人民群众的知毒、防毒、拒毒、禁毒意识。在春播夏初时节，乡干部、禁毒队员、村干部、乡派出所对全乡土地进行排查，全乡实现了毒品零种植，经国家、省、市检查，再次实现无毒乡目标。

加强防火工作宣传教育，做到巡查到位，思想不麻痹，作风不松懈，措施早落实，工作早到位，确保了2017年春季无一例火情发生。各村积极组织有劳动能力的贫困人口，加入到护林，防火，禁毒工作中，为93户213人增收。

安全生产 非煤矿山安全。按照上级各部门的要求对非煤矿山企业进行严格把关；完善各项档案台账，确保企业依法生产，非煤矿山企业全年无安全生产事故发生。道路交通安全。积极开展各类交通安全集中整治行动，有效净化了辖区交通环境。学校安全。健立健全安全规章制度，明确安全工作职责，有效预防了学校安全事故的发生。消防安全。建立和完善了各项管理制度和措施。加强对林区的巡查监控，严格管控“九小场所”。食品药品安全。配合上级有关部门对辖区各餐馆、旅店、学校食堂、各门市等进行检查30余次，出动车辆50台次，确保了全乡食品卫生安全。

扶贫工作　1. 动态调整。全乡多次召开专题会议研究，村两委主干和包村干部深入到户，开展大走访，大摸底，广泛征集群众意见，通过民主评议，解决识别不精准的问题，做到应纳尽纳，应出尽出。全年动态调整新识别6户12人，出列8户22人，单人补录46人，死亡24人，吸毒人员出列4人。

精准开展2017年贫困户退出工作，从民主评议，入户测算，退出户确定，村级验收审核，到乡级审查审核，全乡公示等线下工作已全面完成。在2017年的贫困户退出中完成了现在的333户784人中的157户354人的退出任务。

2. 易地移民搬迁。2017年，完成整村异地搬迁共162户361人，十二五已搬迁9户22人，十三五期间整村搬迁153户339人，按建档立卡分类：建档立卡贫困户共68户158人，同步搬迁户共85户181人。按搬迁类别分类：集中搬迁58户175人，分散安置95户164人。其中建档立卡贫困户38户58人，同步搬迁57户106人。

整村拆除完成12个行政村，10个自然村，涉及农户454余户，拆迁金额达到967.7万元，已完成补偿485万元，未补偿482.7万元，并对鹿骨台、王子两个具备复垦条件的村进行复垦，恢复土地面积达4.27公顷。

3. 扶贫产业项目实施。（1）特色种植业项目。神堂堡乡干鲜果产业蓬勃发展，尤其是以种植红富士苹果为主的杨树湾，中砚台，神堂堡，红崖，茨沟营，青羊口的产业带，带动贫困户增收效果显著。神堂堡乡钟耳寺、红崖、楼房底村2017年整理土地6公顷种植干鲜果树，加上其他村2017年种植的，全乡共发展玉露香梨、红富士苹果23.33公顷，涵盖贫困户92户213人，10.49公顷。杨树湾村还积极拓展电商途径，苹果远销太原、北京、重庆等城市。

秀柳村由繁峙县勤业农牧公司牵头开发治理荒坡荒地53.33公顷，种植优质黄芪中药材，项目已完成，药材长势良好。项目总投资140万元。神堂堡乡大地坡村组织贫困户5户开垦荒坡荒地6公顷，种植优质黄芪中药材，项目总投资20万元。涵盖贫困户13户32人，5.4公顷。

（2）养殖业项目。娘子城村、钟耳寺村、庄旺村、楼房底村、洞沟门、庄旺滩、韩庄、山角、麻子山、腰庄、文溪11个村，贫困户申请金融小额贷款共计23笔142.5万元，发展养羊1100只，养牛120头。鼓励发展脱贫养殖户37户113人。九枝树村新建集约化温室獭兔大棚两座，占地面积1000平方米，总占地面积2700平方米。项目主体工程已完成，总投资64万元待验收。带动贫困村九枝树村及周边村贫困户25户49人脱贫致富。贫困户中养殖户为45户162人（养羊38户126人，羊4147只、养牛5户32人，牛292头、养蜂2户4人，蜂60箱）产业覆盖296户782人，产业覆盖率56%。

（3）生态林业项目。共发展新一轮退耕还林86.67公顷，涉及12个村贫困户99户230人，人均增收800元。包括茨沟营村、红崖村、王子村、洞沟门村、天桥村、文溪村、庄旺滩村、青羊口村、常坪村、莲花崖村、下庄村、上庄村。其中贫困村庄旺滩村造林6.63公顷，全村11户33个贫困人口得到增收。神堂堡乡成立翰林造林专业合作社，吸收贫困户40户95人，为其提供了造林工作岗位并参与股份分红。为26户贫困户提供了生态护林员岗位。每人每年补助1万元。栽树、公益林管护优先选用贫困人口，惠及贫困人口28户71人。

（4）乡村文化旅游业蓬勃发展。借助韩庄长城、茨沟营应关城、杨树湾—青羊口苹果采摘、莲花崖山水景观吸引了大批游客来全乡观光旅游，带动了乡村旅游、农家乐、土特产销售、便民小超市等第三产业蓬勃发展，帮助18户贫困户46人增收。（张丙午）

横涧乡

【简述】　横涧乡地处繁峙县东北部，距县城65千米，为滹源之乡，全乡辖25个行政村，共5581户14614人，境内交通便利，108国道、京原铁路横贯东西，全乡产业众多，以工矿业为主，农、工、林、牧协调发展。矿产资源丰富，储有铁、石英、云母、铅、锌等矿产。境内旅游资源丰富，有驰名中外的平型关战役遗址、平型关古城、关岭、佛教圣地仰头山、孤山晚照、滹源名泉马跑泉，泰华池等。农作物主要有谷子、土豆、胡麻等。

基础建设　2017年，总投资180万元的横涧——河家洼、总投资230万元的横涧村环村公路即休闲文化广场建设项目，已经竣工完成。此外，在2017年整村脱贫的小屯、孤山以及2016年已经整村脱贫的孤山铺，村内主要街巷铺设了柏油路。

项目建设　2017年，实施投资1300余万元的滹沱河源头综合治理工程建设项目。项目实施范围东西长约2千米，建设内容主要涉及桥儿沟断的停车场、园路、绿化工程、景观亭、拦水坝、驳岸、硬化铺装、景观栈道以及土建等内容，已基本完工。

农业生产　2017年，全乡种植玉米712公顷，杂粮1310.31公顷，薯类349.53公顷；平型关村种植西瓜13.33公顷，东水沟村种植中药材33.33公顷，横涧村种植特色葵花26.67公顷。2017年，横涧村实施膜下滴灌66.67公顷；孤山、横涧各新打机井1眼。桑梓农林牧专业合作社完成投资300余万元，流转土地183.33公顷，配置了全套机械设备。

社会事业　2017年，在横涧小学成功举办了全县教育系统课改展示活动；改善办学条件，投资52万元对横涧小学、办公场所和校内设施进行了改造维修。

为1234名老人免费体检，高血压随访1176人，糖尿病随访319人，为77对育龄夫妇免费进行孕前优生健康检查，免费发放叶酸，免费发放儿童营养包，有效降低了全乡人口出生缺陷，提高人口出生质量，并对全乡195名享受奖励扶助对象进行了核查，使惠民政策落到实处。

2017年，837户低保人员和129户五保人员资金已发放到位；实施抗震房建设了10户，危房修缮112户，土窑修缮39户。优抚老党员4人，复退军人6人，带病复员军人1人，伤残军人2人，参战参试人员4人，烈士子女5人，60周岁以上退役战士40人，孤儿6人，资金由民政局统一发放。

综治　2017年，共有网格长27人，其中11人配备手机，要求每月每人上报10条。建立了例会制度、矛盾纠纷定期排查调处制度、社会治安形势分析报告制度及综治责任制。对全乡重点人员进行了摸排，有效抑制了治安案件的产生，对社区矫正人员进行有效管理，对到期人员进行安置帮扶。

生态环境　2017年，完成投资1128万元，造林1346.67公顷，实施平型关景区公路绿化15千米。

安全、信访工作　2017年，与各村委会、各企业签订了安全生产责任书，每月对各企业、非煤矿山、九小场所进行仔细检查、摸排，建立安全生产台账，认真落实各项安全生产制度，本年度全乡未发生一起安全事故。此外，在信访方面，继续推行“开门接访”“主动约访”“定期下访”等有效工作法，先后处理协调各类信访问题2起。

扶贫工作　2017年，识别精准扶贫严格按照“坚持标准、应纳尽纳、严格程序、群众公认”四项基本原则，对全乡贫困人口进行了再筛查。5月份动态调整中，出列6户16人，自然增加22人，新纳入11户23人。7月份动态调整中，出列8户26人，新纳入7户15人。11月份动态调整中，出列25户71人，自然增加63人，自然减少195人、12户，新纳入12户25人。2017年11月调整后，系统内全乡总贫困人口数为1748户4333人。

2017年，全乡共有425名贫困生受到政策性帮扶；全乡低保兜底537人，享受低保帮扶资金176.286万元；五保兜底98人，享受五保帮扶资金38.612万元。全乡发放地膜1827卷，扶持资金10.962万元，种植全膜覆盖高效玉米723公顷。对1217户贫困户进行农业支持保护补贴，补贴面积为玉米324.53公顷，杂粮592.67公顷，薯类95.13公顷，共发放补贴资金105.9445万元。退耕还林补贴贫困户413户900人，补贴资金21.1034万元。

推进户用光伏和村级光伏发电站建设，已发展户用光伏81户。积极推进“五位一体”金融扶贫，实施主体有山西泰济医院、丰悦华农林牧、飞滕农林、鸿丰绿源、志勇合作社等7家，带动贫困户214户，户年均增收3000余元。

2017年年初，预计脱贫364户927人，涉及东连仲、云雾峪、小屯、孤山等4个贫困村279户724人，平型关、四道沟、朴子沟、西沟湾等4个非贫困村85户203人。年后，又新增省办回退的2016年脱贫户90户228人。7月份动态调整中，新增2户5人本年脱贫（其中：河家洼1户2人、孤山铺1户3人）。11月份动态调整之后，脱贫451户1063人，涉及15个村。

2017年，随着扶贫资金投入逐渐加大和生产规模极速扩张，成立了“山西省繁峙县巧姑箱包商贸有限公司”。同时，为规范生产、科学管理、提高效益，经乡党委、乡政府认真研究，创新管理机制，成立了横涧乡箱包产业领导组，下辖繁峙县白坡头追梦箱包加工有限公司和山西省繁峙县巧姑箱包商贸有限公司，共同管理白坡头、横涧、小屯等12个箱包加工点。实施了总投资35万元的横涧乡巧姑箱包加工项目，共购置机械设备116台。此外，为更好发挥箱包产业领导组的协调指导作用，乡政府在资金紧张的情况下，筹措5万元，作为专项工作经费，用于全乡箱包业务拓展。制定编印了缝纫设备管理及操作规范、职工考核奖惩办法、消防制度、上岗管理等制度，在职工考核奖惩办法方面，将每名工人每月的工资，细化为基本工资、考勤补助、产量奖等3个方面，提高了参与人员的积极性。同时，对加工厂的利润分配进行了明确规定，加工厂利润分配应重视劳动者的合理报酬并兼顾加工厂的可持续发展，其余盈余部分用于贫困人口的分红。

箱包加工已经由2017年初的白坡头、横涧等2个加工点，发展到横涧、前所、小屯、河家窊、东淤地、平型关、西沟湾、白坡头、辛庄、石塘沟、孤山铺等12个加工点，缝纫机工由最初的28人增加到现在的152人（其中贫困户65户，占比42.8%），产品由过去单纯的书包加工扩大到现在的手提袋、会议包等多种样式的箱包加工（拉杆包和家纺业务也正在商谈中），业务由过去单纯的来料加工转变为自主选料加工。

（王俊文）

2017年投产运营的巧姑箱包加工车间　王俊文提供

柏家庄乡

【简述】　2017年，柏家庄乡有行政村18个，支部21个，行政面积114.3平方千米，耕地面积3090公顷，年末总人口9969人。全乡分为南平川、中丘陵、北山区三大自然地形区，是个传统的农业乡。主要农作物有：玉米、黄芪、豌豆、胡麻、莜麦等；主要养殖业有：猪、牛、羊、驴、骡、鸡等。

重点项目建设　2017年，兴腾农牧专业合作社生猪养殖项目、兴茂农牧专业合作社肉羊养殖项目、科林农牧专业合作社肉羊养殖项目进展顺利，累计完成了1.2亿元的固定资产投资；投资1350万元的万亩农田整理项目圆满完成；东介岔、新乐庄2村40公顷的填沟造地项目顺利开工。

农业　2017年全乡种植玉米5988公顷，种植中药材635.69公顷，薯类133.46公顷，杂粮1821.31公顷（其中藜麦3487.71公顷），牛存栏1457头，羊存栏10050只，猪存栏7500头，驴存栏2100头，惠及贫困户1285户3024人。

人居环境　2017年，全乡改造危房448户，其中，土窑洞411户，土房15户，新建22户。开展“八道四治四建”专项行动，清理建筑、生活、河道及道路两侧等垃圾2000余吨；拆除违章建筑5处；清理乱堆乱放48处；整治残垣断壁40余处3000余米；粉刷墙壁2000余平方米，粉刷树6000余棵，植树100多棵；柏家庄村绘制文化墙70余平方米，整治硬化了污水排放区域，修建了排水渠。新乐庄投资51万元硬化路面3000余平方米，铺设下水管道400余米；柏家庄村、羊圈村硬化了村委大院；小南川村硬化了村休闲广场等。

社会治理　2017年，建成矛盾调解室、群众接待室，共排查矛盾104起，调解矛盾93起，调解成功率90%以上；化解信访案件8起（2起属旧案）。

民主建设　2017年，严格按照法定程序，圆满完成18个村村“两委”的换届选举工作。严格落实“三会一课”制度，扎实开展“双日双评”活动。全年开展集中宣讲34场次，县级以上警示教育1场次，红色教育1场次，乡主要领导、优秀党员讲党课14场次。发展青年党员3名，培养入党积极分子12名。

投资近50万元按标准修建乡机关的“五小”设施和周转房，增加了乡村转移支付，修缮了上角峪、新乐庄等9个村级活动场所。

纪律检查　2017年，配合县委第二巡察组对乡村两级进行巡察，对发现的问题及时进行整改。对节日期间的“四风”问题、“双日双评”等日常工作加强了督查，特别是10月25日以来，对全乡扶贫领域和反腐败问题进行自查自纠，并对省、市、县督查组发现的共性、个性问题建立问题清单、责任清单、整改清单，并及时进行整改。2017年立案2起，给予党内警告1人。

社会保障　2017年，全乡共发放低保金277.56万元，五保金55.1万元，老党员补助金7.22万元，优抚金19.20万元，临时救助19.2万元，孤儿基本生活保障金7.2万元。

扶贫开发　全乡共有贫困村11个，建档立卡户1359户3465人，已脱贫555户1269人。2017年贫困退出3个村，贫困退出331户882人。

2017年，全乡76户贫困户贷款159.6万元安装户用光伏电站；130户贫困户贷款650万元加入合作社；安乐庄村有14户贫困户贷款28万元购买肉牛41头；通过能人带动和联系用人单位、个人，全乡共有366人务工并领取务工补贴22.66万元，务工收入370多万元；教育资助建档立卡贫困生315人次，其中学前教育22人次，小学、初中100人次，特困生11人次，高中、中职及大学182人次，教育资助共计40.48万元；全乡建档立卡贫困户在门诊就医报销费用共计7.77万元、大病保险理赔费用共计42.28万元，120户315人享受“双签约”服务；申请70万元扶贫资金，在新乐庄村实施了农机扶贫项目，共带动42户贫困户户均增收200元；申请30万元扶贫资金在柏家庄、西沟、安乐庄三村实施箱包加工项目带动50户贫困户增收。（韩春亮）

金山铺乡

【简述】　扶贫工作　2017年，全乡共有15个贫困村实现贫困户人口脱贫，其中金山铺、牛叫河、东地、车厂四个整村和南河会、北河会、郝家湾、碱峪、上浪涧、中虎峪、石河、口子、下浪涧、贾家井、小柏峪共544户1449人。

全乡种植中药材352.6公顷、经济林126.67公顷，建设干果经济林基地，发展富硒杂粮种植，全乡共种植藜麦73.33公顷。建设优特杂粮产业化基地，全乡共种植杂粮2200公顷。全乡落实种植渗水地膜谷子256公顷，遍及小柏峪等15个村，涉及贫困户639户2053人。

发展能繁母牛养殖业，全乡新购能繁母牛500头，涉及5个村，其中3个贫困村、2个非贫困村。项目实施带动全乡贫困户303户1021人增加收入。

依托繁峙县辉煌实业有限公司吸纳扶贫资金150万元，用于养殖奶牛进行收益保底分红，可保证车厂等11村的贫困人口96人增加收入，每人年增加收入1000元，村集体每年增收1000元。

全乡新实施退耕还林167.78公顷，由5个造林合作社实施，共带动127名贫困人口通过植树增加劳务收入50.3万元。全乡共有生态管护人员30人，其中都为贫困人口，每人每年可享受补贴1万元。

2017年搬迁大西沟、龙池、上大湾、下大湾、苑家地共5个村126户345人。双方签约已完成，补偿资金的85%已拨付到乡，正在为搬迁户发放安置补助和旧房拆除补偿金。完成分散搬迁24户47人，完成集中搬迁28户106人。

建设农机大院。碱峪农机大院项目涉及扶贫资金133万元，购买各类大型农机具共18台，服务全乡贫困户和其他农户。

光伏发电项目。全乡已有贷款113户，安装100户，并网92户。已安装6个村级电站，其中1个700千瓦联村电站，剩余5个为100千瓦电站。

劳务输出。全乡开展培训人员176人，全乡外出务工人员624户1314人。其中华茂打工846人，打临工468人。

九、社会兜底。2017年全乡新增低保贫困户451户。

金山铺乡是省卫计委和太重集团定点扶贫乡，共有省卫计委和太重集团派驻第一书记15人，驻村工作队员10人。金山铺乡抓住这一优势，积极实施健康扶贫项目。

2017年完成农发、东地、车厂三村的村卫生室达标建设，全年全乡新建、改扩建标准化卫生室11座。全年组织省、市专家开展义诊活动22次，为3760余贫困人口免费诊断治疗并发放医用品。

党建工作 从4月份开始，全乡1个乡机关党支部和23个农村支部迅速掀起开展“双日双评”活动热潮。乡党委成立领导小组，每月制订活动方案，为乡机关党员及农村两委主干发放学习资料和学习笔记本。按规定开展每月的“双日双评”活动，并将开展活动的相关资料及时汇总、留存、报送。逐步建立完善日常学习和领导干部轮流讲党课等学习制度。结合日常工作，开展机关党员干部学习常态化，通过集体学和自学，努力提高机关干部理论水平；结合脱贫攻坚工作，将脱贫攻坚工作的相关会议精神、相关知识及政策纳入日常学习的范围，坚持领导干部带头讲党课，带头谈心得、谈学习体会。落实“三会一课”制度。将党建工作常抓不懈，以“三会一课”为抓手，强化党建工作。尤其是农村党组织。通过开展“三会一课”常态化，强化农村党员的教育管理，提高农村党员的思想认识和党性修养，增强党员意识，提升党员干部的凝聚力，在村级各项工作中进一步强化党员先锋模范带头作用。

“三基”建设 2017年，全乡通过调查摸底，严格筛选，将新坊、北河会确定为2个软弱涣散支部，针对2个党支部存在的问题，通过组织召开两委会、个别谈话思想沟通，找到问题症结，疏导思想情绪，加强思想教育、健全班子、班子成员工作带动等措施，进行了整改，取得了明显效果。优化工作环境。五小场所建设情况：小食堂3间80平方米，达到“六有”标准；澡堂2间40平方米，达到“四有”标准；图书室1间20平方米，达到“四有”标准；文体室2间40平方米，达到“四有”标准；小厕所4间20平方米，达到“四有”标准。周转房28间420平方米已竣工。碱峪等10个重点支部都达到“八有”标准。六是村集体经济破零：1万元以下的村有18个，郝家湾、车厂、苑家地、东禅房、新坊、老牛湾、许家窑、艮沟、骆驼眼、大西沟、老羊沟、西禅房、口子、小柏峪、北河会、上浪涧、碱峪、石河；1万至3万元之间的村有3个，东地、农发村、牛叫河；5万元以上的村为5个，中虎峪、南河会、贾家井、下浪涧、金山铺；

为适应新形势下的党员管理，2017年，贾家井村在县城、砂河打造两个流动党员活动区，方便县城、砂河居住、打工的党员开展党组织活动。本年，对党建阵地及基础设施薄弱的村级党员活动室进行整修，省人民医院对北河会帮扶1.5万元，山西大医院对上浪涧帮扶12万元，配备设施，满足日常党组织活动的开展。全心全意为人民服务是党的宗旨，全体党员干部要践行党的群众路线。2017年，碱峪村党支部利用党员主体实践日，将服务村民、服务群众作为建设主要任务，通过党员帮助村民种中药材等，提高党员服务群众的意识，充分发挥党员先锋模范带头作用。

三农工作　2017年，金山铺乡按照上级农村经济工作会议精神，提升农业发展，2017年全乡种植玉米、薯类、小杂粮面积3080.47公顷、中药材39.47公顷，养殖牛、猪、羊28741头。

大力培养农村干部、培育新型技术农民，2017年年底组织新当选的35名村两委主干进行了培训，提高干部领导农村工作的能力和水平。组织农村致富带头人赴忻州市学习农业技术，为全乡"三农"建设提供人才保障。

落实中央和省、市、县关于积极开展农村人居环境改善的重点任务，推进贫困村基础设施。现有学校13座。贫困村已新建、改扩建卫生室11座。建设文化广场14个。建成农村日间照料中心4个。全乡享受低保1431人，其中贫困人口1053人；享受五保人口155人，其中贫困人口107人。

（武培勇）

东山乡

【简述】　扶贫工作　移民整村搬迁工程。"十三五"期间，东山乡共计划搬迁26个村，745户1752人，其中建档立卡361户838人，同步搬迁384户914人。经动态调整回头看后，确定搬迁583户1333人，其中建档立卡335户763人，同步搬迁248户570人。2016年，东山乡共搬迁了3个村24户50人，分别是决坪村16户31人并为整村搬迁；寺子村3户13人；砂尧沟村5户6人。全部建立健全了一户一档资料。

2017年，整村搬迁17个村，搬迁350户787人，其中建档立卡187户418人，同步搬迁163户369人。经动态调整回头看后，确定搬迁284户643人，其中建档立卡169户385人，同步搬迁115户258人。这17个村分别是马家岔村、射香村、拖房沟村、坊城沟村、巡检寺村、东木口村、北进沟村、柳沟村、兴胜村、冻冷沟村、野厂村、中庄村、上庄村、化塔村、宫黄沟村、岭底村、太平沟村。

易地扶贫搬迁工程项目　繁峙县东山片区惠民小区易地扶贫搬迁工程项目。"十三五"期间，东山片区易地扶贫建设项目部承担了350套移民房的建设任务。规划用地2.33公顷，总建筑面积32108.75平方米，投资总额为5986.9万元。其中，2016年新建140套移民房，总投资2044.8万元。户型全部为93平方米，按一楼楼价1150元计算，共需106950元，一户安置4个贫困人口，每个贫困人口补助25000元，每户自筹6950元即可购楼。已确认安置砂河镇、柏家庄乡、横涧乡、东山乡、神堂堡乡5个乡镇移民84户339人，入住率达90.6%。2017年，新建150套移民房，于3月20日开工建设，建筑面积为75平方米、93平方米两种户型，其中75平方米的80套，按3人计算可安置240人，93平方米的70套，按4人计算可安置280人，共可安置520余人入住。

乡村旅游　东山乡伯强村特色风貌整治

暨乡村旅游综合项目。东山乡伯强村特色风貌整治暨乡村旅游综合项目是县委、县政府打造的集农村特色风貌整治和乡村旅游为一体的综合示范项目，该项目整合了农村特色风貌整治、乡村旅游、红色旅游、地质灾害防治泥石流河道治理和集中式光伏电站扶贫五部分资金，总投资 1.848 亿元，已完成投资 5354 万元，完成总投资 29%。①农村特色风貌整治工程项目计划总投资 300 万元，主要工程包括主街道两旁残垣断壁的修缮复新、拆旧建新、抹面喷涂及绿化、美化工程，恢复具有时代感的原貌。②五台山旭日东升乡村旅游开发项目计划总投资 1.6 亿元，建设内容包括新建农家乐一处、水上漂流一处及水上乐园、滑草场、玻璃栈道、沙滩等建设。已完成投资 3600 万元，农家乐已开始运营，漂流项目工程已全部完成，2018 年春开始运营。水上乐园、滑草场、玻璃栈道、沙滩等预计 2020 年底全部完工。③毛主席路居纪念馆改扩建项目计划总投资 440 万元，主要工程包括纪念馆扩建、展览馆新建及石板步道建设和绿化、消防工程。④地质灾害防治泥石流河道治理项目计划总投资 1600 万元，主要建设内容包括伯强沟 4.5 千米河道的排导护堤、河道清淤、旧坝整治、固源护坡，计划 2018 年 10 月完工。2017 年已完成投资 960 万元。⑤村级集中式 200 千瓦光伏电站建设项目，总投资 140 万元。伯强村特色风貌整治暨乡村旅游综合项目的实施不仅消除了河道安全隐患、美化了生活环境、打造了乡村旅游，还带动周边 225 户贫困户实施了“五位一体”金融扶贫，为当地贫困劳动力安排就业岗位 86 个，为伯强村 30 户贫困户享受了光伏扶贫政策，还可保障伯强村村集体每年有 2 万元以上的集体经济收入。

（李林茂）

集义庄乡

【简述】　党建工作　2017 年，全乡有序开展“双日双评”活动，推进“两学一做”学习教育常态化、制度化，扎实推进“讲学习、重规矩、作表率”专题警示教育，基层党组织规范化建设扎实推进；全乡整顿软弱涣散党组织 2 个，培训党员干部 5 期，培养党员科技带头人、致富能手 34 人，摸底本土人才 62 人，21 个村实现集体经济破零。10 个村实施“三基”标准化建设；乡投入 30 余万元，完成“五小场所”达标建设；按照上级统一安排部署，20 个村完成“两委”换届工作，为决战脱贫攻坚，决胜全面小康提供坚强组织保障。

扶贫工作　2017 年全乡脱贫 259 户 851 人。1. 发展特色种植业和发展生态林业。2017 年，全乡主要种植马铃薯、藜麦和小杂粮，播种面积共计 562.73 公顷，发展中药材种植 49.81 公顷，巩固发展生态林 1486.67 公顷、经济林 321.02 公顷，实施新一轮退耕还林 178.93 公顷。2. 发展林果业。由繁峙县鸿耀农林牧专业合作社承担，项目总投资 506 万，在兴旺庄村实施，新建钢架结构大棚 50 个，占地 9.33 公顷；暖棚 25 个，占地 4.67 公顷，全部种植鲜食葡萄，带动全村 20 户贫困户脱贫增收。3. 发展健康畜牧业。依托田源毛驴养殖有限公司发展能繁母驴产业。现已存栏能繁母驴 1000 头，并配套标准化圈舍、饲草饲料库、污粪处理厂、配种站；为 56 户精准贫困户以合同养殖方式发放能繁母驴 146 头，公司规模化养殖能繁母驴 800 多头，种公驴 25 头，以四位一体方式带动贫困户养殖 6 户，带动农户及贫困户就业 1000 多人次。4. 实施带资入企收益项目。由繁峙县智源农林牧专业合作社承担，项目总投资650万，在上永兴、东坡头、西坡头露地种植73.33公顷，主要种植酒葡萄、鲜食葡萄、水果玉米等，能够带动本村及周边265户，其中贫困户120户脱贫致富。同时也可带动村集体经济的发展。5. 资产收益项目。集义庄村农机大院项目涉及扶贫资金40万元，购买各类大型农机具9台，同时带动本村40户128人增收，并服务全乡贫困户和其他农户。6. 光伏发电项目。全乡已贷款132户，已完成安装72户，并网55户。7. 劳务技能培训。全年组织参加各类培训509人次。其中，刺绣培训妇女有43人；完成“互联网+”电子商务培训23人；中餐培训186人；葡萄及藜麦种植培训的244人；护工培训8人；月嫂培训5人。8. 健康扶贫。全乡新建、改扩建标准化卫生室9座，对898名贫困妇女进行了“两癌”检查，100%完成筛查任务。9. 农副产品加工项目：繁峙县万象农林牧生态发展有限公司现投资100万元建成精包装车间1座，落实四位一体贷款210万元，带动贫困户42户，每户每年分红3300元。10. 动态调整工作：全乡动态调整入户工作于11于20日全部完成，调整后贫困户共有1768户4610人，其中自然增加涉及贫困户共106户137人，自然减少涉及贫困户工370户473人，档外人员整户新识别87户192人，出列户涉及4户7人。同时，致贫原因、落实产业帮扶、帮扶责任人工作已进行完毕。

民生保障　2017年，为低保户1246人、五保户147人、民政优抚人员96人、财政优抚人员15人、老党员5人、孤儿4人，按时发放补助资金；对70人进行了大病医疗救助、32人进行临时救助；重度残疾人护理补贴119人；实施危房改造93户，贫困户危窑改造完工424户，其中正在实施109户。

城乡环境建设　2017年，以“八道四治四建”工作为载体，对全乡各村的环境卫生进行了大清理。维修残垣断壁35处、1.04万平方米，粉刷墙体2.5万平方米，整治村级文化广场3处，新建垃圾池33处，制定了乡规民约，书写宣传标语65条，同时利用2个电子屏滚动播放，“八道四治四建”冬季行动氛围更加浓厚。

安全生产　2017年，坚决落实县委、县政府、县安全生产委员会关于安全生产的各项工作部署，督促引导企业进一步落实安全生产主体责任，全年无安全生产事故发生；积极开展安全教育“七进”活动，树立了宏基矿业有限公司和大圣地村两个示范点。

党风廉政建设　2017年，严格落实“两个责任”，乡党委主要领导认真落实“四个亲自”，即对党风廉政建设工作及时做出具体部署和安排，做到重要工作亲自部署、重大问题亲自过问、重点环节亲自协调、重要案件亲自督办。全年对村干部进行6人次处分；省、市、县扶贫领域不正之风腐败问题自查自纠活动中共发现问题25条，完成整改25条，均建立问题台账、责任台账、整改台账。

（李翀龙）

下茹越乡

【简述】　下茹越乡位于繁峙县城东9千米处，全乡辖17个行政村，总户数4746户，12374人，总面积99平方千米。全乡总耕地面积2384.87公顷，林地面积1066公顷，是一个农、林、牧、企全面发展，个体、工商、运输等行业发展较快的三类乡镇。

项目建设　2017年全乡发展脱贫攻坚造林专业合作社3家；顺祥农牧发展有限公司

养羊为主的资产性收益项目2个，农机具购置扶贫项目2个，带动贫困户脱贫的方式方法更趋多样化；2017年特色产业培育方面瓦磁地发展酒葡萄种植57.33公顷，大沟恢复水稻种植13.33公顷；全乡发展渗水地膜谷子种植58.87公顷，中药材种植224.53公顷，富硒藜麦种植28.8公顷。全乡共为贫困户安装光伏发电设备82户，44户实现并网发电。完成小额信贷“户贷企用”三个批次，受益贫困户165户，贷款金额780.2万元。

“三农”工作　2017年共发放惠农补贴资金1275.26万元，农村低保334.375万元、五保供养资金8.27万元，抚恤优抚49.49万元，重残补助31.3万元，临时救助28人4.8万元，大病救助30人1.9万元，退耕还林补助51.48万元，公益林补助91.39万元，教育扶贫补助资金50.84万元；奖励部分计划生育家庭户51.9万元；特困救助7.04万元。全乡低保人数为956人，2017年新增230人。2017年全乡贫困户危房改造共申报235户，目前已全部改造完成并入住。全年新农保完成参保5624人，其中新增101人。到龄发放人数1358人，全部完成核实认证。农村劳动力基本数据库建设得到及时更新维护。积极帮助贫困户申报就业补贴，累计申报贫困户外出务工交通补贴522人，资金2.86万元；大力推进贫困户就业载体建设，成立了下茹越乡劳务输出服务站。

城乡人居环境　2017年，下茹越乡对辖区内17个行政村和15条道路（4条乡道、1条河道、10条村道）进行了综合整治。经过四个月的扎实推进，取得阶段性成效：取缔一个违法挖沙点，累计清运生活、建筑垃圾79吨，整治农田废弃物7吨，粉刷墙面1.2万多平方米，美化修缮残垣断壁335平方米，绿化植树1690平方米，喷涂覆盖国道周边违法小广告45处，悬挂张贴宣传标语10余条，新购置保洁员制服42套、扫帚82把、垃圾桶37个。2017年全乡完成了上寨村通村道路路面拓宽工程，上寨村、赵家峪村通村道路及村内主干道铺油工程已全面完工，进一步解决了边远村庄群众出行难和农产品运输难的问题。全乡新建3个村卫生室全面建成并投入使用，极大地改善了群众的就医条件。

安全生产和社会治理　强化源头管理，全面落实安全生产责任制。严格实行安全生产“党政同责、一岗双责、失职追责”，对安全生产工作进行细化，明确责任人。坚持定期检查与突击性检查相结合，切实加强监督管理，及时消除安全隐患。2017年，在全乡范围内进行了安全生产大检查。同时，扎实开展安全生产宣传教育“七进”活动。

社会治安综合治理切实加强。加强社会治安综合治理，完善社会治安防控体系，加大矛盾纠纷排查化解力度，扎实做好信访维稳工作，2017年，共排查矛盾纠纷18次，调解65起，调解成功65起，调解成功率100%。

扶贫工作　2017年年初计划脱贫退出450户1087人，年底核定退出贫困人口367户928人，涉及6村，实际退出工作中按照繁办发2016〔55〕号文件第5条要求，严格履行贫困户退出的标准和程序。乡政府成立贫困户退出督查抽检领导组织机构，围绕贫困户收入来源、稳定性及“两不愁、三保障”综合检查验收各村贫困户能否退出，同时查验退出标准和程序执行到位情况，确保2017年底脱贫退出经得起检验。

干部队伍建设　农村基层组织建设工作全面推进。围绕基层党组织标准化建设，结合各村党员数、实际能够经常参加组织活动的党员数等对现有党组织进行调整、科学设置，确保工作实效；各村按照场所功能务实管用的标准进行完善硬件建设，按照“五个一”标准统一村级活动场所建设风格，共新建村部广场4处、新建公开栏4处、规范6个村的室内外标识；规范了党内组织生活，坚持“三会一课”、民主评议党员、组织生活会、民主生活会、双重组织生活、党员活动日等制度。

做好选派干部工作。加强驻村工作队及第一书记的后勤服务、日常管理、培训工作，坚持选派干部定期汇报、查岗、请销假等制度。加强选派工作指导和交流，召开选派工作座谈会议，促进选派干部推进脱贫攻坚、抓好基层党建、推动村级集体经济发展和维护社会稳定等工作。加强农村党员队伍建设和农村实用人才队伍建设，健全脱贫攻坚“双包”制度、结对共建制度等体制机制，开展脱贫攻坚“联帮工程”，切实把农村基层党建工作重心转移到为脱贫攻坚凝聚人心、汇集力量、夯实基础上来，为脱贫攻坚提供强有力的政治保证和组织保障。

纪律检查　2017年，始终将“两个责任”扛在肩上、抓在手上，紧紧扭住责任分解、监督检查、倒查追究三个关键环节，强化“一岗双责”意识、完善考核办法、严肃责任追究，党风廉政建设责任制的落实呈现出良好局面。坚持群众满意为第一标准，坚决落实中央八项规定和省、市、县委有关作风的相关制度规定，以抓铁有痕、踏石留印的劲头，弛而不息地纠正“四风”，坚决查处发生在群众身边的腐败问题。　（石　达）

光裕堡乡

【简述】　光裕堡乡位于县城东南部，距县城23千米，面积106平方千米。京原铁路、公路过境。辖光裕堡、华岩、梁家庄、富家庄、淤地、麻峪口、梨峪、大李牛、大木瓜、小木瓜、三岔、古山、羊脑、宽坪15个村委会。农业以种植玉米、谷子、小杂粮为主。2017年末，全乡总户数4864户，总人口12549人。

产业发展　继续开展特色种植。2017年，在全乡范围内大力发展小杂粮种植，开展了膜下滴灌种植谷项目，种植面积为204公顷；富家庄村种植水稻15.3公顷，平整土地15.3公顷，铺设U形渠2000米，打井2眼，收购私人井1眼，水稻获得大丰收；大木瓜村计划建设133.3公顷的红树莓种植示范园区，已种植28.7公顷，全部铺设滴灌，树苗成活率90%，长势良好进入盛果期；西瓜、油桃、葡萄等鲜果种植80公顷。加快牛、羊、鸡、兔等畜牧产业发展。以公司带动农户发展畜牧业，全乡羊饲养量达到1.5万只，蛋鸡存栏50万只，猪存栏1万头，牛存栏980头；继续开展肉兔养殖项目，先期建设的5座兔棚基础建设已完成，内部设备安装完毕，每棚饲养种兔250只，年出栏1.2万只。加快林业生态建设，积极开展玉露香梨树的种植，种植面积为20公顷。

扶贫项目建设　实施2017年度扶贫项目9个，共投资260万元。

富家庄村肉兔养殖扶贫项目。新建肉兔养殖大棚2栋。年出栏商品兔共1.2万只。每栋大棚需补助20万元，共计40万元。由村委会将兔舍发包，龙头企业绿洲兔业承包兔舍的模式，每年给付村委会4万元承包费，其中30%用于村集体经济收益，70%直接给予全村贫困户950人平均分配，并且可吸纳部分当地剩余劳动力再就业。

富家庄村养猪项目。利用现有地型建造

原生态猪舍，投资少、见效快、环保型、开放式。申请20万元资金，改建面积600平方米，计划投资4万元，养殖140头猪。每年按收益的50%用于建档立卡贫困户的脱贫，收益的40%用于扩大再生产，收益的10%用于村集体公益事业。市场行情低迷时，若收益的50%不足2.5万元时，由合作社保底支付2.5万元给村集体和贫困户。本项目计划带动27户60人，预计每人每年最低收入333元。村委会对合作社运行情况进行监督，保证贫困户利益。

梁家庄村生猪养殖项目。购买仔猪500头，每头600元，预计总投资30万元。项目采取村委会+合作社模式，项目收益的30%用于合作社的投资及管理费用，60%用于建档立卡贫困户脱贫，10%用于村集体公益事业，但合作社保证每年支付村委会不低于2000元用于村集体经济收益，支付不低于4.5万元保底分红，由村集体经过民主评议为全村482人建档立卡贫困户人均分配，并带动广大农户发展养猪生产，促进贫困户增收致富，促进地方经济可持续发展。

华岩村石磨小杂粮加工项目。华岩小杂粮加工合作社是新建项目，为带动当地贫困户共同致富。采用合作社+贫困户的生产规模，推动当地小杂粮产业发展，项目建设内容：1. 新建小杂粮加工车间70平方米，包装车间42平方米，库房63平方米，共计175平方米；2. 购置小杂粮加工标准设备6组，其中石磨机3组（型号：SM100×3）；组合清理机一组（包括筛理机、去石机、打毛机）；石碾碾米机（型号：SN160×1）一组（成套含清理）。项目建成后，吸收本村11户贫困户入股，占到所有管理人员的70%以上，通过为本村及周边村民加工小杂粮和包装、销售小杂粮的方式产生效益。

2017年华岩村石磨小杂粮加工　魏秀德提供

大李牛村肉兔养殖项目。新建肉兔养殖大棚2栋。年出栏商品兔共1.2万只。每栋大棚需补助20万元，共计40万元。由村委会将兔舍发包，龙头企业绿洲兔业承包兔舍的模式，每年给付村委会4万元承包费，其中30%用于村集体经济收益，70%直接给予全村563人贫困户平均分配，并且可吸纳部分当地剩余劳动力再就业。

大李牛村生猪养殖项目。购买580头仔猪，每头600元，总投资35万元。项目采取村委会+合作社模式，项目收益的30%用于合作社的投资及管理费用，60%用于建档立卡贫困户脱贫，10%用于村集体公益事业，合作社保证每年支付村委会不低于2500元用于村集体经济收益，支付不低于5万元保底分红，由村集体经过民主评议为全村563人建档立卡贫困户人均分配，并带动广大农户发展养猪生产，促进贫困户增收致富，促进地方经济可持续发展。

大木瓜村农田水利建设项目。铺设管道3千米，修建5个维修井，维修一座100立方米的蓄水池。项目建成后，根据工程所在位置确定所有权归该村村集体所有，根据实际情况雇专人管理。免费浇灌28.8公顷地，涉及全村119户农户，其中建档立卡贫困户47户。

绿洲兔业肉兔种公兔舍建设项目。公兔舍采用全封闭兔舍，建筑面积120平方米，人工授精室40米，内设兔笼、清粪设备、环控设施、显微镜、采精器械、冰箱、工作台等。总投资21万元，可饲养160只种公兔，160只种公兔采用人工授精可供1.6万只母兔繁育。如果采取自然交配1.6万只母兔最少的需要养2000只公兔，采用人工授精可以减少公兔1840只，每只公兔按照150元计算，1840只公兔可以节省27.6万元，每只公兔一天消耗饲料0.25千克，1840只一天可减少消耗饲料460千克，每年可节省16.79万千克饲料，每千克饲料按2.2元计算一年节省369380元，1.6万只母兔年每只母兔平均繁殖6窝，支付人工授精工本费19.2万元，1.6万只母兔年减少支出453380元，采用自然交配每位饲养员最多饲养200只母兔，采用人工授精一位饲养员至少能饲养500只母兔，1.6万只母兔采用人工授精可减少饲养员50人，每位饲养员一年工资按2万元计算，年减少支出人员工资100万元。

光裕堡村箱包加工项目。项目初期：1.场地：租赁加工场地200平方米，其中加工车间3间约164平方米，办公室1间18平方米，库房1间18平方米。2.设施：购置31台加工设备（电脑同步车25台；电脑平缝车4台，曲折机1台，246大轴1台，机器配件1套），中后期发展根据产业项目发展状况按需求发展。项目实施由村委会负责，受益对象为本村建档立卡贫困户，产权归村集体所有。收益的30%用于合作社的投资及管理费用，60%用于建档立卡贫困户脱贫，10%用于村集体公益事业。项目完成后，初步测算，覆盖31户贫困户，每个参与生产加工的贫困户，每年平均收益不低于4000元，每年可增加村集体收入1万元。

2017年投产运营的光裕堡村箱包加工车间　魏秀德提供

安全生产　2017年，贯彻落实中央关于推进安全生产领域改革发展的意见，全面落实（4438）机制，以铁的担当尽职，铁的手腕治患，铁的心肠问责，铁的办法治本，全力维护安全稳定发展环境。认真落实“党政同责、一岗双责、齐抓共管、失职追责”的要求。乡安委会分类指导道路、工业、企业、学校、幼儿园等，分类执行。按照（4438）工作机制开展安全生产工作，做到全覆盖，责任细化到每一个人。每月召开安全生产例会。先后开展安全生产隐患排查整治专项行动和安全生产隐患排查治理专项行动。

社会各项事业　美丽乡村建设。巩固美丽乡村建设成果，卫生清理工作常态化，积极开展爱国卫生运动的宣传工作。计生工作。开展农村计划生育家庭奖励扶助新增工作，2017年新增独生子女13户21人，国扶3户3人。在全乡范围内开展孕前检查工作，完成39对。共对800余名贫困妇女进行了两癌筛查。社会保障工作。开展了低保复核工作，积极开展各项优抚工作。围绕弘扬和践行社会主义核心价值观的要求，强力推行文化大发展、大繁荣，文化软实力不断提升。农村土地承包经营权确权登记领证工作有序进行，已进入公示阶段。生态环境建设方面。开展八道四治四建工作和秸秆禁烧工作。按照县委、县政府统一安排部署，积极开展“八道四治四建”专项行动，建设华岩和梁家庄两个示范村，建立长效机制，规范对村保洁员的日常管理，建立对乡村清洁清运监督机制保证垃圾及时清运，对容易再次出现垃圾倾倒现象的区域采取围挡及种树的方法进行长效管理，对各路段实施划片责任制，由各村负责各自区域的日常清扫维护。秸秆禁烧工作方面，(1) 加大宣传和管控力度，做到责任明确，防范措施到位。全年乡域内未发生森林火险；(2) 引进企业建设微生物菌肥厂，对秸秆进行有机处理；(3) 通过运行农机项目（打捆机）、深耕项目加大秸秆利用率和处理率。

社会和谐　2017 年，继续加强社会治安综合治理，巩固平安乡村建设成果。积极开展乡矛盾纠纷调解中心和村矛盾纠纷调解室的各项工作。主要领导轮流坐班接访，广泛动员社会力量参与信访工作，按照分类处置办法，解决了一些缠访、闹访问题，信访形势明显好转。积极开展安全生产大检查工作，有效地杜绝重大安全事故的发生。此外，在团、武、妇、统计等方面继续加大工作力度，圆满完成了上级交办的任务。

基层组织建设　2017 年，利用开展“双日双评”活动推进“两学一做”活动，即以“学”为基础的“支部主题党日”活动和以“做”为关键的“党员先锋行实践日”活动及以“促”为手段的支部评先和党员评优活动。机关支部每月的第三周开展“支部主题党日”活动，其余各村支部根据具体情况在每月第四周内开展。活动目的在于以学促做，以做践学，以评督学、督做、督改，在“学”和“做”两方面明确目标任务，严明制度规定，严格评先评优标准，使“两学一做”学习教育向常态化、制度化、成果化方向扎实迈进，全年发展党员 6 名。按照“五个一”标准，全乡五小场所规范化建设已完成并投入使用。

纪检工作　加强纪检监督力量，做好权力运行平台的监督工作，全面开展“两个责任”平台的管理工作。2017 年共办理案件 2 件，处理党员 2 名，接受县委第三次巡察组的巡察工作。

“两委”换届工作　10 月 20 日至 12 月 14 日圆满完成了 15 个行政村的村委和 11 个农村党支部的换届工作。

扶贫工作　严格按照贫困退出标准和程序，确定 2017 年贫困人口退出总数为 549 户 1571 人，其中，3 个贫困村整村退出 452 户 1299 人（华岩村、梁家庄村、大李牛村），1 个非贫困村共退出 31 户 81 人（淤地村），2 个非整村脱贫村退出 27 户 91 人（大木瓜、富庄村），3 个 2016 年脱贫村回退贫困户脱贫 39 户 100 人（光裕堡村、小李牛村、梨峪村）。

动态调整工作：严格贫困人口识别标准，严格“两公示一比对一公告”工作流程，5 月、7 月和 11 月三次动态调整中：新识别 19 户 43 人，出列 25 户 97 人，户内成员增加涉及 88 户 109 人，户内成员减少涉及 367 户 446 人。由 2017 年初 1583 户 4602 人调整为 1548 户 4173 人。

问题整改工作：国家、省、市、县督查反馈问题中，涉及本乡共 16 条，省督查反馈的问题 4 条，市督查反馈的问题 8 条，县督查反馈的问题 4 条。9 条已整改，6 条进一步整改，1 条正在整改（扶贫资金正在加快拨付进度）。乡自查 18 条，已核实并完全整改。

（魏秀德　张莉卿）

杏园乡

【简述】 杏园乡，共有9132户，21602人。2017年新增一个行政村——兴杏街村，现有19个行政村。

聚焦“三农” 2017年，全乡农业生产总值完成1.342亿元，比上年增加1600万元。农民人均收入达6300元，比上年增加480元。加快农业供给侧结构改革，全年新增小杂粮种植面积240公顷，达到1050.27公顷；养殖业发展势头良好，生猪存栏1.57万头，鸡存栏9.2万只，羊存栏2.25万只，牛存栏4136头，比去年大幅增长。设施农业迅速，其中蔬菜大棚新增19个。农村休闲旅游发展迅猛，2017年增加各类农家乐、采摘园11家，以此带动部分农民增收达1万余元。完成小砂、姚家庄、铁家会、牛家垚4村以工代赈灌溉项目。

民生改善 2017年，全乡各项社会保障政策不断健全，农村水、电、路等基础设施不断完善，完成南关棚户区改造的前期准备工作；南关村的特色风貌整治工作和“美丽宜居示范村”申报工作，公主村传统村落保护工程和农村环境综合整治项目，南关、古家庄和杏园三村的卫生保洁改制工作；“八道四治四建”工作有序推进，乡村面貌有了较大改观。

扶贫工作 年初制定脱贫目标和需求，根据需求翔实制定五大扶贫工作措施：核查调研，摸清底数。2017年动态调整全乡新识别50户111人、户内补录人员51户67人；返贫8户11人。识别不精准出列137户444人、户内清退225户275人（其中整户删除20户）。分析致贫原因，制定一户一策，落实帮扶责任人，建立脱贫台账、列出扶贫清单，做到“真扶贫、扶真贫”。抓住重点，奋力攻坚，做强产业，持续扶贫。健康扶贫全乡306户706人。资产性收益：杏东农林牧专业合作社与繁峙县杜永鑫农场合作的资产性收益，投入资金220万带动贫困户110户309人。峪胜农林牧专业合作社与繁峙县三益事业有限公司合作的资产性收益，投入资金100万元带动贫困户56户124人。养殖项目：岗建养殖合作社投入资金60万元，采用集体养牛，带动贫困39户118人。杏建养殖专业合作社投入资金5万元，采用分散养牛，带动贫困户18户65人。种植：小杂粮种植渗水地膜谷145.2公顷，带动贫困户349户983人。干果经济林种植60公顷，带动贫困户40户125人。中药材种植8.4公顷，带动贫困户6户22人。光伏扶贫：村级发电站6个，带动贫困户135户269人，分散光伏58户121人。箱包加工：晋砂箱包加工有限公司投入扶贫资金30万元，带动贫困户52户132人。技能培训与劳务输出：省建公司开展三期建筑人才培训，面向全乡共培训103人，绣娘培训2期共培训31人，驾驶人员培训5人，农机操作手培训21人，计算机培训3人，箱包加工培训52人，月嫂培训8人。金融扶贫：“五位一体”金融贷款全乡共1240万元，带动贫困户248户862人。

发展中的杜永鑫农场 姚付春提供

卫生计生 2017年，（1）做好孕前优生检查。婚前医学检查率100%。新生儿疾病筛查率100%。（2）组织“两癌”筛查。组织全乡534名35岁至64岁的建档立卡户妇女进行“两癌”免费筛查，并实施全程接送等服务。（3）增强服务职能。2017新申报独生子女12户17人，国家奖励扶助6人。完成免费孕前体检121对，进行了全乡流动人口大排查工作，完成全乡19个行政村306户706人健康扶贫双签约工作。

综合治理安全维稳 2017年春节、全国、省、市“两会”“5·11”一带一路国际合作高峰论坛、“迎接中共十九大”期间的社会和谐稳定工作，在按要求做好排查和“零报告”的前提下，认真做好工作预案，确保了重大时期的社会稳定。（1）规范矛盾纠纷排查调处工作。全年排查调处矛盾纠纷70起，调处成功70起，调处率100%，成功率达100%。共受理网上信访5起，均在规定时间内予以办结处理；接待上访人次260多人次；全力推动信访积案化解，取得了突破性的进展。（2）深化平安创建，提高群众满意度。对平安创建活动进行深入宣传，倾听群众意见建议，扎实开展网格化管理工作，建立平安村级微信群，在民情大走访中，共为群众解决困难问题57个，做好政策解答120余人次。

项目投资 2017年，杏园乡共完成项目立项11个，总金额约9.9亿元。其中，牧原集团姚家庄10万头生猪养殖项目完成土地流转工作并已开工；繁峙县宏康农产品有限公司投资8000万元的农产品加工销售项目，现已完成前期规划，一期工程已建设开工，晋驾旭来驾驶员培训学校项目主体已完工。

村“两委”换届 2017年年底，杏园乡村“两委”换届工作圆满结束，全乡共有19个行政村15550选民参加本次村委换届，在规定时间内全部完成了村委换届。经依法选举产生村委会成员65人，其中，村委会主任19人，副主任20人，委员26人；男性委员47人，占72%，女性副主任、委员18人，占28%，做到了村村100%有女干部；村委会成员中党员有12人，占18%，1个村（黑山沟）实现了书记主任一肩挑，达到5%；其中村党支部成员与村委会成员交叉任职5人，占村委会成员的8%；连选连任的主任6人，占32%，新当选村主任13人，占68%。在19个村委会主任中，平均年龄51岁。新一届村民委员会成员中，31至40岁11人，40–50岁11人；50岁至60岁23人，61岁以上20人。能人当选村委会主任有13人，占68%。 （姚付春）

岩头乡

【简述】 岩头乡位于繁峙县西南端，距离县城30千米，北与杏园、光裕堡、东山三乡相接，东南邻五台，西界代县，国土总面积315平方千米，总户数4744户11041人，国道G239线南北贯通，辖木格、水峪、安头、南么、西天井、元山、大保、甘泉、岩头、岩辛庄、李老沟、塔坪、兵马会、高儿坡、郎庄、旋风口、土岭、刘家坪、尖山、东沟、茶辛庄、照山、兴胜、复兴、南沟、西沟、龙宿沟、大西沟、茶铺、庄子、大草坪、化桥、大明烟、辉峪、宽滩、曹辛庄、前天井、后天井、王家屋、深沟、寺沟、碓臼坪、堂子沟、上峨河、下峨河、麻黄沟、鹿骨崖、大东沟、垚子沟、蒿儿梁、白家查、二茄兰、禅堂、油房、马家峪、娘娘会56个村委会，农业以种植、玉米、杂粮、马铃薯为主，畜牧业以养羊、养牛为主，乡镇企业主要是铁矿采选业。

项目建设　2017年，兴岳、金方圆、宝山、鑫秀四大矿业公司投资4.86亿元实施了技改项目；宝山公司投资2亿元实施了200万吨球团厂建设项目；繁峙县矿产品公司投资0.33亿元实施了矿泉水建设项目。

三农工作　2017年，在发展现代农业上加快了进度。加大了台蘑、中药材、藜麦、黄花菜等特色种植面积，逐步实现"基地+合作社+企业+品牌"产业化经营，实现"一村一品一主体"的目标，实施了大保村、花字村中药材种植项目，下峨河村、土岭村藜麦种植项目。

在增加农民收入上实现了突破。加大务工输出力度，不断拓宽农民增收渠道，全乡4100名劳力有60%以上务工就业；加大畜牧产业、台蘑产业、沙棘产业实施力度，培育了一批专业合作社，带动农民增加收入，实施了茶铺村扶贫养牛项目；麻黄沟村扶贫养羊项目；二茄兰等21村沙棘种植项目。

扶贫工作　岩头乡十三五期间共有易地搬迁37村591户1255人，其中集中购楼372户902人，分散安置219户353人，共拆除村庄面积44.6公顷，设计复垦16.47公顷，复绿28.13公顷。

2016年整村搬迁9个村，85户157人（其中集中购楼72户141人，分散安置13户16人），已全部拆迁并安置；复垦2村1.73公顷已复垦，复绿7村8公顷。

2017年整村搬迁17个村，158户313人，（其中集中购楼99户230人，分散安置59户83人），已全部拆迁并安置；复垦3村5.53公顷，复绿14村12公顷。

把产业扶贫作为重中之重。岩头乡主导产业为生态旅游、劳务输出、台蘑、沙棘采摘、畜牧养殖、光伏产业、特色种植、退耕还林。2017年全乡贫困户实现了产业全覆盖，户达到一个项目的1352户覆盖率100%，户达到两个项目的520户覆盖率38.5%，户达到三个以上的450户覆盖率33.3%。

全乡贫困户劳动力共有1770名，有825名务工就业，其中在本乡厂矿企业务工129名，县内503名，省内212名，省外138名，共涉及616户贫困户；在未就业贫困户劳力中有技能培训意愿的76名，其中化妆美容10名、驾驶证26名、电工4名、厨师5名、焊工8名、月嫂4名、家政4名、护工15名。

特色经济林种植共涉及8个村（其中易地搬迁6个村），种植面积27.55公顷，该项目可带动贫困户127户330人；尖山、土岭2村种植藜麦4.67公顷，带动36户75人；宽滩村白水杏种植1公顷，带动28户60人。

手工业加工产业，共有3个项目，分别是辉煌佛珠加工厂、兴胜简包装木箱加工厂和岩头村惠民箱包加工厂，带动了163户425人。

畜牧养殖产业，新增养牛685头，羊1400只，实施养猪101户。该产业带动了22个村建档立卡贫困人口652户1695人稳定脱贫增收。

光伏扶贫产业，根据立地条件，经过国土、电力、发改等部门实地勘查，选择本乡具备条件的茶铺、大明烟、化桥、宽滩四村在本地建立村级电站，对不具备当地建立电站的土岭、大草坪、马家峪、娘娘会、禅堂、大东沟等6村在金山铺乡郝家湾村建立村级电站，以上10村光伏项目共带动150户贫困户，户均年增收3000元；针对31个有贫困人口的易地搬迁村，也在郝家湾村建立联村光伏电站，可带动229户贫困户实现易地搬迁村贫困户光伏项目全覆盖，每户贫困户年收益3000元，以上光伏项目的实施，由县发改局负责；对于符合条件的个户，在岩头、甘泉、木格、安头四村60户实现户用分布式光伏项目，每户年收益3000元。

生态林业扶贫产业，2017年实施退耕还林693.33公顷，共涉及29村贫困人口933户2337人，贫困户退耕面积278.78公顷，2018年生态补偿每亩150元，每个贫困人口可增收264元；生态护林员42名，人均年管护收入1万元；贫困户造林专业合作社80名贫困户劳力参与造林管护，每名劳力增收8000元。

环境整治 2017年，全力开展优化营商环境的9个专项行动和“八道四治四建”工作，全面打造最佳投资营商环境。以“八道四治四建”为契机，对涉及全乡范围的省道16.5千米、河道44.7千米、乡道7条74.7千米，村道28条60.9千米周边环境进行整治；结合治污专项行动，以213省道为轴线，以沿线11个村庄及15家企业周边环境整治为重点，全面进行了治理，重点是拆除道路两侧及河道内的违章建筑89间，清理乱堆乱放160处，整修残垣断壁并粉刷墙体立面6000平方米；在岩头乡入口处木格村设置大型乡域文化特色宣传专版，在岩头乡政府中心岩头村建设了中心小广场。

生态文明建设 加强生态建设。实施退耕还林693.33公顷，涉及木格、水峪、岩头等29个村；实施生态治理项目，在易地搬迁37村中，实施复垦16.47公顷，复绿28.13公顷；实施五台山风景区关闭铁矿复垦项目设计大明烟、化桥、庄子、大草坪、茶铺5村；繁五公路沿线11村与五台山林业局实施合作造林工程233.33公顷，实现了公路沿线及峨河流域两侧全部绿化。

安全生产和社会治理 坚持开展隐患风险大排查大整治。2017年，对全乡范围内所有尾矿库、河道、主要公路段、地质灾害易发点、农村危房和学校、九小场所等全面进行隐患排查。共处置河道隐患3处、地质灾害隐患3处、道路隐患5处、实施危房改造12户。

禁毒工作 2017年，坚持不懈开展禁毒宣传活动，广泛宣传《禁毒条例》和有关法律法规，共印刷宣传标语4000余份，购买彩旗264面，乡干部包村、村干部包户、户包地块严格落实三包责任制，坚持开展毒品排查，投入人员780人次，连续实现毒品零种植、零产量目标，受到省禁毒委、市禁毒办的表彰。

护林防火 2017年，加强宣传教育，野外用火管控和责任落实，通过宣传车、广播、标语、条幅、彩旗、防火人员佩戴防火袖标等形式，大张旗鼓进行防火宣传，营造了浓厚防火氛围，重点防火期全体乡村干部和护林人员坚持24小时值班巡逻，“见烟就查”“见火就抓”确保了防火安全。

信访维稳 2017年，加强隐患排查，实行日排查、周调度、月碰头制度，对发生的信访纠纷做到及时上报、及时介入、及时调解，创建了横向到边，纵向到底的信访隐患排查机制；及时提前防范，对于征地拆迁、土地承包、签订重要合同协议等重大事项，严格按照“四议两公开”程序进行，从源头上杜绝信访隐患发生；推进依法治访，成功稳控参战参试3名，未发生过越级上访事件，保障了全乡的稳定。

教育事业 2017年，全乡共有小学（寄宿制）2所，初中1所，基本办学条件得到了全面改善，九年义务教育巩固率达到了100%。

卫生事业　新建岩头中心卫生院大楼投入使用，11个村级卫生室实施了改扩建工程，医疗卫生条件全面提升，2017年全乡56个村8810名村民参加了新型合作医疗，参保率达到了99.9%。

基层组织建设　2017年12月全乡25个农村支部和56个村委会圆满完成村“两委换届”。（杨玉春）

居民办事处

【简述】　繁峙县居民办事处成立于2010年3月，位于向阳南路41号。下辖西石龙社区、东石龙社区、府新社区、老城社区、跃进社区、建设街社区、城南社区、东泰社区8个居民委员会，7个职能股室，1个社区图书室。辖区内共有154个小区、18773户居民，常住人口41087人，流动人口10022人；共管理网格30个（县城内共设置52个网格）；安全监管门店1468个，其中大型门店110个。

社区管理　2017年，为迎接省爱卫办创卫复检。居民办针对居民小区环境卫生差、乱贴小广告等普遍问题，明确职责，将目标任务进行细化分解，提出“三天一小变，七天一大变”的要求，全面开展小区环境整治工作。这次整治工作组织了办事处、社区工作人员、居民代表及党员代表共80人参与，其间共刊登100块健康教育黑板报，更新室外健康教育宣传栏16块，对小区垃圾桶周围进行了灭蝇处理，铲除、涂抹了非法、不文明小广告18300余条，清理了陈旧多年的垃圾116车，粉刷墙体约2600平方米。围绕上级创建“省级文明县城”工作要求，扎实开展创文活动。各社区在辖区小区内显要位置，张贴展示居民公约共118块。8个社区居委会全部成立了家长学校、未成年人文体活动室，并开展了道德讲堂、善行义举立榜活动、志愿者服务团队等一系列综合文化活动，已成功举办190多次。为创建省级园林县城，围绕创建目标，进行了“见缝插绿、拆墙补绿、破硬还绿、缺株补绿、立体造绿”的合理绿化。8月份，30个居民小区绿化和18个小区垂直绿化工程均达到创建省级园林县城的要求。

党建工作　全面落实党建工作责任。坚持每季度召开一次党建工作专题会议，做到党建工作与中心工作同部署同落实。实行党建工作目标管理责任制。与8个社区党支部签订《基层党建工作责任状》，明确考核指标，把“软任务”变成“硬指标”，以上率下，层层传导压力；制定《基层党组织书记抓党建工作清单》，健全完善规章制度，进一步规范完善党委决策、联系群众、信访工作等21项制度。落实党风廉政建设主体责任。充分运用谈话、提醒、约谈等措施，对干部身上的苗头性倾向性问题，及时进行提醒谈话。

2017年共开展集中学习56次，党委班子成员普遍讲党课3次以上。严肃党内政治生活。党委班子成员带头示范，民主生活会期间查找的班子和个人存在的13个问题，班子成员主动认领，进行整改。

2017年培养入党积极分子13名，发展预备党员10名，转正7名。组织开展培训活动。全年共举办1期“基层党建工作”培训和2期“社区党员干部”培训。做好软弱涣散党组织整顿。在广泛征求社区居民和支部班子意见基础上，成立专门工作组，对东泰社区党支部进行了为期5个月的集中整顿。认真组织好社区“两委”换届工作。成立以党委书记为组长的社区“两委”换届选举工作领导小组，制定相应的工作方案。组织召开社区换届选举培训会和动员会，依法组织选举，严格选举程序。在选举的每个阶段的每个环节都严格程序、严格操作、严格把关。

社会治安综合治理　2017年初与各社区签订《2017年社会治安综合治理目标责任书》。每月定期召开综治工作例会，责任到人，限时处理。全年对综治工作人员及社区网格长进行了三次教育培训。全力做好各个敏感时期的维稳安保工作。严格按照上级安排部署，精心组织，采取有力措施，做好了“一带一路”国际高峰论坛、庆祝建军90周年、纪念全民族抗战爆发80周年、庆祝香港回归祖国20周年、金砖国家领导人第九次会晤等重大活动、习近平总书记考察调研山西和中共十九大这些重要敏感节点期间的维稳安保工作。

持续推进综治中心标准化建设。研究制定了《关于在居民办事处开展综治中心标准化建设年活动的实施方案》，开展两级综治中心标准化建设工作，将居民办事处、社区社会服务管理中心名称规范为“综治中心”，提前完成了综治中心的标准化建设任务。继续加强综治网格化管理建设。每月召开工作例会，对每季度网格长受理处置事项进行统计分析，形成分析报告上报县综治中心。网格长按照“六步闭环”办结网格长上报事项共7365件，其中乡级上报241件。

推进矛盾纠纷调解中心规范化建设。按照相关要求，完成办事处及8个社区调解中心的硬件建设和队伍建设。加大矛盾纠纷日常排查化解，及时消除各类隐患。共排查出各类矛盾纠纷及风险隐患共264件，通过两级矛调中心工作人员的认真工作，所有矛盾纠纷、风险隐患都已进行调处，调成率达到100%，确保了无重大事故（件）发生。积极化解重点信访案件，妥善处置群体性事件。对于上级交办的“E租宝、泛亚、善心汇、螃蟹云购”、政府购岗大学生、部队退役人员等重点人员的稳控工作，认真落实属地责任，严格按照“五包一”教育稳控机制，做好教育稳控工作，未发生进京赴省到市越级上访。对向阳东泰张某下水毁坏房屋无人修理的问题以及桃苑小区、泰裕小区、圣冠小区由供暖和物业引起的纠纷等10件信访问题，通过工作人员走访、联系相关部门，不断协调当事双方，最终全都达成协议，完成结案，避免了群体性事件的发生。

踏实做好防控邪教工作。2017年，继续加大对“法轮功”“全能神”等邪教组织的防范打击力度，充分利用黑板报、横幅等多种形式向广大社区居民进行反邪教宣传活动；全年教育转化法轮功人员10名；开展“无邪教社区”创建工作，府新社区、居民办事处分别获得国务院防范和处理邪教问题办公室颁发的“创建无邪教示范社区”和“创建无邪教示范乡镇（街道）”荣誉称号。

安全生产管理　坚持“安全第一，预防为主”的方针，狠抓社区内的各类隐患排查整改，狠抓建章立制和各类资料归档。全年召开12次安全会议。制定专项实施方案，成立领导组，所有网格长深入小区和门店，排查危险源形成危险源档案台账。各社区居委会每月都将以网格为中心对辖区内的小区和门店进行一次安全大排查，对排查的情况一一登记，留存档案。各社区居委会对下辖30个网格（其中有：122个小区、1358家门店、2所幼儿园）做到每月一次安全排查。

计划生育管理　2017年，坚持党政“一把手”亲自抓、负总责，落实人员、经费和组织保障措施，确保各级责任、精力和投入到位。所辖8个社区，辖区内登记入档流动人口为6980人，其中女性3391人，已婚育龄妇女1868人，跨县以上已婚育龄妇女106人，女性持证人数95人。通过对流动人口调查表的统计汇总，县内跨乡流入人口6626人，跨县以上流入人口354人，新登记的跨乡及以上流入人口311人。

社会事务管理　全年共审核低保2439户，取消57户。在2017年新增低保办理中，严格按照程序办理，在公平、公开、公正的基础上完成。新增54户正在审核办理中。按照文件要求，已对居民376人和退伍军人295人申请租赁住房补贴的人员进行了审查。对患重病大病的返贫户，造成生活困难的196户居民进行了救助。对因病返贫、花费巨大的困难户，因突发事故造成特殊困难的26户居民，进行了临时救助。

人民武装　2017年，在各社区积极配合下，加强了对年满18周岁适龄青年的摸底调查工作，适龄青年登记率达100%。年满18周岁适龄青年进行兵役登记的共130名，发放兵役登记证160个。8月份经过体检、政审，有14名适龄青年合格，经县武装部征兵办批准9名适龄青年应征入伍。认真抓好优抚安置，开展“光荣牌匾”发放活动。为让每一位优抚安置对象家庭切实感受到政府的关怀和温暖，对烈士遗属、现役军人家庭、军队退役人员进行摸底登记，并为退役军人发放“光荣之家”的荣誉牌匾。此次，共有656人登记，其中烈士遗属6人、现役军人23人、军队退役人员627人。

社会保障　全年共收缴保费50.22万元，续费2489人，新增缴费182人。及时通知未领取待遇人员117人，为336人进行了生存认证。2017年的医保工作与往年有所不同，低保户及其家庭成员全部由居民办核实。2017年，共办理普通居民医保8247人，低保居民医保3877人。全年共完成残疾人无障碍改造8户，残疾人专项调查345人。对城乡低保对象中因残疾失能的114名老年人进行摸底调查；对无劳动能力、无生活来源、无法定赡养人和抚养人的城镇老年人、残疾人以及未成年人22人进行了摸底统计。共办理重度残疾人生活补贴239人，重度残疾人护理补贴279人。

扶贫工作　按照县委、县政府统一部署，调整居民办为上永兴村和南龙兴村的扶贫帮扶单位。上永兴村全村357户、867人，其中建档立卡贫困户112户、343人，2014年脱贫6户18人，2015年脱贫22户55人，2016年脱贫60户209人，2017年按照乡政府统一部署24户61人整体脱贫。南龙兴村全村271户、656人，其中建档立卡贫困户89户224人，脱贫83户203人，未脱贫6户21人计划于2018年底实现脱贫。

在上永兴村，2017年新添村民吃水井1眼，卫生室4间，在新修水井期间，居民办出资为村民送水，保障了他们的基本生活用水。为12户贫困户落实了光伏发电产业，为37户贫困户落实了葡萄种植产业、带资入企24户，建大棚带动8户贫困户，为17户贫困户办理了低保手续，为21户贫困户免费提供了51袋晋谷59号新品种子，并每亩补助100元，每亩比种玉米多增收1000元左右。在南龙兴村，协助村委对文化室与卫生室进行了修缮，为5户贫困户落实了牛羊养殖产业，为27户贫困户落实了种植谷、藜麦产业，带资入企6户，箱包加工厂也正在建设中，为15户贫困户办理了低保手续。劳务输出28人，联系相关企业为2名贫困户进行了刺绣、月嫂培训。　（李永峰）

附　录

2017年繁峙县社会经济基本情况表

表13

项目 \ 数量 \ 年份	2017
一、人口、劳动力及其他	
乡镇个数（个）	13
居民办事处（个）	1
村民委员会个数（个）	394
年末总人口（人）	276480
其中：男（人）	143718
女（人）	132762
其中：城镇人口（人）	126267
乡村人口（人）	150213
年末总户数（公安）（户）	115946
年末单位从业人数（人）	15192
其中：第二产业（人）	4171
第三产业（人）	11021
乡村从业人员数（人）	91993
其中：农林牧渔业（人）	63949
城镇登记失业率（%）	3.8%
行政区域土地面积（平方公里）	2368

续表

项目 数量 年份	2017
二、综合经济	
（一）地区生产总值（万元）	666766
第一产业增加值（万元）	52022
第二产业增加值（万元）	381376
其中：工业（万元）	335607
第三产业增加值（万元）	233368
（二）财政、金融、保险	
财政总收入（万元）	50914
公共财政预算收入（万元）	23929
税收收入（万元）	14716
财政支出（万元）	184966
其中：农林水事务支出（万元）	39040
科学事业费支出（万元）	1333
教育事业费支出（万元）	46549
年末金融机构各项存款余额（万元）	1285747
其中：城乡居民储蓄存款余额（万元）	1041211
年末金融机构各项贷款余额（万元）	525292
三、农业	
（一）生产条件	
农业机械总动力（万千瓦特）	13.5
化肥使用量（吨）	8122.7
农药使用量（吨）	44.5
地膜使用量（吨）	390
农村用电量（万千瓦时）	8194.99
（二）农作物总播种面积（公顷）	37701.5
粮食作物播种面积（公顷）	34161.4
其中：稻谷（公顷）	0
玉米（公顷）	17937.4
大豆（公顷）	2297.5

续表

项目 \ 数量 \ 年份	2017
油料作物播种面积（公顷）	1464.1
糖料作物播种面积（公顷）	0
蔬菜作物播种面积	466.9
粮食总产量（吨）	84177.1
其中：稻谷（吨）	282
玉米（吨）	65992
大豆（吨）	2240
油料产量（吨）	1152.6
糖料产量（吨）	0
水果产量（吨）	2215.9
肉类总产量（吨）	16156.58
奶类产量（吨）	9990
蔬菜产量（吨）	19441.7
水产品产量（吨）	221
四、规模以上工业	
工业企业数（个）	57
工业总产值（现价）（万元）	1161756.4
内资企业（万元）	1161756.4
港、澳、台商投资企业（万元）	0
外商投资企业（万元）	0
从业人员年平均数（人）	7110
流动资产合计（万元）	353313.7
产品销售收入（主营业务收入）	917984.5
其中：产品销售税金及附加（主营业务税金及附加）（万元）	7859.7
本年应交增值税（万元）	30307.3
利润总额（万元）	64639.5
五、交通运输和邮电通讯	
境内公路里程（公里）	1429
境内铁路里程（公里）	80

续表

项　目 \ 数量 \ 年份	2017
民用汽车拥有量（辆）	22196
邮电业务总量（万元）	16503
固定电话用户（万户）	1.2
年末移动电话用户数（万户）	20.69
互联网用户（万户）	2.69
六、贸易	
社会消费品零售总额（亿元）	20.6
七、全社会固定资产投资（万元）	402659
其中：城镇投资（万元）	402659
其中：房地产投资（万元）	13080
本年新增固定资产（万元）	543772
八、文教和卫生	
中学数（所）	14
小学数（所）	114
中学专任教师数（人）	1072
小学专任教师数（人）	1623
中学在校学生数（人）	12957
小学在校学生数（人）	22479
医院、卫生院数（所）	18
医院、卫生院床位数（床）	878
九、人民生活	
城镇在岗职工年平均人数（人）	15510
城镇在岗职工工资总额（万元）	63258
城镇常住居民人均可支配收入（元）	28211
农村常住居民人均可支配收入（元）	7523
社会福利院数（个）	5
社会福利院床位数（床）	213
参加基本养老保险的职工数（人）	26030
参加城镇基本医疗保险的职工数（人）	26151
城镇居民最低生活保障人数（人）	4214

续表

数量 年份 项目	2017
十、社会治安	
交通事故件数（件）	143
刑事案件立案数（件）	554
治安案件发案数（件）	894

2017年繁峙县农业生产情况表

表14

项目	2017年	2017年比2016年+%
农林牧渔业总产值（万元）	96113.2	5.32
农业产值	23702.5	2.08
林业产值	12583	0.83
牧业产值	56155.3	7.97
渔业产值	452.5	0
农林牧渔服务业产值	3220	2.1
猪出栏数（头）	130905	8
羊出栏数（只）	220953	8.2
肉类总产量（吨）	16156.58	7.59
禽蛋产量（吨）	5819	8.6
牛奶产量（吨）	9990	8
农村常住居民人均可支配收入（元）	6940	7.2

（县统计局）

2017年繁峙县各乡镇村民委员会统计表

表15

单位：个

项目	2017
合计	394
繁城镇	35
砂河镇	43
大营镇	29

续表

项　目	2017
下茹越乡	16
杏园乡	19
光裕堡乡	15
集义庄乡	21
东山乡	46
金山铺乡	30
柏家庄乡	18
横涧乡	25
神堂堡乡	45
岩头乡	52

注：其中含杏园乡兴杏街类似村委会　　（县统计局）

主要缩略语解释

说明：缩略语，也就是通常说的简称，是把比较复杂的名称经过压缩和简略之后形成的词或词组。缩略语在日常生活中被大量使用，有简单明了的特点。《繁峙年鉴(2018)》使用了不少缩略语，为了方便读者使用年鉴，编辑部把《繁峙年鉴（2018)》内文中依次出现的主要缩略语作了辑录，并按其首字的汉语拼音字母顺序排列（数字开头略语另排序）。对于一些大家常用的缩略语语不再作注释。

八道四治四建　即农村环境集中整治行动，其中以河道、省道、县道、村道、铁道沿线为重点，开展治违、治脏、治乱、治差“四治”建绿色环境、建整洁风貌、建良好秩序、建长效机制“四建”活动，补齐乡村环境面貌这一短板，全面改善农村人居环境，以崭新的城乡面貌迎接党的十九大胜利召开。

产业扶贫“五有目标”　“五有”是指贫困村有脱贫产业、有带动主体、有合作经济组织，贫困户有增收产业项目、有劳动能力的有技能。“五有”产业扶贫机制的核心是围绕脱贫产业，建立“企业+合作社+贫困户”等模式，密切利益联结，将企业、合作经济组织、贫困户结成命运共同体，使贫困户“有业可从、有企可带、有股可入、有利可获”，目标是有劳动能力的贫困户户均年新增产业收入3000元以上。

基本解决执行难　2016年3月13日，周强院长在十二届全国人大四次会议上报告最高人民法院工作时庄严承诺：“用两到三年时间基本解决执行难问题”，这是人民法院满足人民群众日益增长的多元司法需求、提升司法公信力的内在要求，是人民法院为实现全面建成小康社会和“四个全面”战略布局目标提供有力司法保障的应有之义。两年来，全国法院不断推进执行工作，取得了显著的成效。2018年是“基本解决执行难”的决胜之年。

“雷霆”行动　省高院为促进涉民生执行案件及涉金融执行案件的有效执行而在全省统一部署的集中执行行动，主要内容为集中清理一批执行积案，集中兑付一批涉及人民群众生存生活的案件执行款，集中执结一批涉金融案件，集中惩治一批拒不执行人民法院生效裁判及其他抗拒人民法院执行的行为。是把比较复杂的名称经过压缩和简略之后形成的词或词组。

两不愁、三保障　指不愁吃、不愁穿，义务教育有保障、基本医疗有保障、住房安全有保障。

两个责任　党的十八届中央委员会第三次全体会议提出，落实党风廉政建设责任制，党委负主体责任，纪委负监督责任，制定实施切实可行的责任追究制度。

“全面改薄”工程　是全面改善贫困地区义务教育薄弱学校基本办学条件的简称，是党中央、国务院聚焦贫困地区义务教育发展、保障教育公平而作出的重大决策，计划从2014年—2018年，通过对贫困地区的薄弱学校实施校园校舍建设和教学及神火设施设备购置，使农村（含县镇）义务教育薄弱学校教学和生活设施满足基本需要，消除“大班额”和“大通铺”现象，从而达到加快缩小区域、城乡教育差距，促进基本公共教育服务均等化的总体目标。

三公经费　一般指三公消费。三公消费，指政府部门人员因公出国（境）经费、公务车购置及运行费、公务招待费产生的消费。

三基建设　即“基层组织、基础工作、基本能力”建设。全面加强“三基建设”是山西省推进“两学一做”学习教育常态化制度化的特色载体，是保障中央各项决策部署落到实处的重大举措。

三去一降一补　习近平总书记根据供给侧结构性改革提出的。供给侧改革主要涉及产能过剩、楼市库存大、债务高企这三个方面，为解决好这一问题，就要推行“三去一降一补”的政策，即去产能、去库存、去杠杆、降成本、补短板五大任务。

3659脱贫攻坚策略　忻州市特制定了“3659”脱贫攻坚策略，即“三立”，立志、立业、立状；“六个精准”，做到扶贫对象精准，项目安排精准，资金使用精准，措施到户精准，因村派人精准，脱贫成效精准；实现“五个一批”，即产业开发脱贫一批、易地搬迁脱贫一批、生态补偿脱贫一批、发展教育脱贫一批、政策兜底脱贫一批；“九项工程”即实施产业扶贫、移民搬迁、基础建设、素质提升、龙头企业、生态扶贫、金融扶贫、政策兜底、基础组织建设等脱贫攻坚工程。

三农　指农村、农业和农民。

“维护核心、见诸行动”主题教育　2017年4月22日下午，山西省十一届省委19次常委会议审议通过了《关于开展维护核心、见诸行动主题教育和推进“两学一做”学习教育常态化制度化的实施方案》。强调指出，确立和维护习近平总书记为党中央的核心、全党的核心，关乎旗帜道路方向，关乎党运国脉民心。

五位一体　四个全面　“五位一体”是十八大报告的新提)。经济建设、政治建设、文化建设、社会建设、生态文明建设——着眼于全面建成小康社会、实现社会主义现代化和中华民族伟大复兴，党的十八大报告对推进中国特色社会主义事业作出“五位一体”总体布局。“四个全面”，即全面建成小康社会、全面深化改革、全面依法治国、全面从严治党。

一个指引、两手硬　一个指引是：以习总

书记系列讲话为指引。两手硬，是持续推进党风廉政建设和反腐败斗争，着力构建良好政治生态。二是自觉践行新发展理念，多策破解经济下行压力，着力推动经济稳步向好。

1661 *发展战略*　即以脱贫攻坚统揽经济社会发展全局，突出经济转型升级、乡村振兴发展、美丽忻州建设、环境全面创优、美好生活创造、治理体系完善，推进创新发展、协调发展、绿色发展、开放发展、共享发展、安全发展，坚持和加强党的全面领导、全面从严治党，团结带领全市人民，不忘初心、牢记使命，对标前行、苦干实干，为实现全面脱贫、全面小康，谱写新时代中国特色社会主义忻州篇章不懈奋斗。

索　引

说明：

一、本索引以人名、地名、机构名称、活动名称、事件（事物）名称等为主题词。

二、本索引按主题词汉语拼音字母顺序排列（数字开头主词另排序），主题词后面的数和字母分别表示所在页码和分栏位置（ab 表示本页码左右两栏），《繁峙年鉴》112a，表示在《繁峙年鉴》第 112 页左栏。

三、本索引主题词主要选自本年鉴正文部分，特载、大事记、附录以及图表、照片不在索引范围内。

F

G

H

J

K

L

M

N

P

Q

R

S

T

W

X

Y

Z